Thomas Heberer · Gunter Schubert

Politische Partizipation und Regimelegitimität in der VR China

Ostasien im 21. Jahrhundert.
Politik – Gesellschaft – Sicherheit – Regionale Integration

Herausgegeben von

Vera Blechinger-Talcott
Thomas Heberer
Sebastian Heilmann
Patrick Köllner
Hanns W. Maull
Gunter Schubert

Thomas Heberer · Gunter Schubert

Politische Partizipation und Regimelegitimität in der VR China

Band I: Der urbane Raum

VS VERLAG FÜR SOZIALWISSENSCHAFTEN

Bibliografische Information Der Deutschen Nationalbibliothek
Die Deutsche Nationalbibliothek verzeichnet diese Publikation in der
Deutschen Nationalbibliografie; detaillierte bibliografische Daten sind im Internet über
<http://dnb.d-nb.de> abrufbar.

1. Auflage 2008

Alle Rechte vorbehalten
© VS Verlag für Sozialwissenschaften | GWV Fachverlage GmbH, Wiesbaden 2008

Lektorat: Frank Schindler

Der VS Verlag für Sozialwissenschaften ist ein Unternehmen von Springer Science+Business Media.
www.vs-verlag.de

Das Werk einschließlich aller seiner Teile ist urheberrechtlich geschützt. Jede Verwertung außerhalb der engen Grenzen des Urheberrechtsgesetzes ist ohne Zustimmung des Verlags unzulässig und strafbar. Das gilt insbesondere für Vervielfältigungen, Übersetzungen, Mikroverfilmungen und die Einspeicherung und Verarbeitung in elektronischen Systemen.

Die Wiedergabe von Gebrauchsnamen, Handelsnamen, Warenbezeichnungen usw. in diesem Werk berechtigt auch ohne besondere Kennzeichnung nicht zu der Annahme, dass solche Namen im Sinne der Warenzeichen- und Markenschutz-Gesetzgebung als frei zu betrachten wären und daher von jedermann benutzt werden dürften.

Umschlaggestaltung: KünkelLopka Medienentwicklung, Heidelberg
Druck und buchbinderische Verarbeitung: Krips b.v., Meppel
Gedruckt auf säurefreiem und chlorfrei gebleichtem Papier
Printed in the Netherlands

ISBN 978-3-531-15690-3

Vorwort der Herausgeber der Reihe

Die Reihe *„Ostasien im 21. Jahrhundert. Politik – Gesellschaft – Sicherheit – Regionale Integration"* setzt sich zum Ziel, über die politische, gesellschaftliche und sozio-ökonomische Entwicklung auf der koreanischen Halbinsel, in Japan und in Greater China – verstanden als die Gesamtheit aus der VR China, Taiwan und Hongkong/Macao – zu informieren. Thematisch soll der Fokus dabei auf die krisen-, reform-, und transformationsbedingten Veränderungen der politischen Systeme und Gesellschaften einschließlich des Problems des Nationalismus sowie der Konstruktion nationaler Identität(en) gelegt werden. Daneben stehen die Evolution und Bearbeitung der verschiedenen regionalen Konflikte sowie die Grenzen und Möglichkeiten der wirtschaftlichen und politischen Integrationsbemühungen in Ostasien im Zentrum des Interesses. Die Reihe richtet sich an Sozialwissenschaftler vornehmlich politologischer und soziologischer Provenienz. Zugleich steht sie interdisziplinären Herangehensweisen offen, die zum Verständnis von Politik und Gesellschaft in Ostasien einen innovativen Beitrag leisten.

Vera Blechinger-Talcott
Thomas Heberer
Sebastian Heilmann
Patrick Köllner
Hanns W. Maull
Gunter Schubert

Inhaltsverzeichnis

Vorwort	9
Verzeichnis der Tabellen	11
Verzeichnis der Abbildungen	13
Einleitung: Zum Hintergrund und Ziel der Arbeit	15
1.1 Fragestellung	15
1.2 Begriffe	19
1.2.1 Politische und soziale Partizipation	19
1.2.2 Wahlen	24
1.2.3 Politisches Wissen	26
1.2.4 Efficacy	26
1.2.5 Soziales und politisches Lernen	28
1.2.6 Vertrauen	29
1.2.7 Legitimität und Loyalität	35
1.2.8 Stabilität	38
1.2.9 Citizenship	40
1.3 Untersuchungsdesign	41

Teiluntersuchung „Urbane Gesellschaften" (*Shequ*)

1	Methodische Vorbemerkung	47
2	Verwaltung und Herrschaftskontrolle in Chinas Städten in historischer Perspektive	52
	2.1 Historische Vorbilder	52
	2.2 Urbane soziale Kontrolle nach 1949	54
3	Reformnotwendigkeit der urbanen Wohnquartiere	56
	3.1 Die Ausdifferenzierung urbaner Wohnviertel	56
	3.2 Von den traditionellen Einwohnerkomitees zu moderneren Formen urbaner Gemeinwesen: das Shequ (社区)	59
4	Die Organisation der Nachbarschaftsviertel: Fallbeispiele	65
	4.1 Verwaltungsorganisation	65
	4.2 Policyfelder	71
	4.2.1 Policyfeld 1: Geburtenplanung	71
	4.2.2 Policyfeld 2: Öffentliche Sicherheit	73

	4.3　Parteiorganisation	75
	4.4　Netzwerke als Sozialkapital	78
5	Relegitimierung durch neue soziale Sicherungsformen: *Shequ* als Legitimierungsinstitutionen	81
	5.1　Die Notwendigkeit neuer Formen sozialer Sicherung	82
	5.2　Nachbarschaftsviertel als neue Sozialinstitutionen	83
	5.3　Wer sind die sozial Schwachen?	84
	5.4　Sozialhilfe als neues Sicherungssystem für die urbanen Armen	87
6	Politische Partizipation, soziale Mobilisierung und politisches Bewusstsein	96
	6.1　Partizipation in den Nachbarschaftsvierteln: politisch oder sozial?	96
	6.2　Die politische/politiknahe Ebene der Partizipation	102
	6.2.1　Einstellungen gegenüber der mobilisierenden Organisation: Einwohnerkomitee	102
	6.3　Funktionen unter Kontrolle der Einwohnerkomitees	105
	6.4　Parteiaktivitäten	109
	6.5　Partizipation in quasi-autonomen Organen: die Eigentümerkomitees	111
	6.6　Vereine und Vereinigungen	120
	6.7　Informelle Momente von Partizipation	121
7	Wahlen und Wahlprozesse in den Nachbarschaftsvierteln	124
	7.1　Die Entwicklung von Wahlen in China	124
	7.2　Wahlprozesse in den Shequ	128
	7.3　Einstellungen gegenüber Wahlen und Wahlformen	135
	7.3.1　Bedeutung von Wahlen	135
	7.3.2　Wahlformen	141
	7.4　Institutionelle Wahleffekte	148
	7.5　Warum Wahlen?	152
	7.6　Zusammenfassung: Partizipation als Lernprozess?	153
8	Institutionelle Effekte: *Citizenship*, Autonomie und Gemeinschaftsbildung	160
	8.1　Partizipation, Wahlen und *Citizenship*	160
	8.2　Selbstverwaltung oder Inklusion?	166
	8.3　Individuelle Autonomie	175
	8.4　Shequ: Gemeinschaft statt Gesellschaft?	179
9	Fazit und Ausblick	189
	9.1　Zusammenfassung der Ergebnisse zu den *Shequ*	189
	9.2　Auswirkungen auf Legitimität und Stabilität des Regimes	193
	9.3　Zusammenfassung	200
	9.4　*Shequ* als Keimzellen einer „harmonischen Gesellschaft"	201
Literaturverzeichnis		205

Vorwort

Die vorliegende Studie präsentiert Ergebnisse eines auf die Veröffentlichung von zwei Bänden ausgelegten Projektes zum gegenwärtigen Wechselverhältnis zwischen institutionellem Wandel, Partizipation und politischem Bewusstsein im *local state* der VR China. Dieser erste Band befasst sich mit dem urbanen, der zweite Band mit dem ländlichen Raum. Beide Studien entstanden im Rahmen eines von der Deutschen Forschungsgemeinschaft (DFG) und vom Bundesministerium für Wirtschaftliche Zusammenarbeit geförderten gemeinsamen Forschungsvorhabens. Dabei wurden Nachbarschaftsviertel und Dörfer in sechs Provinzen bzw. Sonderwirtschaftszonen untersucht.

Das gemeinsame Projekt wurde arbeitsteilig durchgeführt. Thomas Heberer bearbeitete den urbanen Raum (Band 1), Gunter Schubert den ländlichen (Band 2). Einleitung und Schlussteil entstanden in Koproduktion.

Wir danken besonders den Kolleginnen und Kollegen der beiden Partnerschaftsinstitute, des *China Center of Comparative Politics* und des Instituts für Soziologie der *Renmin*-Universität, beide in Peking: Prof. Yu Xianyang, Zhou Hongyun, Chen Xuelian und Ding Kaijie ist für ihre Mitarbeit an der Studie und ihren unermüdlichen Einsatz im Rahmen der Feldforschungs- und Auswertungsphase sehr zu danken. Zu außerordentlichem Dank verpflichtet sind wir außerdem Prof. Yu Keping, Prof. He Zengke und Prof. Li Lulu, ohne deren tatkräftige Mitwirkung und Organisation das Projekt nicht so erfolgreich hätte durchgeführt werden können.

Die Ämter für Zivilverwaltung der Städte Shenyang, Chongqing und Shenzhen, des Shenyanger Dadong Bezirks, der Chongqinger Stadtbezirke Yuzhong und Jiangbei, der Shenzhener Bezirke Fuhua und Nanshan, der Straßenbüros Guancheng und Chang'an (Shenyang), Lianglukou und Guanyinqiao (Chongqing), Fuhua und Shahe (Shenzhen) sowie die Einwohnerkomitees der Nachbarschaftsviertel Yongfeng und Chang'an (Shenyang), Zhongshan Erlu und Jianbei (Chongqing), Futian und Huaxiajie (Shenzhen) haben unsere Forschungstätigkeit nachhaltig unterstützt. Auch ihnen sei herzlich gedankt, ebenso allen sonstigen Institutionen und Personen in China, die zum Gelingen des Projekts beigetragen haben.

Besonderer Dank gilt der Deutschen Forschungsgemeinschaft und dem Bundesministerium für Wirtschaftliche Zusammenarbeit für ihre Bereitschaft zur Förderung des Vorhabens.

Christian Göbel danken wir für wichtige Anregungen, Olaf Kegel für die Formatierungsarbeiten.

Duisburg/Tübingen, im März 2007   Thomas Heberer, Gunter Schubert

Verzeichnis der Tabellen

Tab. 1:	Untersuchte Wohnquartiere (Shequ), Bewohner und Funktionäre	47
Tab. 2:	Altersstruktur der Befragten	48
Tab. 3:	Beruflicher Status der Befragten	49
Tab. 4:	Bildungsgrad der Befragten	50
Tab. 5:	Reale Funktions- und Aufgabenfelder der Einwohnerkomitees	62
Tab. 6:	Wahrgenommener Einfluss nationaler, lokaler und Dorfverwaltungs-/Einwohnerkomitees auf das alltägliche Leben der Befragten (2000, in %)	63
Tab. 7:	Wahrgenommener Einfluss nationaler, lokaler und Dorfverwaltungs-/Einwohnerkomitee nach Regionen (2000, in %)	63
Tab. 8:	Organisationsstruktur der Partei, Shequ Chang'anjie, Shenyang (2003, 2.183 Haushalte, 6.606 Einwohner)	76
Tab. 9:	Zusammensetzung der Parteimitglieder im Shenyanger *Chang'anjie-Shequ* nach Bildungsgrad (1999)	77
Tab. 10:	Beziehungsnetzwerke der *Shequ*-Leitung von *Yongfeng*	79
Tab. 11:	Nachbarschaftsviertel *Daqing*-Straße, Shenyang	84
Tab. 12:	Parteimitglieder, Nachbarschaftsviertel *Daqing*-Straße, Shenyang	85
Tab. 13:	Städtische Bezieher von Sozialhilfe (2002-2005 im Vergleich)	87
Tab. 14:	Sozialhilfe: Empfänger, Mittel und pro-Kopf-Zahlungen (1996-2005)	88
Tab. 15:	Einkommensverhältnisse städtischer Armutshaushalte in fünf Städten (Monat, in Yuan)	88
Tab. 16:	Durchschnittliche Untergrenzen für *Dibao* nach Provinzeinheiten (Ende 2003)	89
Tab. 17:	Zusammensetzung der Arbeitslosen im *Zhongshan Erlu*-Viertel Chongqing (1. Halbjahr 2003)	94
Tab. 18:	Formen, in denen Befragte in den untersuchten *Shequ* (SQ) partizipierten	97
Tab. 19:	Formen der Partizipation in Shenzhener Nachbarschaftsvierteln	101
Tab. 20:	Welche Aufgaben erfüllt das Einwohnerkomitee? Es kümmert sich um…	102
Tab. 21:	Weshalb haben Sie sich an der Wahl beteiligt? (in Prozent)	114
Tab. 22:	Wer sollte die Wohnviertel verwalten? (in %)	115
Tab. 23:	Bewertung der Arbeit der Eigentümerkomitees (nur Shenzhen)	116
Tab. 24:	Welche Personen sollten gewählt werden?	127
Tab. 25:	Struktur der EK-Mitarbeiter im *Futian*-Bezirk Shenzhen (2004)	133
Tab. 26:	Weshalb wollen Sie nicht an Wahlen teilnehmen?	136
Tab. 27:	Sollten Einwohnerkomitees gewählt werden?	138
Tab. 28:	Welche Wahlform präferieren Sie? (Bewohner)	141
Tab. 29:	Weshalb sprechen Sie sich gegen Direktwahlen aus? (Bewohner)	144

Tab. 30:	Kosten der Wahlorganisation in zwei unterschiedlichen *Shequ* (in Yuan)	146
Tab. 31:	Welche Wahlform präferieren Sie (Funktionäre)?	146
Tab. 32:	Weshalb sprechen Sie sich gegen Direktwahlen aus (Funktionäre)?	146
Tab. 33:	Haben Sie gegenüber dem Einwohnerkomitee Vorschläge gemacht oder Meinungen geäußert?	150
Tab. 34:	Hauptarbeitsbereiche der Shequ im Nanyang-Bezirk der Stadt Harbin (2003)	170
Tab. 35:	Arbeitsaufgaben eines EK in Wuhan (2003)	170
Tab. 36:	Sind die Einwohnerkomitees Selbstverwaltungsorgane?	171
Tab. 37:	Um was für eine Organisationen handelt es sich bei den Einwohnerkomitees?	171
Tab. 38:	Sind die Einwohnerkomitees Selbstverwaltungsorgane (Funktionäre)?	172
Tab. 39:	Wie bewerten Sie das Beziehungsgefüge EK-Straßenbüro (Funktionäre)	172
Tab. 40:	Jahreseinkommen der *Shequ* im Nanyang-Bezirk der Stadt Harbin (2003)	173

Verzeichnis der Abbildungen

Abb. 1:	Politisches Bewusstsein und Systemdynamik	17
Abb. 2:	Organisationsstruktur der *Shequ* in der Stadt Shenyang (2005)	67
Abb. 3:	Parteiorganisation des *Yongfeng-Shequ* in Shenyang (2003)	76
Abb. 4:	Organisation der Verwaltung von Wohneigentum (Stadt Shenzhen)	112
Abb. 5:	Herausbildung von Bürgern	162

1 Einleitung: Zum Hintergrund und Ziel der Arbeit

1.1 Fragestellung

Dieser Band präsentiert Ergebnisse eines Forschungsvorhabens, das sich mit dem politischen Bewusstsein in der VR China im Kontext lokaler Partizipationsprozesse befasst hat. Untersucht wurde die Einwirkung institutioneller Veränderungen auf das Bewusstsein der Betroffenen (Bauern, einfache Stadtbewohner und örtliche Kader) auf der *grassroots*-Ebene (Dörfer und städtische Nachbarschaftsviertel). Gerade in gesellschaftlichen Umbruchphasen büßen alte institutionalisierte Orientierungsmuster ihre Wirksamkeit ein und beginnen neue und stärker individualisierte Momente eine größere Rolle in Interaktionsprozessen zu spielen. Diese sind für die Stabilität und Legitimität einer politischen Ordnung, in diesem Fall für das Regime Chinas, von fundamentaler Bedeutung. Dasselbe gilt für institutionelle Reformen, die unmittelbar auf das Partizipationsverhalten der Bevölkerung einwirken sollen.

Ausgangspunkt unserer Untersuchung ist das Bemühen des Parteistaates, durch die Gewährleistung von wirtschaftlicher Entwicklung, sozialer Wohlfahrt und öffentlicher Sicherheit gesellschaftliche Stabilität sowie politische Legitimität zu generieren. Diese Ziele werden seit einiger Zeit aber auch durch die Ermöglichung von mehr direkter Bürgerbeteiligung, also durch direkte politische und soziale Partizipation, verfolgt. Die Einführung von direkten Wahlen auf der Dorfebene und neue Modi der sozialen Partizipation in Chinas Städten haben insofern einen klaren instrumentellen Charakter. Gleichwohl – so unsere Überlegungen – bewirken Veränderungen des bestehenden Institutionengefüges zum Zwecke der Partizipationserweiterung Veränderungen im Denken und Verhalten der Menschen. Dies wiederum führt zu einer Dynamisierung der überkommenen Machtstrukturen innerhalb des politischen Systems. Ob dabei mehr Regimelegitimität erzeugt wird oder diese eher zu erodieren droht, war die zentrale erkenntnisleitende Fragestellung unserer Untersuchung.

Tatsächlich hat nicht nur die Parteiführung, sondern auch eine zunehmende Zahl von Chinaforschern der Institution direkter Urnengänge zu den Dorfverwaltungskomitees (*cunmin weiyuanhui*) und seit jüngstem auch der Leitungen der städtischen Nachbarschaftsviertel (*jumin weiyuanhui/ shequ weiyuanhui*) einen hohen Stellenwert für das politische Reformprogramm des „Sozialismus mit chinesischen Besonderheiten" zugemessen. Zwar besteht das Ziel dieser Maßnahmen primär in einer Konsolidierung und Relegitimierung der Parteikontrolle über die lokale Bevölkerung; gleichwohl haben chinesische und westliche Wissenschaftler immer wieder angenommen, dass diese von oben verordnete „lokale Selbstverwaltung" (*difang zizhi*) den ihr gesetzten Ordnungsrahmen sprengen und die seit längerem beobachtbaren gesellschaftlichen Pluralisierungstendenzen in der VR China dynamisch verstärken werde. Letztlich steht dahinter auch die vage Vermutung, der Ausbau und die Vertiefung lokaler Partizipationsprozesse könnten den Weg für eine Demokratisierung des politischen Systems bereiten.

Unser Forschungsvorhaben setzte sich zum Ziel, auf der Basis einer breit angelegten komparatistischen Studie den Folgewirkungen von Dorf- und Stadtteilwahlen für die politische Bewusstseinsbildung, das politische Verhalten sowie die Veränderungen der politischen Kommunikation und der politischen Kräfteverhältnisse an der lokalen Basis systematisch nachzugehen. Gefragt wurde primär nach Einstellungen, Meinungen und Wertpräferenzen der lokalen Bevölkerung im Hinblick auf ihre Bereitschaft zu aktiver politischer und sozialer Partizipation sowie auf ihr Gefühl, durch eine Ausweitung der Partizipationsmöglichkeiten an politischem Einfluss gewonnen zu haben. Davon ausgehend versuchten wir auf den Erfolg (oder Misserfolg) der Kommunistischen Partei zu schließen, mittels der o.g. Reformen die Legitimität und Stabilität ihrer Herrschaft zu erhöhen. Letztlich interessierte uns dabei auch die Frage, inwiefern der institutionelle Wandel die Herausbildung von „Bürgern" bzw. *citizenship* begünstigt.

Beim Prozess der Beschreibung und Erklärung der von uns beobachteten Dynamik wählten wir eine Perspektive, die im angloamerikanischen Sprachraum als *rational choice institutionalism* bezeichnet wird.[1] So analysieren wir die Wechselwirkungen zwischen institutionellem Wandel einerseits und dem politischen Denken und Handeln der Akteure – hier Dorf- und Stadtbewohner sowie lokale Kader – andererseits und erklären davon ausgehend gesellschaftliche Veränderungsprozesse und neue Legitimitätsstrukturen innerhalb des politischen Systems der VR China, hier im sog. *local state*. Dabei werden Institutionen im Sinne von North als formelle und informelle Spielregeln einer Gesellschaft verstanden, die die menschliche Interaktion steuern. Wir gehen insofern von einem erweiterten Institutionenbegriff aus, der neben gesatzten Verfahrensregeln auch Konventionen und Normen umfasst. Institutionen werden also nicht als unveränderliche Strukturen begriffen, sondern als sich wandelnde Regeln, die das Handeln der Akteure konditionieren und durch dieses Handeln wiederum selbst geformt werden.

Institutionalistische Ansätze haben sich, was Wahlprozesse anbelangt, lange Zeit auf die Frage der von ihnen ausgehenden Konsequenzen für den organisierten politischen Wettbewerb konzentriert. Hingegen wurden die Auswirkungen von Wahlen auf das politische Bewusstsein der Betroffenen eher vernachlässigt.[2] Von daher interessierte uns bei der übergeordneten Frage, wie die Einführung direkter und indirekter Wahlen in den Dörfern und Nachbarschaftsvierteln das Institutionengefüge verändert, vor allem der Aspekt des Zusammenhangs von politischem Bewusstsein (*political awareness*) einerseits und Systemstabilität bzw. -legitimität andererseits. Bei der Operationalisierung unseres Projekts konzentrierten wir uns auf drei das politische Bewusstsein bestimmende bzw. präzisierende Faktoren, nämlich auf

a. den Einfluss von Partizipation (vor, während und nach den Wahlen);
b. den Einfluss von Informationen (durch die Akkumulierung politischen Wissens) und
c. den Einfluss der individuellen Kompetenzerfahrung bzw. des Kompetenzbewusstseins hinsichtlich von Wahlen (*internal* oder *external efficacy*).

Unsere Überlegungen gingen in die folgende Richtung: Die parteistaatliche Führung versucht mit der Reorganisation der Verwaltungen der Dörfer und Nachbarschaftsviertel ihre Legitimität und damit die soziale und politische Stabilität an der gesellschaftlichen Basis zu stärken. Die Veränderung des Institutionengefüges hat notwendigerweise Auswirkungen auf das Denken und das Verhalten der betroffenen Akteure. Dabei nahmen wir an, dass direkte Wahlen oder andere Formen der direkten Bürgerbeteiligung zu einem faktischen,

---

[1] Vgl. *Peters* 1999.
[2] *Cox* 1987, 1990; *Knight/Sened* 1995: 1. *Finkel* 1985: 891 hat auf diesen Sachverhalt bereits 1985 hingewiesen.

mindestens aber gefühlten *empowerment* der Bevölkerung im Hinblick auf politische und soziale Partizipation führen.[3] Unter einem solchen *empowerment* verstehen wir nicht nur das Bewusstsein, Kompetenzen zu zielgerichteter, streitbarer und wirkungsvoller (rationaler) Partizipation erworben zu haben und diese erfolgreich einsetzen zu können. Vielmehr gehört dazu auch eine Stärkung des Gemeinschaftssinns (Bürgersinn), also ein *empowerment*, das sich zum einen kommunitarischen bzw. kollektivistischen Zielen verpflichtet fühlt, zum anderen der Entwicklung von *citizenship* förderlich ist. Partizipation, Information und *efficacy*[4], die jeweils in Lernprozesse eingebettet sind, tragen insofern zur Legitimitäts-(Loyalitäts-) und Vertrauensbildung bei. Wo aber Legitimität und Vertrauen in politische Institutionen und Akteure sowie in ein normgerechtes politisches Handeln gegeben ist, entsteht Systemstabilität (vgl. Abb. 1).

Abb. 1: Politisches Bewusstsein und Systemdynamik

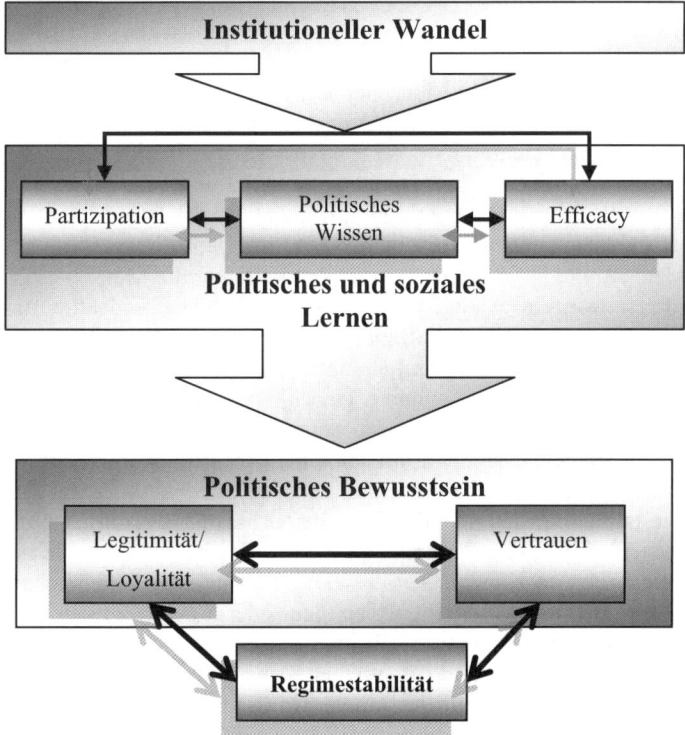

Institutioneller Wandel

Partizipation ↔ Politisches Wissen ↔ Efficacy

Politisches und soziales Lernen

Politisches Bewusstsein

Legitimität/Loyalität ↔ Vertrauen

Regimestabilität

© Heberer/Schubert 2006.

Unsere Konzentration auf die *grassroots*-Ebene des politischen Systems der VR China zum Zwecke einer Analyse des Zusammenhangs von institutionellem Wandel, Wandel des politischen Bewusstseins und Regimestabilität hatte vor allem drei Gründe:

---

[3] Wir lehnen uns hier an ein Konzept von *Kaufman* 1997a: 5 an.
[4] Wir verwenden im Folgenden den englischen Begriff *efficacy*, weil deutsche Begriffe die Inhalte nur ungenügend wiedergeben.

1. Die Mehrheit der chinesischen Bevölkerung lebt in Dörfern und städtischen Nachbarschaftsvierteln. Von daher ist das politische Bewusstsein und Handeln dieser Menschen zentral für das politische System und seine Stabilität.
2. Die *grassroots*-Ebene ist von engen räumlichen Bezügen und permanenter direkter Interaktion zwischen den Bewohnern geprägt. Partizipatorische Mitwirkung und Mitgestaltung sowie Kooperation können dadurch gut beobachtet werden.[5]
3. Politische Partizipation innerhalb einer Gesellschaft lässt sich nur anhand des Verhaltens konkreter Gruppen analysieren. Diese können nach räumlichen (Dörfer, Nachbarschaftsviertel), ökonomischen (Betriebe) oder organisationssoziologischen Gesichtspunkten (z.B. Vereine) unterschieden werden. Wir haben uns hier für die räumliche Ebene entschieden, weil uns die Frage interessierte, inwiefern deren Restrukturierung neue Anstöße für Partizipation liefert sowie zur Generierung von Vertrauen, Legitimität und Stabilität beiträgt.

Dabei spielten auch Gruppenidentitäten – im Dorf, im städtischen Nachbarschaftsviertel – für uns eine zentrale Rolle. Sie bilden eine wichtige normative Bezugsdimension für das politische Denken und Handeln der Menschen und sind im chinesischen Kontext – etwa mit Blick auf die traditionelle Clangemeinschaft oder die Nachwirkungen der städtischen *Danwei*[6] – unbedingt zu berücksichtigen.[7]

Im Verlauf der empirischen Untersuchungen wurde deutlich, dass Wahlen in der bisherigen Form im urbanen Raum eine deutlich geringere Rolle spielen als im ländlichen China. Einerseits lassen fehlende staatliche Anstrengungen, direkte Wahlen mit der gleichen Entschiedenheit wie auf dem Land zu implementieren, die Menschen an der Ernsthaftigkeit von Wahlen zweifeln. Andererseits hängt die geringere Bedeutung mit Unterschieden im Hinblick auf die soziale Stratifizierung und auf abnehmende Gruppenidentitäten zusammen. Während die neuen Mittelschichten in Chinas Städten Eigentum gebildet haben und sich vielerorts mit Hilfe von autonom gewählten „Eigentümerkomitees" (*yezhu weiyuanhui*) organisieren, stehen für die sozial schwächeren Schichten Fragen des sozialen Überlebens und der sozialen Sicherung im Mittelpunkt. Partizipation dient in beiden Fällen der Interessendurchsetzung, ist aber aufgrund der Verschiedenheit dieser Interessen unterschiedlich ausgestaltet. Bei den sozial Schwächeren handelt es sich eher um eine staatlicherseits mobilisierte Form von Partizipation, wobei gleichwohl Lern- und *empowerment*-Effekte ausgebildet werden können. Von daher bezieht sich die Untersuchung im urbanen Raum – neben den dort existierenden Formen mehr oder minder direkter Wahlen – auf ein Institutionendesign, das Partizipation mit Blick auf die öffentliche Mobilisierung zur Herstellung von sozialer Sicherung und öffentlicher Sicherheit thematisiert. Hypothetisch unterstellt wird dabei, genauso wie für den ländlichen Raum, dass der institutionelle Wandel im urbanen Raum nicht nur mehr Legitimität, Loyalität und Stabilität generiert, sondern auch einer „schleichenden" partizipatorischen Dynamik Vorschub leistet, die zu einer allmählichen Stärkung des politischen Bewusstseins der Bevölkerung und letztlich zur Herausbildung von *citizenship* führt.

---

[5] „The evolution of cooperation", schreibt Robert M. Axelrod, „requires that individuals have a sufficiently large chance to meet again so that they have a stake in their future interaction" (*Axelrod* 1984: 20).

[6] *Danwei*, die „Arbeitseinheit", steht für den öffentlichen Betrieb (Fabrik, Behörde, Lehranstalt etc.), dem jemand angehört. Bis in die jüngere Gegenwart hinein waren die *Danwei* für das gesamte Leben, auch die soziale Sicherung ihrer Beschäftigten, zuständig.

[7] Vgl. hierzu *Berry* et al. 1993; *Putnam* 2000; *Putnam/Feldstein* 2003: 75ff.

In den folgenden Abschnitten dieser Einleitung wollen wir zunächst die zentralen von uns verwendeten Begriffe definieren und ihren Anwendungskontext erklären, bevor wir unsere einzelnen Untersuchungshypothesen darlegen.

1.2 Begriffe

1.2.1 Politische und soziale Partizipation

Partizipation bezieht sich allgemein zunächst auf die Beteiligung oder Mitwirkung von Mitgliedern einer Gruppe an gemeinsamen Angelegenheiten, nicht auf Einstellungen. In der Familie, am Arbeitsplatz, in Vereinen, in der Ökonomie, in der Politik, überall gibt es Möglichkeiten der Partizipation. Der Begriff ist also keineswegs nur an politische Entscheidungen gebunden. Individuelle Formen gesellschaftlicher Partizipation finden sich auch in der Ökonomie. So sind etwa die Beteiligung am Markt oder eine Erwerbstätigkeit als Formen individueller (ökonomisch-gesellschaftlicher) Partizipation zu werten. Grundsätzlich ist zwischen politischer und sozialer Partizipation zu unterscheiden. Während *politische* Partizipation im Mittelpunkt unseres Interesses für das ländliche China steht, beschäftigen wir uns eher mit *sozialer* Partizipation in den städtischen Nachbarschaftsvierteln. Dies hängt damit zusammen, dass Direktwahlen im urbanen Raum noch kaum institutionalisiert sind bzw. erheblich hinter dem Implementierungsgrad im ländlichen Raum zurückliegen. Während also im ländlichen Raum die Möglichkeit genuiner politischer Partizipation bereits maßgeblich zur Bildung eines politischen Bewusstseins beiträgt, so wird Letzteres in den Städten eher durch soziale Partizipation – etwa in Form der Teilnahme an öffentlichen Aufgaben (Reinigungs- und Umweltkampagnen, Nachbarschaftshilfe, Beteiligung an Aufklärungsaktionen etwa im Bereich der Geburtenplanung oder soziale Fürsorge für bedürftige Haushalte oder Personen) geprägt.

Wir treffen nunmehr die Annahme, dass soziale Partizipation – zumindest bis zu einem gewissen Grad – *funktionsäquivalent* zu politischer Partizipation ist. Häufig schafft soziale Partizipation aber auch die Voraussetzungen für politische Partizipation, etwa durch die Einübung partizipativer Momente in organisierten Gemeinschaften oder im Hinblick auf soziale Kontakte und Informationen.[8] Positiv interpretiert könnte hier der Begriff des *service learning*[9] Anwendung finden: Dabei erlernen die Betroffenen aktive Teilnahme an solchen organisierten Aktivitäten, die der Gemeinschaft nutzen. Insofern könnte soziale Partizipation[10] auch als proto-politisch bezeichnet werden. Partizipation existiert niemals abstrakt, sondern ist durch spezifische Institutionen und Prozesse sowie ideologische und kulturelle Faktoren bestimmt.[11] Wir argumentieren also, dass soziale Partizipation ein politisches Bewusstsein schaffen kann, z.B. durch die mobilisierte Beteiligung an sozialen Maßnahmen zur Gestaltung der Nachbarschaftsviertel oder ein direktes Bürgerengagement zur Verbesserung der öffentlichen Sicherheit durch die Organisation von privaten Wach-

---

[8] *Olsen* 1972 weist allerdings darauf hin, dass zwischen beiden Partizipationsformen keine deterministische Verbindung besteht.
[9] Dazu eingehender: *Vogt* 2004: 155ff.
[10] In Abgrenzung zu Gabriel et al. bezieht sich unser Begriff der sozialen Partizipation nicht nur auf freiwillige Tätigkeiten in Vereinen und Verbänden, denn dies würde eine Analyse sozialer Partizipation in China erheblich einschränken. Vgl. *Gabriel* et al. 2002: 39.
[11] Vgl. hierzu auch *Kaufman* 1997b.

diensten. Auch von dieser Seite betrachtet stehen soziale und politische Partizipation in einem unmittelbaren Zusammenhang.

Wie Almond/Verba u.a. gezeigt haben, partizipieren Angehörige der Unterschichten in der Regel in geringerem Maße, weil sie glauben, sie verfügten nicht über die Machtkapazitäten für politische Veränderungen.[12] Mobilisierte Partizipation von sozial benachteiligten Gruppen kann hier dazu dienen, diese Gruppen an *politische* Partizipation heranzuführen. Die öffentliche Mobilisierung (durch den lokalen Staat, Dorfverwaltungs- oder Einwohnerkomitees) im Interesse von Angelegenheiten einer Gemeinschaft (hier: Nachbarschaftsviertel) ist von daher durchaus als Teil von politischer Partizipation zu begreifen. Mobilisierte (soziale) Partizipation ermöglicht bzw. erleichtert auch das *contacting* von Regierungs- und Parteifunktionären, das seinerseits als genuine Form politischer Partizipation zu begreifen ist (vgl. unten).[13]

Die klassische Definition für *politische* Partizipation von Verba/Nie lautet:

> Political participation refers to those activities by private citizens that are more or less directly aimed at influencing the selection of governmental personnel and/or the actions they take.[14]

Doch damit ist die Frage nach den Inhalten dieser Partizipation keineswegs erschöpft. Um welche Aktivitäten privater Bürger handelt es sich? Was heißt „mehr oder weniger direkt"? Und in welchem Ausmaß wird (direkt oder indirekt) Einfluss auf die politische Entscheidungsfindung ausgeübt? Aaron Wildavsky hat in seinem Grundlagenwerk *The Art and Craft of Policy Analysis* verdeutlicht, dass Politikimplementierung durch Bürger Teil von Partizipation ist und dass deren Einbeziehung in Analysen zu einem besseren Verständnis des Partizipationsbegriffs führt.[15] Soziale Partizipation ist in diesem Sinne als Teil von Politikimplementierung zu begreifen, weil sie Regierungshandeln unterstützt und somit beeinflusst. Mit ihrem Engagement für Wohlfahrtsaufgaben, Umweltschutz, Bewachung oder Fortbildung stellen Bürger kollektiv öffentliche Güter und Dienstleistungen zur Verfügung und tragen so zur Verbesserung der Qualität städtischer Dienstleistungen bei.[16] Entsprechend gelten *community activities* im Sinne der Behandlung sozialer Fragen in der Partizipationsliteratur durchaus als ein Bestandteil politischer Partizipation.[17] Partizipatorisches Kapital (d.h. durch *empowerment* erworbenes) trägt dazu bei, kollektive Probleme zu lösen, die Staat oder Privatsektor nicht in effizienter Weise lösen können. *Soziale* Partizipation ist von daher ein Mittel zur Verbesserung der Qualität von Politik. Sie erleichtert die Umsetzung und Akzeptanz politischer Beschlüsse. Auf diese Weise wirkt sie positiv auf die Vertrauensbildung in Politik und Gesellschaft.[18]

Hier ist auch eine Unterscheidung zwischen Partizipation als Teil des Prozesses der Politikformulierung einerseits und Partizipation als Teil von Politikumsetzung andererseits sinnvoll. Im Sinne der Politikumsetzung geht der theoretische Ansatz der „Koproduktion" davon aus, dass Bürger freiwillig bestimmte öffentliche Güter (z.B. Nachbarschaftshilfe) bereitstellen. Öffentliche Leistungen dieser Art erfordern zugleich, dass der Staat Rahmen-

---

[12] Vgl. *Almond/Verba* 1965; *Milbrath* 1965; *Gittell* 1980: 22f.
[13] *Kaplan* 1993.
[14] *Verba/Nie* 1972: 2.
[15] *Wildavsky* 1979: 252ff.
[16] Vgl. *Scharp* 1980: 105-118; *Marschall* 2004: 232.
[17] So etwa *Verba/Nie* 1972; *Milbrath/Goel* 1977: 13f.
[18] Ähnlich: *Uslaner* 2004; *Kamerade/Burchell* 2004.

bedingungen für dieses partizipative Engagement schafft (z.B. in Form von Steuervorteilen, Vergünstigungen oder auch organisatorischer Art).[19] Wie Melissa J. Marschall gezeigt hat, ist hierbei zentral, dass ohne aktive Bürgerpartizipation „the capacity of government to provide public goods and services is severely compromised".[20] Das Engagement von Bürgern in ihren Wohnvierteln entlastet den Staat nicht nur finanziell; es ist in der Regel auch effizienter als die staatliche Daseinsfürsorge, weil die Bewohner ein starkes Eigeninteresse an der Gestaltung und Pflege ihres Gemeinwesens besitzen. Der Theorie der Koproduktion zufolge trägt ein solches Engagement der Bürger zur Verbesserung der Qualität der öffentlichen Güter bei. Dadurch erhöht sich nicht nur ihre Zufriedenheit mit dem Staat und werden ihre Kritik an staatlichem Verhalten abgeschwächt bzw. positive Einstellungen gegenüber der Regierung gefördert;[21] darüber hinaus wächst auch das, was oben als *internal* bzw. *external political efficacy* bezeichnet wurde, nämlich einerseits der Glaube an die eigene Kompetenz und Kapazität zur Politikgestaltung, andererseits das Vertrauen in den Staat, konstruktiv auf die Belange der Bürger einzugehen. Die Aufgabe der Politik besteht somit zuvorderst darin, partizipatorisches Kapital, d.h. das freiwillige Engagement der Bürger, zu fördern und zu unterstützen.[22] Auch von daher begreifen wir soziale Partizipation als funktionsäquivalent zu politischer Partizipation, also als vergleichbaren Modus der Mobilisierung des politischen Bewusstseins von Menschen.[23]

Wir stellen insofern einem instrumentell-zweckrationalen Partizipationsbegriff, der auf eine direkte oder indirekte Beeinflussung politischer Entscheidungen sowie auf die Freiwilligkeit der Beteiligung abhebt (und in dieser Form sicherlich auf die politischen Wahlprozesse im ländlichen China angewendet werden kann), einen normativen Partizipationsbegriff an die Seite. Dieser bezieht sich auf die (teilweise erzwungene) Beteiligung der Bürger an der Gestaltung von öffentlichen Räumen und erfasst somit die Mitwirkung an einer Vielzahl von sozialen Prozessen in einem Gemeinwesen. Nur ein solcher Partizipationsbegriff kann der politischen Dimension des aktuellen Geschehens in den urbanen Nachbarschaftsvierteln der VR China gerecht werden.

Deshalb wird dieser Studie eine Minimaldefinition für politische Partizipation zugrunde gelegt, derzufolge es sich dabei um die Beteiligung von Mitgliedern einer Gruppe an der Regelung jedweder gemeinsamer, öffentlicher Angelegenheiten der Gesellschaft bzw. ihrer Teilgruppen handelt. Entsprechend begreifen wir soziale Partizipation als Beteiligung der genannten Gruppen an der Regelung gemeinsamer, öffentlicher *sozialer* Angelegenheiten der Gesellschaft bzw. ihrer Teilgruppen. Soziale Partizipation wirkt in diesem Sinne in ähnlicher Weise auf die Stimulierung des politischen Bewusstseins von Menschen wie politische Partizipation und kann mitunter auch als Vorstufe zu genuiner politischer Partizipation begriffen werden – dann nämlich, wenn sich aus den Erfahrungen mit sozialer Partizipation Forderungen nach mehr politischer Partizipation ergeben.

---

[19] *Gittell* 1980; *Pammer* 1992: 920ff.
[20] *Marschall* 2004: 233.
[21] Vgl. *Brudney* 1991; *Berry* et al. 1993.
[22] *Rosenstone/Haus* 1993; *Marschall* 2004: 242.
[23] Dieser Gedanke steht im Widerspruch zum üblichen politikwissenschaftlichen Verständnis von politischer Partizipation, mit der in der Regel die Durchsetzung oder Beeinflussung bestimmter Zielsetzungen im öffentlichen Leben gemeint ist. Dabei geht es in erster Linie um das Regierungshandeln, wobei zwischen direkter Beeinflussung (die unmittelbare Gestaltung oder Durchführung von Politik) und indirekter Beeinflussung (die Einflussnahme auf die Auswahl derjenigen, die Politik machen) unterschieden wird. Vgl. auch *Burns* 2001: 4.

Eine solche Minimaldefinition erfasst Gesellschaften mit ganz unterschiedlichem kulturellem Hintergrund, demokratisch wie nicht demokratisch verfasste Länder sowie gleichermaßen Agrar- und Industrieländer. Der dieser Definition zugrunde liegende Partizipationsbegriff ist breiter angelegt als der für westlich-demokratische Gesellschaften konzipierte.[24] Letzterer ist eng an den Begriff formaler und direkter Partizipation geknüpft. Politische Partizipation bedeutet dann, dass Individuen oder Gruppen sich im Interesse der Erhaltung oder Veränderung öffentlicher Belange *einmischen*. Mit dieser Einmischung sollen letztlich Entscheidungen (politischer *Output*) beeinflusst oder öffentliche Tatsachen geschaffen werden. Ein solcher Partizipationsbegriff impliziert im Grunde, dass es nur zwei Gesellschaftsformen zu geben scheint: *partizipatorische* (d.h. demokratisch verfasste) und *nichtpartizipatorische* (d.h. nicht-demokratisch verfasste). Eine solche Einengung macht jedoch eine Analyse von politischer Partizipation in einem Land wie der VR China unmöglich. Hingegen argumentieren wir, dass auch dort die politische Elite zunehmend Rücksicht auf das politische Bewusstsein der Bevölkerung nehmen muss. Zudem sind die hier beobachtbaren Phänomene *Inklusion* (die Einbeziehung einer größeren Anzahl von Personen, Gruppen oder Organisationen außerhalb der Partei in Beratungs- und Entscheidungsprozesse), *bargaining* (die Tradition des Verhandelns und Aushandelns zwischen den einzelnen Hierarchieebenen oder innerhalb dieser Ebenen, um möglichst großen Konsens zu erreichen), *collective action* (spezifische Formen nicht-organisierten Kollektivverhaltens, die hohen Wirkungsgrad besitzen und damit Politik beeinflussen) sowie *guanxi* (soziale Beziehungs-)-Netzwerke oder Korruption durchaus als Partizipationsmuster zu begreifen, durch die politischer *Output* beeinflusst wird.

Auch in China existieren insofern vielfältige Formen von Partizipation, die – vor allem im urbanen Raum – allerdings notwendigerweise andere Formen und unterschiedliche Mittel der *Output*-Beeinflussung von Politik annehmen als in demokratisch verfassten Gesellschaften. Partizipation hat hier weniger gesellschaftliche Emanzipation zum Ziel, sondern zielt vor allem auf die Lösung von Problemen des unmittelbaren Alltagslebens unter besonderer Berücksichtigung der existierenden sozialen Bezüge in einem (lokalen) Gemeinwesen. Daraus erwächst u.U. ein normatives Partizipationsverständnis, das nach Rainer-Olaf Schultze „konsensorientiert, kommunitär und expressiv" ist.[25] Normativ bezieht sich hier auf gemeinsame Verpflichtungen und die Umsetzung gemeinsamer Wertvorstellungen in einer lokalen Gemeinschaft im Interesse der Aufrechterhaltung gesellschaftlicher Ordnung.

Da der Parteistaat (*party-state*) die Gesellschaft nach wie vor dominiert und auch die städtischen Einwohnerkomitees (fortan: EK) der Leitung bzw. Anleitung durch die staatlichen Straßenbüros und durch die Parteikomitees unterliegen, die öffentlichen Aufgaben in den Wohn- oder Nachbarschaftsvierteln (*Shequ*) also nicht autonom verfolgt werden können, sind Politik und Gesellschaft enger miteinander verwoben als in den demokratischen Gesellschaften westlicher Provenienz. Eine strikte Trennung von Politik und Gesellschaft im öffentlichen *Shequ*-Raum ist deshalb schwierig. Die obige Minimaldefinition von politischer Partizipation als „Beteiligung von Mitgliedern einer Gruppe an der Regelung gemeinsamer Angelegenheiten der Gesellschaft bzw. ihrer Teilgruppen" ist dabei zunächst als definitorischer Ausgangspunkt unserer Untersuchung zu betrachten. Die offiziellen Aktivitäten von Funktionären, die von Staats oder Partei wegen mit politischen Aktivitäten befasst sind, begreifen wir in diesem Kontext nicht als politische Partizipation.

---

[24] Vgl. hierzu auch *Friedgut* 1979: 19ff.
[25] *Schultze* 2001: 363.

Wie die Erfahrungen der VR China zeigen und wie wir im Folgenden noch sehen werden, erfolgt die Teilhabe an öffentlichen Tätigkeiten nicht immer freiwillig, sondern von oben organisiert oder angeordnet. Mit Huntington und Nelson unterscheiden wir daher zwischen *mobilisierter* und *autonomer* Partizipation.[26] Mobilisierte Partizipation bezieht sich auf Personen, die auf Grund von Anweisungen oder Aufforderungen tätig werden und nicht freiwillig. Dabei kann es sich um Parteimitglieder handeln, die der Parteidisziplin verpflichtet sind, um nachgeordnete Funktionsträger (Block- oder Hauswarte, Wahlvertreter der Bewohner) oder um Personen, die von einem EK abhängig sind (z.B. Sozialhilfeempfänger, Arbeitslose, Vorbestrafte etc.). Autonome Partizipation hingegen steht für freiwillige, selbst gewählte Teilhabe. Gleichwohl ist eine strikte Trennung zwischen diesen beiden Kategorien schwierig, weil die Grenzen fließend sind. So kann jemand freiwillig partizipieren, gleichzeitig aber der Meinung sein, die Teilnahme werde von ihm erwartet. Oder jemand folgt dem Aufruf der Parteiorganisation, sich an der Propagierung des „Geistes" des Mustersoldaten Lei Feng in einem Wohnquartier zu beteiligen, ist zugleich aber vom Nutzen dieser Aufgabe überzeugt. Als Zwischenform findet sich noch die *rekrutierte* Partizipation,[27] also die Gewinnung von Personen durch Agitation, Überredung oder auf Grund von Beziehungen, die gerade in China einen wichtigen Aspekt von Beteiligung ausmachen.

Allerdings stellt sich die Frage, ob mobilisierte Partizipation als Teil politischer Partizipation begriffen werden kann, da Partizipation in der westlichen Politikwissenschaft häufig das Moment der „Freiwilligkeit" zugeordnet wird. Zweifellos ist der Grad an autonomer Partizipation in demokratischen Gesellschaften höher als in autoritären; doch auch in demokratisch verfassten Gesellschaften basiert Partizipation nicht immer nur auf Freiwilligkeit – denken wir z.B. an gewerkschaftliche Streiks und die erzwungene Beteiligung derjenigen Gewerkschaftsmitglieder, die gegen einen Streik gestimmt haben; an die Mobilisierung von Parteimitgliedern in Wahlkämpfen oder an Bürger, die sich vor allem deshalb in Bürgerinitiativen engagieren, um vermeintlichen Schaden von sich und ihren Familien abzuwehren. Zwar ist der Mobilisierungsfaktor in China bei weitem ausgeprägter als in demokratischen Gesellschaften. Inzwischen haben aber die „Muss-Normen" (des partizipieren M ü s s e n s wie in der Mao-Ära) gegenüber den Kann- und Soll Normen von Partizipation deutlich abgenommen. Auch in China stehen heute spezifische Motive und Interessen der Partizipierenden hinter einem sozialen Engagement. Von daher wollen wir beide Kategorien (mobilisierte und autonome) als politische Partizipation werten. Schließlich, so belegt unsere Untersuchung, besteht eine dynamische Beziehung zwischen mobilisierter und autonomer Partizipation, kann mobilisierte Partizipation sich zunehmend in autonome Partizipation verwandeln.[28]

Wichtig für politische Partizipation sind auch die Chancen für eine solche Teilhabe durch Gelegenheitsstrukturen, Ressourcen (spezifische Fertigkeiten, Informationen) und politische Orientierungen als Ergebnis von Interessen und Informationen. Politische Gelegenheitsstrukturen können Partizipation hemmen oder fördern. Als förderlich gelten die Möglichkeit zur Mitwirkung an Gemeinschaftsaufgaben und die Existenz von Institutionen, die die Artikulation von Interessen auf einer breiten Ebene erlauben. Die chinesische Reformpolitik hat die Grundlagen für gesellschaftspolitische Veränderungen geschaffen, die

---

[26] Huntington/Nelson 1976: 7ff.
[27] Dazu auch *Brady* 1999.
[28] So auch *Huntington/Nelson* 1976: 9.

für ein höheres Maß an Partizipation notwendig sind. Dazu zählt auch die Ausweitung von Gelegenheitsstrukturen zu direkter oder indirekter Beteiligung an öffentlichen Angelegenheiten, wie sie sich auf Grund einer größeren Offenheit des politischen Systems entwickelt haben, etwa Mitarbeit in sozialen oder Berufsorganisationen, Beteiligung an Internet-*Chatgroups*, die Einreichung von Petitionen bei Behörden usw.

Politische Partizipation kann insbesondere dann gelingen, wenn Personen erfolgreich auf materielle und immaterielle Ressourcen zugreifen und diese im Sinne ihrer Zielsetzung zu mobilisieren vermögen. Dabei spielt der Zugang zu informellen Netzwerken eine zentrale Rolle. Politische Partizipation bedeutet von daher mehr als die Teilnahme an Wahlen, obwohl Wahlen einen gewichtigen Teil politischer Partizipation ausmachen und vor allem im ländlichen Raum im Zentrum unserer Untersuchung stehen.

Die Entwicklungen in Taiwan und Südkorea werden häufig als Beleg für die Bedeutung von Nachbarschaftsvierteln für Partizipation angeführt.[29] Tatsächlich war z.B. in den 1990er Jahren die „Nachbarschaftsviertelbewegung" (*shequ fazhan yundong*) in Taiwan ein zentraler Faktor für zivilgesellschaftliche Prozesse, in deren Verlauf eine große Zahl nichtstaatlicher lokaler Vereinigungen entstand. Der Nachbarschaftsbewegung in Taiwan wurde vor allem in den ersten Jahrzehnten nach 1949 eine besondere Rolle in der autoritären Ära zugemessen. Die Nachbarschaftsviertel bildeten ein lokales Gegengewicht zum lokalen und zentralen Staat und spielten später auch im Demokratisierungsprozess eine spezifische Rolle.[30] Ähnlich wie heute in der Volksrepublik China erfüllten sie in Taiwan Aufgaben der sozialen Fürsorge und Sicherung, förderten Partizipation (z.B. im Umweltschutz) und trugen zur Wertevermittlung bei. Überdies sollten neue räumliche Identitäten geschaffen werden.[31] Auch in Japan existiert seit langer Zeit ein System der Nachbarschaftsvereinigungen, das sich noch heute in Strukturen der Nachbarschaftshilfe niederschlägt, vor allem im Bereich alltäglicher Fürsorgeaufgaben. Die Entwicklung dieser Vereinigungen, vor allem während des Zweiten Weltkrieges, zeigt, dass und wie solche Organisationen nicht nur für Aufgaben der Verteilung lebensnotwendiger Güter, sondern auch für soziale Kontrolle (bis hin zur „Gedankenkontrolle") instrumentalisiert werden können.[32] Dies gilt in ähnlicher Weise für die ehemalige Sowjetunion, in der Nachbarschaftsviertel – ganz ähnlich wie heute in der VR China – die Funktion sozialer und politischer Kontrolle, aber auch sozialer Wohlfahrt und Fürsorge sowie öffentlicher Sicherheit wahrnahmen.[33]

1.2.2 Wahlen

In der Politikwissenschaft werden Wahlen einerseits als demokratische Methoden zur Auswahl von Funktionsträgern begriffen, andererseits als technisches Verfahren.[34] Funktional gesehen, gelten Wahlen als eine Gelegenheit der Bürger, die Wahl ihrer politischen Führer zu beeinflussen und darüber hinaus an der Gestaltung des politischen Systems mitzuwirken.[35] Wahlen vermögen auch die politische Legitimität eines solchen Systems sowie das

---

[29] Siehe u.a. die verschiedenen Beiträge in *Diamond/Myers* 2004a.
[30] *Tang Chingping* 2004: 83ff. Vgl. auch *Lin/Wu/Lee* 2006.
[31] *Fan* 2004.
[32] *Wallraff* 1999: 38; *Thränhardt* 1989.
[33] Vgl. hierzu *Friedgut* 1979: 267ff.
[34] Die technische Seite interessiert uns hier nur am Rande, vgl. dazu *Nohlen* 2004.
[35] Ein Überblick zu der Thematik: *Derichs/Heberer* 2006.

Vertrauen in dieses System und seine Leistungsfähigkeit zu stärken.[36] Dabei sind Wahlen nicht notwendig ein demokratischer Akt, denn auch in den politisch radikalsten Zeiten der Mao-Ära gab es Wahlakte, in denen von der Partei ausgewählte Kandidaten für bestimmte Ämter durch öffentliches Handheben gewählt wurden. Da die Bedeutung von Wahlen sowie die Wahlinhalte und -ziele von dem jeweiligen politischen System abhängig sind, müssen wir zwischen verschiedenen Wahltypen unterscheiden. Die Politikwissenschaft kennt *kompetitive*, *semi-kompetitive* und *nicht-kompetitive* Wahlen, je nachdem ob und wie viel Wettbewerb zwischen den Kandidaten gegeben ist und ob die Wahlen als allgemein, frei und geheim gelten können. Sind die zuletzt genannten Faktoren vorhanden, handelt es sich um kompetitive Wahlen; ist die Wahlfreiheit eingeschränkt, um semi-kompetitive; gibt es keinerlei Wahlfreiheit, dann lässt sich von nicht-kompetitiven Wahlen sprechen.[37]

Unter Demokratietheoretikern herrscht kein Konsens über die Funktion von Wahlen.[38] Schumpeter betont – in Anlehnung an Max Weber – den Wettbewerb Einzelner um Machtpositionen.[39] Die Hauptfunktion von Wahlen in der Demokratie sei es, eine Regierung oder ein „Zwischenorgan" (Parlament) zur Bestellung einer Regierung hervorzubringen. In Wahlen sieht er also nur ein Mittel zum Zweck. Demokratie, so Schumpeter, bedeute, dass das Volk die Männer (und – über Schumpeter hinaus – auch die Frauen), die es beherrschten, akzeptieren oder ablehnen könne.[40] Ganz im Sinne Schumpeters haben chinesische Politikwissenschaftler argumentiert, dass periodische Wahlen von politischen Führern ein hinreichender Ausdruck von Demokratie seien. Denn der wesentliche Unterschied zwischen einer Autokratie und einer pluralistischen Demokratie liege darin, wie politische Führerschaft entstehe.[41] Auch in der VR China wird die Führungsspitze gewählt, allerdings nicht direkt, sondern indirekt – auf Parteiebene durch das Zentralkomitee, auf Staatsebene durch den Nationalen Volkskongress. Führerschaft entsteht durch eine handverlesene Auswahl und nicht durch offene Konkurrenzwahlen. Sicher ist auch diese indirekte Wahl eine Form von politischer Partizipation, auch wenn der Wahlakt selbst nur ein geringes Maß an Anstrengung und Reflexion erfordert und zudem nur eine Minderheit der Bevölkerung einbindet.[42]

Demokratieforscher haben in diesem Kontext darauf hingewiesen, dass das Phänomen der „begrenzten Wahlen" (*limited elections*), wie wir sie derzeit in China vorfinden, und ihre langfristigen Effekte bislang kaum untersucht worden sind. Unter Bedingungen eines „gehemmten politischen Zentrums" (*inhibited political centre*), d.h. eines Zentrums, das durch innere Spannungen gekennzeichnet ist, bzw. eines „autoritären Pluralismus" mit widerstreitenden vertikalen und horizontalen Interessen, könnten Wahlen den administrativ unteren Ebenen den Übergang zu einer *electoral democracy* durchaus ebnen. Dies treffe möglicherweise auf die VR China zu. Wettbewerb finde in vier Arenen oder *marketplaces* statt: ökonomisch (auf den Märkten für Güter und Dienstleistungen), politisch (um Macht), ideologisch (um Ideen, Normen, Werte) und organisatorisch (Wettbewerb gesellschaftlicher Organisationen, Bewegungen, Interessengruppen usw.). Gehemmte politische Zentren geben aus dieser Perspektive der Gesellschaft größeren Spielraum und Pluralität, kontrollieren

---

[36] Dazu z.B. *Banducci/Karp* 2003.
[37] Vgl. z.B. *Nohlen* 2004: 21ff.
[38] Einen Überblick über die verschiedenen Ansätze geben *Katz* 1997; *Schmidt* 2000.
[39] *Schumpeter* 1975: 434f.
[40] *Schumpeter* 1975: 452.
[41] *Wei Pan* 2003: 7f.
[42] Vgl. *Berry* et al. 1993: 284.

die Gesellschaft aber weiterhin durch die Strukturen des Parteistaates.[43] Auch hier werden die Entwicklungen in Taiwan und Südkorea häufig als Beleg für eine solche Entwicklung angeführt.[44]

1.2.3 Politisches Wissen

Politisches Wissen bezieht sich in unserem Zusammenhang auf Kenntnisse, die das politische Handeln von Individuen oder Gruppen anleiten (Orientierungswissen) oder lenken (Handlungswissen). Anders ausgedrückt geht es um Partizipationswissen, d.h. um Informationen einerseits und spezielle Techniken für politische oder politiknahe Beteiligung andererseits. Dies bezieht sich z.B. auf das Wissen um die Funktion, die Formen und die Abläufe von Wahlen. Allgemeiner geht es dabei um das Wissen über die Instrumente – etwa politische und rechtliche Vorschriften – und Strategien zur Realisierung von spezifischen Interessen auf formellen oder informellen Wegen. Politisches Wissen ermöglicht überdies die Einordnung lokaler Abläufe und Vorgänge in übergeordnete Zusammenhänge und erleichtert damit die Artikulierung und Durchsetzung von Interessen. Politisches Wissen ist von daher eine Voraussetzung für aktive Partizipation. Menschen, die partizipieren, sollten über einen höheren Grad an politischem Wissen verfügen als andere.

Informationen spielen hier eine besondere Rolle. Sie werden extern durch die Medien (Presse, Fernsehen, Rundfunk, Internet, Bücher) und intern durch Aushänge oder Versammlungen verbreitet. Die Aneignung von Informationen ist als Teil eines kognitiven Lernprozesses zu begreifen. Dabei bildet das Partizipationsinteresse selbst die Grundlage und den Rahmen für die Aneignung von Informationen und damit den Erwerb von Partizipationswissen. Darüber hinaus kommt dem politischen Wissen auch eine weitergehende Funktion zu. Das kognitive Moment von Modernisierung, verbunden mit einer Internationalisierung von Wissen und Informationen stellt Ideologien in Frage und fordert bestehende Institutionen sowie politische und soziale Strukturen heraus. Es erfolgt eine Entmagisierung des Denkens, damit ein Übergang vom Mythos zur Wissenschaft, verbunden mit einer Rationalisierung des Wissens und der Gesellschaft in Richtung einer „Erkenntnis-Gesellschaft".[45] Diese „kognitive Mobilisierung" (R. Inglehart) schafft zugleich ein Konflikt- und Spannungspotenzial, weil traditionale Herrschaftsformen, Werte, Einstellungen und Institutionen in Frage gestellt werden.

1.2.4 Efficacy

Campbell et al. definieren den für politische Partizipation zentralen Begriff *efficacy* (Wirkungsempfinden) als

> the feeling that individual political action does have or can have, an impact upon the political process, i.e., that it is worth while to perform one's civic duties. It is the feeling that political

---

[43] Vgl. hierzu u.a. *Diamond/Myers* 2004b; *Metzger* 1991, 1998; *Scalapino* 1998.
[44] Siehe u.a. die verschiedenen Beiträge in *Diamond/Myers* 2004a.
[45] Vgl. van der *Loo/van Reijen* 1992: 120ff., 221ff.

and social change is possible, and that the individual citizen can play a part in bringing about this change.[46]

Menschen mit der Auffassung, dass politische Funktionsträger empfänglich (*responsive*) und verantwortungsbewusst (*responsible*) gegenüber ihren Wählern sind, dass ihr eigenes politisches Engagement nützlich ist und die öffentliche Politik beeinflussen kann und dass sie auch nach einer Wahl Einfluss auf die politische Entscheidungsfindung nehmen können, partizipieren intensiver als andere – so jedenfalls die Annahme des *efficacy*-Konzepts.[47] Ein hohes Maß an *political efficacy* ist nicht nur Voraussetzung für engagierte Partizipation, sondern indiziert auch die Existenz gut informierter, politisch interessierter, loyaler und zufriedener Bürger, die die politische Ordnung tragen. Ein geringes Maß an *efficacy* verweist hingegen auf politische Indifferenz bzw. Apathie. Je höher der Grad an *efficacy*, desto größer das Vertrauen in ein Regime bzw. seine Funktionsträger.[48]

In den Sozialwissenschaften wird zwischen *internal* und *external political efficacy* unterschieden. *Internal efficacy* gründet sich auf die Überzeugung des einzelnen Bürgers, selbst unmittelbar auf die politische Entscheidungsfindung im Staat einwirken zu können. Personen mit einer solchen Haltung würden sich eher an politischen Prozessen beteiligen[49] und dadurch wiederum politisches Wissen akkumulieren, denn – so schreibt Pateman – „the more the individual participates the better he is able to do so".[50] *External efficacy* wiederum bezieht sich auf die individuelle Überzeugung, dass die Institutionen und Akteure des politischen Systems positiv auf die Partizipation und darüber transportierte Forderungen der Bürger reagieren werden.[51] *Internal efficacy* bezieht sich also auf die Bewertung der eigenen Fähigkeiten zur Einflussnahme auf Politik, auf die subjektive Kompetenz zu politischer Partizipation.[52] *External efficacy* zielt hingegen auf die Bewertung der Responsivität des politischen Systems. Von daher stehen die beiden Komponenten von *efficacy* für zwei unterschiedliche Orientierungen im Hinblick auf die Rolle von Bürgern in politischen Entscheidungsprozessen.[53] Dabei zeigt sich, dass *efficacy* eng mit Vertrauen (*trust*) in das politische System sowie dessen Legitimität verbunden ist (vgl. unten).[54]

Political efficacy, das politische Wirkungsempfinden des Bürgers, ist zu unterscheiden von dem in der Partizipationsliteratur ebenfalls häufig anzutreffenden *sense of citizen duty*, der das politische Verantwortungsbewusstsein des Bürgers bzw. sein Empfinden für eine „zivile Verpflichtung" gegenüber dem Gemeinwesen bezeichnet, also

> the feeling that oneself and others ought to participate in the political process, regardless of whether such political activity is seen as worth while or efficacious.[55]

---

[46] *Campbell/Gurin/Miller* 1976 (1954): 187.
[47] *Campbell/Gurin/Miller* 1976 (1954): 194.
[48] Dazu: *Balch* 1974: 1-4.
[49] *Craig/Maggiotto* 1982: 85ff.; *Finkel* 1985: 891ff.
[50] *Pateman* 1970: 29.
[51] *Craig* 1979.
[52] So bezeichnen *Verba/Nie* 1972: 83 *efficacy*.
[53] *Craig/Maggiotto* 1982: 88.
[54] Vgl. *Balch* 1974; zum Verhältnis von *political efficacy* und Vertrauen siehe *Craig* 1979; *Craig* et al. 1990. Vgl. auch *Finkel* 1985: 894.
[55] *Campbell/Gurin/Miller* 1976 (1954): 1

Dies beinhaltet auch das Moment des *public spirit* (Gemein- oder Bürgersinn), also die Bereitschaft, sich überhaupt an Gemeinschaftsaktivitäten zu beteiligen. Wie US-amerikanische Untersuchungen zeigen, spielen Bildungsgrad, Einkommen und Beruf eine wichtige Rolle sowohl für die Entwicklung von *efficacy* als auch für den *sense of citizen duty*. So vertreten vor allem Personen mit höherer Bildung die Meinung, sie könnten Einfluss auf die Politik nehmen und es sei ihre Pflicht zur Wahl zu gehen.[56] *Citizen duty* und Gemeinsinn werden wir im Zusammenhang mit der Herausbildung von *citizenship* in Chinas Dörfern und Nachbarschaftsvierteln noch erörtern.

1.2.5 Soziales und politisches Lernen

Durch Partizipation, die Verarbeitung politischen Wissens und *efficacy* werden bei Individuen kognitive Prozesse in Gang gesetzt, die neue Erfahrungen, Erkenntnisse und Fertigkeiten generieren und so zu Verhaltens- und Einstellungsänderungen führen können.[57] Soziales oder politisches Lernen kann durch Beobachtung, Einübung, Einsicht oder *trial-and-error* erfolgen. Die Betroffenen ziehen aus vergangenen Aktivitäten Schlussfolgerungen, die zu anderen oder korrigierten Einstellungen oder Verhaltensweisen führen. Politisches (soziales) Lernen einzelner Akteure bezieht sich auf Prozesse, in deren Verlauf Menschen ihre politischen (sozialen) Einstellungen bzw. ihr politisches (soziales) Vorgehen bewusst verändern. Häufig sind es ganz spezifische Ereignisse (politische Krisen, radikale Veränderungen etc.), die solchen Prozessen vorausgehen.[58]

Lernen umfasst eine subjektive und eine objektive Dimension. Die subjektive Dimension bezieht sich auf kognitive Momente (Wissen, Erfahrung, Einstellungen), die objektive auf strukturelle Momente (Informations- und Bildungsmöglichkeiten, Gesetze, Regeln sowie Organisationen). Lernen ist dabei als lebenslanger Prozess zu begreifen, wobei die jeweilige Sozialisierung, sozio-ökonomische Interessen, politische Werte, die aktuellen Lebensumstände, das Wohnumfeld sowie die Leistungen einer Person zu diesem Lernen beitragen.[59]

In unserer Untersuchung konzentrieren wir uns auf partizipatorische Lerneffekte im Dorf und im *Shequ* sowie deren Rückwirkungen auf die Legitimität und Stabilität des politischen Systems. Diese Lerneffekte bestehen im Wesentlichen darin, dass die Land- und Stadtbewohner durch die Teilnahme an Wahlen oder an anderen, dem Gemeinwesen dienenden praktischen Tätigkeiten mehr über das Funktionieren von Politik und über ihre eigenen Gestaltungs- und Einflussmöglichkeiten lernen. Dadurch wird ihr *sense of internal efficacy* gesteigert und zugleich ihr politisches Wissen vergrößert. Gleichsam wird durch soziales und politisches Lernen die Generierung von Vertrauen beeinflusst.

Hier spielt noch ein weiterer, organisationssoziologischer Aspekt eine wichtige Rolle: Nur im Rahmen organisierter Aktivitäten gewinnen Menschen Erfahrungen, lernen sie zu partizipieren und Führungsaufgaben zu übernehmen. Von daher stellen solche Erfahrungen bereits eine politische Ressource dar. Zugleich erhöhen sich dadurch der *sense of internal efficacy* der Beteiligten und zugleich ihr politisches Wissen. Lernen in kollektiver Form

---

[56] *Campbell/Converse/Miller/Stokes* 1964: 253f.
[57] „The clearest and most direct benefit of participation is that one learns", heißt es bei *Berry* et al. 1993: 257.
[58] Vgl. *Bermeo* 1992.
[59] *Rose/McAllister* 1990.

beinhaltet zugleich auch Kommunikation und Kommunikationsprozesse und damit Lernen in sozialen Zusammenhängen. Lernen ist also nicht nur ein individueller Akt.

1.2.6 Vertrauen

Stabile und politisch legitime Gemeinwesen basieren nicht nur auf Interessen, sondern auch auf (System-)Vertrauen.[60] Arthur Miller schrieb, dass ein demokratisches politisches System ohne Vertrauen der und Unterstützung durch die Mehrheit seiner Bürger nicht überleben könne.[61] Dies gilt auch für autoritäre Systeme. In China zeigt sich vielerorts, dass wachsende Unzufriedenheit auf der lokalen Ebene Vertrauensverlust, mangelnde Unterstützung, soziale Destabilisierung und politische Delegitimierung hervorbringt. In den ehemals sozialistischen Staaten Osteuropas und in der Sowjetunion führte diese Spirale schließlich zu einem Zusammenbruch der Systeme. Gesellschaften mit einem geringen Maß an politischem Vertrauen sind gleichsam weniger effizient als solche, in denen man den politischen Funktionären und Mandatsträgern vertraut.[62] Bereits der Soziologe Georg Simmel nannte Vertrauen eine „der wichtigsten synthetischen Kräfte innerhalb der Gesellschaft",[63] während der Systemtheoretiker David Easton darin eine zentrale Kategorie systemischer Stabilität erkannte.[64]

Vertrauen existiert nicht nur vertikal (abstrakt), im Hinblick auf den Staat oder die Bürokratie, sondern auch horizontal (konkret), d.h. zwischenmenschlich. Zu unterscheiden ist insofern zwischen Vertrauen in Institutionen einerseits und in Gruppen und einzelne Personen andererseits. Außerdem kann Vertrauen entweder auf „starken" Bindungen im Sinne sozialer Gemeinsamkeiten beruhen – also z.B. auf Verwandtschaft, Freundschaft oder den sog. *Tong*-Beziehungen (Angehörige des gleichen Dorfes oder gleicher ethnischer, lokaler oder regionaler Herkunft; Schul-, Studien- und Arbeitskollegen etc.) gegründet sein; oder es stützt sich auf eher „schwache" Bindungen, z.B. auf Beziehungen zu Institutionen wie Regierungsorganen, Firmen etc.

Die Unterscheidung zwischen „schwachen" und „starken" Bindungen (*strong/weak ties*) ist gängig in der Literatur über den neuen Institutionalismus. Starke Verbindungen basieren auf sozialen Gemeinsamkeiten (Verwandtschaft, *tong*-Beziehungen), schwache eben nicht. Der Grad an Stärke oder Schwäche hängt dabei von den vier Faktoren Zeitdauer einer Beziehung, emotionale Intensität, Vertrautheit im Umgang miteinander und wechselseitige Gefälligkeiten innerhalb einer Beziehung ab. *Strong ties* sind das Ergebnis von Beziehungen zu Personen oder Gruppen, mit denen ein Akteur „natürlich" verbunden ist; *weak ties* ergeben sich durch eher lockere, nicht „natürlich" gewachsene Beziehungen zu Personen. Von daher bringen *weak ties* einen Akteur in neue Beziehungsnetzwerke und vermitteln ihm neue Ideen, neue Informationen und Zugang zu neuen Ressourcen, obwohl *strong ties* emotional tiefer gehen und leichter zu mobilisieren sind.

Eine andere Kategorisierung soziologischer Provenienz unterscheidet zwischen generalisiertem, rationalem, Identitäts- bzw. Gruppen-basiertem sowie moralischem Vertrau-

---

[60] Einen Überblick über die soziologische Literatur zum Thema „Vertrauen" geben *Cook* 2001 sowie *Endress* 2002.
[61] *Miller* 1974: 951.
[62] Vgl. *Gambetta* 1988a: 221.
[63] *Simmel* 1908: 346.
[64] *Easton* 1965: 273f.

en.⁶⁵ Generalisiertes Vertrauen meint hier eine allgemeine Bereitschaft, anderen zu vertrauen und mit ihnen zu interagieren. Der Begriff des rationalen Vertrauens geht davon aus, dass Vertrauen dann entsteht, wenn sein möglicher Nutzen seine möglichen Kosten mit großer Sicherheit übersteigen wird. Gruppenbasiertes Vertrauen wird durch kollektive Identität bzw. eine gemeinsame Gruppenzugehörigkeit generiert (i.S. der o.g. *tong*-Beziehungen). Moralisches Vertrauen schließlich gründet sich auf moralisch-ethische Verpflichtungen.⁶⁶ In den Sozialwissenschaften geht man allgemein davon aus, dass generalisiertes Vertrauen in einer Gesellschaft eine wichtige Voraussetzung für politisches Vertrauen darstellt.⁶⁷ Putnam argumentiert überdies, dass Vertrauen eine Grundvoraussetzung für politische Partizipation sei, denn „people who trust their fellow citizens volunteer more often, contribute more to charity, participate more often in politics and community organizations".⁶⁸ Insofern ist Vertrauen nicht nur eine Voraussetzung für politische, sondern auch für soziale Partizipation im oben definierten Sinn.

Sztompka zufolge beruht Vertrauen auf drei Säulen: a) *reputation* (Erfahrungen mit vergangenen Leistungen von Funktionsträgern oder Institutionen und deren Generalisierung), b) *performance* (gegenwärtige Leistungen) und c) *appearance* (der Eindruck, den man von einer Person oder Institution hat, u.a. auf Grund von Kontakten). Sekundär kommen noch die Momente *accountability* (Verantwortlichkeit im Handeln) und *precommitment* (Vorausverpflichtungen) hinzu.⁶⁹ Für andere Wissenschaftler basiert Vertrauen auf den folgenden Aspekten: (a) historische Erfahrungen, die sich in der Gegenwart bestätigen und positive Zukunftserwartungen generieren (ein solches Zeitfenster findet sich auch bei Niklas Luhmann⁷⁰); (b) systemische Erfahrungen, die den Glauben nähren, dass ein politisches System den Interessen und Bedürfnissen der Menschen weitgehend gerecht wird; (c) emotionale Erfahrungen (Identität mit der unmittelbaren Gemeinschaft und *face-to-face* Beziehungen zum jeweiligen EK; gemeinsame Sozialisierungserfahrungen mit lokalen Kadern, Verwandtschaft oder gemeinsame regionale Herkunft usw.) bzw. die affektive Seite von Vertrauen.⁷¹

Der US-amerikanische Systemtheoretiker David Easton stützt seinen Begriff der „Unterstützung" (*support*) – neben dem Legitimitätsglauben der Bevölkerung – auf Vertrauen. Er unterscheidet zwischen *spezifischer* und *diffuser Unterstützung* für ein politisches System: spezifische Unterstützung ist das Ergebnis der von der Bevölkerung wahrgenommenen Leistungseffizienz des Systems; diffuse Unterstützung wiederum manifestiert sich als *Vertrauens*vorschuss in die Institutionen und die „Fundamente der politischen Ordnung" (W. Merkel) unabhängig vom konkreten System*output*.⁷² Vertrauen und Unterstützung scheinen dabei zu funktionsanalogen Begriffen zu werden: „spezifisches Vertrauen" entsteht (wie spezifische Unterstützung) durch die Erfüllung von konkreten Anforderungen an das System, „diffuses Vertrauen" (wie diffuse Unterstützung) durch (längerfristige) Erfahrungen mit Institutionen und durch die Verinnerlichung kontinuierlicher Vertrauensbeweise des

---

⁶⁵ *Stolle* 2002: 403.
⁶⁶ *Schaal* 2004: 29f. Einen Überblick über verschiedene *trust*-Schulen geben *Misztal* 1996 und *Cook* 2001.
⁶⁷ „General social trust is translated into politically relevant trust", vgl. *Almond/Verba* 1965: 228.
⁶⁸ *Putnam* 2000: 137.
⁶⁹ *Sztompka* 1999: 71ff.
⁷⁰ *Luhmann* 1968: 15ff.
⁷¹ Vgl. hierzu auch *Braithwaite/Levi* 1998: 77ff.; *Schaal* 2004: 54ff.; *Sztompka* 1997.
⁷² *Easton* 1965: 267ff. Vgl. auch *Merkel* 1999: 60. Siehe auch *Westle* 1989: 73-90.

Systems im Sinne von Verlässlichkeit. Es zeigt sich damit, dass Vertrauen, Legitimität und Stabilität in einem politischen System eng aufeinander bezogen sind.

Oft wird demokratischen Verfassungen eine wichtige Quelle von Vertrauen zugewiesen.[73] Wie Inglehart in verschiedenen Untersuchungen über politische Einstellungen in weltweitem Vergleich festgestellt hat, ist Vertrauen dabei zugleich der Konsolidierung und der Entwicklung von Demokratie förderlich. Gleichzeitig ist er in seinen *World Value Surveys* auch im autoritären China – trotz eines niedrigen Freiheitsgrades – auf ein hohes Maß an interpersonalem Vertrauen gestoßen[74] – eine Beobachtung, die von anderen Studien bestätigt wurde.[75] Somit scheint auch in autoritären Systemen Vertrauen zu bestehen, das sich systemstabilisierend auswirken könnte.

Folgt man jedoch Piotr Sztompka, beruht das Vertrauen in autoritären Regimen auf anderen Voraussetzungen als in demokratischen Gesellschaften. Demokratien generieren Vertrauen durch die Institutionalisierung von Misstrauen, also durch die institutionelle Vorsorge gegen undemokratisches Verhalten. Autokratien hingegen institutionalisieren Vertrauen, indem sie es dekretieren.[76] So sehen z.B. die in der chinesischen Verfassung verankerten „Vier Grundprinzipien" vor, dass die Bürger in die Kommunistische Partei sowie in das politische System, seine Strukturen und seine Ideologie zu vertrauen haben. Die Institutionalisierung dieses „oktroyierten Vertrauens" vollzieht sich einerseits über die politische Sozialisation (und Indoktrinierung), andererseits über die Zensur, mit der die Funktionsträger des Regimes entscheiden, welche Informationen das Vertrauen in die parteistaatliche Führung untergraben könnten und deshalb dem Volk nicht „zuzumuten" sind. In besonderen Fällen (Gründung von Oppositionsparteien, Dissidententum, einflussreiche öffentliche Kritik, auch im Internet) wird auftretendes Misstrauen abgestraft, wodurch jedoch neues Misstrauen geschürt wird:

> The citizens are treated with suspicion, a permanent presumption of disloyalty, disobedience, and guilt. Therefore they are under constant surveillance and control…just as trust breeds trust, distrust produces mutual distrust…This is the paradox of autocracy: institutionalized trust produces pervasive distrust.[77]

Ein Übermaß an staatlicher Kontrolle, Überwachung und Sanktionen erzeugt somit das Gegenteil von Vertrauen, nämlich Misstrauen, Indifferenz und Zynismus. Damit werden Legitimität und Autorität, letztlich auch die Stabilität des autoritären Regimes, untergraben. Fehlendes Vertrauen der Bürger in ihren Staat kann zu gesellschaftlicher Desintegration führen, bei gleichzeitiger Zunahme der politischen Transaktionskosten für das herrschende Regime, sich zu legitimieren. Würde der chinesische Staat seinen Bürgern mehr trauen, so die implizite Logik, dann würden diese wohl auch mehr Vertrauen in ihn setzen.

Es stellt sich angesichts der Forschungsergebnisse von Inglehart, Tang Wenfang u.a. die Frage, ob man es sich mit autoritären Regimen so einfach machen kann wie Sztompka dies suggeriert. So ist in unserer Untersuchung die Annahme erkenntnisleitend, dass inter-

---

[73] Vgl. *Schaal* 2004.
[74] *Inglehart* 1997, 1999; vgl. auch *Chen/Zhong/Hillard* 1997.
[75] Vgl. *Tang* 2004; *Wang* 2005.
[76] „Whereas (…) democracy institutionalizes distrust, and only as a paradoxical consequence, through the establishment of accountability and pre-commitment, begets trust, autocracy attempts directly to institutionalize trust, and turn it into a strongly formal demand" (*Sztompka* 1999: 148).
[77] *Sztompka* 1999: 149f.

personales Vertrauen auf der Mikroebene (Dörfer, Wohnviertel), gestützt durch institutionelle Legitimität, generiert werden kann und sich von dort auf die Makroebene übersetzt, also von konkretem in generalisiertes (System-)Vertrauen überführt wird. Hier ist auf den von Anthony Giddens beobachteten Zusammenhang zwischen personalem und systemischem Vertrauen sowie auf die besondere Bedeutung der Repräsentanten von abstrakten – d.h. hier: politischen – Systemen hinzuweisen: „Die Zugangspunkte abstrakter Systeme bilden den Bereich, in dem gesichtsabhängige und gesichtsunabhängige Bindungen miteinander in Berührung kommen".[78] Die Funktionsträger, denen die Dorf- und Stadtbewohner alltäglich begegnen (Dorfverwaltungs- und Einwohnerkomitees), repräsentieren für sie das „System". In dieser Begegnung fallen mikro- und makropolitische Vertrauensgenerierung zusammen, weil die politische Glaubwürdigkeit und Performanz dieser lokalen Funktionsträger zur zentralen Variable für das Vertrauen in das Gesamtsystem wird.

Die genauen Mechanismen dieses Übersetzungsprozesses bzw. die Bedingungen zur Entstehung von generalisiertem Vertrauen[79] werden von der sozialwissenschaftlichen Theoriebildung unterschiedlich beschrieben und im Wesentlichen durch zwei Ansätze erklärt. Besonders prominent figuriert dabei die Rückbindung der Entstehung von generalisiertem Vertrauen an das Konzept des Sozialkapitals. Dabei wird generalisiertes Vertrauen zunächst auf langfristige historisch-kulturelle Erfahrungen mit sozialer Organisation und Interaktion in – wie Dietlind Stolle schreibt – „horizontal networks of civic engagement" zurückgeführt:

> It is possible that strong in-group cooperation experiences that result in in-group trust with a *broad* sampling of members of society directly transfer to the outside world. In this case, generalized trust involves a leap of faith that the trustworthiness of those you know can be broadened to include others whom you do not know.[80]

Es kommt zum *bridging*, wobei es in der Sozialkapital-Schule umstritten bleibt, wie und wann genau dieser Effekt eintritt. Offensichtlich spielen sowohl die Personen, mit denen man interagiert, als auch die Intensität der Interaktion – etwa in privaten Assoziationen oder aber in der überkommenen sozialen Struktur einer (dörflichen) Gemeinschaft – eine wichtige Rolle. Die Entstehung generalisierten bzw. abstrakten Vertrauens ist dabei zuvorderst abhängig von der *Vertrauenswürdigkeit* der lokalen Repräsentanten eines politischen Systems, in unserem Fall also der KP-Kader in den Dörfern, Gemeinden, Nachbarschaftsvierteln und Straßenkomitees. Diese Vertrauenswürdigkeit ist durch die lokale Reputation eines Kaders bedingt, die sich auf unterschiedliche Aspekte seiner Person und seines Handelns beziehen kann – v.a. auf seine Fähigkeit, den materiellen Wohlstand der Gemeinschaft und des Einzelnen zu mehren sowie nach Gesetz und Recht zu handeln. Weil aber ein Kader stellvertretend für das KP-Regime agiert und als Amtsinhaber gleichzeitig eine politische

---

[78] *Giddens* 1990: 107. Im Unterschied zu den unten genannten Autoren hat Giddens den Übersetzungsprozess von personalem in abstraktes Vertrauen bzw. die „Mechanismen des Vertrauens in abstrakte Systeme" (107) sozialpsychologisch bzw. identitätstheoretisch erklärt und vor allem aus den Bedingungen der kindlichen Sozialisierung hergeleitet.
[79] „The important question is how the trust or distrust that we obviously develop so easily for people we know well can be extended to and used for the growth of generalized trust, or trust for people we do not know well. How do we generalize and feel comfortable with those about whom we do not have much information? How is generalized trust institutionalized? In other words, we need a mechanism that explains the development of generalized trust" (*Stolle* 2002: 404).
[80] *Stolle* 2002: 404f.; vgl. auch *Fukuyama* 1995; *Putnam* 1993.

Institution verkörpert, wird seine persönliche Vertrauenswürdigkeit automatisch zur Vertrauenswürdigkeit der Institution – und damit zum Wegbereiter des generalisierten Systemvertrauens.

Der zweite Ansatz bringt die politischen Institutionen noch direkter ins Spiel. Hier geht es darum, generalisiertes Vertrauen nicht primär auf soziale Interaktion, sondern auf den unabhängigen Einfluss, auf die „formative Funktion" (Claus Offe) solcher Institutionen zurückzuführen. Von der Bedeutung demokratischer Institutionen für die Bildung von Vertrauen war im Zusammenhang mit Ingleharts Studien zu den *World Value Surveys* sowie Sztompkas Diktum vom institutionalisierten Misstrauen in einer demokratischen Ordnung bereits die Rede. Aber auch in autoritären Staaten wird offenbar Vertrauen generiert, das auf das Gesamtsystem durchgreift. Eine besonders positive Wirkung für die Erzeugung generalisierten Vertrauens scheint von erfolgreicher staatlicher Wohlfahrtspolitik auszugehen: Je weniger materielle Ungleichheit, desto größer die Neigung, unbekannten Gruppen von Menschen zu vertrauen.[81] Auch direkte Erfahrungen mit der Fairness und Neutralität von politischen Institutionen korrelieren positiv mit generalisiertem Vertrauen, obwohl die Forschung noch nicht viel über die genauen Mechanismen der „systemischen" Verallgemeinerung solcher konkreter Erfahrungen von Menschen weiß.[82]

Claus Offe führt die Entstehung von generalisiertem bzw. – in seiner Diktion – universalisiertem Vertrauen wiederum auf die *moralische Plausibilität* von Institutionen zurück, die einerseits Vertrauen durch einen Effekt „antizipierter Sozialisierung" erleichtern und andererseits die Risiken von Vertrauen reduzieren:

> We trust our fellow citizens (…) due to the fact that we share significant institutional space with a sufficiently strong meaning so as to make the overwhelming majority of 'strangers' among my fellow citizens worthy of being trusted because I anticipate them to be appreciative of that meaning. (…) To summarize, institutions engender trust among strangers in two ways. First, they inspire compliance due to what I have called their 'moral plausibility' and anticipated formative impact upon everybody else. Second, they can limit, due to the protected status rights they provide, the perceived risk of trusting strangers.[83]

Institutionen generalisieren Vertrauen, indem sie moralisch plausible Werte verkörpern und verwirklichen, also die Wahrheit sagen, Versprechen halten, fair und neutral sind und ein kritisches Maß an sozialer Gleichheit herstellen, also Solidarität üben:

> Any evidence of institutions permitting (or failing to detect) lies, of being unable to make actors keep contracts and honor promises, of being biased and permitting unfair advantages, and of failing to compensate at least some major kinds of social inequalities appear to be the only legitimate reasons for 'systemic' distrust and eventually cynicism.[84]

---

[81] Vgl. *Uslaner* 2002. An anderer Stelle hat dieser Autor jedoch auch darauf hingewiesen, dass es zur Entstehung von Optimismus und Vertrauen nicht immer materiellen Wohlstands bedarf: „Things can be *getting better* and people can have a sense that they *can make things better*. This is what optimism is all about, and it can occur even if prosperity seems just around the corner" (*Uslaner* 1999: 143)

[82] „It is possible that generalized trust and other aspects of social capital help governments perform better; however, selected institutional structures facilitate generalized trust. Universal welfare states, impartial and un-corrupt political institutions such as the police and courts are important institutional characteristics that seem conducive to the development of generalized trust" (*Stolle* 2002: 408).

[83] *Offe* 1999: 71f.

[84] *Offe* 1999: 75.

Den beiden angeführten Ansätzen zur Erklärung von generalisiertem Vertrauen entsprechen somit zwei grundsätzlich unterschiedliche Perspektiven auf die Entstehung von Vertrauen. Die Sozialkapital-Schule führt abstraktes, generalisiertes oder universalisiertes Vertrauen auf die durch soziale Interaktionen gewonnenen und verallgemeinerten Erfahrungen in eng umgrenzten Gemeinschaften wie Familien, Clans oder lokalen Netzwerken mit gelungener Kooperation – z.B. im Rahmen einer Dorfgemeinschaft oder eines funktionierenden Nachbarschaftsviertels – zurück. Die „institutionalistische" Schule wiederum weist den „von oben" implementierten Institutionen und der von ihnen ausgehenden Bestätigung bzw. Einübung gesellschaftlich akzeptierter Werte und Handlungsnormen eine wesentliche Rolle für die Erzeugung generalisierten Vertrauens zu. Für uns ist bedeutsam, dass sich beide Ansätze nicht ausschließen, sondern ergänzen können. So scheint zumindest mancherorts im ländlichen Raum Chinas das Zusammenspiel von sozialer Kooperation und institutionellem Vertrauen konstitutiv für abstraktes Systemvertrauen (zumindest in die politische Ordnung des *local state*) bzw. generalisiertes Vertrauen zu sein. Umgekehrt lässt sich systemisches Misstrauen bis hin zum politischen Zynismus auf Fehlfunktionen dieses Zusammenspiels zurückführen. Vor allem in den Nachbarschaftsvierteln des urbanen China findet soziale Interaktion nach der Auflösung der alten *Danwei*-Strukturen kaum mehr statt und versagen die politischen Institutionen bei der Stiftung einer neuen gesellschaftlichen Kohärenz. Aber auch das ländliche China gilt für die große Mehrheit der *China watcher* als Hort der Unruhe, in dem eine grassierende Kaderkorruption jedes Vertrauen der Bauern in die lokalen Funktionäre und politischen Institutionen zerstört hat.

Es ist – ähnlich wie beim Verhältnis zwischen Demokratie und Vertrauen auf der systemischen Ebene – nicht ganz klar, ob es wirklich die neu geschaffenen Institutionen sind, die generalisiertes Vertrauen zu erzeugen vermögen; oder ob ein vorgängiges Vertrauen für die Akzeptanz solcher Institutionen konstitutiv ist, bevor diese dann nach ihrer Installierung wiederum generalisiertes Vertrauen erzeugen können. Diese Frage kann nur mit solider und langfristig angelegter qualitativer Forschung beantwortet werden. Unsere Studie, die lediglich eine Momentaufnahme des gegenwärtigen ländlichen und urbanen China ist, kann hier sicher nur einen kleinen Beitrag leisten. Dabei haben wir uns allerdings von der Hypothese leiten lassen, dass Wahlen – genauso wie verschiedene Formen der sozialen Partizipation – als institutionelle Neuerungen im politischen Gefüge der VR China eine wichtige Rolle für die Generierung von generalisiertem Vertrauen in den *local state* spielen und auf diesem Weg auch einem allgemeinen, also den *local state* transzendierenden, Systemvertrauen Vorschub leisten. Voraussetzung dafür sind jedoch *vertrauenswürdige* Kader, die einerseits nach den neuen Regeln spielen, sich andererseits aber auch als überzeugende Protagonisten überkommener Ordnungsvorstellungen und in diesem Sinne als Träger einer charismatischen oder traditionalen Legitimität im Weberianischen Sinne ausweisen. Insofern ist das über moralische Autorität einerseits und (institutionell verbürgte) Rechenschaftspflichtigkeit andererseits hergestellte interpersonale Vertrauen im ländlichen und urbanen Raum die eigentliche Voraussetzung für generalisiertes Systemvertrauen.

Ohne die große Fülle von Definitionen und theoretischen Ansätzen zur Erfassung von politischem Vertrauen zu ignorieren, schließen wir uns in dieser Studie zunächst Francis Fukuyama an, demzufolge „*Vertrauen die innerhalb einer Gesellschaft entstehende Erwartung eines ehrlichen und den Regeln entsprechenden Verhaltens (bezeichnet), basierend auf gemeinsamen Normen, die von allen Mitgliedern der Gemeinschaft respektiert werden.*"[85]

---

[85] *Fukuyama* 1995: 43.

Diese Definition hat den Vorteil, dass sie sowohl auf Individual- und Gruppenbeziehungen als auch auf Institutionen passt. Es wird im Rahmen dieser Studie also soweit wie möglich zu klären sein, ob und in welchem Maße auf der mikropolitischen Ebene sozial oder institutionell geprägtes Vertrauen generiert wird und – soweit möglich – welche Anzeichen es dafür gibt, dass sich dieses interpersonale Vertrauen in generalisiertes Vertrauen übersetzt. In unserer Untersuchung knüpfen wir den Begriff des Vertrauens (im Sinne Eastons) stärker an eine Politik, die sich am Gemeinwohl orientiert. In diesem Sinne vertrauen Bürger denjenigen politischen Funktionsträgern, von denen sie glauben, dass sie im Interesse des Gemeinwohls und der Allgemeinheit handeln.[86]

1.2.7 Legitimität und Loyalität

Das „klassische" Legitimitätskonzept in den Sozialwissenschaften stammt von Max Weber. Er unterschied zwischen drei Legitimitätstypen, aus denen sich für ihn jeweils unterschiedliche Formen der Herrschaftsausübung ergaben: der rationale, der traditionale und der charismatische Typus legitimer Herrschaft.[87] Die charismatische Herrschaft gründet sich auf die Anerkennung eines herausragenden Führers. So lässt sich etwa die maoistische Ära als charismatische Herrschaft klassifizieren, die es heute in China jedoch nicht mehr gibt. Der traditionale Typus wiederum basiert auf dem Glauben an die Legitimität der qua Tradition zur Ausübung von Herrschaft Berufenen. Diesen Typus der Herrschaftslegitimation scheint die Kommunistische Partei als Kraft der nationalen Befreiung und Einigung noch immer weitgehend erfolgreich für sich zu reklamieren – trotz aller Versuche in den letzten Jahren, die Rekrutierung des Führungspersonals auf den verschiedenen Ebenen stärker nach formalen und informalen Prinzipien zu organisieren. Modernisierte Formen traditionaler Herrschaft finden sich heute aber auch vielerorts in der dörflichen Gemeinschaft des ländlichen China, etwa in der neuen Autorität von Tempelassoziationen sowie in der Revitalisierung von Clanhierarchien als politische Ordnungsstruktur.[88] Die rationale Herrschaft ist schließlich gestützt auf gesatzte Verfahrensregeln (Recht), ausgeübt von Personen, die auf dieser Grundlage bestellt werden. Diesem Typus entspricht heute die Herrschaftsausübung in demokratischen Staaten. Nur die Herrschaft, die in den Beherrschten einen Glauben an ihre Rechtmäßigkeit im Sinne charismatischer, traditionaler oder rationaler Legitimität verankern kann, ist nach Weber legitim. Aus dieser kategorialen Perspektive gilt das KP-Regime bei den meisten westlichen Beobachtern als illegitim, weil die chinesische Bevölkerung die charismatische (Personenkult) und traditionale (Kadereliten) Herrschaftsform ablehne und die rationale Herrschaft (*fazhi*) als völlig unzureichend implementiert erlebe. Diese Position, empirisch kaum untermauert, ist jedoch problematisch. Sie stellt nicht in Rechnung, dass das KP-Regime – neben seiner positiven ökonomischen Leistungsbilanz – gesellschaftliche Bedürfnisse nach Stabilität und Anerkennung durch die Außenwelt befriedigt[89] und zudem durch ein Mehr an reformbedingter politisch-rechtlicher Verantwortlichkeit[90] weitere Legitimitätszugewinne erzielen könnte.

---

[86] Vgl. *Easton* 1965: 312f.; *Westle* 1989: 70f.
[87] *Weber* 1956: 159.
[88] Vgl. *Tsai* 2002; *Feuchtwang* 2003.
[89] Vgl. *Seo* 2005; *Zheng/Lye* 2005.
[90] Vgl. *Shue* 2004; *Heberer/Schubert* 2006.

Mit Legitimität meinen wir im Sinne Seymour M. Lipsets, dass die Bürger eines Staates von der Rechtmäßigkeit einer bestehenden Herrschaftsordnung überzeugt sind, indem sie die vorhandenen politischen Institutionen als angemessen beurteilen:

> Legitimacy involves the capacity of the system to engender and maintain the belief that the existing political institutions are the most appropriate ones for the society.[91]

Diese Angemessenheit ist nicht allein prozedural, also etwa durch das demokratische Zustandekommen der Institutionen, bestimmt. Auch der hinzutretende funktionale Aspekt von Legitimität, nämlich die Kongruenz des staatlichen bzw. regierungsoffiziellen Handelns (durch politische Institutionen) mit den Interessen der Bevölkerungsmehrheit, komplettiert das Begriffsverständnis nicht. Vielmehr hat Legitimität auch eine starke ideelle Komponente, die sich durch spezifische Moralitäts- bzw. Gerechtigkeitsvorstellungen in einer Gesellschaft definiert. Legitimität ist insofern das zeitlich stets variierende Ergebnis eines Interaktionsverhältnisses zwischen Staat (Regime) und Bürger im Hinblick auf die Bewertung von politischer Herrschaft, wie sie sich durch politische Institutionen und ihre Funktionsträger manifestiert.[92]

Für die politische Systemtheorie David Eastons spielt Legitimität (bzw. der Legitimitätsglaube) – neben Vertrauen – eine entscheidende Rolle für die Unterstützung (*support*) des politischen Systems bzw. als Grundbedingung für seine Funktionsfähigkeit. Dabei unterscheidet er zwischen einem auf die Eignung des Herrschers (einer Regierung) gerichteten *persönlichen* Legitimitätsglauben; einem auf die als vernünftig erkannten Institutionen gerichteten *strukturellen* Legitimitätsglauben; und einem auf die Übereinstimmung mit den vom System postulierten Normen und Werten gerichteten *ideologischen* Legitimitätsglauben. Legitimität generiert *Unter*stützung und ermöglicht insofern von der *input*-Seite her den Fortbestand und die Erhöhung der für das politische System existentiell notwendigen Problemlösungskapazität.[93] Insofern könnte man Legitimität auch als wichtige Voraussetzung für und Ermöglichungsbedingung von Vertrauen bezeichnen. Sie konkretisiert Vertrauen durch ihren direkten Bezug auf eine Bewertung der politischen Institutionen nach Maßgabe prozeduraler, funktionaler und moralischer Angemessenheit.[94]

Theoretisch-konzeptionell eng verbunden mit dem Begriff der Legitimität (und auch des Vertrauens), jedoch analytisch davon zu unterscheiden, ist *Loyalität*. Dieses Konzept ist von den Sozialwissenschaften bisher nur marginal behandelt worden. Bei Loyalität, im Sinne von „die Treue halten", stehen subjektive und strategische Interessen des Einzelnen im Vordergrund. Hirschman hat sich diesem Problem organisationssoziologisch genähert, obgleich er Loyalität nicht definiert hat. Sie wird ihm zufolge als „Opfer" erbracht, weil man glaubt, auf diesem Weg Veränderungen bewirken und eine kostspielige Abwanderung (*exit*) vermeiden zu können.[95] Loyalität bedeutet in diesem Sinne die „Aufrechterhaltung eines globalen Vertrauens" – auch dann, wenn „lokale Enttäuschungen seinen Entzug nahe

---

[91] *Lipset* 1981: 64.
[92] Vgl. auch die Einleitung des Herausgebers in *White* 2005.
[93] *Easton* 1965, 1975.
[94] Allerdings ist Vertrauen bei Easton Vertrauen in die Gemeinwohlorientierung der politischen Ordnung und „gründet in der Überzeugung, dass Werte, Normen und Strukturen der politischen Ordnung am Wohl aller Mitglieder orientiert sind bzw. keine systematische Bevorzugung oder Benachteiligung bestimmter Gruppen implizieren" (*Westle* 1989: 84).
[95] *Hirschman* 1974: 31f.

legen".[96] Dabei kann Loyalität etwa durch populistische und nationalistische Konzepte gestärkt werden.[97]

Max Kaase definiert Loyalität als „Bindung an Einzelpersonen, Gruppen, Institutionen oder andere soziale Gebilde".[98] Der Begriff beinhaltet demzufolge affektive Komponenten eines Vertrauens, das allerdings immer wieder bestätigt werden muss. Genau wie Vertrauen ist Loyalität daher auch auf Erfahrungen und Vorleistungen gegründet. Sie ist nicht das Ergebnis von Manipulation, sondern von rationalen Überlegungen bzw. der kognitiven Verarbeitung von Erfahrungen. Aus Unzufriedenheit mit einer politischen Ordnung erwachsen zunächst Widerspruch bzw. Protest; erst nach kontinuierlichem Widerspruch kann es zu Disloyalität bzw. einem *Exit* kommen.

Unzufriedenheit führt natürlich auch zu Legitimationsverlusten der politischen Ordnung. Der Unterschied zwischen den Begriffen Legitimität und Loyalität besteht darin, dass Legitimität sich auf die Rechtmäßigkeit eines Systems bezieht, Loyalität hingegen auf die Zuverlässigkeit und Anständigkeit gegenüber einer Gruppe von Menschen oder einer Organisation (eines Unternehmens), der man sich verbunden fühlt. In unserem Fall ist Objekt der Loyalität primär die Partei (mit „ihrem" politischen System), Träger sind die Subjekte (die Parteimitglieder und „Parteigänger"). Loyalität bewirkt *Organisationsstabilität*. Legitimität hingegen führt zu politisch-institutionell induzierter *Regimestabilität*. In beiden Fällen wird die Neigung zur Abwanderung (aus einer Gruppe/Organisation bzw. aus einem System) verringert und („heilender") Widerspruch (*voice*) aktiviert.[99] Widerspruch bei gleichzeitiger Existenz von Organisationsloyalität bzw. Regimelegitimität ist somit als wichtige Voraussetzung *systemischer* Stabilität zu begreifen. Daraus erschließt sich auch die Erkenntnis, dass politische Partizipation, also institutionalisierte *voice*, in einem ursächlichen Zusammenhang mit der Legitimität und Stabilität eines politischen Systems steht.

Loyalität gegenüber dem chinesischen Einparteistaat ergibt sich aufgrund von Vorteilen, die das System durch die Einbindung in politische Strukturen und die damit verbundene Gewährung von Vorteilen und Privilegien gewährt (z.B. Parteimitgliedschaft, Kooptierung in die Nomenklatura, Ämter und Funktionen in Volkskongressen und Politischen Konsultativkonferenzen etc.). Illoyalität (*exit*) bringt unter den gegenwärtigen Bedingungen hohe Kosten für die Betroffenen mit sich und ist für den größten Teil der Bevölkerung aus ökonomischen und politischen Gründen kaum möglich. Insofern ist es schwierig, die heute in der VR China auszumachende *voice* – etwa bei entrechteten Bauern oder unter den von sozialer Marginalisierung bedrohten Arbeitern der maroden Staatsbetriebe – als tendenziell systemstabilisierend zu bewerten. Dennoch könnte hypothetisch gerade durch die Einführung von Direktwahlen auf Dorfebene oder von spezifischen Formen der sozialen Partizipation in den Städten eine *voice* erzeugt worden sein, die als Indikator für Systemstabilität und Regimelegitimität tauglich ist.

Immer wieder diskutiert wird die Frage nach den Unterschieden im Hinblick auf Loyalitätsvorstellungen im „Westen" und in „Asien" inklusive China. Lucien Pye hat die Auffassung vertreten, dass diese Unterschiede gravierend seien. In der US-amerikanischen Politik mache Loyalität etwa 15 Prozent in der gesamten Kette respektierter politischer Werte aus, in China aber mehr als 50 Prozent. Allerdings unterscheiden sich auch die Inhal-

---

[96] *Gambetta* 2001: 212. In diesem Sinne leistet Loyalität einem generalisierten bzw. diffusen Vertrauen Vorschub.
[97] Vgl. *Offe* 2001: 284f.
[98] *Kaase* 1990: 111.
[99] *Hirschman* 1974: 67.

te von Loyalität: Loyalität entstehe im US- amerikanischen Kontext als Reaktion auf einen Wertekanon von Effektivität, Ehrlichkeit, Weitsichtigkeit, Moralität, persönlichem Charisma und Reziprozität; in China gehe es bei Loyalität hingegen traditionell vor allem um eine „Gratifikation" für Verlässlichkeit zur Minimierung politischer Unsicherheiten und für gegenseitigen Schutz. Loyalität beruhe dort zudem auf Langfristigkeit.[100] In der VR China hat das Loyalitätskonzept jedoch einen spürbaren Veränderungsprozess erlebt.

Die Loyalität der Mao-Ära, basierend auf blindem und unbedingtem Gehorsam, bedingungsloser Ergebenheit sowie Selbstaufopferung (vgl. den Modellhelden Lei Feng) ist von einer durchaus kritischen Loyalität abgelöst worden, die stärker an die Sicherstellung materieller Prosperität und an die Hoffnung auf soziale und politische Stabilität gekoppelt ist.[101] Das chinesische Zeichen für Loyalität (*zhong*, 忠) zeigt ein Herz unter dem Zeichen für Mitte. Das Herz befindet sich also „am rechten Fleck". Darin drücken sich Hingebung, Aufrichtigkeit, Treue und Pflichtbewusstsein als Komponenten von Loyalität aus. Mao verlangte *zhong* in Form blinder Gefolgschaft gegenüber seiner Person, wobei die Fachexpertise von nachgeordneter Bedeutung war. Heute haben wir es sehr weitgehend mit einem Verhandlungssystem zu tun, in dem die Führung sich auf einen kollektiven Konsens innerhalb der Kaderbürokratie und der breiten Bevölkerung stützen kann, das jetzige System – wenn auch aus unterschiedlichen Gründen – zu erhalten. Es ist primär der wechselseitige Nutzen, also eine rationale Abwägung, der Loyalität generiert, allerdings gepaart mit Expertise, die für die Interessen der Partei nutzbar gemacht wird.

Legitimität und Loyalität sind heute nicht mehr über ein diffuses eschatologisches Endziel – die kommunistische Gesellschaft – generierbar. Vielmehr versucht die Partei über vergangene (die Schaffung eines „neuen China"), gegenwärtige (Reform- und Öffnungspolitik sowie „Stabilität") und zukünftige (eine „starke" Weltmacht China) Leistungen dieses Ziel zu erreichen. Dabei ist der viel beschworene „Nationalstolz" ein wichtiger Faktor, der die Menschen an das derzeitige Regime und System bindet. Stets hat die Partei versucht, die Identität der Interessen der Nation und ihres exklusiven Machtanspruch in den Köpfen der Bürger zu verankern. Wer sich mit dem System dennoch nicht identifiziert, soll sich zumindest nicht offen regimeoppositionell verhalten. Soweit sich Einstellungen und Verhaltensweisen nicht direkt gegen das System richten, werden sie hingenommen, zumal sich der Staat von der Kontrolle der Privatsphäre weitgehend zurückgezogen hat. Die Möglichkeit, individuelle Interessen verfolgen und auch durchsetzen zu können, sichert dem Regime zwar nicht unbedingt mehr Legitimität, aber eventuell doch ein kritisches Maß an Loyalität. Auch dies zeigt, dass Loyalität für die langfristige Systemstabilität ein unsicherer Kantonist ist als Legitimität.

1.2.8 Stabilität

In der Politikwissenschaft ist der Begriff der Stabilität eng mit dem politischen System verbunden. Politische Systeme stehen in Interaktion mit einer sie umgebenden Umwelt, die sie beeinflussen und von der sie beeinflusst werden. Veränderungsprozesse oder Krisen in der Umwelt „dynamisieren" oder „stören" ein System und schaffen auf diese Weise Instabilität. Stabilisierung bedeutet, dass ein System in der Lage ist, im Fall von solchen Störun-

---

[100] *Pye* 1981: 259-261; 1985: 295-297.
[101] Vgl. *Chu* 2001.

gen zu einem Gleichgewichtszustand zurückzukehren. Stabilität lässt sich aber nicht nur systemstrukturell, sondern auch systemfunktional definieren, nämlich als politische Performanz. Effizienz, Legitimität, Ordnung und Beständigkeit gelten hierbei als Faktoren der Generierung von Stabilität. Ferner sind auch Momente wie die Existenz eines Verfassungsstaates, das Fehlen gewalttätiger sozialer Konflikte, institutionelle Kontinuität im politischen System, die Dauerhaftigkeit von Regierungen und das Vorhandensein von Wohlstand als Ausdruck von (und als Erfordernis für) politische Stabilität zu werten. In Anlehnung an die Parsons'sche Systemtheorie sowie an den US-amerikanischen Politikwissenschaftler Gabriel Almond hat Wolfgang Merkel einen stärker funktionalen, praxisorientierten politischen Stabilitätsbegriff formuliert. Als Voraussetzung für Stabilität nennt er, dass die „innere Konstruktion der vielfältigen Wechselbeziehungen zwischen Strukturen und Akteuren so angelegt sein" (muss), „daß sie in der Lage sind, jene Aufgaben zu lösen, die dem System aus der „Umwelt" (Wirtschaft, Gesellschaft, internationale Staatenwelt) gestellt werden". Merkel zählt fünf zentrale Herausforderungen auf, die hier zu bewältigen sind:

1. politische und gesellschaftliche Integration
2. Mobilisierung von Ressourcen
3. Beziehungen mit anderen Staaten auf der Basis friedlicher Regelungen
4. politische Partizipation der Bevölkerung
5. sozial relativ gerechte Verteilung des Sozialproduktes durch staatliche Umverteilungsmaßnahmen.[102]

Wird Stabilität als ein „Prozess dynamischen Gleichgewichts" verstanden, in dem sich ein System befinden soll, so geht es Merkel vor allem um seine Anpassungs*fähigkeit* und um die Bestimmung der Bedingungen, die eine solche Flexibilität erlauben oder behindern.[103] Stabilität, argumentiert wiederum Klaus von Beyme, „gründet sich nicht auf feste Grundlagen, Bestände oder Werte, sondern wird bestimmt durch die *Möglichkeiten* der Änderung" [Hervorhebung d. Verf.].[104] Auch hier ist der Stabilitätsbegriff nicht an Bewahrung und Beharrung, sondern an Wandel gebunden: keine Stabilität ohne Wandel.[105] Möglichkeiten zum Wandel lassen sich einerseits allgemein als Änderungs*potenziale* verstehen, die politische und soziale Akteure nutzen können; andererseits aber auch als Potenziale speziell von Eliten, die Wandel bewusst einleiten wollen und können.

Generell besitzen Institutionen, um die es in dieser Untersuchung maßgeblich geht, stabilisierende und zugleich integrative Funktion, weil sie das Zusammenleben der Menschen regeln und dem Einzelnen wie der Gruppe eine Erwartungssicherheit geben. Eine derart formulierte Stabilität ist als Prozess zu begreifen, weil die Regeln erst erlernt und verinnerlicht werden müssen. Auf China bezogen gewinnt der Stabilitätsbegriff damit verschiedene Dimensionen und umfasst

- die Stabilität lokaler Gemeinschaften (Dorf- und Wohnviertelgemeinschaften)

---

[102] *Merkel* 1999: 57f.
[103] *Merkel* 1999: 58.
[104] von *Beyme* 1992: 152.
[105] Ein solcher Stabilitätsbegriff ist weit dynamischer als etwa der von *Westle* 1989: 25, der Stabilität als ein „mehr oder weniger unveränderter Bestand einer politischen Ordnung" definierte.

- die Stabilität des Interaktionsgefüges verschiedener politischer Ebenen (Dorf-Gemeinde-Kreis-(Stadt)-Präfektur-Provinz-Zentralstaat bzw. Wohnviertel-Straßenbüro-Stadtbezirk-Stadt-Präfektur-Provinz-Zentralstaat) und letztlich
- die Stabilität des politischen Systems.

Institutionelle Stabilität verlangt kollektiven oder individuellen Nutzen für die Betroffenen, und ein solcher Nutzen wiederum spezielle Ressourcen. Vor allem im ländlichen, aber auch im urbanen Raum finden sich ansatzweise bereits politische Märkte, in denen Versprechen gegen Stimmen getauscht werden. Hier entscheidet also letztlich der kollektive oder individuelle Nutzen darüber, inwiefern bei der nächsten Wahl die gewählten Amtsinhaber in ihren Ämtern bestätigt werden.[106]

1.2.9 Citizenship

Letztlich interessiert uns die Frage, wie sich der graduelle Prozess des Wandels im Hinblick auf die Einrichtung von Nachbarschaftsvierteln, die Ausweitung von sozialer Partizipation und die Einführung von Wahlen analytisch erfassen lässt? Unsere Hypothese lautet, dass sich gegenwärtig im urbanen Raum Chinas ein gradueller Prozess des Übergangs von „Massen" (als politischer Begriff) zu Bürgern (im Sinne von *citizenship* als ein rechtliches Konzept) zu vollziehen beginnt.

Während Lipset den Begriff *citizenship* auf diejenigen bezogen hat „who are included in a given state's circle of full political participation",[107] ist T.H. Marshall zufolge der Begriff mit drei Faktoren verbunden: (a) mit persönlichen Freiheitsrechten (*civil citizenship*), (b) mit dem Recht auf einen angemessenen und gesicherten Lebensstandard (*social citizenship*) und mit dem Recht auf Partizipation an der Machtausübung (*political citizenship*).[108] Bei beiden Autoren spielt das Moment der Partizipation eine zentrale Rolle. Tilly hat noch zwischen *thick* und *thin citizenship* unterschieden: Dünn ist *citizenship*, wenn sie lediglich auf geringen Transaktionen, Rechten und Pflichten basiert, dicht, wenn der Anteil der Bürger an Transaktionen, Rechten und Pflichten (gegenüber staatlichen Anteilen) hoch ist.[109] Der Vorteil dieser Unterscheidung ist, dass *citizenship* nicht mehr statisch, sondern prozesshaft gesehen wird und von daher der Begriff auch für den Modernisierungsprozess in China interessant wird.

Im Unterschied zu Klassen basiert *citizenship* auf dem Moment der Gleichheit und Gleichberechtigung. Allerdings ist der Terminus nicht nur, wie Marshall signalisiert, an *Rechte* gebunden, sondern muss auch Bürger*pflichten* umfassen. Der Begriff des Bürgers beinhaltet zugleich, dass sein Handeln nicht nur am „individuellen Nutzenkalkül" orientiert ist, sondern auch auf Gemein- oder Bürgersinn basiert.[110] Von daher wird Bürgertum nicht

---

[106] Stabilität ergibt sich zudem aus der „Alltagsherrschaft" (Weber). *Vaclav Havel* 1990: 23ff. hat in diesem Sinne vom „Panorama" von Erwartungen des Regimes und seinen Spielregeln gesprochen. Das eingeübte Alltagsverhalten der Bevölkerung führt zu einer Regelmäßigkeit des sozialen Handelns und stabilisiert damit das politische System.
[107] *Lipset* 1960: 55.
[108] *O'Brien* 2001: 410/411; *Marshall* 1976: 71ff. Zur Geschichte des Begriffs vgl. *Magnette* 2005.
[109] *Tilly* 1995: 8.
[110] Dazu auch: *Schuppert* 1997: 133. Die Reduzierung von *citizenship* auf eine „legal category" (vgl. *Howard* 2006: 444) halten wir für zu einseitig.

einfach vom Staat verliehen, sondern muss sich gleichzeitig auch „von unten" entwickeln (*citizenship from below*), im Rahmen von Verhandlungs- und Aushandlungsprozessen zwischen Staat und Bürgern.

Zu prüfen ist, inwiefern die Dörfer und Nachbarschaftsviertel mit (b) und (c) von Marshalls Dreigliederung befasst sind, etwa in Form sozialer Grundsicherung und politischer Partizipation. Bürgersinn sollte als weiteres Kriterium hinzukommen. Wir meinen damit, dass Bürger sich mit der Gesellschaft, in der sie leben, identifizieren und zugleich bereit sind, soziale Verantwortung (für die Gesellschaft, aber auch für den Mitbürger) zu übernehmen. Im Sinne John Lockes ließe sich allerdings ergänzen, dass Autonomie der Individuen, rechtliche Absicherung von Eigentum und die Absicherung der Bürger gegenüber dem Staat weitere zentrale Bestimmungsfaktoren von *citizenship* darstellen.

Zugleich scheint uns noch eine andere Unterteilung von Bürgern wichtig zu sein, nämlich die Unterscheidung zwischen (a) *verantwortungsbewussten Bürgern*, (b) *partizipatorischen Bürgern* und (c) *gerechtigkeitsorientierten Bürgern*. Die Ersteren sind selbstverantwortlich in ihrem Wohn- und Arbeitsumfeld tätig. Sie beteiligen sich freiwillig an sozialen Aktivitäten wie an der Verbesserung der Umweltbedingungen; sie halten sich streng an Gesetze und Vorschriften und ermahnen andere, das Gleiche zu tun. Sie zeigen also *civic engagement*.[111] Die partizipatorischen Bürger engagieren sich in öffentlichen Aktivitäten und nehmen am sozialen Leben in ihrer Gemeinschaft teil. Sie wissen Bescheid über die Arbeit ihres EK sowie der lokalen Regierungsagenturen. Die gerechtigkeitsorientierten Bürger kämpfen gegen Ungerechtigkeiten und verfolgen soziale Gerechtigkeit.[112] Obgleich der Grad politischer Aktivitäten und Involviertheit sich hier recht unterschiedlich darstellt, lässt sich von verschiedenen Graden an politischem Aktivismus sprechen. Zu Recht weisen Politikwissenschaftler darauf hin, dass der Grad an Partizipation auch mit „Bürgerwissen" zusammenhängt und dass Bildungs- und Erziehungsmaßnahmen in diesem Bereich partizipationsfördernd wirken.[113] Insofern kann der Staat dazu beitragen, Bürger heranzubilden, etwa durch das Bildungssystem oder durch Einbindung in partizipative Prozesse.[114] Denn Partizipation erfordert nicht nur Partizipations*bereitschaft*, sondern auch Partizipations*fähigkeit*.[115]

1.3 Untersuchungsdesign

Uns ist bewusst, dass wir uns hier mit vielen „weichen" oder „offenen" sozio-politischen Kategorien und Feldern beschäftigen (Einstellungen, Bewusstsein, Lernen, Vertrauen, *efficacy*), die – im Unterschied zu „harten" Untersuchungsvariablen wie z.B. Siedlungsprofile, Schichtengefüge, sozio-ökonomische Strukturen oder Organisationen – empirisch nur schwer zu ermitteln sind und außerdem einem raschen Wandel unterliegen. Im empirischen Gebrauch sind Begriffe als „offene Begriffe" zu begreifen, weil ihr konkreter Gebrauch von dem relativen Kontext eines gesellschaftlichen Feldes abhängt. Weiche oder offene Kategorien können von daher dazu beitragen, einer empirischen Untersuchung mehr Tiefenschärfe zu geben. Zudem lässt sich über die „harten" Faktoren allein nicht herausfinden, welche

---

[111] Zum Begriff des *civic engagement* vgl. *Schlozman* et al. 1999: 428ff.
[112] Dazu: *Westheimer* et al. 2004.
[113] Siehe z.B. *Galston* 2004.
[114] Vgl. z.B. *Callan* 2004. Auch in China wird hervorgehoben, dass die „Bürgerqualität" (*gongmin suzhi*) der Menschen angehoben werden müsse, vgl. *Meng/Bai* 2006.
[115] Vgl. *Münkler* 1997: 155.

Einstellungen Menschen vertreten, zu welchen Handlungen sie dadurch veranlasst werden und wie dies das politische System tangiert. Im Prinzip geht es uns also darum, das Interaktionsverhältnis zwischen weichen und harten, offenen und geschlossenen sowie variablen und konstanten Kategorien herauszufiltern sowie deren relative Bedeutung für beobachtbare Veränderungen des politischen Bewusstseins der Bevölkerung.

Da wir nicht gleichzeitig auf der Makro-, Meso- und Mikroebene die Interdependenz der in Abb. 1 vorgestellten Kategorien untersuchen können, haben wir uns in dieser Studie auf die Mikroebene beschränkt. Das bisher Gesagte zusammenfassend, formulieren wir nunmehr die folgenden erkenntnisleitenden Ausgangshypothesen:

- Der chinesische Einparteistaat versucht mit der Reorganisation der Verwaltungen der Dörfer und Nachbarschaftsviertel sowie durch die Einführung neuer Mechanismen der Partizipation als institutionelle Reformen im Bereich des *local state* sowohl seine soziale und politische Kontrolle als auch seine politische Legitimität zu stärken und auf diese Weise mehr Systemvertrauen und systemische Stabilität zu generieren. Dies geschieht partiell durch „von oben" mobilisierte Partizipation. Im urbanen Raum steht im Mittelpunkt, neue Formen sozialer Kontrolle und sozialer Sicherheit zu etablieren, um soziale Stabilität und neue Legitimität zu generieren. Partizipation wird nicht an sich angestrebt, sondern soll als Mittel zur Erreichung eben dieser Ziele dienen. Von daher stellt die Untersuchung zum urbanen Raum nicht die Partizipation an den Beginn ihrer Untersuchung, sondern die Re-etablierung sozialer Sicherheit und Kontrolle als Bemühen des Parteistaates um Generierung von Legitimität und Vertrauen. Partizipation erscheint hier nur als Sekundäreffekt. Dies gilt in geringerem und abgewandeltem Maße auch für den ländlichen Raum. Auch dort geht es nicht um Partizipation an sich, sondern um die Nutzung partizipativer Elemente im Interesse sozialer Stabilisierung und der Steigerung von Legitimität.
- Die mit diesem Prozess verbundenen Veränderungen des Institutionengefüges haben gleichwohl Auswirkungen auf das Denken, Verhalten und die Interaktion der verschiedenen Akteure sowie auf ihr politisches Bewusstsein. Dieser Prozess beinhaltet sowohl stabilisierende als auch destabilisierende Momente für das politische System, weil gesellschaftlicher Wandel sowie Lernprozesse impliziert sind. Graduell kann es sowohl zu einem subjektiv empfundenen – wenn auch nicht notwendigerweise faktischen – *empowerment* der Dorf- und Stadtbewohner kommen als auch zu einer Sensibilisierung ihres politischen Bewusstseins für die positive Relevanz von Partizipation (*efficacy*) für ihre Interessenrealisierung. Während dies im ländlichen Raum in stärkerem Maße durch Wahlen der Dorfleitungen erfolgt, wirken im urbanen Raum andere Mechanismen: So erzeugen die Bildung von Eigentum und direkte (autonome) Wahlen zu den Eigentümerkomitees ein (gefühltes und faktisches) *empowerment* der neuen Mittelschichten. Für die sozial schwächeren Gruppen ist es wiederum vorrangig, soziale Absicherung und materielle Grundversorgung zu erlangen. Zugleich aber kann die mobilisierte soziale Partizipation, der diese Gruppen unterliegen, ein soziales und politisches Lernen induzieren und damit die Grundlagen für ein zukünftiges *empowerment* legen.
- Im Ergebnis tragen die verschiedenen institutionellen Reformbemühungen des KP-Regimes zu einer tendenziellen Stärkung seiner Legitimität und zu einer – zumindest temporären – Stabilisierung des politischen Systems im *local state* bei. Unter der Oberfläche dieser Konsolidierung vollzieht sich eine tendenzielle Verschiebung der

Kräfteverhältnisse zwischen Parteistaat und Gesellschaft zugunsten der Letzteren. Zu prüfen ist, ob diese Verschiebung auf eine Legitimierung und Stabilisierung der Einparteiherrschaft hinausläuft oder aber als Vorstufe einer *bottom up*-Mobilisierung zu interpretieren ist, die das KP-Regime politisch zunehmend unter Druck setzen wird.
- Der institutionelle Wandel wurde vom Staat angestoßen. Dieser betätigt sich als politischer Architekt, der von oben Strukturen schafft, die an kommunitaristische und zivilgesellschaftliche Gedanken anzuschließen scheinen, aber auf einer autoritären Grundlage basieren. Gleichwohl bewirkt dieser staatlich induzierte Struktur- und Institutionenwandel einen graduellen Veränderungsprozess im Bewusstsein der Menschen (Entwicklung von *citizenship*, individueller Autonomie, zivilisatorischer Kompetenz, etc.). Dies mag im urbanen Raum evidenter sein als im ländlichen, zeichnet sich aber auch im Letzteren ab.

Gegenstand unserer vergleichenden Untersuchung ist somit erstens die Transformation der Dörfer und städtischen Wohnviertel unter den Gesichtspunkten Stabilität und Legitimität sowie – damit verbunden – des politischen Bewusstseins im ländlichen und urbanen China;[116] und zweitens die Auswirkungen dieser Transformation auf die Legitimität und Stabilität des politischen Regimes im *local state* sowie – im Sinne des o.g. *bridging* bzw. Verallgemeinerns von konkreten Erfahrungen zu abstrakten Ansichten – auf der Ebene des Gesamtstaates. Dazu wurden zwischen 2002 und 2005 Serien von leitfadengestützten Interviews in verschiedenen Städten und Dörfern unterschiedlicher Provinzen Chinas durchgeführt, in denen wir systematisch den Einstellungsmustern der von uns befragten Bauern und Stadtbewohner hinsichtlich der Verantwortlichkeit und Reaktion (*responsiveness*) des Regimes und seiner Repräsentanten im *local state* nachspürten – etwa mit Fragen zur Einschätzung der eigenen politischen Gestaltungsmacht, der Rolle und Bedeutung von Wahlen sowie anderer Partizipationsformen für die konkrete Lebenswirklichkeit der Menschen, ihr Verhältnis zu den lokalen Kadern usw.[117]

Die Auswirkungen des politischen Bewusstseins auf die Regimelegitimität und Systemstabilität ermittelten wir durch eine Auswertung des Datenmaterials der beiden Teiluntersuchungen nach Maßgabe der Annahme, dass die auf der lokalen Ebene gemachten Beobachtungen unmittelbare Relevanz für das Gesamtsystem besitzen. Dabei haben wir ein besonderes Augenmerk auf die Möglichkeit der Entstehung von echter *citizenship* im ländlichen und urbanen China durch institutionellen Wandel, politische Bewusstseinsbildung und kollektive Aktion gelegt und damit implizit auch den Gedanken erwogen, dass die institutionellen Veränderungen eine weitere Pluralisierung und „Aufweichung" des politischen Systems der VR China verstärken werden und dass dadurch einer graduellen politischen Mobilisierung „von unten" der Weg geebnet werden könnte.

Wir legen unsere Forschungsergebnisse in zwei Bänden vor. Band 1 enthält neben der gemeinsamen Einleitung die Teilstudie zum urbanen Raum von Thomas Heberer. Band 2 präsentiert die Ergebnisse der Teilstudie zum ländlichen Raum von Gunter Schubert sowie ein abschließendes gemeinsames Kapitel, in dem die Ergebnisse beider Teilstudien zusammengeführt werden.

---

[116] Politisches Bewusstsein firmiert dabei als Begriff, der politische und soziale Partizipation, politisches Wissen, *efficacy* und Vertrauen analytisch aggregiert.
[117] Für Einzelheiten des methodischen Designs vgl. die entsprechenden Ausführungen und Appendixe der beiden Teilstudien.

Teiluntersuchung „Urbane Gesellschaften" (Shequ)

1 Methodische Vorbemerkung

In den drei Städten Shenyang, Chongqing und Shenzhen wurden 2003 und 2004 qualitative Befragungen lokaler Entscheidungsträger sowie ausgewählter Bewohner von Nachbarschaftsvierteln durchgeführt. Zugleich wurden Daten auf Makro-, Meso- und Mikroebene gesammelt und erhoben, wobei der Schwerpunkt auf der Mikroebene lag. Auf der Mikroebene wurden Daten mit Hilfe von leitfadengestützten Interviews gewonnen. Befragt wurden 140 Bewohner und 38 Funktionäre auf der Ebene der Städte, Stadtbezirke, Straßenbüros und EKs. Partnerorganisation im städtischen Raum war das Institut für Soziologie an der „Chinesischen Volksuniversität" (*Zhongguo Renmin Daxue*) in Peking, mit dem die Feldforschung gemeinsam durchgeführt wurde.

Die Auswahl der drei Orte erfolgte auf Grund der Tatsache, dass Shenyang nicht nur ein Zentrum der Schwerindustrie ist, das infolge der Schließung bzw. des Bankrotts staatlicher Unternehmen und damit verbundener hoher Arbeitslosigkeit mit gewaltigen sozialen Problemen zu kämpfen hat, sondern auch, weil die Stadt „Modell" für die Reorganisation städtischer Wohnviertel ist. Bei Chongqing handelt es sich um ein schwerindustrielles Zentrum in Südwestchina, das mit ähnlichen Problemen wie Shenyang konfrontiert ist. Wie wir im Folgenden noch zeigen werden, bestehen zwischen beiden Städten jedoch erhebliche Unterschiede. Bei Shenzhen wiederum war zu prüfen, inwiefern der Modellstatus als progressive Wirtschaftssonderzone ganz spezifische Bedingungen schafft, die von denen in den alt-industrialisierten Zonen abweichen.

Tab. 1: Untersuchte Wohnquartiere (Shequ), Bewohner und Funktionäre

Stadt/Wohnviertel	befragte Bewohner	befragte Funktionäre
Shenyang	42	12
Yongfeng	21	
Chang'anjie	21	
Chongqing	49	14
Zhongshan Erlu	24	
Jianbei	25	
Shenzhen	49	12
Fuhua	25	
Huaxiajie	24	
Gesamt	140	38

Quelle: Eigene Erhebung.

Neben den in Tab. 1 genannten Wohnvierteln, in denen systematische Befragungen durchgeführt wurden, haben wir noch weitere *Shequ* besucht: In Shenyang waren dies die Nachbarschaftsviertel *Zhonghe*, *Zhongxingdong* und *Daqinglu* im *Heping*-Bezirk, in Chongqing die *gated communities Longhu Huayuan* im *Jiangbei*-Bezirk und *Nanhu* im *Nan'an*-Bezirk sowie *Gulouwan*, das *Shequ* eines großen Staatsunternehmens; in Shenzhen *Shangsha* und das Luxusviertel *Fuzhong* im *Futian*-Bezirk. Dabei ging es primär um den Vergleich. Um kein falsches Bild zu bekommen, verglichen wir die von uns untersuchten *Shequ* mit Modell- oder Luxusvierteln in den jeweiligen Städten.

Die sechs systematisch von uns untersuchten Viertel lassen sich von Bewohnerschaft, Ausstattung und ökonomischer Lage in den jeweiligen Städten her als Wohnviertel mittleren Niveaus klassifizieren. Dies entsprach auch unserer Untersuchungsintention.

Einzelinterviews und -untersuchungen wurden ferner 2006 in einem *Shequ* (*Lugu* im *Shijingshan*-Bezirk) und einem Straßenviertel (*Beixiawu*, *Haidian*-Bezirk) in Peking sowie 2004 in zwei *Shequ* im *Laoshan*- und im *Chengyang*-Bezirk in Qingdao durchgeführt.

In allen drei Städten wurden auch die für die einzelnen *Shequ* zuständigen Straßenbüros sowie die Ämter für Zivilverwaltung der jeweiligen Städte und Stadtbezirke befragt. Ferner führten wir Gespräche mit Vertretern des Ministeriums für Zivilverwaltung in Peking, das für den „*Shequ*-Aufbau" zuständig ist.

Die Zusammensetzung der Befragten wurde mit den LeiterInnen der jeweiligen EKs besprochen. Die Interviews führten Yu Xianyang und Thomas Heberer als Leitfaden gestützte Einzelinterviews durch. Weitere Personen (wie Funktionäre, Angehörige des EK oder andere Bewohner) nahmen in keinem einzigen Fall daran teil.

84 der befragten Bewohner waren Frauen (60%), 56 Männer (40%). Ein Großteil der Befragten setzte sich aus Personen zusammen, die erreichbar und bereit waren, überhaupt an den Interviews teilzunehmen. Tagsüber waren dies meist Rentner, Hausfrauen und Arbeitslose. Manager, Unternehmer und kleine Selbständige waren häufig abwesend oder kehrten erst spätabends in ihre Wohnungen zurück. Von daher bestand ein nicht unwesentlicher Teil der Befragten aus Funktionsträgern, Rentnern und Arbeitslosen. Obwohl wir Interviews auch am Wochenende und teilweise abends durchführten, war die Zahl der zur Verfügung stehenden Berufstätigen jedoch beschränkt. Die Interviews mit Selbständigen und leitenden Angestellten verdeutlichten indessen, dass gruppenintern keine großen Unterschiede im Antwortverhalten auftraten.

Tab. 2: Altersstruktur der Befragten

Alter	Personen	%
< 25	10	7,2
25-35	27	19,3
36-45	24	17,1
46-55	35	25,0
>55	44	31,4
Gesamt	140	100,0

Quelle: Eigene Erhebung.

Der Anteil der Jüngeren unter 35 Jahren unter den Befragten war aus mehreren Gründen relativ gering. Diese Personengruppe war auf Grund ihrer beruflichen Tätigkeit häufig abwesend und überwiegend nur abends oder am Wochenende erreichbar. Die entsprechenden Interviews belegten zugleich, dass diese Personengruppe sich in dem jeweiligen Wohnviertel und im Hinblick auf die Tätigkeiten der EKs nicht auskannte und als Gruppe auch nicht an den Aktivitäten im Wohnviertel partizipierte.

Insgesamt gesehen bemühten sich die EKs gemäß unseren Vorschlägen um eine ausgewogene Auswahl der Gesprächspartner.

Tab. 3: Beruflicher Status der Befragten

Status	Personen	%
Rentner	51	36.4
Arbeitslose	33	23.6
Angestellte	28	20.0
Einzelwirtschaftende	7	5.0
Schüler/Studierende	5	3.6
Leitende Angestellte	5	3.6
Privatunternehmer	4	2.9
Lehrerinnen	2	1.4
Arbeiter	2	1.4
Selbständige (Rechtsanw.)	2	1.4
Führungskader (Stadtbez.)	1	0.7
Gesamt	140	100.0

Quelle: Eigene Erhebung.

Die Arbeitslosen setzten sich aus Personen zusammen, die zum einen entweder erst vor kurzer Zeit „von der Arbeit freigesetzt" (*xia gang*) worden waren, bzw. aus Langzeitarbeitslosen. In Shenyang und Chongqing, wo die Arbeitslosigkeit relativ hoch war, interviewten wir sieben (Shenyang) bzw. 16 (Chongqing) Arbeitslose, in Shenzhen, mit geringerer Arbeitslosigkeit immerhin sieben. Die Interviews mit dieser Personengruppe ermöglichte wichtige Einblicke in die Lebensverhältnisse der urbanen Armen, zumal die Mehrheit dieser Personen Sozialhilfeempfänger waren. In die Kategorie „Arbeitslose" haben wir auch drei Männer einbezogen, die die betreffenden EKs zwar provisorisch beim Sicherheitsdienst eines Wohnviertels angestellt hatten (zu geringen Gehältern), die sich aber aufgrund der beschäftigungsmäßigen Stellung weiterhin als arbeitslos registrieren ließen.

Bei den RentnerInnen handelte es sich je nach Stadt um durchaus unterschiedliche Gruppen. In Shenyang waren es überwiegend Frauen zwischen 46 und Anfang 50, die vorzeitig in den Ruhestand geschickt worden waren und sich nach langem Arbeitsleben nun wieder auf familiäre und häusliche Aufgaben beschränken mussten. Ein hoher Prozentsatz dieser Gruppe äußerte, mit dieser Lebenslage unzufrieden zu sein, weil man sich keineswegs alt, aber überflüssig fühle. In Chongqing waren die befragten Arbeitslosen überwiegend Frauen zwischen 32 und 45.

In Chongqing spielte ein großer Teil der RentnerInnen den ganzen Tag über das Glückspiel *Majiang (Mah-Jongg)*. Viele dieser älteren Frauen wollten ihr Spiel für ein längeres Interview nicht unterbrechen. Dies mag mit ein Grund dafür sein, dass dort die Zahl der befragten RentnerInnen (11) geringer war als in Shenyang (25). In Shenzhen setzten sich die RentnerInnen zu einem erheblichen Teil aus Personen zusammen, die nach dem Ruhestand aus anderen Landesteilen zu ihren Kindern gezogen waren.

Bei den Angestellten handelt es sich sowohl um Beschäftigte im öffentlichen Dienst (bei Behörden) als auch um Beschäftigte in Staats- oder Privatbetrieben.

Interviewt wurden in Einzelfällen auch Drogenabhängige, Prostituierte und Vorbestrafte.

Tab. 4: Bildungsgrad der Befragten

Grad	Personen	%
Analphabeten	1	0.7
Grundschule	9	6.4
Unterstufe Mittelschule	27	19.3
Oberstufe Mittelsch.	45	32.1
Fachschule	11	7.9
Hoch-/Fachhochschule	47	33.6
Gesamt	140	100.0

Quelle: Eigene Erhebung.

Was den Bildungsgrad anbelangt, so lag der Anteil der befragten Personen mit Hochschulbildung in Shenzhen mit 44,9% deutlich über dem in Shenyang (33,3%) und Chongqing (22,4%). Zum einen ist der allgemeine Bildungsstand in Shenzhen deutlich höher als in den beiden anderen Städten; zum anderen handelte es sich bei den *Shequ* in Shenzhen um gemischte Wohnquartiere (durchschnittliche Wohnanlagen älteren Typs, in denen einfache Beschäftigte ehemaliger Staatsbetriebe lebten und hochwertige Eigentumswohnungen, die Personen aus der gehobenen Mittelschicht gehörten). In Shenyang und partiell in Chongqing handelte es sich hingegen um Wohnquartiere, in denen überwiegend Arbeiter und Angestellte lebten.

Die Interviews wurden aufgezeichnet (Tonband) und handschriftlich mitgeschrieben und dauerten zwischen einer und zwei Stunden.

Wir unterscheiden bei den Befragten zwischen Bewohnern und Funktionsträgern. Zu den Letzteren zählen befragte staatliche Funktionäre auf der Stadt- und Stadtbezirksebene (überwiegend der lokalen Ämter für Zivilverwaltung) sowie leitende Kader der Straßenbüros, die nicht in den untersuchten Vierteln leben. Als Funktionärinnen und Funktionäre klassifizieren wir auch die leitenden MitarbeiterInnen der EKs, weil diese von ihrer Funktion her der Politik des Parteistaat nahe stehen und sich funktionsmäßig als Teil einer eher staatsnahen Organisation begreifen. Diese unterscheiden sich von den übrigen Mitgliedern der EKs dadurch, dass die Letzteren sich stärker als Teil der Bewohnerschaft bzw. private Bürger sehen, zum Teil wesentlich niedriger entlohnt werden, häufig keine Parteimitglieder sind, im jeweiligen Wohnviertel wohnen und in ihren Aussagen eine stärkere Nähe zur Bewohnerschaft zum Ausdruck kommt. Die Leiter bzw. Leiterinnen der EKs hingegen argumentierten eher im Sinne höherer Organe (Straßenbüros) und fühlten sich diesen gegenüber stärker verpflichtet. Funktionäre, die beruflich außerhalb ihrer Wohnviertel tätig und nicht mit der Verwaltung der Wohnviertel befasst waren, wurden als private Bürger eingeordnet.

2 Verwaltung und Herrschaftskontrolle in Chinas Städten in historischer Perspektive

2.1 Historische Vorbilder

Ende der 1990er Jahren setzte eine Reform der Organisation städtischer Wohnbereiche ein. Damit sollte ein System reformiert werden, das Anfang der 1950er Jahre im Interesse sozialer und politischer Kontrolle eingeführt worden war und sich auf „Straßenbüros" als unterster staatlicher Einheit und „selbstverwaltete Einwohnerkomitees" sowie „Einwohnergruppen" stützte. Die genannten Organisationen traten die Nachfolge des *Baojia*-Systems an, ein in der Ming-Zeit (1368-1644) eingeführtes, aber auf noch ältere Vorbilder zurückgehendes System, das die Bewohner von Dörfern in Haushaltsgruppen mit einem Vorsteher einteilte. Jener war für öffentliche Sicherheit, Steuerzahlungen und Personenregistrierung zuständig. Die Mitglieder eines solchen *Baojia* waren gemeinschaftlich haftbar für Verfehlungen oder Straftaten einzelner Mitglieder.[118]

Die Qing-Dynastie (1644-1911) übernahm dieses System, wobei die Kreisvorsteher die Aufgabe hatten, die Bevölkerung in *pai* (je zehn Haushalte), *jia* (je 100 Haushalte) und *bao* (1000 Haushalte) einzuteilen. Die Vorsteher der einzelnen Einheiten wurden von der Kreisregierung ernannt. Auf diese Weise gelang es, das Organisationsnetz staatlicher Kontrolle in die Dörfer und Familien hinein auszudehnen.[119] Dieses System erodierte im Zuge des Niedergangs der Qing-Dynastie. Anfang des 20. Jhdts. wurde es jedoch als eine Form „lokaler Autonomie" idealisiert. Der Verfassungsentwurf von 1908 nahm diese „lokale Autonomie" auf, wobei die Urheber auf japanische Vorbilder zurückgriffen. 1914 kündigte der damalige Machthaber Yuan Shikai Bestimmungen zur Einführung lokaler Autonomie an, die jedoch nie realisiert wurden. Die Guomindang schuf dann in den 30er Jahren einen rechtlichen Rahmen für eine solche Autonomie. Realiter wurde aber im Namen „lokaler Autonomie" das alte *Baojia*-System wiederhergestellt. Politische und soziale Kontrolle waren die Primäraufgaben dieses „village communalism". Teilweise nutzte die Guomindang diese Strukturen zur Bekämpfung der Kommunisten. Allerdings war dies auf der Dorfebene nicht sonderlich erfolgreich. Die Dörfer betrachteten es als ein von oben oktroyiertes System, das von den Bauern als Fremdkörper begriffen wurde: „It was linked to the administrative structure of the state, rather than to the natural village", schreibt Schurmann.[120]

Die japanische Besatzungsmacht führte dieses System dann in den urbanen Raum ein. Es entsprach den *tonarigumi*, den japanischen Nachbarschaftsvereinigungen, die eine ähnliche Funktion besaßen. Wie in der Qing-Zeit bildeten je zehn Haushalte einen *pai*, zehn *pai* einen *jia*, zehn *jia* einen *bao*. Jede Einheit besaß einen Vorsteher, der als Mittler zwischen Bevölkerung und lokaler Polizei galt. Das System hatte im urbanen Raum die gleiche Funk-

---

[118] Ein Vorläufer waren z.B. die *Xiangyue*, die Vereinbarungen einer Gemeinschaft mit der lokalen Regierung in der Song-Zeit (960-1279), wobei das Moment von Erziehung als integraler Bestandteil einer guten lokalen Regierung und sozialer Ordnung galt, vgl. *Übelhör* 1989.
[119] Vgl. u.a. *Ch'ü* 1988: 150ff.; *Hsiao* 1953, 1960; *Wakeman* 1975.
[120] *Schurmann* 1968: 409ff.

tion wie im ländlichen: Überwachung der Bevölkerung und soziale Kontrolle. Nach Ende der japanischen Besatzung übernahm die Guomindang das städtische *Baojia*-System. Es stand vielerorts, etwa in Shanghai, unter der Aufsicht des Amtes für Zivilverwaltung (ganz wie in der Gegenwart die EKs oder die von uns untersuchten *Shequ*, d.h. die Nachbarschaftsviertel). Was unter der japanischen Besatzung noch als *poisener of the people* gegolten hatte, wurde nach der Niederlage der Japaner von der Guomindang wieder „autonome Verwaltung" genannt, mit den gleichen polizeilichen Kontroll- und Überwachungsfunktionen.[121] Schurmann konstatiert daher mit Recht, dass der Grundgedanke des *Baojia*-Systems „never left the minds of China's rulers".[122]

Auch vor Gründung der Volksrepublik existierten also schon Nachbarschaftsviertel in moderner Ausprägung, die überwiegend auf Straßenzüge beschränkt waren. Freiwillige Organisationen waren für öffentliche Feste und Zeremonien zuständig, gemeinsame religiöse Vorstellungen verbanden die Bewohner und *communities* miteinander. Die Verehrung und Anbetung von Göttern war nicht nur individuelles Anliegen, sondern auch Grundlage von Gemeinschaftsaktivitäten, wobei die Gemeinschaft als solches um Schutz bat. Häufig war dies mit Opernaufführungen, Puppentheater und anderen Vorführungen verbunden. Die Tempel in den Wohnvierteln, die von Tempelvereinigungen verwaltet wurden, fungierten als Gemeinschaftszentren und erfüllten auch Wohlfahrtsaufgaben. Darüber hinaus existierte ein gewisses Maß an Selbstverwaltung dieser *communities*, das auch Aspekte wie Sauberkeit und Hygiene, Reparatur von Straßen und soziale Fürsorge umfasste. Wang beschreibt am Beispiel von Chengdu, dass noch bis zu Beginn des 20. Jhdts. jede Gemeinschaft einen Vorsteher, einen Straßenbeauftragten (zuständig für soziale Angelegenheiten) sowie einen Streifenpolizisten besaß, der für die öffentliche Sicherheit verantwortlich war. Die Eingänge der Wohnviertel waren durch Tore gesichert, die nachts verschlossen und von Wächtern bewacht wurden, die die Viertel angestellt hatten und bezahlten. Die Bewohner eines solchen Viertels entwickelten eine gemeinsame Identität und enge Beziehungen und betrachteten sich als „enge Nachbarn" (*jiefang linju*, 街坊邻居), die sich gegenseitig Beistand leisteten. Die jeweiligen Feste und Zeremonien waren Ausdruck dieses Gemeinschaftssinns und stärkten ihn noch.[123] Über diese Selbstverwaltung hinaus fungierten Straßenviertel als Märkte und boten Beschäftigung und Unterhaltung (mit verschiedensten künstlerischen Darbietungen, Teehäusern etc.).

Anfang des 20. Jhdts. wurden zudem Polizeireviere eingerichtet, die die Selbstverwaltung partiell beseitigten, indem sie – nach japanischem Vorbild – Straßenvorsteher und Bezirksvorsteher einsetzten und strenge Verhaltensordnungen erließen. Dadurch sollten „Zivilisation" durchgesetzt und öffentliches Verhalten reguliert werden. Realiter wurden dadurch neue Formen sozialer Kontrolle und städtischer Verwaltung etabliert. Viele Aufgaben, die früher den Tempelvereinigungen als Wohlfahrtsorganisationen und den Gilden oblagen, gingen in der Folgezeit auf die Polizei über. Es wurden strenge Verkehrsregeln, Bestimmungen für Händler, Marktorganisation sowie Hygiene erlassen. Glücksspiel, Prostitution und Bettelei wurden verboten und ein strenger Sittenkodex eingeführt. Auch Volkskultur und Freizeitverhalten wurden strikten Bestimmungen unterworfen.[124]

---

[121] *Schurmann* 1968: 368f.
[122] *Schurmann* 1968: 410.
[123] *Wang* 2003: 58ff. Gibt zahlreiche Beispiele; dazu auch: *Chen Weidong* 2004a: 57ff.
[124] *Wang* 2003: 132ff.

2.2 Urbane soziale Kontrolle nach 1949

Die Kommunisten schafften das *Baojia*-System nach der Machtübernahme zwar offiziell ab, übernahmen es aber in der Realität. Der Zusammenbruch der Zivilverwaltung, Versorgungsmängel, Inflation und Probleme der öffentlichen Sicherheit verlangten klare Organisationsstrukturen. In manchen Städten wurden zunächst spezielle Einrichtungen geschaffen, die Vorkehrungen für den Winter im Hinblick auf Versorgung und Wohlfahrt tätigen sollten.[125] Ab 1951 wurden dann Einwohnerkomitees (*jumin weiyuanhui*) gebildet, die der Aufsicht von Straßenbüros (*jiedao banshichu*) unterstanden. Die Leitungen der Straßenbüros wurden und werden nicht gewählt, sondern von den Stadtbezirksregierungen eingesetzt. Es handelt sich von daher um staatlich beauftragte Vertretungsorgane (*paichu jigou*) unterhalb der Stadtbezirke. In Städten mit mehr als 100.000 Einwohnern mussten ab 1954 solche Büros obligatorisch eingeführt werden. Interessanterweise entstanden sie zunächst dort, wo das japanische *Baojia*-System am effektivsten gewesen war, nämlich in Shanghai und Tianjin.

Allerdings gestaltete sich die Einführung von Straßenbüros und vor allem von EKs in den Städten zunächst als schwierig. Zum einen existierte in der Bevölkerung eine historisch begründete Abneigung gegen solche Kontrollorgane; zweitens waren, was die EKs anbelangt, diese primär für Personen mit niedrigem sozialem Status zuständig; drittens wurden wichtige politische Aufgaben von anderen Organisationen übernommen (Partei, Massenorganisationen) und viertens handelte es sich bei den aktiven Personen überwiegend um ältere Frauen (Hausfrauen, Rentnerinnen).

Signifikante Vorbehalte der Stadtbewohner mögen ein wichtiger Grund gewesen sein, weshalb Straßenbüros bereits in den frühen 50er Jahren partiell wieder aufgelöst wurden. Erst 1954 wurden Richtlinien für Straßenbüros und Einwohnerkomitees erlassen.[126]

Die Organisationspolitik in den Städten seit 1949 zeichnete sich durch ein dreifaches Bemühen aus: (1) Schaffung eines Netzes politischer Kontrolle (durch Straßenbüros und EKs); (2) Nutzung des ökonomischen Potenzials der Stadtbevölkerung (z.B. durch Errichtung von Straßen- und Nachbarschaftsbetrieben) und (3) Etablierung fester Gemeinschaften mit Gemeinschaftsbindung und -bewusstsein ähnlich den Dörfern oder den *Danwei*, den Betriebseinheiten.

Die Straßenbüros und EKs hatten nicht nur die Aufgabe, zentral beschlossene Politik (wie z.B. die Massenkampagnen) in den Wohnvierteln umzusetzen, sondern sollten sich auch um soziale Probleme und Problemgruppen (Arbeitslose, Rentner, Behinderte, entlassene Strafgefangene usw.) kümmern. Sie errichteten Kindergärten, Gesundheitseinrichtungen und kleine Betriebe. Sie übten polizeiliche Hilfsfunktionen aus, wirkten als Melde- und Sozialämter. In Zeiten politischer Radikalisierung mutierten sie zu politischen und ideologischen Überwachungs- und Kontrollinstanzen.

Straßenbüros und EKs wurden primär in solchen Wohnvierteln gebildet, die keiner spezifischen *Danwei* unterstanden. Primär nicht in *Danwei* organisierte Personen sollten so in soziale Organisationsstrukturen eingebunden werden. Dies waren primär Familienangehörige von Personen, die in größeren *Danwei* arbeiteten, Beschäftigte in Kleinbetrieben, Rentner, Hausfrauen oder Arbeitslose. Personen, die *Danwei* angehörten, beteiligten sich in der Regel nicht an den Aktivitäten der EKs. Auf diese Weise waren die Stadtbewohner in

---

[125] Vgl. *Gui* et al. 2006: 10.
[126] Abgedruckt in *Renmin Ribao*, 1.1.55.

ein zweigliedriges Organisationsnetz integriert: entweder in ihre Arbeits- oder in ihre Wohneinheit.

Erst mit dem *Großen Sprung nach Vorn* im Jahre 1958 rückte, neben politisch-ideologischen Zielsetzungen, die ökonomische Funktion der Wohnviertel in den Mittelpunkt. Vornehmlich Hausfrauen wurden über „Straßenfabriken" in den Produktionsprozess eingegliedert. Die Verbindung von sozialer Kontrolle und ökonomischer Produktion förderte die Idee, auch in den Städten Volkskommunen nach ländlichem Vorbild zu errichten, die alle Lebensbereiche (Arbeit, Leben, Politik, Bildung, Soziales etc.) in kollektiver Weise miteinander verbinden sollten. Der entsprechende Versuch, 1958 in den Städten eine alternative Organisationsstruktur einzuführen, sogenannte „Stadtkommunen", scheiterte allerdings. Im Unterschied zu den EKs waren die Stadtkommunen, ganz ähnlich den ländlichen Volkskommunen, gleichsam als sich selbst versorgende Einheiten konzipiert, die Wohn-, Produktions-, Bildungs- und militärische Funktionen miteinander verbinden und politische und soziale Mobilisierungsaufgaben übernehmen sollten. Das Experiment zerbrach indessen an den realen Bedingungen. Im Gegensatz zum ländlichen Raum gelang es nicht, eine Einheit zwischen Wohnen, Produktion und Verwaltung herzustellen, weil z.B. viele Bewohner in anderen Stadtteilen einer Arbeit nachgingen. Darüber hinaus gab es auch innerhalb der Bevölkerung sowie der Funktionäre zumindest latenten Widerstand gegen die weitere, forcierte Kollektivierung des Alltags- und Privatlebens.[127] Während der Kulturrevolution entwickelten sich die Straßenbüros und EKs dann allerdings zu Keimzellen eines totalitaristischen Regimes.

---

[127] Zu den Stadtkommunen vgl. z.B. *Lethbridge* 1963; *Shih* 1974; *Salaff* 1967; *Schurmann* 1968: 380ff.

3 Reformnotwendigkeit der urbanen Wohnquartiere

3.1 Die Ausdifferenzierung urbaner Wohnviertel

Die Wirtschaftsreformen, der sozioökonomische Wandel und damit verbunden wachsende soziale Mobilität haben die Strukturen der Wohnviertel signifikant verändert. Traditionelle Gemeinschaften wie z.B. die bereits erwähnte *Danwei* zerfielen auf Grund von Betriebsschließungen oder Unternehmenszusammenbrüchen. Zum einen lösten sie sich auf oder stießen Personal ab, zum anderen bewirkte die Reform der Wohnungspolitik, dass Wohnungen an ihre Besitzer verkauft wurden und drittens entstanden neue Wohngebiete mit Eigentumswohnungen, deren Besitzer sich aus Angehörigen unterschiedlicher sozialer Gruppen zusammensetzen.[128] Von daher lösten sich homogene Wohnstrukturen basierend auf dem Zusammenleben der Beschäftigten eines Betriebes zunehmend auf.

Dazu kommt die Veränderung der Sozialstruktur: der Abstieg ehemals privilegierter Gruppen (städtische Facharbeiter) und der Aufstieg neuer Eliten (Privatunternehmer, Professionals, neue Mittelklasse). Viele Wohnviertel sind deshalb sozial fragmentiert. Sie bestehen aus Teilvierteln, in denen z.B. noch Angehörige bestehender oder ehemaliger *Danwei* wohnen, zugleich aber aus Angehörigen der lokalen politischen oder ökonomischen Elite, die neu errichtete Eigentumswohnungen gekauft haben. Durch den Kauf bzw. Verkauf von Wohnraum und Wohnungswechsel hat sich die Zusammensetzung der Bewohnerschaft verändert.[129] Händler, Handwerker und Unternehmer aus dem ländlichen Raum mieten oder kaufen sich ein, so dass ältere Wohnviertel mittlerer Qualität häufig ganz unterschiedliche soziale Gruppen beherbergen. Dazu kommt die Differenzierung und Polarisierung der Wohnquartiere. Neben einfachen Wohnvierteln findet man in den Städten immer mehr teure oder luxuriöse Wohnanlagen, sog. *gated communities*, die durch hohe Mauern oder Zäune nach außen hin abgeschirmt sind und deren Zugänge von privatem Sicherheitspersonal kontrolliert werden.

In den von uns untersuchten *Shequ* lassen sich folgende Personengruppen unterscheiden:

- Personen, die früher in eigenen meist kleinen ebenerdigen Häusern lebten (z.B. in Shenyang) und nach dem Abriss dieser Häuser in der neuen Siedlung Wohnungen auf dem Gelände des heutigen *Shequ* erhielten;
- Angehörige von z.T. noch bzw. nicht mehr existierenden *Danwei*, wobei diese Wohnungen teilweise privatisiert, d.h. an die Bewohner verkauft worden, teilweise vermietet waren;
- Angehörige der Mittelschicht, die Eigentumswohnungen erworben hatten;
- Personen von außerhalb, die Wohnungen von den Eigentümern gemietet hatten.

---

[128] Zur Wohnungsreform vgl. *Gu* 2000; *Aimin Chen* 2004. Zur Wohnungsreform vgl. *Lee/Zhu* 2006.
[129] Offiziellen Angaben zufolge besaßen Ende 2002 82,1% der Stadtbewohner Wohneigentum, vgl. *Chen Youhong* 2004; zur urbanen Stratifikation *Chen/Sun* 2006.

Soziologisch gesehen setzen sich die Bewohner aus folgenden Gruppen zusammen:

- Randgruppen und sozial Benachteiligte (Behinderte, Pflegefälle, Arbeitslose und Sozialhilfeempfänger)
- RentnerInnen
- lohnabhängig Beschäftigte mit einfacher Bildung (Arbeiter und Angestellte)
- lohnabhängig Beschäftigte mit höherer Bildung (Techniker, Lehrer etc.)
- Migranten (Handwerker und Händler)
- Angehörige der oberen Mittelschicht (Funktionäre, Unternehmer)

Unterscheiden müssen wir zwischen unterschiedlichen Kategorien von *Shequ*. Die vorherrschenden Typen sind a) ältere Wohnquartiere, die ehemals *Danwei* zugeordnet waren und in denen Arbeiter und Angestellte leben. Teilweise haben diese Mieter die Wohnungen kaufen müssen. Besserverdienende und Funktionäre sind häufig weggezogen. Der Anteil an Arbeitslosen und vorzeitig Verrenteten ist relativ hoch, viele Bewohner sind auf Unterstützung des EK angewiesen, etwa was Arbeitsbeschaffung oder Sozialhilfe anbelangt (unsere *Shequ* in Shenyang und Chongqing gehörten in diese Kategorie); b) neue Wohnquartiere mit hochwertigen Eigentumswohnungen, in denen Besserverdienende, meist mit höherem Bildungsstand, wohnen. Dort ist der Zugang per Eingangskontrolle strikt beschränkt. Die Bewohner sind in der Regel nicht auf das EK angewiesen und benötigen seine Hilfe meist nur für die Ausstellung bestimmter amtlicher Bescheinigungen. Wohnungsangelegenheiten werden dort durch die Hausverwaltungen (*wuye gongsi*) erledigt, die Interessen der Eigentümer von den Eigentümerversammlungen (*yezhu weiyuanhui*) vertreten. Allerdings gibt es Wohnviertel, die eine Mischung von a) und b) darstellen. Dies war besonders in Shenzhen der Fall, wobei die verschiedenen Teilviertel sogar strikt voneinander separiert waren.

Ein Vergleich der Kategorien a) und b) zeigt ferner, dass in beiden der Grad an Identität mit dem *Shequ* sowie der Partizipationsgrad gering sind. Es sind überdies primär Rentner und Ältere, die sich an Aktivitäten der EKs beteiligen, weil sie hier noch ein sinnvolles Tätigkeitsfeld im Wohnumfeld finden, das ihnen einen gewissen sozialen Status verleiht.

Stärkere Beteiligung gibt es bei Aktivitäten, die sich direkt auf die Interessen der Bewohner beziehen und unentgeltliche Dienstleistungen anbieten (Körperertüchtigung, Fortbildung, im medizinischen Bereich, Reparatur von Elektrogeräten etc.) oder bei unentgeltlichen Freizeitangeboten (z.B. Tanzveranstaltungen). Unterschiede zwischen beiden Kategorien zeigen sich im Verhalten der Bewohnerschaften. Bewohner von b) sind selbstbewusster, fordern intensiver ihre Rechte ein, achten eher auf die Einhaltung der Wahlformalitäten und sind mehr an öffentlichen Angelegenheiten interessiert als Bewohner von a). Bildungsangebote finden hier mehr Interessenten. Die Bewohner von a) kümmern sich primär um ihre existentiellen Probleme; das Interesse an der Teilnahme an politischen Aktivitäten ist gering. In b) gibt es kaum Freiwillige, in a) beteiligen sich mehr Menschen an den Aktivitäten im *Shequ*, allerdings weniger aus aktivem eigenem Antrieb als aus Gründen sozialer oder organisatorischer Abhängigkeit. Denn Parteimitglieder im Ruhestand und Sozialhilfeempfänger sind verpflichtet, regelmäßig an öffentlichen Aufgaben teilzunehmen (z.B. Reinigungs- oder Verschönerungsarbeiten; Kampagnen *zum Lernen von Lei Feng* – ein Mustersoldat der frühen 60er Jahre – etc.). Parteimitglieder haben Aufrufen zur Teilnahme auf Grund der Parteidisziplin zu folgen. Sozialhilfeempfänger wiederum sind auf Unterstützung der EKs angewiesen oder fühlen sich verpflichtet (bzw. halten es für ratsam), regelmäßig an solchen Aktivitäten teilzunehmen. Wer mehrfach fern bleibt, verliert nämlich seinen Anspruch auf Unterstützung. Diese Abhängigkeit verstärkt bei den Betroffenen die Einstellung, dass es sich bei den EKs um ein Regierungsorgan handelt.

Die Bewohner von b) wollen nicht an öffentlichen Arbeiten und Aktivitäten teilnehmen. Zum einen bezahlen sie dafür ja die Hausverwaltungen (etwa für Sauberkeit und Reinigung), zum anderen gehören sie einer gehobenen Schicht an, die die Teilnahme an solchen Tätigkeiten aus Statusgründen grundsätzlich ablehnt und drittens sind sie schon aus materiellen Gründen in der Lage, ihre privaten Interessen in den Vordergrund zu stellen.

Selbst innerhalb einzelner Wohnquartiere existiert ein hohes Maß an Segregation und Polarisierung. Vor allem in Shenzhen bestanden die *Shequ* aus unterschiedlichen *xiaoqu*, d.h. Teilquartieren mit Luxusappartments, solchen mit gehobenen Eigentumswohnungen, solchen mit einfachen Eigentumswohnungen und z.T. renovierungsbedürftigen Gebäuden, in denen Mitarbeiter staatlicher *Danwei* wohnten. Diese Teilquartiere der Wohlhabenden waren aus Sicherheits- und Statusgründen durch hohe Zäune und Zugangsbarrieren von den einfachen Wohngebieten separiert, so dass sich unter den Bewohnern wohl kaum eine gemeinsame Identität herausbilden dürfte.[130]

Dabei geht die gegenwärtige Mobilität der Bevölkerung über soziale Mobilität (Veränderung des sozialen Status') noch hinaus. Sie umfasst zugleich geographisch-räumliche (Wohnsitzwechsel), Partnerschafts- (Trennungen, Scheidungen und neue Partnerschaften) sowie politische Mobilität (in Form von Alternativen für sozialen Aufstieg, der nicht mehr an die KP-Mitgliedschaft gebunden ist).[131] Vor allem die räumliche, aber auch die soziale Mobilität bewirken, dass sich die Bewohner einander fremd werden und Nachbarschaftsbeziehungen eine immer geringere Rolle spielen. Dadurch verringert sich die Bereitschaft, sich für Gemeinschaftsbelange einzusetzen oder Mitbürgern zu helfen. In Chongqing und besonders in Shenzhen beklagten interviewte Bürger die Indifferenz anderer Menschen im Hinblick auf freiwilliges Engagement, Hilfsbedürftigkeit oder die Bedrohung durch Kriminalität. Zeichneten sich die traditionellen Wohnviertel durch eine gewisse Identität aus, weil sich die Bewohner aus Arbeits- und Wohnzusammenhängen kannten, so ist mittlerweile die Anonymität in die Viertel eingezogen. Viele Bewohner kennen höchstens noch ihre unmittelbaren Nachbarn, aber nicht mehr die Bewohner darüber hinaus.

Die mangelnde Identifizierung der Bewohner mit diesen diversifizierten Vierteln begünstigt das Anwachsen sozialer Probleme. Vereinzelung, psychische Probleme, Selbstmorde, Drogenkonsum, Kriminalität, Gewalt in der Familie u.a. soziale Problemfelder haben in den letzten Jahren drastisch zugenommen. Der allgemeine Verfall bzw. Wandel der Werte begünstigt ebenfalls soziale Devianz. Traditionelle Formen sozialer Kontrolle in den Wohnvierteln (ausgeübt hauptsächlich durch RentnerInnen der EKs, die seit den 1950er Jahren stets Augen und Ohren in „ihren Revieren" offen gehalten und jede fremde Person sofort misstrauisch ins Visier genommen hatten) greifen nicht mehr. Nicht nur sind diese Personen in die Jahre gekommen, ihre Methoden sind zugleich nicht mehr zeitgemäß. Ohnehin waren diese alten Strukturen bei den Bürgern wenig beliebt.

Die traditionellen EKs, deren Reputation unter der Bevölkerung relativ gering war, und bei deren Mitarbeitern es sich überwiegend um ältere Personen (vornehmlich Rentnerinnen) mit geringem Bildungsgrad handelte, vermochten den neuen Anforderungen also nicht mehr gerecht zu werden. Die Erodierung der *Danwei*-Strukturen, die Zunahme an

---

[130] Ähnlich für Peking: *Tomba* 2004: 11ff.
[131] Dazu auch *Walzer* 1993: 164ff.

temporärer Bevölkerung, das Anwachsen von Arbeitslosigkeit und städtischer Armut sowie fehlende Organisationsstrukturen für die Privatwirtschaft waren die wichtigsten Gründe. Dazu kamen der Zerfall von Familien (durch wachsende Scheidungsraten) und traditioneller Werte sowie die Erodierung sozialer und öffentlicher Sicherheit.

Der Staat versuchte nunmehr durch *outsourcing*, lokale staatliche Aufgaben auf die „Selbstverwaltungsebene" zu übertragen, um konflikthafte Problemfelder dort austragen und lösen zu lassen. Im theoretischen Organ der Partei wurde 2004 noch einmal deutlich darauf hingewiesen, dass sich die meisten sozialen Konflikte an der „Basis" abspielten und daher auch dort gelöst werden müssten.[132] Dazu kommt, dass auf Grund globaler und marktwirtschaftlicher Prozesse und Strukturen der Staat sich auf die Makrosteuerung konzentrieren und daher lokale Aufgaben abgeben muss.

Überdies waren die ökonomische Privatisierung und die soziale Individualisierung nicht mehr von den Straßenbüros aus zu steuern und zu regeln. Konflikte sollen nun direkt auf der Wohnviertelebene behandelt und gelöst werden, um den Staat zu entlasten und von höheren Organen kommende Beschlüsse für die Wohngemeinschaften akzeptabler zu machen. Zugleich wurden Aufgaben der Verbesserung des Wohnumfeldes und der -infrastruktur, der Freizeitgestaltung und der sozialen Fürsorge auf diese Ebene verlagert. Dezentrale und kommunale Problemlösungen sind von daher auch als Beitrag zur Förderung von *good governance* zu verstehen, wenn und insofern die Bevölkerung partizipativ stärker eingebunden wird und Ressourcen und Dienstleistungen bürgernah und bedarfsgerecht bereitgestellt werden.

3.2 Von den traditionellen Einwohnerkomitees zu moderneren Formen urbaner Gemeinwesen: das Shequ (社区)

Bis heute existiert das von Schurmann bereits in den 60er Jahren konstatierte Problem fort, dass es der KP zwar gelungen ist, effektive politische Institutionen für die Verwaltung der Städte zu schaffen, nicht jedoch, ausreichende ökonomische Kapazitäten, mit deren Hilfe das urbane Beschäftigungsproblem hätte gelöst werden können. Auch effektive Formen sozialer Organisation mit Gemeinschaftssinn entstanden nicht.[133]

Die Frage der Reorganisation städtischer Wohnviertel und die Errichtung von *communities* oder *Shequ* wurde von Sozialwissenschaftlern seit den 1980er Jahren diskutiert. Der namhafte Sozialanthropologe Fei Xiaotong (gest. 2005) soll als erster die Umsetzung der *Community*-Idee in China vorgeschlagen haben.[134]

Doch erst Ende der 1990er Jahre wurde eine solche Umstrukturierung der EKs vorgenommen. Die Verwaltungsgebiete der bestehenden Einwohnerkomitees wurden zu größeren *Shequ* zusammengelegt und zunächst Komitees der *Shequ*-Einwohner (*shequ jumin weiyuanhui*) oder Komitees für *Shequ*-Verwaltung (*shequ guanli weiyuanhui*) gebildet. Landesweit werden diese Komitees heute einheitlich als „Einwohnerkomitees" bezeichnet. Sie stellen die administrativen und exekutiven Leitungsorgane der *Shequ* dar. Durch diese Neuordnung wurde die weit verbreitete Wohnorganisation nach *Danwei* aufgebrochen. In den *Shequ*-Wohnquartieren leben heute nicht nur Personen aus unterschiedlichen Erwerbs-

---

[132] Vgl. *Liu Tinglin* 2004.
[133] *Schurmann* 1968: 402.
[134] Vgl. z.B. *Zheng Hangsheng* 1987: 274-303; *Lu Xueyi* 1991: 227-238; *Fei* 1993; *Xi Congqing* 1996.

zusammenhängen und sozialen Statusgruppen. Diese Quartiere umfassen zugleich auch die Betriebe, Ämter und Schulen in dem entsprechenden Viertel.[135] Eine derart differenzierte Bewohnerschaft erschwert zugleich gemeinschaftsbildende und gemeinschaftliche (Protest-) Aktionen und erleichtert soziale Kontrolle.

Der Begriff *Shequ* lässt sich am ehesten mit Gemeinde oder Gemeinwesen (oder dem englischen Begriff *community*) übersetzen und bezeichnet ein geographisch abgegrenztes Wohngebiet[136] (eine Nachbarschaft), wobei intendiert ist, dass die Bewohner eine gemeinsame Identifikation in Bezug auf ihr Viertel entwickeln, gemeinsame Interessen und Bedürfnisse haben und formulieren, auf der Basis der Freiwilligkeit sich für die Umsetzung der Interessen und Bedürfnisse einsetzen und ein solidarisches und kooperatives Verhältnis zueinander entwickeln. Sie sollen von daher charakterisiert sein durch einen festen Standort und soziale Interaktion unter ihren Bewohnern.[137] *Communities* werden (auch in China) als „functionally autonomous social units" bezeichnet,[138] obwohl eine solche Autonomie in China derzeit nicht existiert (dazu unten). Um das *Shequ* von der Gemeinde im politikwissenschaftlichen Sinne, d.h. dem kleinsten Verwaltungsbezirk, abzugrenzen, ein Begriff, der in China als städtische (*zhen*) bzw. ländliche Gemeinde (*xiang*) eindeutig definiert ist, wollen wir im Folgenden von „Nachbarschaftsvierteln" sprechen.

Community (oder Nachbarschaftsviertel im Sinne von *Shequ*) besitzt drei Inhalte: (a) einen *räumlichen* im Sinne einer verwaltungsmäßigen Untereinheit (in China als Selbstverwaltungsebene unterhalb der Straßenbüros klassifiziert) mit einer Einwohnerschaft zwischen 3.000 und 16.000 Personen; (b) einen *gesellschaftlichen* im Sinne von handelnden Menschen und sozialen Beziehungen in einem abgegrenzten Raum und (c) einen *normativen* oder *funktionalen*, d.h. eine Zielbestimmung im Sinne eines Bevölkerungssegments, das durch räumliche Nähe, gegenseitige Interessen und soziale Kontrolle gekennzeichnet ist.

Das Parteiorgan „Volkszeitung" (*Renmin Ribao*) wies darauf hin, dass das *Shequ* die „Basiseinheit" urbaner Verwaltung und des Stadtaufbaus darstelle und Primärträger städtischer Funktionen sei. Die Entwicklung der *Shequ* wirke sich direkt auf Lebensniveau und -qualität der Stadtbewohner aus und sei ein Indikator für das Maß an *good governance* und staatlicher Modernisierung. Zentral für die *Shequ*-Entwicklung sei das Zusammenspiel von Regierung und Nichtregierungsorganisationen und vor allem die Partizipation der Bewohner.[139]

Das Organisationsgesetz für Einwohnerkomitees von 1989 weist diesen Komitees im Prinzip zwei große Aufgabenfelder zu: a) Unterstützung der Regierung beim Schutz der gesellschaftlichen Stabilität und b) Dienst- und Sozialleistungen für die Bewohner.[140]

Das Ministerium für Zivilverwaltung, das für den Aufbau der *Shequ* zuständig ist, formulierte fünf funktionelle Zielprioritäten, die den Nachbarschaftsvierteln zugrunde lie-

---

[135] Vgl. hierzu auch *Li/Chen* 2002: 310ff. Einen Überblick über die Restrukturierung zu *Shequ* geben *Derleth/Koldyk* 2004.
[136] Die Abgrenzung ist in der Regel durch einen Zaun sowie separate Eingänge kenntlich gemacht.
[137] Vgl. hierzu auch *Parsons* 1959.
[138] *Clark* 1968: 84. Clark weist zugleich darauf hin, dass auch in Industrieländern Nachbarschaftsviertel nicht völlig autonom sind.
[139] *Sun Rong* 2005.
[140] Abgedruckt in *Zhou/Ning* 2001: 442ff. Dieses Gesetz entspricht allerdings nicht mehr den heutigen Gegebenheiten. Von daher drängen chinesische *Shequ*-Forscher schon seit langem auf ein neues *Shequ*-Gesetz, vgl. *Goujian hexie* 2006: 55.

gen sollen: a) auf Dienstleistungen für die Bewohner ausgerichtet; b) selbstverwaltete Gebilde; c) lernende *Shequ*; d) computerisierte und e) ökologische Nachbarschaftsviertel. Grundlage des Aufbaus bildeten die Ausweitung von Demokratie und Selbstverwaltung der Bewohner („Demokratie ist die Seele des Aufbaus, Autonomie die Zielrichtung"). Zunächst gelte es, den bislang geringen Partizipationsgrad der Bewohner zu heben, denn dies bilde die Voraussetzung für Selbstverwaltung.[141]

Allerdings gibt es lokal durchaus unterschiedliche Vorstellungen davon, was die Hauptaufgaben eines *Shequ* sein sollen. Die Spannbreite reicht von reinen Verwaltungs- und Kontrollaufgaben über Wohlfahrt, Sozialfürsorge, Geburtenplanung, Schaffung von Beschäftigungsmöglichkeiten, Sicherstellung hygienischer Verhältnisse, Organisierung von Freizeitaktivitäten und Einübung von Disziplin bis hin zu Formen politischer Partizipation und Selbstverwaltung der Bewohner.

Im Büro des *Jianbei*-EK (Chongqing) war folgende Auflistung seiner Aufgaben angeschlagen:

- Mediation
- Aufklärung über Gesetze und Erziehung zu ihrer Einhaltung
- *Hukou*-Verwaltung (Meldewesen)
- Verwaltung der temporären Bevölkerung
- Sicherung der öffentlichen Sicherheit (in Zusammenarbeit mit der Polizei)
- Wahrung der öffentlichen Stabilität
- Aufrechterhaltung der Hygiene- und Umweltstandards (auch in den Wohnungen)
- Geburtenplanung
- Durchsetzung der Schulpflicht
- Organisierung von Kultur- und Sportaktivitäten
- Verteilung von Verhütungsmitteln
- Bestrafung von Verstößen gegen die Geburtenplanung
- Vermehrung der Dienstleistungen für die Bewohner
- Sicherstellung des Arbeitsschutzes der Betriebe auf dem Terrain des *Shequ*
- Festlegung der ökonomischen Aufgaben und der Entwicklungsrichtung des *Shequ*
- Durchführung der vom Straßenbüro vorgegebenen Aufgaben und Ziele
- Arbeitsbeschaffung für demobilisierte Soldaten
- Fürsorge für Alte, Waise, Behinderte und Opfer von Katastrophen
- Armutsbekämpfung
- Regelung von Bestattungen, Ausstellung von Heirats- und Todesbescheinigungen

---

[141] *Zhang Mingliang* 2003: 11f.

Tab. 5: Reale Funktions- und Aufgabenfelder der Einwohnerkomitees

- Meldeämter
- Sozialämter
- Arbeitsämter
- Rentenkassen
- Alten- und Behindertenarbeit
- Verwaltung von Arbeitsmigranten
- Geburtenplanung
- Bewährungshelfer
- Führung von Personalakten
- Hilfspolizei
- Erhalt/Ausbau Infrastruktur
- Propagandaarbeit
- Organisierung von Freizeitaktivitäten
- Kindertagesstätten
- Umwelt und Hygiene

Quelle: Eigene Untersuchung.

Wir finden hier *staatsnahe* Sektoren, die zwar nicht zu den Grundaufgaben des Staates gehören, auch wenn der Staat hier eine gewisse Verantwortung hat[142] und *staatsferne* (z.B. Organisierung von Freizeitaktivitäten), bürgernahe Dienstleistungen und kleinräumige Umwelt- und Infrastrukturgestaltung; soziale Aufgaben, Ordnungsfunktionen (polizeiähnliche Aufgaben, Meldewesen, dazu die Aufgabe der Verwaltung „Auswärtiger"), kulturelle und propagandistische sowie infrastrukturelle Tätigkeiten.

Besonders auf die sozial Schwachen und soziale Problemfälle soll das *Shequ* das Augenmerk richten. Dies betraf z.B. im *Jianbei*-Viertel in Chongqing folgende Personengruppen:

- ca. 400 Arbeitslose
- 360 Sozialhilfeempfänger
- 87 Behinderte
- 69 auf Bewährung entlassene Straftäter
- eine ungenannte Zahl von Drogenabhängigen und Prostituierten
- 12 Falungong-Anhänger.

Dazu kam die Verwaltung von 5.100 Auswärtigen (31,9% der Bewohner).[143]

In dem Maße, wie organisatorische Aufgaben zunehmend vom Staat auf den Markt übergehen, versucht der Staat soziale Ressourcen auf die „Selbstverwaltungsebene" (*Shequ*) zu übertragen. Durch dieses *outsourcing* wird auch der lokale Staat entlastet, der sich zunehmend vom Bereitsteller zum Verteiler von Ressourcen wandeln soll. Zugleich verändern sich die Anforderungen der Menschen an den „Staat": Er ist nicht mehr für alle sozialen Belange und Bereiche zuständig, die Angehörigen des Nachbarschaftsviertels sollen gemeinsam soziale Probleme in den Vierteln lösen. Der zum Teil noch geringe Lebensstan-

---

[142] Dazu u.a. *Mayntz/Scharpf* 1995: 13f.
[143] Interview, Angaben der EK-Leiterin, Chongqing, 29.7.03.

dard erlaubt es indessen noch nicht, soziale Dienste vollständig dem Markt zu übertragen. Die Verlagerung auf die Wohnviertel trägt dazu bei, die Abhängigkeit der Menschen vom lokalen Staat zu verringern, ein wichtiger Faktor des sozialen Pluralisierungsprozesses. Allerdings fehlen in den Nachbarschaftsvierteln noch die Freiwilligen, die bereit wären, solche sozialen Aufgaben zu übernehmen. Entsprechend versucht der Staat, über die EKs Freiwillige zu „mobilisieren".[144]

Ein zentrales Problem besteht allerdings in der mangelnden (freiwilligen) Beteiligung und dem fehlenden Interesse vieler Bewohner an der Arbeit der EKs. Li Fan vom *World and China-Institute*, einem Pekinger NGO-Beratungsinstitut für Basiswahlen, sieht die Hauptursache in der fehlenden Demokratie: „Nur wenn es demokratische Wahlen und Strukturen gibt, haben die Bewohner ein Interesse an Partizipation".[145]

Die Bevölkerung in städtischen Wohnvierteln (und Dörfern, die vorliegende Statistik nahm hier keine Trennung vor) bewertet den Einfluss der Dorf- bzw. Einwohnerkomitees als eher gering:

Tab. 6: Wahrgenommener Einfluss nationaler, lokaler und Dorfverwaltungs-/ Einwohnerkomitees auf das alltägliche Leben der Befragten (2000, in %)

Bewertung	Dorf-/Einwohnerkom	lokale Regierung	zentrale Regierung
Großer Einfluss	13,8	11,1	27,3
Gewissen Einfluss	37,6	51,9	40,8
Keinen Einfluss	44,0	35,5	29,3
Sonstiges	1,9	-	-
Weiß nicht	2,7	1,5	2,6

Quelle: *Wang, Yanlai* et al. 2004: 210.

Ein regionaler Vergleich bestätigt dies im Wesentlichen, wobei der Einfluss in Shanghai als besonders gering bewertet wurde:

Tab. 7: Wahrgenommener Einfluss nationaler, lokaler und Dorfverwaltungs-/ Einwohnerkomitee nach Regionen (2000, in %)

Region	Dorf-/Einwohn. kom	lok. Reg	zentr. Reg.	Zahl der Fälle
Shanghai	47,4	66,6	75,4	500
Jiangsu	51,8	69,3	69,1	488
Zhejiang	55,0	53,2	59,9	491

Quelle: *Wang, Yanlai* et al. 2004: 213.

---

[144] Die Frage der „Freiwilligkeit" im Bürgerverhalten wird allerdings zunehmend offen diskutiert, vgl. *Jiang/Ding* 2005: 3ff.
[145] Li Fan im Gespräch mit dem Autor am 23.3.02 in Peking.

Die Untersuchung von Y. Wang et al. hat zugleich ergeben, dass Landbewohner stärker als Stadtbewohner den Einfluss ihrer Dorfkomitees wahrnehmen, Städter hingegen stärker den Einfluss der lokalen (Stadt, Stadtbezirk) bzw. zentralen Regierung.[146]

Wie wir unten noch sehen werden, bedeutet der Wandel von traditionellen zu modernen EKs auch eine Veränderung von Organisationsidentitäten. Die alten Komitees, wie wir sie oben beschrieben haben, mit geringem Prestige, wurden mittlerweile abgelöst von Komitees, die mit jungen, gut ausgebildeten Personen besetzt wurden. Dies bedeutet aber noch nicht, dass die Veränderung der Organisationsidentität von den Bewohnern des Viertels auch unmittelbar wahrgenommen wird. Personen, die relativ wenig mit dem Komitee zu tun haben, waren immer noch der Auffassung, es handle sich dabei um eine Organisation von wenig gebildeten alten Frauen.

---

[146] *Wang, Yanlai* et al. 2004: 213f.

4 Die Organisation der Nachbarschaftsviertel: Fallbeispiele

Im folgenden Kapitel befassen wir uns mit der administrativen und strukturellen Organisation der *Shequ* und ihrer Verwaltungs- und Parteiorganisation. Am Beispiel zweier formeller Politikfelder (Geburtenplanung und öffentliche Sicherheit) wollen wir sodann die Übernahme staatlicher Aufgaben durch die Verwaltungsorgane (EKs) verdeutlichen. Prozesse in den Nachbarschaftsvierteln laufen indessen nicht immer in formellen Bahnen ab, vielmehr spielen informelle Netzwerke für erfolgreiches Wirken eines EK und für die Gestaltung und das Prestige eines Viertels eine wichtige Rolle.

4.1 Verwaltungsorganisation

Shequ wurden Ende der 1990er Jahre gebildet, indem die Verwaltungssektoren mehrerer EKs zu größeren Einheiten verschmolzen wurden. Geleitet werden diese Wohnviertel, wie oben erwähnt, von einem administrativen Organ, einem EK, das als *face-to-face* Organisation fungieren soll. Dieses soll besser als bürgerferne Behörden Dienstleistungen für die Bewohner erbringen.

Das EK ist formell der Delegiertenversammlung der Bewohner des *Shequ* (*jumin daibiao da hui*) gegenüber verantwortlich. Diese Versammlung wählte in den von uns untersuchten Vierteln das EK (über Wahldelegierte), nahm die jährlichen Rechenschaftsberichte des EK entgegen und galt als Hauptentscheidungsinstanz. Daneben existiert ein „Komitee zur Beratung öffentlicher Angelegenheiten" (*xieshang yishi weiyuanhui*), das funktional gesehen der Politischen Konsultativkonferenz nachempfunden ist. Es versteht sich als „beratendes" und das EK kontrollierendes Gremium und setzt sich sowohl aus Honorationen, die im *Shequ* wohnen (wie Abgeordnete lokaler Volkskongresse oder der Politischen Konsultativkonferenzen) als auch aus namhaften Vertretern der Bewohnerschaft sowie der *Danwei* auf dem Territorium des Viertels zusammen. Beide Komitees werden von Vertretern der Bewohner gewählt. Im *Yongfeng*-Viertel in Shenyang setzte sich das Beratungskomitee aus folgenden Personen zusammen:

- den im Viertel wohnenden Abgeordneten des Volkskongresses und der Politischen Konsultativkonferenz des Stadtbezirks
- Partei- und Regierungsfunktionären auf Stadtbezirksebene
- Vertreter von Staats- und Privatunternehmen auf dem Territorium eines *Shequ*

Leiter des Komitees war der Direktor der Organisationsabteilung des Parteikomitees des Stadtbezirks, Vizeleiter der Direktor des Amtes für Zivilverwaltung des Bezirks. Diese Komitees spielten in Shenyang eine erheblich größere Rolle als in Chongqing oder Shenzhen.

Die Größe eines EK hängt von der Anzahl der Bewohner eines Viertels ab. Die EKs in den von uns besuchten Vierteln setzten sich aus jeweils sechs bis acht Personen zusammen. In Shenzhen kam ein EK-Mitglied auf je 1.000 Bewohner. Zwei bis drei der Kandidatinnen und Kandidaten für die EK-Wahl waren in der Regel vom Straßenbüro „gesetzt", d.h. von diesem als Einzelkandidaten benannt worden. Bei den drei Gesetzten handelte es sich um die LeiterInnen, VizeleiterInnen und die Verantwortlichen für Sozialhilfe des EKs.[147] Sie waren für spezifische Arbeitsfelder zuständig, denen staatliche Politik zugrunde lag, und die von daher der Aufsicht durch staatliche Instanzen unterlagen (wie Leitungsaufgaben, Vergabe von Sozialhilfe, teils auch Geburtenplanung). In manchen *Shequ* mussten auch diese von den Wahldelegierten bestätigt werden, in anderen hingegen nicht. Die übrigen Mitglieder der EKs wurden per Wahl bestimmt, wobei das Wahlergebnis vom Straßenbüro bestätigt werden musste.

Die Mehrheit der EK-Mitglieder setzte sich aus Frauen zusammen. Im Verwaltungsbereich des Lianglukou-Straßenbüros in Chongqing waren 37 von 42 EK-Migliedern (88.1%) weiblich, im Shenzhener Futian-Bezirk 464 von 652 EK-Mitgliedern (71.2%) sowie 56 der 84 EK-LeiterInnen (66.7%) und 60 der 106 VizeleiterInnen (56.6%).[148] In der Regel fand sich nur ein männliches Mitglied pro EK. Männer waren überwiegend für „harte", d.h. eher konflikthafte Aufgaben wie die Feststellung der Bedürftigkeit bei Sozialhilfeanträgen zuständig. Das Überwiegen weiblicher EK-Mitglieder hängt einerseits mit den relativ geringen Gehältern und der niedrigen Reputation der EK-Tätigkeiten zusammen. Ein EK-Mitglied in Chongqing erklärte z.B. auf die Frage, was ihr Mann (ein Staatsanwalt) von ihrer Arbeit halte, dieser glaube, er habe dadurch „sein Gesicht verloren".[149] Und ein männlicher EK-Leiter meinte, er habe diese Tätigkeit lange Zeit vor seinen Freunden geheim gehalten.[150] Auf der Ebene der Straßenbüros wurde argumentiert, Frauen seien für Probleme der Bewohner zugänglicher und könnten besser mit Konflikten umgehen, zumal ein Großteil der EK-Tätigkeiten mit familiären Fragen zu tun habe. Auch traditionelle Gründe wurden von den Befragten angeführt (Frauen seien traditionell für das „Innere" zuständig, Männer für das „Äußere"; der Wohnbereich und damit die Nachbarschaftsviertel seien dem inneren Bereich zuzuordnen). In der Tat scheinen Männer auf Grund des Übergewichts an Frauen eine Mitarbeit im Tätigkeitsbereich des EK zu scheuen, während Mitarbeit in der Parteiorganisation des Viertels eher als „Männersache" angesehen wird.

Unterhalb des EK gibt es sowohl Verantwortliche für einzelne Aufgabenfelder als auch *issue*-orientierte Vereine. Die Zahl solcher Vereine erreicht teilweise beträchtliche Ausmaße. Allerdings handelt es sich in der Regel nicht um Gründungen von Seiten der Bewohnerschaft, sondern um Initiativen von oben. Entsprechend gab die Leiterin des Jianbei-EK in Chongqing an, sie habe insgesamt 36 Führungsfunktionen inne, primär die der Vereinsvorsitzenden.[151]

Das folgende Schaubild verdeutlicht die städtische Organisationsstruktur am Beispiel der Stadt Shenyang:

---

[147] Interview, Straßenbüro *Guancheng*, Shenyang, 17.3.03.
[148] Interview, Shenzhen, 13.2.04.
[149] Interview, Chongqing, 1.8.03.
[150] Interview, Shenyang, 19.3.03.
[151] Gespräch am 29.7.03. Zu den Vereinen in den Nachbarschaftsvierteln vgl. u.a. *Wang/Yang* 2003; *Bai/Zhu* 2006.

Abb. 2: Organisationsstruktur der *Shequ* in der Stadt Shenyang (2005)

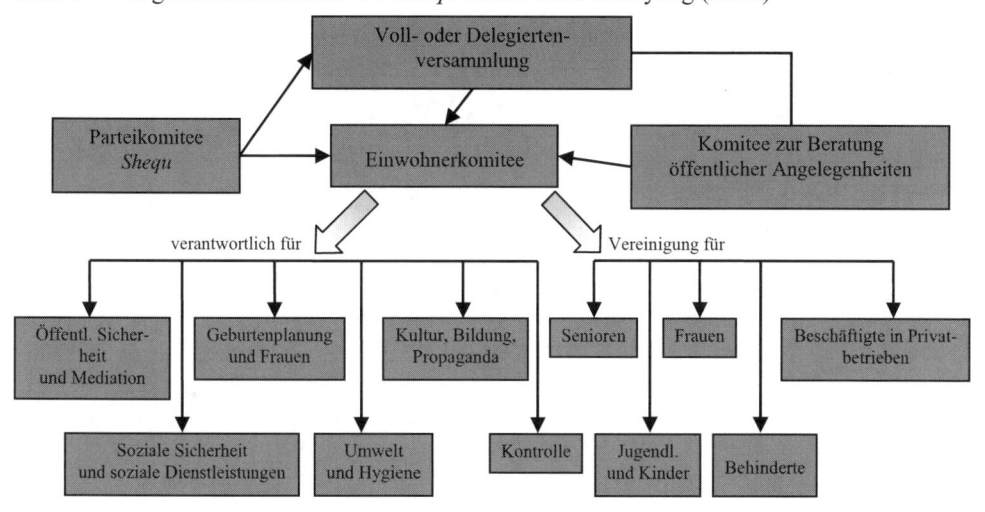

© Heberer 2007.

Die Komitees erledigen – wie oben dargelegt – weniger Selbstverwaltungs- als staatliche Aufgaben wie Geburtenplanung, Rentenzahlungen, Prüfung der Voraussetzungen für Sozialhilfe (*dibao*), Bearbeitung von Rentenanträgen, Anträge zur Anerkennung als behinderte Person, Streitschlichtung, Scheidungsanträge, Fürsorge für Kranke, Behinderte, Drogenabhängige und Vorbestrafte sowie psychologische Beratung (wie z.B. im Falle häuslicher Gewalt oder nach Selbstmordversuchen). Kontinuierlich werden ihnen neue Aufgaben übertragen wie die Führung der Personalakten der Bewohner, von der Volkszeitung sogar als „wichtige Aufgabe des *Shequ*-Aufbaus" bezeichnet, oder die Aufsicht über Personen, die zu Bewährungsstrafen verurteilt wurden (vgl. Tab. 5).[152] Unterschiedliche Politiker und unterschiedliche Regionen formulieren überdies, je nach Sachlage, ihre eigenen Schwerpunkte der *Shequ*-Arbeit. So hat der ehemalige Gouverneur der Provinz Liaoning, Bo Xilai, im Jahre 2003 die Lösung des Beschäftigungsproblems zur Hauptaufgabe der Nachbarschaftsviertel erklärt, was den Bedingungen hoher Arbeitslosigkeit in jener Provinz Rechnung tragen mag.[153]

Legitimität soll auch über die Arbeitshaltung der EK-Mitarbeiter gegenüber den Bewohnern generiert werden. Nur so könnten die Bewohner dem EK Vertrauen entgegenbringen und nur so lasse sich die Identität mit dem Nachbarschaftsviertel auf Dauer stärken. Das EK des Shenzhener *Fuhua*-Viertels hatte am Eingang zu seinem Büro eine Liste von „Tabusätzen" aufgehängt, die EK-Mitglieder gegenüber Klienten nicht verwenden sollen:

---

[152] Vgl. z.B. *Renmin Ribao*, 5.9.03, 15.9.03.
[153] *Zhongguo Minzheng*, 5/2003: 27. Bis Mitte 2004 sollen bereits über 80 Prozent der Nachbarschaftsviertel spezielles Personal für die Behandlung von Arbeits- und Sozialfragen eingestellt haben, vgl. *China aktuell*, August 2004: 841.

1. Ich weiß nicht
2. Das kann ich nicht machen
3. Nur langsam
4. Dafür bin ich nicht zuständig
5. Ich habe keine Zeit
6. Du fragst mich und wen soll ich fragen?
7. Hast du nicht bemerkt, dass ich beschäftigt bin?
8. Total doof, nicht einmal ein Formular kannst du ausfüllen!
9. Habe ich das nicht schon tausend Mal gesagt, was fragst du immer noch?
10. Ich habe bereits Feierabend!

So formalistisch diese Liste klingen mag, dahinter steckt der grundsätzliche Gedanke, dass sich die EK-Mitarbeiter mit den konkreten Fragen und Problemen in unbürokratischer Weise beschäftigen sollen, was in der Tat ein wichtiger Schritt in Richtung Akzeptanz und Vertrauen und damit von Legitimität darstellen würde.

Allein die o.g. Überlastung der EKs erschwert ein unbürokratisches Verhalten. Sie sind in eine Flut von Alltagsaufgaben verstrickt wie Mithilfe bei der Aufklärung von Straftaten, Suche nach entlaufenen Hunden und Beseitigung von Hundekot oder verloren gegangenen Fahrrädern. Das folgende Beispiel aus einem *Shequ* in Yinchuan (Ningxia) mag als Beispiel für die kuriose, aber alltägliche Aufgabenvielfalt dienen: Dort war im September 2002 ein kleiner Hund, der einer Bewohnerin gehörte, in das Fahrrad eines anderen Bewohners gelaufen und dabei getötet worden. Die Hundebesitzerin verlangte 1.800 Yuan[154] Schadensersatz, der Radfahrer bot nur 300 Yuan. Nach einmonatigem Streit wurde der Fall der Leiterin des EK vorgelegt, die eine Vermittlung herbeiführen sollte. Nach mehreren Verhandlungsrunden schlug die Leiterin vor, der Radfahrer solle der Klägerin einen neuen Hund kaufen. Die Geschädigte verlangte darauf hin einen Hund, der eine genaue Höhe von 18 cm, eine Haarlänge von 0,8 cm, einen Schwanz von 17 cm Länge, einen Kopfdurchmesser von 11 cm und eine Mundwinkelbreite von 3,1 cm besitze. Jedes andere Tier werde sie ablehnen. In den kommenden Wochen stellte ihr die Komiteevorsitzende 20 Exemplare vor. Sie wurden jedoch alle zurückgewiesen, weil sie den genannten Bedingungen nicht entsprächen. Als die Geschädigte Ende Oktober erneut nachfragte, was denn nun mit ihrem Hundeersatz sei, betrat zufällig ein anderer Bewohner mit seinem Hund das Büro des EK. Dieser Hund gefiel der Geschädigten und sie erklärte der Leiterin, mit einem solchen Tier wäre sie zufrieden. Die Leiterin suchte daraufhin den Besitzer dieses Hundes auf, der sein Tier aber nicht verkaufen wollte. Schließlich konnte die Leiterin ihn überreden, den Hund für 600 Yuan abzugeben. Nun aber weigerte sich der Mann, der den Hund überfahren hatte, 600 Yuan zu zahlen, habe er doch lediglich 300 Yuan angeboten. Nach mehreren Verhandlungsrunden mit dem Radfahrer und seiner streitbaren Ehefrau erklärten sich die Letzteren bereit, maximal 500 Yuan für jenes Tier zu bezahlen. Durch weitere Verhandlungsrunden mit der Geschädigten fand diese sich schließlich bereit, 100 Yuan draufzulegen, so dass der Streitfall abgeschlossen werden konnte.[155]

Ähnliche Fälle wurden uns in den meisten besuchten *Shequ* berichtet. Sie belegen, mit welcher Vielfalt von Alltagsproblemen sich die EKs auseinanderzusetzen haben und was

---

[154] 2007 entsprach ein Yuan etwa dem Wert von € 0,10.
[155] *Du Junxiao* 2003. Dort finden sich zahlreiche ähnliche Beispiele.

von ihnen, gerade im Bereich der Mediation,[156] erwartet wird. Die Überlastung der EK-Kader beschreibt das Parteiorgan *Renmin Ribao* mit „viel Redetätigkeit, viel Herumgelaufe, bei geringen Gehältern".[157]

Die von uns untersuchten Komitees mussten ihre Arbeit häufig unter finanziell dürftiger Ausstattung verrichten (2003/04 erhielten die von uns untersuchten *Shequ* in Shenyang und Chongqing lediglich wenige hundert Yuan für monatliche Bürokosten: im Shenyanger *Dadong*-Bezirk 6.000 und im Chongqinger *Jianbei*-Bezirk 7.200 Yuan. Nur in Shenzhen waren sie mit 50.000 Yuan/Jahr besser gestellt. Zugleich waren die EKs aufgaben- und arbeitsmäßig völlig überlastet, während im Gegensatz dazu die Straßenbüros, in modernen mehrstöckigen Gebäuden mit gut ausgestatteten Büros untergebracht, unterbeschäftigt waren. Ein Untersuchungsbericht (2003) über *Shequ* in der nordchinesischen Stadt Harbin listet 354 Aufgabenfelder auf, die von den EKs bearbeitet werden müssen.[158] Daran zeigt sich deutlich, dass der Staat besonders konfliktträchtige Arbeitsfelder kostengünstig ausgegliedert und direkt der Wohnebene übertragen hat.

In besonders belasteten EKs in Problemvierteln mit hoher Arbeitslosigkeit und einem hohen Anteil sozialer Problemfälle suchen daher viele Leitungskräfte nach einer beruflichen Alternative. Stellvertretend für zahlreiche LeiterInnen erklärte die Leiterin eines EK in Chongqing:

> Wenn ich eine gute Arbeit finde, werde ich das hier nicht mehr machen. Ich mache das nur weiter, solange ich keine andere Arbeit finde…Dieser Job ist allzu bitter. Selbst wenn wir für Bewohner viele gute Dinge tun, so kommen sie doch, falls etwas nicht klappt, und beleidigen dich. Wenn du beleidigt wirst, dann darfst du nicht einmal reagieren. Wir seien doch öffentlich Bedienstete [wird von oben signalisiert], besäßen ein bestimmtes Niveau, da dürfe man nicht zurückbeleidigen.[159]

Auch das geringe gesellschaftliche Prestige der EKs macht den EK-Mitgliedern zu schaffen. Eine EK-Leiterin kleidete das in die folgenden Worte (mit denen sie zugleich ihre Selbstaufwertung dokumentiert):

> Viele Leute sagen: Was ist an Euch EK-Leiterinnen schon Besonderes? Ich brauche von Euch nichts…Aber in der Realität stellt sich das ganz anders dar. Wenn du geboren wirst oder stirbst, dann brauchen sie mich doch. Du brauchst eine Urkunde, bei Geburt und Tod! Ohne Totenschein kann man z.B. nicht verbrannt werden. Eben von daher bin ich doch etwas Besonderes, ich bin für Euch zuständig. Auch wenn ihr mich geringschätzt. Zu allerletzt muss deine Sache doch über meinen Schreibtisch gehen.[160]

Die EK-Leiterinnen oder -Leiter sind nicht das, was als *native leadership*-Personen bezeichnet wird, d.h. Personen, die den Bewohnern eines Nachbarschaftsviertels vertraut sind, die deren Sorgen und Nöte teilen und quasi „von unten" kommend solche Leitungsaufgaben übernommen haben.[161] Vielmehr handelt es sich überwiegend um Personen, die nicht in dem von ihnen geleiteten Viertel wohnen, einer gehobenen Schicht angehören und vom

---

[156] Zu Mediation vgl. *Peng Bo* 2005.
[157] *Du Junxiao* 2003.
[158] *Yin* 2003: 19.
[159] Interview, Chongqing, 27.7.03.
[160] Interview, Chongqing, 27.7.03.
[161] Zum Terminus *native leadership* vgl. *Alinsky* 1968.

Straßenbüro ausgewählt wurden. Die Bewohner sehen in ihnen eher Repräsentanten der Behörden als ihre ureigenen InteressenvertreterInnen, was die Identifikation mit dem EK (und damit auch mit den Wahlen) erschwert. Die Behörden wiederum halten die Zusammenarbeit mit solchen LeiterInnen für unkomplizierter und besser kontrollierbar.

Die o.e. komplexe Situation, dass unterschiedliche Personengruppen in einem Viertel zusammenleben, erschwert die Arbeit der EKs. In Wohnvierteln, in denen auch Beschäftigte von staatlichen *Danwei* leben, lassen sich viele Dinge nur über die Leitung dieser Einheiten lösen.

> Wir können viele Probleme nicht selbst lösen. Das gilt z.B. für Personen, die zu einer *Danwei* gehören. Ist z.B. eine solche Person verstorben und errichten die Angehörigen [auf dem *Shequ*-Gelände] ein „Seelenhäuschen" (*lingpeng*), wobei mehrere Tage lang Trauermusik und –gesang vollführt wird [was den Bestattungsvorschriften zufolge nicht erlaubt ist, Anm. d. Verf.], dann können wir das kaum verhindern, selbst wenn wir das möchten. Wir müssen dann versuchen, das Problem mit der zuständigen *Danwei* gemeinsam anzugehen.[162]

Das ist keineswegs einfach, denn auch die *Danwei* blicken oft auf die EKs herab. Eine EK-Leiterin erläuterte dazu:

> Am bedauernswertesten sind wir, wenn wir zu einer größeren *Danwei* müssen, um ein Problem zu lösen. Vor kurzem war ich z.B. zehnmal beim Büro des Leiters eines großen Betriebes, bis ich überhaupt vorgelassen wurde. Viele Angehörige dieses Betriebes wohnen in unserem *Shequ*. Als ich das erste Mal dort war, traf ich ihn und sagte, ich sei die Leiterin des benachbarten EK. Er ließ mich drei Stunden draußen warten, danach sagte er, er müsse jetzt zu einer Sitzung. Jedesmal, wenn ich kam, hatte er gerade Dienstschluss oder war bei einer Sitzung. Beim zehnten Mal erwischte ich ihn 10 Minuten vor Dienstschluss. Ich bestand darauf, mit ihm zu reden… Als Leiter eines großen Betriebes würdigte er mich keines Blickes. Doch ich musste mit ihm reden, denn ohne seine Mithilfe lassen sich viele Fragen unseres Viertels nicht lösen. Am entwürdigendsten und traurigsten ist es, wenn man draußen warten muss, bis man eingelassen wird.[163]

Die geringen Gehälter der EK-Mitarbeiter bei gleichzeitig hoher Arbeitsbelastung machen den Job in einem EK nicht sonderlich attraktiv. Zum Zeitpunkt unserer Untersuchung erhielten die EK-Leiter in Shenyang ein Gehalt von 500-550 Yuan, die Vizeleiter 450-500 Yuan monatlich (Chongqing: Leiterin 600, Vizeleiterin 550), während die übrigen Mitglieder zum Teil erheblich geringere Gehälter bezogen. Mitglieder, die von früheren EKs übernommen, nicht gewählt oder als „gering qualifiziert" eingestuft worden waren, erhielten geringe Zuschüsse (in Chongqing z.B. 80 Yuan/Monat). 2006 sollen rund 60% der EK-Mitglieder ein Gehalt unterhalb des lokalen Durchschnittslohns erhalten haben, 23% sogar weniger als 300 Yuan monatlich.[164]

Die Mittel für Gehälter und Bürokosten werden den EKs von den Stadtbezirken über die Straßenbüros zugeleitet und müssen mit den Straßenbüros abgerechnet werden. Obwohl die Gehälter in den letzten Jahren deutlich gestiegen sind (1999: 100 Yuan; ab 2000: 400/350 je nach Funktion), boten sie in Shenyang und Chongqing keinen großen Anreiz für qualifizierte Personen, sich zu bewerben. In Shenzhen hingegen erhielten EK-LeiterInnen bis zu 3.400 Yuan im Monat, StellvertreterInnen bis zu 3.200 und die übrigen Mitglieder

---

[162] Interview, Chongqing, 27.7.03.
[163] Interview, Chongqing, 27.7.03.
[164] So *Li Xueju*, Minister für Zivilverwaltung, in einem Interview mit der Zeitschrift *Shequ* 7-2/2006: 26.

bis zu 3.000 Yuan. In den von uns untersuchten Orten mussten die EK-Mitglieder selbst für ihre soziale Sicherung aufkommen, teilweise gab es allerdings staatliche Zuschüsse für medizinische Versorgung, Renten- und Arbeitslosenversicherung. In Shenyang und Chongqing wurden am Jahresende Erfolgsprämien ausgezahlt, in Shenzhen im Falle der Erfüllung der vorgegebenen Aufgaben ein zusätzliches Monatsgehalt, gezahlt vom Amt für Zivilverwaltung des Stadtbezirks.

In Shenzhen waren die Stellen der EK-Mitglieder z.T. im öffentlichen Stellen- und Finanzplan verankert. Anders als in Shenyang und Chongqing existierte im *Futian*-Stadtbezirk eine formelle Trennung und Arbeitsteilung zwischen EKs und „Arbeitsstationen" (*gongzuo zhan*). Die Letzteren fungierten dabei als offizielle Vertretungsorgane unter dem Straßenbüro im Wohnviertel, d.h. als Regierungsstellen und waren für „staatliche Aufgaben" zuständig (wie Auszahlung von Renten und Sozialhilfe, Meldeangelegenheiten, Ausstellung von Bescheinigungen). Die Mitarbeiter dieser Stationen wurden über öffentliche Ausschreibung und Prüfung eingestellt, ihre Gehälter aus dem Etat der Finanzbehörde des Stadtbezirks bezahlt. Die Mitglieder des EK hingegen sollten nicht gleichzeitig bei der jeweiligen Arbeitsstation angestellt sein und sich auf infrastrukturelle Angelegenheiten im *Shequ* und soziale Dienstleistungen für die Bewohner konzentrieren. In den von uns untersuchten *Shequ* in diesem Bezirk waren die wichtigsten EK-Mitglieder jedoch zugleich Mitglieder der Arbeitsstation (Leiter, Vize, Verantwortliche für Sozialhilfe, für Rentenzahlungen und Geburtenplanung) und erhielten ein entsprechendes Beamtengehalt. Ihre Stellen waren im offiziellen Finanz- und Stellenplan des Bezirks verankert.

Gleichwohl trafen wir immer wieder auf Sonderfälle. Eine 48jährige mit unterer Mittelschulbildung (parteilos) in Chongqing, die seit fünf Jahren im EK tätig und dort für Sozialhilfe zuständig war, hatte sich geweigert, an dem für eine Wiederwahl erforderlichen Prüfungsverfahren beim Straßenbüro teilzunehmen. Sie hatte das abgelehnt, weil, wie sie erklärte, ihr Bildungsgrad zu niedrig sei für eine Kandidatur. Das Straßenbüro bot ihr an, eine einfache Funktion im EK zu übernehmen. Dies wurde ihr gestattet, weil sie stets gute Arbeit geleistet hatte, arbeitslos und durch die Studienkosten für ihr Kind (10.000 Yuan/Jahr) finanziell enorm belastet war. Sie wurde zwar ohne Prüfungsverfahren als Kandidatin vorgeschlagen und wiedergewählt, durfte aber nicht mehr den Sozialhilfebereich übernehmen. Außerdem erhielt sie statt der für diese Aufgabe vorgesehenen 550 Yuan nur noch 80 Yuan Zuschuss pro Monat.[165]

Manche EK-Mitglieder erzielten noch Einkommen aus anderen Quellen. Die für Geburtenplanung zuständige Frau im *Yongfeng*-Viertel (Shenyang) z.B. bezog neben ihrem Gehalt von 550 Yuan noch eine Rente von 358 Yuan im Monat.

4.2 Policyfelder

4.2.1 Policyfeld 1: Geburtenplanung

Die Beauftragten für Geburtenplanung in den EKs kümmern sich um Frauen in gebärfähigem Alter, die keiner *Danwei* (Staatsbetrieb) angehören. Dies bezieht sich vornehmlich auf Beschäftigte im Privatsektor, Arbeitslose, Hausfrauen und Auswärtige.

---

[165] Interview, Chongqing, 26.7.03.

Die *Shequ* erhalten für Geburtenplanungsarbeit einen festen Betrag vom zuständigen Stadtbezirk. In Shenzhen waren das 40.000 Yuan pro Jahr (2004), vornehmlich für Bürokosten, Propagandamaterial, Verhütungsmittel (die kostenlos verteilt werden), Vergütung von Überstunden etc.

Allerdings ist es schwierig, für diese besonders diffizile Aufgabe überhaupt Personen zu finden. Im Shenyanger *Yongfeng*-Viertel wurde z.B. eine in dieser Arbeit erfahrene ältere Frau (57, Parteimitglied) mit geringerer Bildung (Unterstufe der Mittelschule) mit dieser Aufgabe betraut. Sie war bereits in früheren EKs dafür zuständig gewesen, besaß also entsprechende Erfahrung und war innerhalb der Bewohnerschaft bekannt. Selbstbewusst erklärte sie:

> In den letzten Jahren gab es hier keine Geburten außerhalb des Geburtenplanes. Zu Hause habe ich relativ wenig zu tun. Daher gehe ich oft im Viertel herum, um zu erkunden, ob jemand schwanger ist. Die Geburtenplanungsarbeit ist äußerst schwierig. Aber wir sind hier ziemlich streng – mit Erfolg…Wer hier wohnt und im gebärfähigen Alter ist, benötigt einen Geburtenausweis. Erst dann kann man legal ein Kind bekommen. Vorletztes Jahr kam eine Frau vom Land. Schon nach wenigen Tagen gebar sie ein Kind. Na, das geht nun wirklich nicht! Sie musste sofort nach Hause zurückkehren…Natürlich kann ich alleine nicht den Überblick über die Lage der 2.000 Haushalte haben. Da bin ich auf die Informationen der anderen EK-Mitglieder angewiesen. Ich muss z.B. wissen, wer heiratet. Bei Frischvermählten frage ich relativ schnell nach, ob sie ein Kind planen. Sehe ich eine Schwangere, gehe ich sofort hin und erkundige mich nach ihrer Adresse. Ich achte schon im Unterbewusstsein auf schwangere Frauen. Früher stellte die *Danwei* Verhütungsmittel zur Verfügung. Jetzt macht das EK das, ich bringe sie den Leuten direkt ins Haus. Wir erhalten sie von der Bezirksregierung…Es stimmt, dass ich eigentlich einen zu niedrigen Bildungsstand für das EK habe. Aber ein Hochschulabsolvent wird diese Arbeit kaum machen wollen. Natürlich bin ich auch über der Altersgrenze. Ich arbeite jedoch sehr verantwortungsvoll. Ich sitze nicht oft im Büro, sondern bin dauernd im Viertel unterwegs. Wenn man mich nächstes Mal wieder wählt, werde ich noch eine Amtsperiode lang diese Aufgabe übernehmen.[166]

Werden die Geburtenplanungsvorschriften von den Bewohnern nicht eingehalten, werden auch die Verantwortlichen im EK abgestraft. Ihnen werden dann „Bewertungspunkte" abgezogen. Sind die Abzüge sehr hoch, dann können die Betreffenden als „nicht qualifiziert" eingestuft werden. Sie werden dann in der Regel ausgetauscht. 2004 hatten in einem *Shequ* in Shenzhen Frauen außerhalb der Geburtenplanung Kinder bekommen. Die Verantwortliche im EK erhielt vom Straßenbüro einen Punkteabzug und ihre Jahresendprämie (500 Yuan) wurde gestrichen. Aus Solidarität gaben die anderen Mitglieder ihr allerdings einen Teil von ihren Prämien ab.

Den stärksten Unmut mit der Geburtenplanung gab es in Shenzhen. Dort assoziierten fast 45 Prozent der von uns befragten Bewohner das Komitee primär mit der Geburtenplanungsarbeit. Viele sahen darin sogar dessen „Hauptfunktion". Da diese Tätigkeit innerhalb der Bevölkerung überwiegend negativ angesehen wird, als Eingriff des Staates in die Privatsphäre, äußerten sich die von uns Befragten ausgesprochen kritisch über die entsprechende Tätigkeit des EK.

Entsprechend konstatierte die für Geburtenplanung Verantwortliche im *Fuhua*-Viertel, es sei kaum jemand für diese Arbeit zu gewinnen, weil es sich um den schwierigsten und

---

[166] Interview, Shenyang, 15.3.03.

unangenehmsten Job handele. Die Bewohner unterstützten diese Arbeit auch nicht. Zudem müsse diese Tätigkeit vielfach nach Feierabend geleistet werden, weil tagsüber kaum jemand zu Hause sei.[167] Nicht zuletzt auf Grund dieses Unmutes erließ die Stadt Shenzhen Ende 2003 eine neue Regelung zur Geburtenplanung. Ein Ehepaar kann nun ein zweites Kind bekommen, dafür muss aber eine „gesellschaftliche Aufzuchtgebühr" (*shehui fuyangfei*) gezahlt werden, deren Höhe sich nach dem jeweiligen Familieneinkommen richtet (in der Regel das Zweifache des Jahreseinkommens).

Die für Geburtenplanung Zuständigen benötigen ein dickes Fell. Mitleid mit den Betroffenen wird von den Behörden negativ beurteilt. So musste ein EK-Mitglied in Shenzhen ihr Amt abgeben, weil sie Mitgefühl gezeigt hatte:

> Ich habe einmal gesehen, wie Schwangere zur Zwangsabtreibung geschickt wurden. Die weinten laut und da weinte ich mit ihnen und bekam Angst. Da haben sie mich von der Geburtenplanungsarbeit entbunden.[168]

Die Übertragung dieser prekären Arbeit an die Wohnviertel ist ein Beispiel dafür, in welcher Weise sich der Staat schwieriger und sensibler Aufgaben entledigt. Er überträgt sie der „Selbstverwaltungsebene", wo die soziale Kontrolle durch *face-to-face* Beziehungen einfacher ist und effizientere Lösungen zu erreichen sind. Die o.g. Beispiele verdeutlichen zugleich, dass die Geburtenplanung auch in den Städten nicht einfach akzeptiert wird.

4.2.2 Policyfeld 2: Öffentliche Sicherheit

Eine chinesische Untersuchung im Jahre 2006 ergab, dass das Gefühl öffentlicher Sicherheit unter Städtern seit Ende der 90er Jahre deutlich abgenommen hat.[169] Die Gewährleistung öffentlicher Sicherheit zählt also zu den Politikfeldern, die Stadtbewohner für besonders wichtig halten.[170] Von daher kann ein EK (und damit auch „der Staat") über die Verbesserung der Sicherheitslage Legitimität und Vertrauen generieren.

In den wohlhabenderen *Shequ* (*gated communities*) obliegt die öffentliche Sicherheit speziellen Wachdiensten, die wiederum den jeweiligen Hausverwaltungen unterstehen. In durchschnittlichen oder ärmeren Wohnvierteln wird dies von den EKs selbst organisiert. Beispiele hierfür waren die Wachdienste im *Zhongshan Erlu*- und im *Jianbei*-Viertel in Chongqing. Besonders bedürftige Arbeitslose, die zugleich als zuverlässig galten, wurden vom jeweiligen EK als Sicherheitskräfte im Sicherheitsdienst des Viertels eingestellt. Der Sicherheitsdienst patrouilliert rund um die Uhr in dem entsprechenden Viertel, wacht an den Eingängen und wirft ein Auge auf Personen, die in dem Viertel fremd zu sein scheinen.

Im *Jianbei*-Viertel sprach man vom „Sozialhilfeempfänger-Streifendienst" (*dibao xunluodui*). 300-350 Yuan betrug 2003 das monatliche Gehalt der Wachleute, die über ihre Sozialhilfe hinaus auf diese Weise ein Zusatzeinkommen erhielten. Gute Beziehungen zur EK-Leitung können einer Anstellung durchaus dienlich sein. So hatte z.B. der Neffe der EK-Leiterin eine Anstellung erhalten, der sich damit sein Fernstudium finanzierte.

---

[167] Interview, Shenzhen, 20.2.04.
[168] Interview, Shenzhen, 28.2.04.
[169] Vgl. *People's Daily Online*: „Chinese residents feel less safe", http://english.people.com.cn/200602/20/print 20060220_244297.htm (aufgerufen: 21.2.06).
[170] *Tang* 2005: 61ff. kommt auf Grund seiner Befragungen zu einem ähnlichen Ergebnis.

Der Sicherheitsdienst, der polizeinahe Funktionen erfüllt, untersteht dem EK, erhält aber Anleitung durch die örtliche Polizei. Die Bewohner mussten dafür drei Yuan pro Monat und Haushalt zahlen. Sozialhilfeempfänger und Behinderte waren davon ausgenommen. Laut Auskunft der Sicherheitsleute weigerten sich allerdings zahlreiche Haushalte, diesen Betrag überhaupt zu entrichten. Die betreffenden Bewohner argumentierten, die Frage der öffentlichen Sicherheit sei schließlich eine staatliche Aufgabe, folglich müsse auch der Staat dafür aufkommen.

Durch die Einrichtung des Sicherheitsdienstes hatte sich die öffentliche Sicherheit in den von uns untersuchten Vierteln deutlich verbessert (Abnahme von Raub, Diebstahl und Einbruchskriminalität). Allerdings musste der Sicherheitsdienst sich auch mit Gewalt in den Familien, Streitfällen zwischen den Bewohnern sowie dem öffentlichen Auftreten von Falungong-Anhängern beschäftigen, im letzten Fall insofern auch politische Aufgaben übernehmen.

Nicht alle Sicherheitsprobleme eines Viertels lassen sich vom EK lösen. So beklagten z.B. Sicherheitskräfte des *Zhongshan Erlu*-Viertels, das sich in einer Talsenke befand, dass im Falle schwerer Unwetter der Berghang an der Nordseite des *Shequ* einbrechen und Teile der Wohnhäuser unter sich begraben könne. Obwohl wiederholt Berichte an das Straßenbüro und die Bezirksregierung geschrieben worden waren, in denen auf die Gefahr hingewiesen worden sei, würden diese das Problem ignorieren. Man wisse, dass im Falle eines Bergsturzes viele Menschen ums Leben kämen. Offensichtlich interessiere das die städtischen Behörden nicht. Aber hier sei das EK völlig macht- und hilflos.[171]

Ein weiterer Problemfall im *Zhongshan Erlu*-Viertel, den der Sicherheitsdienst nach eigenen Angaben nicht zu lösen vermochte, war der eines offenbar geistig verwirrten Rentners, der im Viertel Müll sammelte und diesen in seiner Wohnung hortete. EK und Sicherheitsdienst hatten wiederholt versucht, den Mann von seiner Sammelleidenschaft abzubringen. Sie vermochten allerdings wenig auszurichten. Der Mann öffnete seine Wohnungstür nicht, sondern rief ihnen von innen zu, dies sei seine Wohnung und darin könne er machen, was er wolle. Der Vorfall wurde zwar dem EK und dem Straßenbüro gemeldet, die aber den Mann nicht bewegen konnten, den Müll entsorgen zu lassen.

Im Falle schwerer Straftaten in einer Stadt werden die EKs aufgefordert, bei der Aufklärung bzw. der Aufspürung der Täter behilflich zu sein. In solchen Fällen ergreifen die EKs spezielle Maßnahmen (Verteilung von Steckbriefen, Suche nach Verdächtigen etc.).

Doch über Wachdienste allein lassen sich Sicherheitsprobleme nicht lösen. So könnte die Schaffung neuer Identitäten in den Nachbarschaftsvierteln mit dazu beitragen, das Nachbarschaftsgefühl unter den Bewohnern, das im Zuge der Reformpolitik abgenommen hat, wieder zu stärken. Denn, wie es ein Mitglied des EK im Chongqinger Jianbei-Viertel formulierte: „Je mehr Nachbarn sich kennen, auch namentlich, desto geringer die Kriminalität".[172]

Geburtenplanung und öffentliche Sicherheit gehören zu den Politikfeldern, die zwar staatliche Aufgaben darstellen, die der Staat im Zuge des gesellschaftlichen Differenzierungs- und Mobilisierungsprozesses aber partiell in die Wohnviertel hineinverlagern will. Entsprechend wurden diese Politikfelder zumindest im Hinblick auf die jeweilige Bewohnerschaft den EKs übertragen. Wo die Beauftragten für Geburtenplanung mit Fleiß und Überzeugungskraft unermüdlich tätig sind, dort stellen sich durchaus Erfolge in der Gebur-

---

[171] Interview, Chongqing, 27.7.03.
[172] Interview, 29.7.03.

tenplanung ein. Das Gleiche gilt für Wachdienste im Interesse der Verbesserung der öffentlichen Sicherheit. Gerade was diese Sicherheit anbelangt, tragen die Wachdienste offensichtlich dazu bei, im Sinne der Koproduktion staatliche Leistungen zu verbessern und damit die Legitimität des und das Vertrauen in den Staat zu erhöhen.

4.3 Parteiorganisation

Im *Shequ* übt das Parteikomitee offiziell die Führung aus, auch wenn das Gesetz über die Organisation der EKs von 1989 – anders als das Gesetz über die Dorfwahlen – sich nicht explizit zur (Führungs-) Rolle der Partei äußert. Diese Führungsrolle drückt sich u.a. darin aus, dass in 90 Prozent der *Shequ* in Shenyang im Jahre 2003 Personalunion zwischen Parteisekretär(in) und Leiter(in) des EK und überwiegend auch zwischen den Mitgliedern des Parteikomitees und denen des EK bestand.[173] Einmal soll auf diese Weise eine mögliche Konkurrenz zwischen zwei Amtsträgern, wie wir sie so häufig auf der Dorfebene finden, verhindert werden; andererseits wären bei Existenz von zwei separierten Organisationen die Kosten zu hoch.

Auf die Frage, weshalb die Partei die „Führung" über die Selbstverwaltungsebene ausübe, antwortete der Leiter eines Shenyanger Straßenbüros: „Die Partei weiß besser, was die Massen wollen und kann Phänomene wie z.B. Falungong besser erkennen". Abgesehen von dem dahinter stehenden leninistischen Konzept der KP als ideologischer Avantgarde bedeutet dies, dass es primär darum geht, die politischen Einschätzungen und Zielvorgaben der Parteiführung bis in die Basiseinheiten hinein umzusetzen.

Die Parteisekretäre in den *Shequ* werden von den übergeordneten Straßenkomitees ernannt. Mittlerweile gibt es jedoch im Rahmen des Ausbaus der Parteidemokratie Modellversuche, die Sekretäre der *Shequ*-Parteiorganisationen durch die Mitglieder direkt wählen zu lassen.[174]

Am Beispiel des Yongfeng-*Shequ* in Shenyang zeigt sich das Grundmuster vertikaler Organisation:

---

[173] Gespräch mit dem Präsidenten der Akademie der Sozialwissenschaften der Provinz Liaoning Zhao Zixiang am 19.3.03.
[174] *Goujian hexie* 2006: 306ff.

Abb. 3: Parteiorganisation des *Yongfeng-Shequ* in Shenyang (2003)

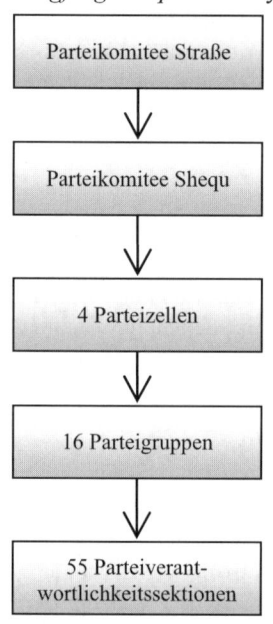

```
┌─────────────────────────┐
│   Parteikomitee Straße  │
└───────────┬─────────────┘
            ▼
┌─────────────────────────┐
│   Parteikomitee Shequ   │
└───────────┬─────────────┘
            ▼
┌─────────────────────────┐
│      4 Parteizellen     │
└───────────┬─────────────┘
            ▼
┌─────────────────────────┐
│     16 Parteigruppen    │
└───────────┬─────────────┘
            ▼
┌─────────────────────────┐
│   55 Parteiverant-      │
│   wortlichkeitssektionen│
└─────────────────────────┘
```

© Heberer 2007.

In den Parteiorganisationen in den Wohnvierteln werden primär solche Parteimitglieder organisiert, die keine *Danwei* mehr haben (Rentner, Arbeitslose etc.) bzw. Personen von außerhalb, die – als Händler oder Handwerker – mittel- oder längerfristig in einem *Shequ* wohnen.[175] Ab drei Parteimitgliedern wird eine Parteizelle gebildet. Die Organisierung von Parteimitgliedern ohne *Danwei* in den *Shequ* zielt auch darauf ab, neue Loyalität zur Partei in den Wohnvierteln zu generieren. Die Organisationabteilung des ZK der KPCh hat entsprechend darauf hingewiesen, dass über die Basisarbeit in den Wohnvierteln die Partei wieder größeres Ansehen und Vertrauen bei der Bevölkerung erlangen soll.[176]

Die Grundstruktur der Parteiorganisation in den Wohnvierteln gestaltet sich folgendermaßen:

Tab. 8: Organisationsstruktur der Partei, *Shequ Chang'anjie*, Shenyang (2003, 2.183 Haushalte, 6.606 Einwohner)

- 1 Parteikomitee (*dangwei*) mit einem Sekretär, einem Vizesekretär und fünf Mitgliedern (zuständig für Organisation, Propaganda und Disziplinkontrolle)
- 3 Parteizellen (*dangzhibu*) mit je einem Sekretär und zwei Mitgliedern
- unter jeder Zelle zwei Parteigruppen (*dangxiaozu*)

Hier existierte auch eine Statistik über die Parteimitgliedschaft im Jahre 1999.

---

[175] Mehr dazu: *Su Ning* 2003; *Dong Hongjun* 2003; *Yuan Xuxiang* 2004; *Jiang Baozhang* 2004.
[176] *Zhonggong zhongyang zuzhibu* 2004.

Tab. 9: Zusammensetzung der Parteimitglieder im Shenyanger *Chang'anjie-Shequ* nach Bildungsgrad (1999)

Abschluss	Personen	%
Universität	64	20.8
Fachhochschule	23	7.5
Oberstufe Mittelschule	33	10.7
Fachmittelschule	45	14.6
Unterstufe Mittelschule	91	29.5
Grundschule	49	15.9
Analphabeten	3	1.0
Gesamt	308	100.0

Quelle: Eigene Erhebung.

Es handelte sich um ein Viertel mit überwiegend Arbeiterbevölkerung, in dem auch Techniker und Lehrer wohnten. Die Zusammensetzung des Viertels schlug sich partiell auch in der Parteimitgliedschaft nieder, mit einem relativ hohen Grad an Hochschulabsolventen.

Im schwerindustriellen Nordosten war der Anteil der Parteimitglieder an der Bewohnerschaft weitaus höher als im Süden des Landes. Dies mag mit der früheren Konzentration schwerindustrieller Staatsbetriebe in Nordostchina zusammenhängen. Im Shenyanger *Yongfeng-Shequ* (ca. 6.000 Einwohner) gab es 2003 466 Parteimitglieder (7,8%), davon waren nach Angaben des Leitungskomitees 124 arbeitslos (26,6%). Das Parteikomitee umfasste fünf Mitglieder, darunter existierten 16 Parteigruppen. Im *Chang'anjie*-Viertel in Shenyang gab es 2003 591 Parteimitglieder (unter 6.606 Bewohnern, ein Prozentsatz von 8,9%). Im Chongqinger *Zhongshan Erlu-Shequ* hingegen fanden sich unter 8.400 Einwohnern lediglich 40 Parteimitglieder (0,5%). Die geringe Zahl der Parteimitglieder führte dazu, dass die Leiterinnen der EKs im Verwaltungsgebiet jenes Straßenbüros ebenfalls überwiegend parteilos waren. Auch konnten dort keine Parteigruppen, sondern nur kleinere Parteizellen gebildet werden.

Die Situation der Parteimitglieder ist durchaus komplex: Im Chongqinger *Jianbei*-Viertel (mit 5.600 Haushalten und 16.000 Bewohnern) gab es 120 Parteimitglieder (0,75%) im Ruhestand bzw. Arbeitslose. Im Luxus-*Shequ Fuzhong* in Shenzhen waren von 4.440 Bewohnern mit Shenzhener permanenter Wohnberechtigung (*hukou*) 101 Personen Rentner mit Parteimitgliedschaft. Unter den 9.416 Bewohnern in jenem Viertel, die ursprünglich nicht aus Shenzhen stammten und noch keinen Shenzhener *Hukou* besaßen, fanden sich 106 „Wanderparteimitglieder" (*liudong dangyuan*).[177] Im *Huaxiajie-Shequ* in Shenzhen gab es lediglich 15 Parteimitglieder, deren Mitgliedschaft dem *Shequ* zugeordnet war.

Zu den Aufgaben der Parteiorganisationen gehört u.a. die Rekrutierung neuer Mitglieder. Allerdings war in *Yongfeng* in den letzten Jahren nur ein einziges neues Mitglied aufgenommen worden (im Jahre 2002), in *Zhongshan Erlu* kein einziges. Im *Huaxiajie*-Viertel in Shenzhen waren 2003/04 zwei neue Mitglieder aufgenommen worden, beide Mitglieder des EK. Ähnlich war die Lage im *Fuhua*-Viertel in Shenzhen und im *Jianbei*-Viertel in Chongqing (jeweils zwei Eintritte, beide Mitglieder des jeweiligen EK). Wie über die länd-

---

[177] Gespräch mit der Leiterin des *Fuzhong-Shequ* am 25.2.04.

lichen Dorfverwaltungskomitees, so sollen auch über die EKs neue Parteimitglieder rekrutiert werden. Ein neues Mitglied antwortete auf die Frage, weshalb sie in die KP eingetreten sei: „Das ist prima" (*ting haode*), und: „Ich möchte von ihnen lernen" (*xiang tamen xuexi*)[178], eine wenig konkrete Antwort.

Der geringe Zulauf mag auch damit zusammenhängen, dass Parteimitglieder in erheblichem Umfang belastet werden. Sie müssen an allen Aktivitäten im Wohnviertel teilnehmen, Propagandaarbeit unter den Bewohnern leisten und Sozialfürsorgeaufgaben erfüllen. Einmal im Monat war „Parteiaktivitätstag", wobei die Teilnahme Pflicht war. Auch bei Reinigungs- und Aufräumarbeiten oder (in Shenyang) beim Schneeschippen sind Parteimitglieder als erste gefragt, zumal viele Bewohner argumentieren, sie seien dazu nicht bereit, denn dies sei Aufgabe der Regierung. Überdies musste sich jedes Parteimitglied um ein bis zwei arme Familien kümmern und sich gemeinsam mit diesen Gedanken über eine Lösung von deren Armutsproblemen machen. Die *Renmin Ribao* berichtete, dass Parteimitglieder sich nicht nur „per Vereinbarung" regelmäßig um soziale Problemfälle, sondern als „Freiwillige" auch um Reinigungsarbeiten (z.B. der öffentlichen Toiletten), Säuberung der öffentlichen Flächen im *Shequ* etc. kümmern müssten.[179]

Viele Bewohner stehen einer Mitwirkung an Aktivitäten im Wohnviertel eher kritisch bis ablehnend gegenüber. Auch empfinden sie den Versuch der Einbeziehung in öffentliche Aktionen als lästig. Von daher unterstützen und begrüßen die Bewohner (inkl. vieler Parteimitglieder) die Aktivitäten der Parteiorganisationen keineswegs per se. Auswärtige und Privatunternehmer, die Parteimitglieder sind, mussten im Shenyanger Viertel Chang'an-Straße überdies alle drei Monate einen schriftlichen Bericht über den Stand ihres „ideologischen Bewusstseins" abliefern. Am Jahresende wurde von jedem Mitglied ein schriftlicher Bericht verlangt, der von der jeweiligen Parteizelle diskutiert wurde.

Von daher hat die Mitgliedschaft in der Partei zumindest in den Wohnvierteln an Attraktivität eingebüßt. Es sind vornehmlich RentnerInnen, die sich für solche Aktivitäten einspannen lassen.

4.4 Netzwerke als Sozialkapital

Netzwerke verbinden eine größere Zahl von Akteuren (Personen, Gruppen) miteinander. Sie stellen also eine Bündelung von sozialen Beziehungen dar, die von EKs zur Durchsetzung von Gruppen- und Einzelinteressen genutzt werden können. Netzwerke leisten damit auch eine Verbindung zwischen den *Shequ* und der Gesellschaft. Bei Netzwerken handelt es sich um informelle Beziehungen, die auf den Faktoren Kooperation und Loyalität basieren. Schaffung und Bewahrung von Vertrauen bilden das wichtigste Moment erfolgreicher Netzwerke.[180] Sie verbinden indessen nicht nur Individuen und Gruppen von Individuen, sondern auch Organisationen sowie Cluster, in denen Akteure eines Netzwerks tätig sind. Von daher reicht ein Netzwerk weit über das individuelle Moment hinaus, zumal Individuen Mitglieder verschiedener Netzwerke und Netzwerke über Individuen miteinander verbunden sind. Unter Bedingungen einer Einpartei-Herrschaft mit rechtlicher Unsicherheit und starken korporatistischen und klientelistischen Strukturen stellen Netzwerke eine stra-

---

[178] Interview, Shenzhen, 20.2.04.
[179] *Wang Mingjie* 2004.
[180] *Frances/Levacic/Mitchell/Thompson* 1991: 14ff.; *Reese/Aldrich* 1995: 124ff.

tegische Infrastruktur für den Erfolg eines *Shequ* dar, wobei zugleich das soziale Kapital Einzelner (z.B. der Leiterin eines EK) dem gesamten Viertel zugute kommen kann.

Am Beispiel des *Yongfeng-Shequ* (Shenyang) wollen wir konkrete Netzwerkbeziehungen verdeutlichen (vgl. Tab. 10):

Tab. 10: Beziehungsnetzwerke der *Shequ*-Leitung von *Yongfeng*

1. Zur Stadt- und Bezirksregierung

Li Jun, die EK-Leiterin und Parteisekretärin, war vor ihrer EK-Tätigkeit Vorsitzende der „Gesellschaft für Wissenschaft und Technik" des Stadtbezirks gewesen. Zugleich war sie Vizevorsitzende der Politischen Konsultativkonferenz auf Bezirksebene gewesen und mehrfach ausgezeichnete „Modellarbeiterin" (auf Stadt- und Bezirksebene). Zum Zeitpunkt unserer Untersuchung in Yongfeng war sie Abgeordnete des Volkskongresses der Stadt. Wie sie erklärte, erlaubte ihr diese Funktion, sich direkt brieflich an die Regierung der Stadt und des Stadtbezirks zu wenden. Sie konnte auf diese Weise auch gute Beziehungen zu den Bürgermeistern von Shenyang sowie des Dadong-Bezirks herstellen.

Dem Beratungskomitee des *Shequ* gehörten u.a. Abgeordnete des Volkskongresses und der Politischen Konsultativkonferenz des Bezirks sowie der Direktor des Amtes für Zivilverwaltung des Bezirks (als Vizeleiter, in seiner Regierungsfunktion zuständig für Yongfeng) an, die alle in Yongfeng wohnten.

Das *Shequ* besaß auch eine Art Freizeithochschule (*shequ xueyuan*, mit Kursangeboten im Bereich Aus- und Weiterbildung), in der u.a. Funktionäre aus Partei, Regierung, Wissenschaft, Bildung und der Medien auf Stadt- und Bezirksebene als Ehrenvorsitzende und -mitglieder sowie „Berater" fungierten. Ehrenvorsitzender der Freizeithochschule von Yongfeng war der Leiter der Propagandaabteilung und Mitglied des Ständigen Ausschusses des Parteikomitees der Stadt Shenyang.

2. Zur Parteileitung der Stadt und des Stadtbezirks

Der Vizeparteisekretär von Yongfeng war früher in der Organisationsabteilung des Parteikomitees des Stadtbezirks tätig gewesen Von daher kannte er den Parteisekretär und Leiter des Straßenbüros sehr gut (war sogar mit ihm befreundet), denn beide hatten zeitgleich in der Organisationsabteilung gearbeitet. Vor seiner Tätigkeit im *Shequ* war er Vizeleiter des „Büros für alte Kader" im Stadtbezirk gewesen. Dadurch hatte er viele einflussreiche Altfunktionäre im Bezirk kennengelernt.

Leiter des „Beratungskomitees" von Yongfeng war der Direktor der Organisationsabteilung des Bezirksparteikomitees (der mit Hilfe des stellvertretenden Parteisekretärs von Yongfeng und des Parteisekretärs des Straßenbüros für dieses Amt gewonnen worden war). Weiterhin vertreten war dort der Vizedirektor der Parteihochschule des Stadtbezirks, der auch für „soziale Kontakte" nach außen (*shejiao gongzuo*) zuständig war.

3. Zu Privatunternehmern

Durch regelmäßigen Besuch von Unternehmern, die im an das *Shequ* angrenzenden Gebiet Betriebe besitzen, stellte Li Jun Beziehungen zu diesen her. Auf diese Weise gelang es z.B., einen Privatunternehmer, der früher Funktionär auf der Stadtebene gewesen war und über vielfältige Beziehungen zur Stadtregierung verfügte, für eine Mitarbeit im *Shequ* zu gewinnen und ihn und zwei weitere Mitarbeiter der Firma zu Mitgliedern der Parteiorganisation im Viertel zu machen. Der Unternehmer selbst wurde in das Parteikomitee von *Yongfeng* gewählt. Er brachte nicht nur seine eigenen Netzwerke in das Viertel ein, sondern stiftete regelmäßig größere Geldbeträge zur Unterstützung sozial Schwacher oder für die Infrastruktur des Viertels. U.a. gelang es über seine Beziehungen (er war zugleich Abgeordneter des Volkskongresses des Stadtbezirks), von der Bezirksregierung Gelder für die Renovierung der Straßen im Viertel und für ein neues Eingangstor zu bekommen.[181]

Quellen: Eigene Erhebung.

Mit Hilfe der in Tab. 10 verdeutlichten Beziehungen war es dem EK von *Yongfeng*, vor allem aber der Leiterin, gelungen, ein funktionierendes Beziehungsnetz aufzubauen, das dem *Shequ* beträchtliche Vorteile brachte. Nicht nur waren über diese Kontakte Probleme infrastruktureller Art gelöst und war die organisatorische Struktur des EK durch materielle Zuwendungen der Parteikomitees der Stadt bzw. des Stadtbezirks erheblich verbessert worden (u.a. durch die Einrichtung eines Kulturzentrums mit einer Bibliothek, Body-Building-Center, Computern usw.). Es war vielmehr auch gelungen, eine große Zahl politischer Führungspersonen auf der zentralen, der Provinz- und der Stadtebene für *Yongfeng* zu interessieren und als Besucher dorthin zu bringen. Letzteres war nur möglich, weil Li Jun Vorbildliches im Viertel geleistet hatte (im Hinblick auf die Lösung sozialer Fragen, Partizipationsmobilisierung und Aktivitäten der Bewohner), das Vertrauen der Bewohner besaß und überdies gute Kontakte zur Stadtbezirks- und Stadtregierung. Die Besuche politischer Führungspersönlichkeiten stellten wiederum soziales Kapital dar, weil dadurch die Voraussetzungen geschaffen wurden, um öffentliche Aufmerksamkeit und dadurch auch finanzielle und materielle Ressourcen für das Viertel zu erhalten.

Die EKs fungieren also quasi als „broker", weil sie für die Bewohner, vornehmlich die ärmeren Schichten, Ressourcen in Form von Informationen und Dienstleistungen zur Verfügung stellen. Beziehungen zu Unternehmen, Behörden oder Fachleuten können dazu beitragen Beschäftigung für Arbeitslose zu finden, Fortbildungskurse zu organisieren oder eine bessere medizinische Versorgung zu gewährleisten. Die ärmeren Schichten verfügen in der Regel über keine entsprechenden Netzwerke und geringe Kontakte zur ressourcenreichen Mittelklasse und sind daher auf EK-Ressourcen angewiesen. Die EKs dienen insofern auch als *organizational brokers*, weil sie Netzwerke miteinander verbinden, um ihr jeweiliges *Shequ* und seine Kapazität zu stärken sowie notwendige Ressourcentransfers an einzelne Bewohner leisten zu können. Von daher sind die EKs organisationssoziologisch auch als Orte sozialer Interaktion und der sozialen Netzwerkbildung zu begreifen.

Allerdings lassen sich Netzwerke auch nutzen, um Ressourcen eines Viertels zu verteidigen. So haben Bewohner eines *Shequ* in Shanghai neun Jahre lang erfolgreiche Versuche lokaler Unternehmer und Behörden abgewehrt, die zum Viertel gehörenden Grünflächen in Gewerbeflächen umzuwandeln. Der Erfolg basierte auf dem netzwerkartigen Zusammenwirken von Aktivisten aus der Bewohnerschaft mit lokalen Kadern, die deren Anliegen unterstützten.[182]

---

[181] Interview, Shenyang, 7.3.03.
[182] Vgl. *Shi/Cai* 2006.

5 Relegitimierung durch neue soziale Sicherungsformen: *Shequ* als Legitimierungsinstitutionen

Neben der Partizipation als aktiver Stabilitätsfaktor (vgl. Kapitel 6) ist in China die soziale Sicherung ein Kernpunkt urbaner Politik. Aktiver und passiver Faktor bilden gemeinsam das Fundament gesellschaftlicher und damit politischer Stabilität. Dem Parteistaat geht es dabei nicht um Partizipation schlechthin; vielmehr soll Partizipation im Interesse der Etablierung neuer sozialer Sicherungssysteme nutzbar gemacht werden. Die Wohnviertel und ihre Bewohner sollen zu einer Teilnahme an sozialen Aufgaben mobilisiert werden. Hier vollzieht sich das, was wir eingangs als Koproduktion bezeichnet haben: die Übertragung staatlicher Aufgaben auf die Nachbarschaftsviertel bzw. EKs, wobei die Erfüllung dieser Aufgaben durch die *grassroot*-Ebene wiederum Legitimität und Vertrauen in „den Staat" generieren kann. Koproduktion ist von daher ein wichtiger Faktor sozialer und politischer Partizipation.

In diesem Kapitel gehen wir von der These aus, dass der chinesische Staat u.a. das Ziel verfolgt, durch Verlagerung sozialer Aufgaben in die Wohnviertel hinein und durch neue Formen sozialer Sicherung seine Legitimität bei der Bevölkerung zu stärken. Wir versuchen, diese Intention eines Legitimitätsgewinns an einem zentralen Politikfeld zu verdeutlichen: der Reorganisation sozialer Sicherung in den urbanen Wohnvierteln. Die Frage, ob diese Generierung von Legitimität gelingt, lässt sich gegenwärtig noch nicht beantworten. Die *Shequ* und ihre soziale Sicherungsfunktion sind noch zu neu, der Prozess ist noch zu wenig ausgereift. Von daher geht es uns hier sehr viel stärker um die Intention des Staates zur Legitimitätsgewinnung, die Umsetzung dieser Intention und erste Reaktionen der betroffenen Bevölkerung.

Einleitend haben wir argumentiert, dass Vertrauen ein „Erfahrungsgut" darstellt, also auf der Erfahrung kontinuierlicher Zuverlässigkeit beruht. Aus der Sozialpolitik wissen wir, dass Sozialprogramme und das Gefühl sozialer Sicherheit gesellschaftliches Vertrauen stärken.[183] In der Vergangenheit gelang es dem Parteistaat, durch Etablierung sozialer Sicherungssysteme Vertrauen zu erwerben. Der Umbau zu einer Marktwirtschaft hat zu einer Erodierung dieser Systeme geführt. Die Erwartungshaltung großer Bevölkerungsteile in den Städten richtet sich nun auf die Neuetablierung solcher Systeme im Sinne der Gemeinwohlorientierung. Auch im Hinblick auf Vertrauen existiert Pfadabhängigkeit: die Erwartung, dass der Staat Maßnahmen ergreift, die das Leben stärker gegen soziale Unsicherheiten und Unwägbarkeiten absichert. Überdies ist die Frage sozialer Sicherung auch eine zukunftsorientierte Frage. Nach Schätzungen von Fogel werden die Kosten für medizinische Versorgung (in Prozent des Nationaleinkommens) in China in den kommenden Jahrzehnten schneller anwachsen als in den OECD Ländern.[184] Von daher wird dieses Politikfeld immer wichtiger werden, nicht nur im Hinblick auf Gesundheitsfragen, sondern auch politisch im Interesse von Legitimitäts- und Vertrauensgewinn.

---

[183] Vgl. z.B. *Rothstein/Uslaner* 2005: 43ff.
[184] *Fogel* 2004: 33. Vgl. auch *Liu/Yuen* et al. 2004.

5.1 Die Notwendigkeit neuer Formen sozialer Sicherung

In sozialistischen Gesellschaftsordnungen galt Sozialpolitik lange als eine der großen Errungenschaften, mit der Herrschaft legitimiert wurde. Arbeitslosigkeit gab es offiziell nicht, zumal im städtischen Raum jeder Person ein lebenslanger Arbeitsplatz sicher zu sein schien. Neben der Gesundheits- und Altersversorgung umfassten die urbanen Sozialleistungen in China seit den 1950er Jahren die Bereitstellung von Wohnraum zu geringen Mieten, die Einrichtung von Kindertagesstätten, die Subventionierung von Gütern des täglichen Bedarfs, Zulagen bei Preiserhöhungen und eine breite Palette von weiteren Sonderzulagen. Die verschiedenen Sozialleistungen wurden über die *Danwei* realisiert, d.h. über die bereits genannte jeweilige Arbeits- oder Wohneinheit. Zweifellos hatte China im Vergleich zu den meisten anderen Entwicklungsländern damit einen hohen Grad an sozialer Absicherung erreicht.

Der ökonomische Umbau der Gesellschaft in Richtung Marktwirtschaft seit Anfang der 1980er Jahre hat zu einer Krise des Sozialsystems geführt und zugleich die ökonomische Absicherung von Risiken (z.B. von Arbeitslosigkeit, medizinischer oder Altersversorgung) notwendig gemacht. Ein nicht unerheblicher Teil der Staatsbetriebe stand bzw. steht vor dem Ruin, so dass diese Betriebe vielfach nicht mehr in der Lage waren bzw. sind, für medizinische und Rentenleistungen aufzukommen. Im Zuge der Reformen der Staatsbetriebe wurden Millionen von Beschäftigten entlassen. Die meisten verloren dadurch ihr gesamtes soziales Sicherungsnetz. Der Staat konnte (oder wollte) diese Aufgabe nicht übernehmen, so dass die soziale Versorgung von Teilen der städtischen Bevölkerung zunehmend nicht mehr gewährleistet ist. Dazu kommt die wachsende Arbeitslosigkeit auf Grund von Stilllegungen und Personalabbau. Zwischen neun und zwölf Mio. Personen, die seit 1997 jährlich aus dem Staatssektor ausscheiden, benötigen einen neuen Arbeitsplatz, neben den ohnehin ca. zehn bis zwölf Millionen Schulabgängern pro Jahr.

Unruhen unter Arbeitslosen gegen Entlassungen, der Zerfall des sozialen Netzes, Zahlungsunfähigkeit von Staatsunternehmen, als zu gering empfundene Abfindungen sowie Proteste gegen Funktionäre, die sich gleichzeitig an Staatseigentum bereichern oder Abfindungsgelder in die eigene Tasche stecken, haben in den letzten Jahren in vielen Industriegebieten signifikant zugenommen. Dies sind wichtige Gründe für die wachsenden Proteste und Unruhen im urbanen Raum, zumal das Problem städtischer Armut unmittelbar mit der Frage der Arbeitslosigkeit verbunden ist.

Vor allem für die sozial schwächeren Schichten stehen Fragen des sozialen Überlebens und der sozialen Sicherung im Mittelpunkt des Lebensinteresses. Die sozial stärkeren Schichten hingegen erwarten ein soziales Sicherungssystem, das ihnen – im Notfall – soziale Absicherung zu gewährleisten vermag. Die Generierung von Legitimität und Vertrauen unter beiden Bevölkerungsgruppen in das politische System verlangt hier die Reetablierung neuer Formen sozialer Sicherung und Wohlfahrt. Eine chinesische Untersuchung in Peking von 2005 hat ergeben, dass für 60,4 Prozent der befragten *Shequ*-Bewohner die Frage sozialer Sicherung oberste Priorität genoss.[185]

Dies verdeutlicht, dass die soziale Sicherung gegenwärtig eine der brennendsten Fragen im urbanen Raum darstellt. Ein Bericht der Organisationsabteilung des Zentralkomitees der KPCh hat bereits 2001 darauf hingewiesen, dass die wachsende soziale Unsicherheit ein

---

[185] *Goujian hexie* 2006: 83.

Kernfaktor für soziale Unruhen in den Städten ist.[186] Die Brisanz von Arbeitslosigkeit und sozialer Unsicherheit als Zündstoff für soziale Unruhen hat die Parteiführung inzwischen erkannt. Die gegenwärtige politische Führung betrachtet die Sozialpolitik als entscheidend für die Legitimität des politischen Systems sowie der Kommunistischen Partei. Von daher bemüht sie sich um die Einführung neuer sozialer Sicherungssysteme.[187]

5.2 Nachbarschaftsviertel als neue Sozialinstitutionen

Das Anwachsen der genannten sozialen Probleme erforderte institutionelle Reformen. Da die Rolle der „Betriebseinheiten" (*Danwei*) immer mehr abnahm, beschloss der Staat, die Frage sozialer Sicherung dorthin zu verlagern, wo im städtischen Raum der größte Bedarf bestand: in die Wohnviertel hinein. Die *Shequ* sollen Hauptträger neuer Sicherungssysteme werden. Vor allem über Sozialhilfe sollen die urbanen Armen nunmehr stärker abgesichert werden. Durch diese Maßnahmen erhofft sich der Staat einen Zuwachs an Legitimität und Vertrauen innerhalb der Bevölkerung. Mit dem Konzept der Schaffung einer „harmonischen Gesellschaft" soll das Ideal humaner Vorsorge realisiert werden – keineswegs ein neues Konzept, sondern eines, wie wir noch sehen werden, das der klassischen chinesischen Soziallehre entstammt.

Die Nachbarschaftsviertel sollen von daher Aufgaben übernehmen, die einerseits Sozial- und Dienstleistungen für die Bevölkerung zur Verfügung stellen, andererseits Vorsorge für zukünftige soziale Probleme treffen (wie Überalterung und die Fürsorge für alleinstehende, kranke und ältere Menschen). 2006 haben Generalsekretär Hu Jintao und Ministerpräsident Wen Jiabao dazu aufgerufen, die Frage der medizinischen Versorgung (bürgerferne Versorgung und zu hohe Kosten) durch Einrichtung von Gesundheitsstationen und Verträge mit Krankenhäusern, die die Versorgung in den Nachbarschaftsvierteln bürgernah gewährleisten sollen, auf der *Shequ*-Ebene zu lösen. Bis 2010 soll landesweit ein medizinisches Netz in den Nachbarschaften errichtet werden.[188] Der Staatsrat hat 2006 beschlossen, das Dienstleistungsangebot in den *Shequ* signifikant zu verbessern und den Grad der sozialen Partizipation der Bewohner zu erhöhen. Auf diese Weise sollen „philanthropische Supermärkte" geschaffen werden. Das entsprechende Dokument nannte u.a. Dienstleistungen im Hinblick auf Beschäftigung, soziale Sicherung, Sozialfürsorge, medizinische Versorgung, Geburtenplanung, Kultur, Bildung und Sport, Verwaltung der temporären Bevölkerung, öffentliche Sicherheit sowie die Bildung von Dienstleistungsvereinen und Freiwilligenvereinigungen der Bewohner als zentrale Aufgabenfelder. Diese Felder seien besonders wichtig, weil die Städte „Knotenpunkte sozialer Widersprüche seien".[189] Zugleich betont der Staat, dass soziale Sicherung und Fürsorge nicht mehr nur eine Aufgabe des Staates darstellten. Dies sei auch die „Pflicht der Gesellschaft". Es bedürfe dazu eines „Unterstützungssystems", das auf Partizipation gegründet sei. Durch *outsourcing* lasse sich auch die Finanzschwäche des lokalen Staates ausgleichen.[190]

---

[186] *Zhonggong zhongyang zuzhibu ketizu* 2001.
[187] Vgl. hierzu auch *Zhonggong zhongyang guanyu goujian* 2006: 9.
[188] Vgl. *Renmin Ribao*, 14.2.06, 27.2.06.
[189] *Renmin Ribao*, 8.5.06.
[190] Vgl. *Feng/Xu* et al. 2005.

In einer sich differenzierenden Gesellschaft wie China kann die Aufgabe sozialer Sicherung nicht mehr vom Staat alleine geleistet werden. Vielmehr erfordert dies eine größere Mitwirkung der Bevölkerung an öffentlichen sozialen Aufgaben. Von daher fördert der Staat in den letzten Jahren im urbanen Raum die soziale Partizipation seiner Bürger, d.h. deren Mitwirkung an der Lösung sozialer Aufgaben. Der eingangs erwähnten Theorie der Koproduktion zufolge stellen Bürger, die sich hier engagieren, nicht nur kollektiv öffentliche Güter und Dienstleistungen zur Verfügung. Das Engagement der Bürger trägt gleichzeitig zur Verbesserung der Qualität öffentlicher Dienstleistungen bei. Auf diese Weise erhöht sich auch die Zufriedenheit der Bürger mit dem Staat, weil private Dienstleistungen meist bürgernäher und effizienter sind als staatlich organisierte. Letztlich trägt dies zur Erhöhung der Legitimität der Regierung bei.[191]

5.3 Wer sind die sozial Schwachen?

Die Ursachen für Armut in den Städten bestehen primär in Arbeitslosigkeit, Krankheit und dem Bemühen, dem eigenen Nachwuchs eine höhere Bildung zu finanzieren.[192] Eine chinesische Untersuchung unter städtischen Armutsfamilien in der nordostchinesischen Provinzhauptstadt Harbin im Jahre 2003 hat ergeben, dass 58,8 Prozent durch kranke bzw. behinderte Familienmitglieder in die Armutszone abgerutscht waren, 36,7 Prozent durch Arbeitslosigkeit. Bei 41,5 Prozent der Befragten gab es eine Kombination beider Faktoren.[193]

Am Beispiel eines *Shequ* in Shenyang wollen wir die Zusammensetzung sozialer Problemgruppen verdeutlichen:

Tab. 11: Nachbarschaftsviertel *Daqing*-Straße, Shenyang

Einwohner: 6.200	
Davon:	
Arbeitslose	421 (6,8%)
Von der Arbeit „Freigesetzte"	602 (9,7%)
Rentner	799 (12,9%)
Behinderte	152 (2,5%)
davon: „Sozialhilfeempfänger"	744 (= 12,0 %)

Quelle: Eigene Berechnung nach Angaben des EK *Daqing*-Straße.

Die Zahl der Arbeitslosen und Sozialhilfeempfänger war hier relativ hoch. Von daher ballten sich in diesem Viertel, das mehrheitlich von Beschäftigten staatlicher Unternehmen, die zum Teil nicht mehr existierten, bewohnt wurde, die sozialen Probleme.

Ein interessantes Phänomen war, dass die Arbeitslosigkeit unter Parteimitgliedern hier besonders hoch war und prozentual die der parteilosen Bevölkerung noch übertraf:

---

[191] Vgl. *Brudney* 1991; *Berry* et al 1993.
[192] Vgl. hierzu *Ya Ping Wang* 2004.
[193] *Zhongguo Minzheng*, 11/2003: 30.

Tab. 12: Parteimitglieder, Nachbarschaftsviertel *Daqing*-Straße, Shenyang

	Personen	%
Parteimitglieder	107	100,0
davon:		
Rentner	65	60,7
Erwerbslose	37	34,6
Sonstige	5	4,7

Quelle: Eigene Erhebung.

Mehr als ein Drittel der Parteimitglieder war arbeitslos. Bei den Rentnern handelte es sich zu einem erheblichen Teil um Personen, die auf Grund von Arbeitslosigkeit vorzeitig in den Ruhestand versetzt worden waren. Von daher verwundert es nicht, dass sich betroffene Parteimitglieder in den Interviews ausgesprochen kritisch über die gegenwärtige Politik der Partei äußerten. Lange schon seien sie, argumentierten viele, Mitglieder der KP. Nun seien nicht nur sie selbst, sondern auch ihre Kinder, zum Teil sogar die Enkel, arbeitslos und auf Sozialhilfe angewiesen. Die Partei habe ihre alten Mitglieder, die ihr viele Jahre lang treu gedient hätten, ebenso vergessen wie die Arbeiterklasse insgesamt. Früher sei es ruhmreich gewesen, zur Arbeiterklasse zu gehören, heute sei es ein Makel.

Eine 65jährige Rentnerin (frühere Fabrikarbeiterin, Parteimitglied, beide Kinder arbeitslos) aus Shenyang erklärte:

> Als der Vorsitzende Mao noch gelebt hat, egal was damals sonst geschehen ist, da hatten alle etwas zu essen. Jetzt haben wir nichts mehr. Damals hatten alle Arbeit, egal ob wir viel oder wenig verdienten, wir hatten Sicherheit. Jetzt, wer viel verdient, besitzt viel, wer wenig verdient, hat nichts. Sich allein auf staatliche Hilfe verlassen? Die ist begrenzt. Damals gab es keine Sozialhilfe, da war das Essen gesichert. Heute geht es den Gutgehenden gut, den anderen schlecht …Unter Mao waren die Arbeiter die Vorhut, jetzt verdienen sie am wenigsten und haben nicht einmal mehr medizinische Versorgung…30 Jahre Parteimitglied und kaum genug Rente zum Leben – so ist das heute![194]

Im Hinblick auf die Einstellungen gegenüber der beruflichen Zukunft gab es signifikante Unterschiede zwischen Arbeitslosen im Nordosten (Shenyang), im Südwesten (Chongqing) und im Süden (Shenzhen). Im Nordosten war die Mehrheit der Befragten der Meinung, der Staat sei verpflichtet, ihnen einen neuen und angemessenen Arbeitsplatz im Staatssektor zur Verfügung zu stellen. Darauf hätten sie Anspruch und würden sie warten. Im Südwesten hingegen äußerte die Mehrheit der Arbeitslosen die Auffassung, wenn man ihnen die Voraussetzungen für eine selbständige Tätigkeit an die Hand gäbe (z.B. durch einen Standplatz oder Produktionsmittel), würden sie sich selbständig machen. Hier zeigt sich, dass es durchaus regionale Unterschiede hinsichtlich der Erwartungen an den Staat gibt. Und unterschiedliche Erwartungen generieren unterschiedliche Einstellungen im Hinblick auf Legitimität.

Auf ein Spezifikum trafen wir in Shenzhen: arbeitslose ehemalige Angehörige der Streitkräfte, die Anfang der 1980er Jahre nach Shenzhen gekommen waren, um beim Auf-

---

[194] Interview, Shenyang, 13.3.03.

bau der Infrastruktur zu helfen. Angehörige dieser Gruppe waren besonders verbittert. Es handelte sich überwiegend um Personen, die aus dem ländlichen Milieu stammten, nur eine geringe Bildung besaßen und nun ohne Arbeit in Shenzhen lebten, andererseits aber auch nicht mehr in ihre alte Heimat zurückkehren wollten, weil sie das Wohnen in dieser Stadt als Privileg ansahen. Ein 46jähriger aus dem Raum Xi'an, der 1982 mit seiner Einheit nach Shenzhen gekommen war, meinte, fast alle seine ehemaligen Kameraden seien heute arbeitslos. Er besitze den Abschluss der Oberen Mittelschule. Aber um hier eine vernünftige Arbeit zu finden, müsse man ein Hochschulstudium absolviert haben. Zwar habe er eine Zeitlang in einem Staatsunternehmen gearbeitet, dann aber wegen Mobbings gekündigt. Weil er wenig gebildet und ehemaliger Soldat ohne anderweitige Fachkenntnisse sei, habe man ihn ständig gehänselt. Er ging nach eigenen Angaben öfter zu seinem EK, weil dessen Leiter ebenfalls ein ehemaliger Armeeangehöriger war, der ihn und seine Lage besser verstehe. Er stehe noch in Verbindung mit seinen ehemaligen Kameraden. 50-60 Angehörige seiner Einheit seien noch in Shenzhen. Viele seiner Kameraden versuchten, ihre Wut mit Alkohol zu ertränken. Kürzlich sei deshalb wieder einer an Magenkrebs gestorben. Voller Ärger erklärte er:

> Wir treffen uns noch öfter. Von den Offizieren finden wir keinen mehr. Aber untereinander haben wir ein sehr enges Gefühl…Alle meinen, wir seien von der Gesellschaft ausgegrenzt worden. Wir haben Shenzhen aufgebaut, aber die Gesellschaft hat uns vergessen. Wir besitzen eine geringe Bildung, sind ohne jede Hoffnung…Wir sind sehr unzufrieden mit den gesellschaftlichen Verhältnissen. Es gibt jetzt einfach zu viele korrupte Beamte, viele von ihnen machen sich aus dem Staub. Die Großen flüchten in die entwickelten Länder, nach Nordamerika, Japan, Europa, die kleineren in die Nachbarländer. Kaum einer wird gefasst und bestraft…Die Geschichte Chinas zeigt, dass eine Dynastie, in der die Korruption überhand nahm, zusammenbrach. In Hongkong hat man prognostiziert, dass China im Jahre 2007 politisch zusammenbrechen werde. Jetzt ist die Regierung in hohem Maße korrupt, ich halte das daher durchaus für möglich. Früher war die Partei unsere Sonne, jetzt ist sie korrumpiert, wie die Guomindang. Die ist auch zusammengebrochen, weil sie sich nicht um das Volk geschert hat. Heute steht es genauso um die KP. Wer Macht hat, wird reich. Ja, es geht zu Ende! Die Einheimischen hier fühlen sich wie Großgrundbesitzer. Sie besitzen den Boden und damit großen Reichtum. Sie verehren Deng Xiaoping wie einen Gott, weil er ihnen Reichtum gegeben hat. In einem Tempel hier opfert man sogar vor einem Bild von Deng…Wir [ehemalige Soldaten, Anm. d. Verf.] sind einfach zu rechtschaffen, daher sind wir nicht reich geworden und deshalb hasse ich die Regierung. Dafür lebe ich edelmütig. Die Geldsäcke hingegen haben eine Geliebte, wohnen in Villen und sind doch voller Angst und Unruhe.[195]

In dieser Aussage ist die Unzufriedenheit mit den politischen und gesellschaftlichen Verhältnissen deutlich spürbar. Genau diese Unzufriedenheit soll durch die Verstärkung sozialer Sicherung im Rahmen der *Shequ* gemindert werden. Von daher liegt der Schwerpunkt der Arbeit der EKs – wie wir oben gezeigt haben – auf Wohlfahrtsarbeit und sozialer Fürsorge (Unterstützung von Kranken, Sozialhilfeempfängern, Arbeitslosen, Behinderten).

---

[195] Interview, Shenzhen, 21.2.04.

5.4 Sozialhilfe als neues Sicherungssystem für die urbanen Armen

Sozialhilfe (Chinesisch: *zui di shenghuo baozhang* oder ‚niedrigste Lebenssicherung') wurde 1993 erstmals probehalber in Shanghai eingeführt, 1999 per Dekret des Staatsrates im ganzen Land.[196] Die zu Beginn des Kapitels geschilderten sozialen Probleme waren dabei ein wesentlicher Grund für die Einführung von Sozialhilfe durch den Staat. In den „Bestimmungen für die niedrigste Lebenssicherung von Stadtbewohnern" hieß es u.a., mit diesem Regelwerk solle das Leben der bedürftigsten Stadtbewohner gesichert werden. Sozialhilfe solle den Stadtbewohnern einen minimalen Lebensstandard garantieren.

Offiziellen Angaben zufolge sollen im Jahr 2002 20,53 Mio., 2004 22,0147 Mio. Personen und 2005 22,328 Mio. Stadtbewohner „Unterstützung zur Absicherung des Existenzminimums" (*dibao*) erhalten haben. 2005 sollen dies durchschnittlich 72,3 Yuan pro Kopf und Monat gewesen sein, 2006 79,7 Yuan. 16,14 Mrd. Yuan (1,6 Mrd. Euro) seien 2005 von den Regierungen aller Ebenen dafür zur Verfügung gestellt worden.[197]

Zwischen 2002 und 2005 setzten sich die Bezieher von Sozialhilfe offiziellen Angaben zufolge wie folgt zusammen (wobei Arbeitslose verschiedener Kategorien und Familienangehörige von Erwerbslosen die absolute Mehrheit der Betroffenen bildeten, vgl. Tab. 13):

Tab. 13: Städtische Bezieher von Sozialhilfe (2002-2005 im Vergleich)

Jahr	2002		2003		2004		2005	
Kategorie	Pers. (in Mio.)	%	Pers. (in Mio.)	%	Pers. (in Mio.)	%	Pers. (in Mio.)	%
Arbeitsplatz verlassen (*li gang*)	4,60	22,4	-	-	-	-	-	-
Arbeitslose	3,49	17,0	4,09	18,2	4,811	21,3	4,011	18,0
Freigesetzte (*xiagang*)	2,05	10,0	5,184	23,1	4,685	20,7	4,321	19,3
noch Erwerbstätige	1,97	9,6	1,793	8,0	1,358	6.0	1,125	5,0
RentnerInnen	0,97	4,7	0,907	4,0	0,726	3,2	0,602	2,7
"Drei-Ohne" Haushalte[a] (*sanwu duixiang*)	0,86	4,2	0,999	4,5	0,963	4,2	0,957	4,3
Familienangehörige der o.g. Gruppen	6,59	32,1	9,493	42,2	10,095	44,6	11,311	50,7
Gesamt	20,53	100,0	22,466	100,0	22.637	100,0	22,328	100,0

Quellen: *Zhou Lang* 2003; *Zhongguo minzheng tongji nianjian* 2004: 49; *Ru/Lu/Li* 2005: 166; für 2005: http://www.mca.gov.cn/search/detail.asp?title=2005 (aufgerufen am 8.5.06)

Anm.: „Arbeitsplatz verlassen" und „Freigesetzte" sind Bezeichnungen für Personen, die kein oder nur ein geringes Gehalt und keine oder höchstens stark eingeschränkte Sozialleistungen mehr beziehen, formell aber noch in einem Unternehmen angestellt sind. Die Kategorie „Arbeitsplatz verlassen" tauchte nach 2002 in den Statistiken nicht mehr auf.

[a] „Drei ohne" bezieht sich auf Personen, die arbeitsunfähig sind, kein Einkommen haben und von niemandem unterhalten werden.

---

[196] Dokument abgedruckt in *Renmin Ribao*, 30.9.99.
[197] *Tang/Zhang* 2005: 165; http://www.mca.gov.cn/news/content/Media/2006116124121.html (aufgerufen am 8.11.06).

Tab. 14: Sozialhilfe: Empfänger, Mittel und pro-Kopf-Zahlungen (1996-2005)

Jahr	1996	1997	1998	1999	2000	2001	2002	2003	2004	2005
Empfänger (Mio.)	0,849	0,879	1,841	2,659	4,026	11,707	20,530	22,466	22,637	22,328
Mittel (Mrd. Yuan)	0,3	0,29	0,71	1,38	2,19	4,16	10,87	15,05	17,29	16,14
pro-Kopf (Yuan)	353	330	386	519	544	355	526	670	786	723

Quelle: *Zhongguo minzheng tongji nianjian* 2004: 9; *Tang/Zhang* 2005: 165 und http://www.mca.gov.cn/news/content/Media/2006116124121.html (aufgerufen am 8.11.06); Eigenberechnung.

Wie Tab. 14 verdeutlicht, nahm nicht nur die Zahl der Empfänger kontinuierlich zu, sondern auch der Umfang der bereitgestellten staatlichen Mittel (mit Ausnahme des Jahres 2005). Auf das ganze Jahr umgerechnet, ergeben die pro Kopf-Summen jedoch nur einen relativ geringen Betrag. Dabei wird das Gros der Mittel für Zuschüsse ausgegeben, nicht für Vollunterstützung von Personen oder Familien.

Einer Pekinger Untersuchung von 2004 zufolge setzt sich ein Großteil der Sozialhilfeempfänger aus Langzeitarbeitslosen (mehr als 5 bzw. mehr als 10 Jahre) zusammen. 71,6 Prozent waren in jenem Jahr länger als drei Jahre arbeitslos.[198] Allerdings werden viele Arbeiter von dem Sozialhilfesystem nicht erfasst.[199]

Nach Angaben des Ministeriums für Zivilverwaltung, das u.a. für die Reorganisation der urbanen Wohnviertel und soziale Sicherung zuständig ist, sollen 2003 allerdings wesentlich mehr (die Rede ist von bis zu 45 Mio. Menschen) Sozialhilfe bzw. Zuschüsse zum Lebensunterhalt erhalten haben. Die Kontrolle der Bedürftigkeit und die Auszahlung erfolgt gegenwärtig überwiegend durch die EKs.

Die Festlegung der Bedürftigkeit variiert je nach Einkommenshöhe und Lebenshaltungskosten einer Stadt. Dies zeigt u.a. die folgende Tabelle:

Tab. 15: Einkommensverhältnisse städtischer Armutshaushalte in fünf Städten (Monat, in Yuan)

	Shanghai	*Wuhan*	*Tianjin*	*Lanzhou*	*Chongqing*
Untersuchungszeitraum	1998	7/1999	7/1999	10/1999	10/1999
Durchschnittseinkommen Armutshaushalte pro Kopf	243	108	135	114	139
Durchschnittseinkommen pro Kopf	731	521	643	427	486
Prozentanteil	33%	21%	21%	27%	29%

Quelle: *Renmin Ribao*, 7.1.2005.

Kernpunkt für die Zahlung von Sozialhilfe oder *dibao* ist die lokal festgelegte Armutsgrenze, die u.a. im Hinblick auf die Kosten für notwendigste Nahrung und Bekleidung, Woh-

---
[198] *Hong* 2005: 57.
[199] *Hong* 2005: 58ff.

nung, Heizung und Ausbildung der Kinder kalkuliert wird. 2003 bewegten sich die Grenzen für *dibao* pro Person und Monat in 36 vom Ministerium für Zivilverwaltung aufgelisteten Städten zwischen 143 Yuan (Nanchang) und 344 Yuan (Shenzhen).[200] Nach Provinzen verteilt ergaben sich Ende 2003 folgenden Standards:

Tab. 16: Durchschnittliche Untergrenzen für *Dibao* nach Provinzeinheiten (Ende 2003)

Region	Untergrenzen	pro Kopf-Zuteilungen (Sozialhilfe)
China gesamt	**160**	**58**
Beijing	290	192
Shanghai	290	134
Tianjin	241	65
Zhejiang	213	111
Guangdong	206	73
Jiangsu	188	76
Liaoning	175	61
Fujian	172	54
Tibet	170	82
Shandong	162	49
Hebei	157	47
Anhui	155	51
Qinghai	153	71
Ningxia	152	72
Yunnan	152	62
Heilongjiang	150	48
Chongqing	148	74
Hainan	145	60
Hunan	138	47
Hubei	137	54
Guangxi	136	55
Shaanxi	135	50
Sichuan	135	50
Xinjiang	130	69
Jilin	130	53
Gansu	128	58
Inn. Mongolei	127	53
Henan	125	51
Shanxi	124	56
Jiangxi	112	55
Guizhou	109	52

Quelle: *Tang Jun* 2004: 251.
Anm.: Wir haben hier die Zahlen von 2003 angeführt, weil unsere Feldforschung überwiegend 2003/2004 durchgeführt wurde.

---

[200] Vgl. hierzu auch *Ya Ping Wang* 2004: 133. 2005 betrugen die Zahlen für die von uns untersuchen Orte: Shenzhen 344 Yuan; Peking 330; Qingdao 260; Shenyang 220; Chongqing 210. Die Spannbreite reichte unter 36 vom Ministerium für Zivilverwaltung aufgelisteten Städte von Shenzhen (mit 344 am höchsten) bis Changchun (mit 169 am niedrigsten), vgl. http://www.mca.gov.cn/artical/content/SDBBZ/20051125172845.html (aufgerufen am 8.11.06).

Einmal ist die Grenze vom Entwicklungsstand einer Provinz abhängig, deshalb befinden sich die provinzfreien Städte Peking, Shanghai und Tianjin an der Spitze, gefolgt von den Wachstumsregionen Zhejiang, Guangdong und Jiangsu. Zugleich spielen politische Faktoren eine Rolle, z.B. die öffentliche Meinung in der Hauptstadt sowie in der Supermetropole Shanghai, die schon auf Grund ihres internationalen Images und im Interesse weiterer Auslandsinvestitionen Konflikte mit verarmten Bevölkerungsteilen vermeiden möchte. Auch werden ärmere Provinzen subventionell begünstigt, in denen sich ein hoher Anteil von Personen befindet, die in den 1950er, 60er und 70er Jahren zur Arbeit dorthin versetzt worden waren (überwiegend in die Dritte-Front-Betriebe[201]) und deren Unternehmen zum Teil in Konkurs gegangen sind oder geschlossen wurden.

Stadtbewohner mit städtischem *Hukou*, deren Einkommen unterhalb der festgelegten Minimalgrenze liegt, können für sich und ihre Familienangehörigen bei dem für sie zuständigen EK einen Antrag auf Sozialhilfe stellen. Den EKs fällt dabei auch die Aufgabe zu, die Voraussetzungen dafür zu prüfen. Das Ergebnis leiten sie an die zuständigen Abteilungen der Straßenbüros weiter, die den Antrag erneut prüfen und ihn dann an das Amt für Zivilverwaltung des jeweiligen Stadtbezirks zur Entscheidung weiterreichen. Auch hier hat der Staat die eigentlich konflikthaften Aufgaben (Feststellung der Bedürftigkeit) an die Wohnviertel delegiert und entledigte sich damit dieser brisanten Aufgabe. Eine Verlagerung auf spezifische Ämter im Sinne unserer Sozialämter würde möglicherweise hohen sozialen Zündstoff implizieren. Man stelle sich vor, Tausende oder Zehntausende von Menschen würden sich tagtäglich vor diesen Ämtern versammeln, um Sozialhilfe zu beantragen bzw. abzuholen. Solche bürokratischen und bürgerfern organisierten Ämter hätten jeweils die Bedürftigkeit zu überprüfen und gegebenenfalls abzulehnen. Derartige Orte der Versammlung könnten sich dann schnell zu Orten entwickeln, von denen Proteste und Zusammenrottungen ausgehen. Von daher scheinen die Überlegungen, die Vergabe der Sozialhilfe „bürgernah" in die Wohnquartiere der Betroffenen hinein zu verlagern, durchaus sinnvoll zu sein. Dies dient auch dazu, wie Friedgut argumentiert, „to make the regime your neighbor by having your neighbor represent the regime".[202]

Folgende Kriterien müssen erfüllt sein, damit eine Person Sozialhilfe erhalten kann:

- Arbeitslose oder „von der Arbeit freigesetzte" Personen (die ihren Arbeitsplatz verloren haben, aber noch nicht entlassen wurden); Arbeitsunfähige, auf Bewährung entlassene Strafgefangene, Drogenabhängige
- Weniger als 205 Yuan monatliches Einkommen (Shenyang, Chongqing im Jahre 2003)
- Keine Anbindung an eine *Danwei*, die für den Lebensunterhalt aufkommen kann
- Keine Existenz von Bankguthaben
- Geringes Einkommen der Eltern, Ehepartner oder Kinder
- Kein Besitz von: Eigentumswohnungen, Wertgegenständen wie Silber-/Goldschmuck, Kraftfahrzeugen, Computern, Telefon, Mikrowellen, neuer Wohnungseinrichtung, Klimaanlage o.ä.
- Regelmäßige Teilnahme an Arbeitsdienst und Sitzungen im Wohnviertel.

---

[201] Unternehmen, die strategisch wichtige Güter herstellten und auf Grund der vermuteten Kriegsgefahr (Sowjetunion) vor allem in den 1960er Jahren in abgelegene Regionen verlegt wurden.
[202] *Friedgut* 1979: 239.

Bewohner, die ein Fernsehgerät und/oder eine Klimaanlage besaßen, blieben nach eigenen Angaben von der Antragstellung ausgeschlossen. In Shenzhen waren auf Grund der Wohlhabenheit vieler Bürger die Kriterien etwas anders gelagert: Antragsteller durften innerhalb der letzten drei Jahre vor Antragstellung keine Eigentumswohnung, innerhalb der letzten fünf Jahre kein Haus erworben haben, kein Aktienpaket und kein Sparkonto mit mehr als 3.000 Yuan, kein Mobiltelefon und keine Klimaanlage besitzen sowie nicht gegen die Regelung der Ein-Kind-Familie verstoßen haben. Außerdem mussten sie arbeitslos und ohne Einkommen sein.[203] Der Höchstsatz für Sozialhilfezahlungen betrug dort 344 Yuan/Kopf im Monat. Kindern aus solchen Familien wurde die Zahlung von Schulgeld für die Obere Mittelschule erlassen.[204] In Einzelfällen versuchen Personen, deren Anträge abgelehnt wurden, vor Gericht Sozialhilfe einzuklagen. So hatte ein Mann aus Peking, dem auf Grund des Besitzes eines Kraftfahrzeuges Sozialhilfe verweigert worden war, im Oktober 2006 Klage gegen gegen die zuständigen Behörden eingereicht.[205]

Die Ermittlung und Überprüfung der Voraussetzungen durch das EK ist nicht nur schwierig, sondern auch ein äußerst sensibles Feld, weil die Bewohner zunehmend aufgebracht auf Überprüfungsbesuche reagieren.[206] Die Verantwortlichen in den EKs müssen dabei nicht nur die Wohnungen inspizieren, sondern auch Nachbarn befragen und Untersuchungen über Einkommens- und Vermögensverhältnisse anstellen. Darüber hinaus weigern sich chinesische Banken bislang Auskunft über die Vermögensverhältnisse ihrer Klienten zu geben.[207]

Zu Auseinandersetzungen zwischen EK und bedürftigen Bewohnern kommt es meist dann, wenn die Sozialhilfe aufgrund vermeintlich oder real fehlender Voraussetzungen nicht gewährt wird. So wurden unsere Interviews in einem *Shequ* in Chongqing, die wir in einem Seitenraum der EK-Büroanlage durchführten, immer wieder durch lautstarke Auseinandersetzungen unterbrochen, bei denen es fast ausnahmslos um Fragen der Gewährung von Sozialhilfe ging. In manchen Orten haben die EKs diese Aufgabe an spezielle Ausschüsse delegiert. So wurden z.B. Ende 2003 in einigen *Shequ* in der Provinzhauptstadt Jinan (Pr. Shandong) Überprüfungsausschüsse eingesetzt, die sich aus alten Parteimitgliedern, Polizisten, Blockleitern, offiziellen Bewohnervertretern und Mitgliedern der EKs zusammensetzten und Einsprüche gegen ergangene Entscheidungen prüfen sollten.[208] Das Ministerium für Zivilverwaltung schlug 2006 vor, die Bedürftigkeit künftig auf dem Wege „demokratischer Beurteilung" (*minzhu pingyi*) durch die Bewohnerschaft prüfen zu lassen (was das für das Zusammenleben und die Integration eines Wohnviertels bedeuten würde, kann man sich gut vorstellen!).[209]

Gute Beziehungen zum Einwohnerkomitee erleichtern die Bewilligung von Sozialhilfe, worauf die Befragten durchaus hinwiesen. Die amtliche Parteizeitung hatte wiederholt

---

[203] Gespräch mit dem EK *Fuhua*, Shenzhen, 20.2.04.
[204] Die Stadt Chengdu (Provinzhauptstadt von Sichuan) führte 2004 ein System ein, bei dem Studierende aus Sozialhilfeempfängerhaushalten zwei Jahre lang einen jährlichen staatlichen Zuschuss bis zu 4.000 Yuan erhalten können. Im zweiten Jahr werden jedoch nur noch 70 Prozent des Betrags des ersten Jahres ausgezahlt, vgl. *Renmin Ribao*, 29.7.04.
[205] Die Klage wurde vom Gericht zugelassen, vgl. *Jinghua Shibao*, 12.10.06. Über das Ergebnis wurde nichts bekannt.
[206] Zu den Schwierigkeiten vgl. *Xi Zhengxi* 2003.
[207] *Renmin Ribao*, 5.6.06.
[208] *Renmin Ribao*, 29.12.03.
[209] *Renmin Ribao*, 5.6.06.

das Problem der „affektiven Vergabe" von Sozialhilfe (*song renqing*) kritisiert.[210] Schließlich rief das Ministerium für Zivilverwaltung Mitte 2006 dazu auf, willkürliche und Gefälligkeitsentscheidungen sowie Missbrauch dadurch zu vermeiden, dass Wahldelegierte und Nachbarn in den Entscheidungsprozess über die Gewährung von Sozialhilfe einbezogen werden sollten.[211] Auch die Überprüfung der Vermögensverhältnisse ist verschärft worden. In Chongqing wurde 2006 einer größeren Zahl von Personen die Sozialhilfe wieder entzogen, weil sie über größere Wertgegenstände verfügten.[212]

Andererseits beklagten Vertreter von EKs, dass staatliche Unterstützungsleistungen dazu führten, dass Empfänger von Sozialhilfe kein Interesse an einem Beschäftigungsverhältnis entwickelten und/oder die Vermittlung vermeintlich minderwertiger Tätigkeiten ablehnten. Unsere Interviews bestätigten dies in Einzelfällen. So erklärte eine 50jährige Arbeitslose aus Chongqing, sie habe in der Tat keine Lust zu arbeiten:

> Soll ich etwa Gemüse verkaufen? Nie im Leben!...Arbeit beim EK? Warum sollte ich! Ich erhalte doch Sozialhilfe vom Staat.[213]

Eine Reihe befragter Sozialhilfeempfänger gab an, dass ihnen das EK zwar Arbeit vermittelt habe, sie diese aber abgelehnt hätten (u.a. Reinigungsarbeiten). EK-Leiterinnen/Leiter berichteten, dass Arbeitslose Tätigkeiten, die als anstrengend oder schmutzig gelten würden (Reinigungsarbeiten, Bedienung in Restaurants, Tellerwaschen etc.), ablehnten und verlangten, dass man ihnen eine „gute" Arbeit vermittle. Allerdings wurden Personen, die eine Arbeit ablehnten, zunehmend von der Liste der Arbeitsuchenden gestrichen und erhielten auch keine Sozialhilfe mehr.

Zahlreiche Befragte, die einen Job hatten, äußerten sich negativ über Sozialhilfeempfänger („Wenn man denen keine Sozialhilfe mehr zahlt, verhungern sie auch nicht"[214]; „Viele Sozialhilfeempfänger schaffen nichts, sondern spielen den ganzen Tag nur *Majiang*"[215]; „Sozialhilfe begünstigt Faulenzerei"[216]). EK-Mitglieder beklagten, dass Sozialhilfeempfänger häufig „schwarz" arbeiteten und/oder Bankkonten und Eigentumswohnungen besäßen, die auf andere Namen eingetragen seien, um den Besitz von Vermögen zu verschleiern. Um Sozialhilfe zu erhalten, beschaffen sich Antragsteller gefälschte Atteste, schicken kranke oder behinderte Stellvertreter zur Antragstellung, gehen einer Schwarzarbeit nach, um ihr Lohneinkommen zu verschleiern oder verheimlichen ihr wahres Vermögen.[217]

Von vielen Sozialhilfeempfängern wird der Bezug von Sozialhilfe allerdings als diskriminierend empfunden.[218] Häufig wurde beklagt, dass sie das niedrigste gesellschaftliche Prestige besäßen. Sie möchten lieber arbeiten und nicht dem Staat auf der Tasche liegen, beschweren sich zugleich über rigide Bestimmungen der städtischen Behörden, die selbständige Tätigkeiten als Händler oder Handwerker strikt einschränkten. Ein Vorbestrafter

---

[210] *Renmin Ribao*, 5.6.06.
[211] *Renmin Ribao*, 5.6.06.
[212] *Renmin Ribao*, 5.6.06.
[213] Interview, Chongqing, 24.7.03.
[214] Interview, Chongqing, 26.7.03.
[215] Interview, Chongqing, 29.7.03.
[216] Interview, Chongqing, 31.7.03.
[217] *Zhou Liquan* 2006: 18; *Ge/Wan/Cheng* 2006; *Renmin Ribao*, 25.10.06.
[218] Zum Verhältnis von Arbeitslosigkeit und Diskriminierung vgl. die Studie von *Zeng/Wei* 2004.

(49) in Chongqing konstatierte: „Ich würde gerne einen Stand aufmachen, aber es wird nicht erlaubt. Ich bin wirklich kein Faulenzer, habe aber keine Chance auf Arbeit".[219] Viele verschweigen aus Scham gegenüber Freunden und Bekannten, dass sie arbeitslos sind. SchülerInnen und Studierende fühlten sich besonders betroffen, weil die Eltern entweder die Schul- oder Hochschulgebühren für bessere Schulen nicht aufbringen, weil sie am sozialen Leben ihrer Mitschüler (Besuche von Diskotheken, Internetcafes oder Restaurants) nicht teilnehmen können und kein Handy bzw. keinen PC besitzen (weil sonst der Verlust der Sozialhilfe droht). Eine 16jährige Schülerin in Chongqing erklärte:

> Ich besitze im Grunde nur sehr wenige Dinge. Ich würde z.B. gerne Klavier spielen, aber das bleibt ein Traum! Ich habe auch weder einen PC noch ein Handy. Wenn meine Klassenkameraden ausgehen, sage ich, ich hätte keine Zeit, denn dafür habe ich ja kein Geld. Unsere Wohnung, in der wir zu Dritt leben, hat gerade mal 9 qm. Die einzige Möglichkeit für mich ist, fleißig zu lernen und die Hoffnung auf ein künftig besseres Leben.

Der Vater ergänzte unter Tränen:

> Seit der Einführung von Sozialhilfe bin ich Sozialhilfeempfänger, denn ich bin ein kranker Mann. Wir können unserer Tochter auch nichts bieten. Weil sie kein Geld hat, geht sie nie aus dem Haus.[220]

Im Shenyanger *Chang'anjie*-Viertel mit 2.183 Haushalten und 6.606 Einwohnern im Jahre 2003 waren 72 Haushalte (3,3%) und 182 Personen (2,8%) Empfänger von Sozialhilfe. Hier waren Personen mit einem Einkommen von weniger als 205 Yuan/Monat antragsberechtigt.[221] Wer von seinem früheren Betrieb eine Abfindung erhielt, musste diese zunächst aufbrauchen. Im Zhongshan Erlu-Viertel (Chongqing) mit 2.779 Haushalten und 8.397 Bewohnern gab es 591 Sozialhilfeempfänger. Antragsteller mussten weniger als 185 Yuan Monatseinkommen haben. Alle erwachsenen Familienangehörigen waren berechtigt, einen solchen Antrag zu stellen (bei einem Dreipersonenhaushalt konnte das maximal 3x185 Yuan betragen). Im *Jianbei-Shequ* (Chongqing) waren 179 Haushalte und 360 Personen Empfänger von Sozialhilfe (3,2% der Haushalte und 2,3% aller Bewohner).

Sozialhilfeempfänger (mit Ausnahme von Alten, Kranken und Behinderten) sind verpflichtet, regelmäßig an öffentlichen Arbeiten im *Shequ* teilzunehmen. Im *Jianbei*-Viertel erfolgte das jeden Mittwoch und Freitag. Sie mussten dem EK auch regelmäßig über ihre Lage berichten. Wer wiederholt unentschuldigt diesen Arbeitspflichten fernblieb (in Chongqing zweimal) erhielt keine Sozialhilfe mehr. Andererseits bringt die Teilnahme auch Vorteile. Bei Anträgen auf Sozialhilfe oder bei Anträgen auf soziale Unterstützung durch die Ämter für Zivilverwaltung weist das zuständige EK im Fall von Personen, die sich im Viertel engagieren, darauf hin, dass es sich um Aktivisten handele, denen man etwas „zukommen" lassen solle.

Personen über 45 äußerten eher ihren Dank gegenüber Partei und Regierung, die ihnen Sozialhilfe gewähren würden. Schon von daher fühle man sich verpflichtet, auch etwas für die Regierung zu tun (z.B. Teilnahme an öffentlichen Arbeiten). Jüngere hingegen erklärten

---

[219] Interview, Chongqing, 24.7.03.
[220] Interview, Chongqing, 2.8.03.
[221] Interview mit EK *Chang'anjie*, Shenyang, 11.3.03. Laut *Renmin Ribao* vom 18.11.04 sollen in jenem Jahr 155.000 Personen in Shenyang Sozialhilfe erhalten haben.

überwiegend, die Zahlung von Sozialhilfe sei die Pflicht des Staates. Schließlich sei er auch für die Schließung von Betrieben verantwortlich; da bedürfe es keines Dankes.

Für Arbeitslose ist neben sozialer Sicherung die Frage der Wiederbeschäftigung zentral.[222] Vertrauen in das EK, und damit in das *Shequ*, wird bei diesem Personenkreis u.a. davon abhängig gemacht, ob und inwieweit es einem EK gelingt, zur Umschulung oder Wiederbeschäftigung beizutragen. Das von uns untersuchte *Zhongshan Erlu*-Viertel in Chongqing hatte Mitte 2003 folgende Bilanz aufzuweisen:

Tab. 17: Zusammensetzung der Arbeitslosen im *Zhongshan Erlu*-Viertel Chongqing (1. Halbjahr 2003)

Status	Personen
Arbeitslose	212
Sonstige Arbeitslose	176
Von der Arbeit freigestellt	102
Erwerbslose gesamt	490 [= 5,8% der Bewohner]

Quelle: Unterlagen *Zhongshan Erlu*-EK.
Anm.: Die tatsächliche Arbeitslosigkeit ist wesentlich höher, weil Personen von außerhalb oder mit ländlicher Wohnberechtigung, Personen, die auf Grund von Arbeitslosigkeit vorzeitig in den Ruhestand geschickt wurden (Frauen ab 45, Männer ab 50), Hausfrauen, die sich nicht arbeitslos gemeldet haben, oder Gelegenheitsarbeiter mit kurzfristigen Jobs in den Statistiken nicht auftauchen.

Gleichzeitig waren 88 Personen fortgebildet und 37 war eine berufliche Tätigkeit vermittelt worden. Das EK hatte eine eigene Gruppe für Wiederbeschäftigung eingerichtet, die sich ausschließlich mit Fortbildung und Wiederbeschäftigung befassen sollte. Teilweise bemühten sich die EKs mit beträchtlichem Aufwand um die Lösung der Beschäftigungsprobleme, obwohl ihnen die dafür erforderlichen finanziellen und sonstigen Ressourcen fehlten. In Shenyang und Chongqing versuchten die EKs auf dem Wege persönlicher Vorsprache bei den Anliegerbetrieben die Anstellung arbeitsloser Bewohner zu erreichen.

Das *Yongfeng-Shequ* in Shenyang hatte 2004 eine „Dienstleistungszentrum GmbH" gegründet (*Shequ fuwu zhongxin youxian gongsi*), die sich auf die Herstellung von Kunsthandwerk spezialisiert hatte. Die Firma wurde von der EK-Leiterin Li Jun geleitet und bot Aus- bzw. Fortbildung sowie Beratungstätigkeiten bei Herstellung und Vertrieb an und bemühte sich um potenzielle Kunden. Bewohner, die Arbeit oder Einkommen suchten, wurden animiert, Produkte in Heimarbeit herzustellen.[223]

Eine weitere zentrale Frage für Sozialhilfeempfänger ist die Wohnungsfrage. Ärmere Haushalte sind meist nicht in der Lage, Wohnungen zu kaufen oder höhere Mieten zu zahlen, so dass sie ihre Wohnungen verlieren bzw. keine neuen Wohnungen finden können. Allein in der Provinz Hebei betraf dies im Jahr 2005 offiziellen Angaben zufolge 320.000 Haushalte mit 800.000 Personen. Dort hatte die Provinzregierung diesen Haushalten versprochen, bis Ende des Jahres 2005 Abhilfe zu schaffen, jeder Familie eine Wohnung von

---

[222] Auch das Ministerium für Zivilverwaltung weist immer wieder auf die Bedeutung dieser Arbeit in den *Shequ* hin, vgl. z.B. *Shequ* 11-22/2003: 10-16.
[223] Gespräch mit Li Jun, der Leiterin des *Yongfeng-Shequ* in Shenyang am 29.9.05 in Peking.

mindestens 30 qm Größe zur Verfügung zu stellen und bedürftigen Haushalten Wohn- bzw. Mietgeld zu zahlen.[224]

Insgesamt gesehen, lässt sich hier argumentieren, dass die EKs (auf dem Wege staatlicher Finanzierung) die Aufgabe *sozialer Sicherungsagenturen* wahrnehmen sollen. Über Vertrauensbildung hinaus dient ihre Tätigkeit auch dem Konfliktmanagement in der urbanen Gesellschaft und damit der gesellschaftlichen und politischen Stabilität. Zugleich aber hat sich dadurch die Grundfunktion nicht nur der EKs, sondern auch des Staates grundlegend gewandelt: von einer anordnenden und kontrollierenden Funktion hin zu einer serviceorientierten und sozial helfenden Institution. Die Macht des Parteistaates wird zunehmend durch Dienstleistungen legitimiert.

Soziale Sicherung ist gegenwärtig im urbanen Raum zentral für die Schaffung von Vertrauen in den Staat, Stabilisierung des politischen Systems und die Legitimierung der Parteiherrschaft. Weil ein soziales Netz und zivilgesellschaftliche Organisationen (z.B. NGOs) bislang aber weitgehend fehlen, bemüht sich der Staat um eine stärkere Verlagerung der Lösung sozialer Probleme in die Wohnviertel der Betroffenen. Legitimitäts- und Vertrauensbildung soll dort entwickelt werden, wo die Menschen leben, soll mit Bürgernähe verbunden werden. Dazu gehört auch, dass die EKs in die Lage versetzt werden, die Probleme der Menschen tatsächlich anzupacken und zu lösen.

Die EKs sind mit dieser Aufgabe bislang weitgehend überfordert, so dass auf Dauer neue Instrumente sozialer Sicherung gefunden werden müssen, solange jedenfalls die Sozialversicherung noch in den Kinderschuhen steckt. Was den ländlichen Raum anbelangt, so bleibt dieser sich bislang noch weitgehend selbst überlassen. Eine Folge dessen ist, dass Teile der Landbevölkerung versuchen, der Verarmung durch eine Arbeit in den Städten zu entgehen. Soll der Landflucht entgegengewirkt und das Bevölkerungswachstum weiter erfolgreich eingedämmt werden, muss sich der Staat auch Gedanken über das Sozialsystem im ländlichen Raum machen. Gegenwärtig wird die Bevölkerungspolitik/Ein-Kind-Politik auf Grund der sozialen Unzufriedenheit und einer höchst nachteiligen demokrafischen Verteilung der Altersgruppen gelockert. Im Grund geht es darum, Bevölkerungswachstum moderat zuzulassen und gleichzeitig ein soziales Sicherungssystem aufzubauen, das die noch auf lange Sicht ungünstige Relation von Alt und Jung abfedert.

Im folgenden Kapitel wollen wir verdeutlichen, in welcher Weise sich der Parteistaat des Instruments der Partizipation bedient, um soziale Kontrolle, soziale Sicherung und soziale Stabilität zu reorganisieren.

---

[224] Vgl. *Renmin Ribao*, 27.2.05.

6 Politische Partizipation, soziale Mobilisierung und politisches Bewusstsein

Wenn Fragen der sozialen Sicherung und Stabilisierung im Fokus des politischen Handelns des Regimes stehen und wenn die Gesellschaft stärker in diese Prozesse eingebunden werden bzw. stärker partizipieren soll, dann ist a) zu prüfen, welche Formen diese Einbindung annehmen und b) in welchem Zusammenhang soziale und politische Formen der Partizipation stehen. Diesen Fragen wollen wir im Folgenden nachgehen. Darüber hinaus interessieren uns hier die Einstellungen der Bewohner und Funktionäre im Hinblick auf EK, Partizipation, Wahlen in den Nachbarschaftsvierteln sowie Wahleffekte. Dabei gehen wir von der Hypothese aus, dass Partizipation in den *Shequ* primär ein Prozess des partizipativen Lernens und des partizipativen *empowerment* (im Sinne von *internal efficacy*) beinhaltet.

6.1 Partizipation in den Nachbarschaftsvierteln: politisch oder sozial?

Als *politische* Partizipation haben wir einleitend solche Aktivitäten definiert, die idealtypisch mit der Gestaltung eines Gemeinwesens zu tun haben, d.h. mit Aktivitäten in Form von Beteiligung an Wahlen, Vertretung von Bewohnergruppen und deren Interessen sowie der Organisation in Parteien und Vereinigungen. Davon unterscheidet sich *soziale* Partizipation, die sich nicht primär auf die *institutionelle* Gestaltung des Gemeinwesens bezieht, sondern auf die Betreuung spezifischer Bewohnergruppen oder die finanzielle Förderung, Verschönerung und infrastrukturelle Gestaltung des Viertels. Auch das Erlernen von Fremdsprachen, die Mitwirkung an Gesangs- und Tanzgruppen oder Computerkursen gehört zu sozialer Partizipation. Aktivitäten zur Propagierung der Geburtenplanung, zum Lernen von den guten Taten des Mustersoldaten Lei Feng, Dienste in den Aktivitätszentren des *Shequ* und andere Formen der Mitwirkung in einem Nachbarschaftsviertel erfordern die Mobilisierung der Bewohner durch das EK. Im Antwortverhalten der Befragten schlug sich dieser mobilisierende Faktor in Aussagen nieder wie „Ich gehe zum Einwohnerkomitee, wenn man mich ruft".

Tabelle 18 versucht eine Einteilung partizipativer Aktivitäten der Befragten in politische und soziale Aktivitäten, obgleich es Überlappungen zwischen beiden Kategorien gibt und die Grenzen sich partiell verwischen.

Tab. 18: Formen, in denen Befragte in den untersuchten *Shequ* (SQ) partizipierten

Aktivitäten	Shenyang	Chongqing	Shenzhen
1. Politische Partizipation im SQ			
WahlvertreterIn	33	3	5
Gebäude-/Blockleiter	22	10	4
SQ-Beratungskomitee	3	1	-
KP-Mitgliedschaft	21	9	26
Vereinigungen (Behinderte, Frauen)	3	-	-
Eigentümerkomitee[225]	-	-	5
2. Soziale Partizipation im SQ			
Betreuung bedürftiger Familien	8	1	-
Öffentliche Arbeiten (Wege fegen, Reinigung etc.)	7	2	-
Kinder-/Jugendarbeit	2	-	-
Frauenarbeit	3	-	-
Propagierung Geburtenplanung	3	-	2
Altenarbeit	2	-	-
Spenden für soziale Zwecke	4	5	-
Beteiligung an Aktivitäten des EK	11	4	-
Kulturaktivitäten/Fortbildung	10	3	-

Quelle: Eigene Erhebung.

Über alle Gemeinsamkeiten hinaus zeigen sich hier eindeutige regionale Unterschiede. So war der Partizipationsgrad in den Nachbarschaftsvierteln in Shenyang am höchsten, in Shenzhen am niedrigsten. Dabei lassen sich die regionalen Unterschiede wie folgt klassifizieren:

1) In *Shenyang* war das Denken der Menschen am stärksten „sozialistisch" geprägt. Die Menschen waren gewohnt, in kollektiven Mustern zu denken, hatten doch die meisten von ihnen staatlichen Großbetrieben angehört, durch die sie sozialisiert worden waren. Die Nachbarn kannten sich in der Regel, zum Teil handelte es sich um ehemalige Wohneinheiten von *Danwei*. Das *Shequ* wurde als *Danwei*-Ersatz begriffen. Beklagt wurde von vielen FrührentnerInnen und Arbeitslosen, dass sich die ehemaligen *Danwei* nicht mehr für sie zuständig fühlten. Ein 66jähriger erklärte, wenn manche Rentner ihre alte *Danwei* aufsuchen wollten, würden sie vom Portier gar nicht mehr hineingelassen; die Unternehmen anderer seien nicht mehr auffindbar: geschlossen, verlegt, verzogen etc. Wieder andere waren betriebsbedingt für eine gewisse Zeit beurlaubt worden. Wenn sie danach wieder in das Unternehmen zurückkehren wollten, galten sie als unbekannt, die Betriebsleitungen wollten sie in der Regel auch nicht mehr haben und stellten einfach die Zahlungen für Rente oder Gesundheitsversorgung ein.[226]

---

[225] Die Mitwirkung im gewählten Ausschuss der Wohnungseigentümer bedeutet die Teilnahme an Verhandlungsprozessen mit staatlichen oder teilstaatlichen Einrichtungen (Hausverwaltungsgesellschaften, Wohnungsämtern, Erschließungsgesellschaften) und ist daher als politisch zu klassifizieren.
[226] Interview, Shenyang, 11.3.03.

Die Menschen warteten hinsichtlich neuer Beschäftigung auf den Staat. Obwohl der Staat seit den 80er Jahren *self-employment* als Ausweg aus der Arbeitslosigkeit propagiert, fanden sich in den Straßen um die Wohnviertel relativ wenige Kleinhändler. Bei informellen Befragungen von Sozialhilfeempfängern, die ihre Sozialhilfe beim EK abholten, erklärte einer in einer Reihe von Dutzenden von Wartenden:

> Wir haben gar nichts mehr, weder Arbeit noch Krankenversicherung. Es ist auch keine Arbeit mehr zu finden. Was z.B. Arbeit auf dem Bau anbelangt, da holen sie billige Arbeitskräfte aus der Provinz Sichuan. Selbst Arbeit suchen? Warum sollte ich? Der Staat hat meinen Betrieb zugrunde gehen lassen, er ist verpflichtet, mir neue Arbeit zu geben.[227]

In Shenyang fanden wir ein ausgesprochen paternalistisches Verständnis, das davon ausging, dass der Staat für die Arbeitslosigkeit verantwortlich ist und daher für Abhilfe zu sorgen hat. Dieses kollektivistische und paternalistische Verständnis war besonders ausgeprägt bei den über 50jährigen, fand sich aber auch bei jüngeren Befragten. Zugleich war das Beteiligungsinteresse vor allem unter Frauen zwischen 45 und 60 relativ hoch, weil das *Shequ* eine Betätigungs- und Beteiligungsalternative bot. Überhaupt scheinen allein die Wohnquartiere neue Betätigungsfelder bzw. Arbeitsvermittlung für die Arbeitslosen, Sozialhilfeempfänger und Frührentner bzw -rentnerinnen anzubieten. Die meisten Frauen, die an *Shequ*-Aktivitäten teilnahmen, besaßen ein relativ großes Selbstvertrauen, das nicht zuletzt auf ihrem jahrelangen Erfahrungsschatz in staatlichen Betrieben basiert. Hier war die Sozialisierung durch die Partei deutlich zu spüren. Parteimitglieder engagierten sich zu einem signifikanten Prozentsatz im Viertel, zumal es einen hohen Grad an Mobilisierung durch die Vorsitzenden der EKs gab, die meist zugleich Parteisekretär bzw. -sekretärin des Viertels waren. In *Yongfeng* z.B. waren das hohe Prestige der EK-Leiterin und ihr unermüdlicher Einsatz für die Belange der Bewohner für die hohen Mobilisierungserfolge bei der Bevölkerung mit verantwortlich.

2) Im Antwortverhalten in *Chongqing* spielte das Warten auf den Staat eine deutlich geringere Rolle. Der Wunsch nach selbständiger Betätigung als HandwerkerInnen oder HändlerInnen war besonders bei den 35-50jährigen Frauen ausgeprägt. Allerdings verhinderten Beschränkungen der städtischen Behörden im Hinblick auf Straßenhändler und fehlende Finanzmittel der Betroffenen häufig einen solchen Schritt. Fast die Hälfte der befragten Arbeitslosen hatte bereits einmal oder mehrmals Erfahrungen mit selbständiger Tätigkeit gemacht, auch wenn diese Versuche nicht immer erfolgreich verlaufen waren. Der Wunsch nach Selbständigkeit und Unabhängigkeit (vom Staat) trug zweifellos dazu bei, dass sich die Bewohner weniger in ihrem Wohnviertel engagierten. Überdies kannten sich die Bewohner nur zum Teil, da in den letzten Jahren eine wachsende Zahl von außerhalb in neu errichtete Wohnhäuser eingezogen war. Mehr als ein Drittel der Befragten erklärte, höchstens die unmittelbaren Nachbarn zu kennen, aber niemanden darüber hinaus. Die Seniorenschaft in den Wohnvierteln stellte offensichtlich geringe Anforderungen an die Altenarbeit in den Wohnvierteln, weil die meisten alten Leute den ganzen Tag über mit dem Glückspiel *Majiang* beschäftigt waren. Dies war die einzig erkennbare Aktivität nicht nur in den „Kulturzentren" der Wohnviertel, sondern auch auf freien, unbebauten Flächen.

---

[227] Interview, *Yongfeng-Shequ* Shenyang, 10.3.03.

Der geringe Prozentsatz an Parteimitgliedern bewirkte, dass sich die Parteiorganisationen im Viertel nur marginal betätigten. Die Leiterin eines *Shequ* war – im Gegensatz zu Shenyang und Shenzhen – kein Parteimitglied, was in jenem Stadtbezirk keine Seltenheit war. Offensichtlich stand keine hinreichende Zahl qualifizierter Parteimitglieder für solche Ämter zur Verfügung. Allerdings übte das Straßenbüro, das für das von uns befragte Viertel zuständig war, einen gewissen Druck auf die Leiterin aus, um sie zum Eintritt in die KP zu bewegen (u.a. mit Hinweis auf Karrierechancen). Die LeiterInnen des Einwohner- und des Parteikomitees waren hier beide von außen gekommen und relativ jung, besaßen kein hohes Prestige unter den Bewohnern, was den Mobilisierungseffekt zweifellos verringerte.

3) In *Shenzhen* war der allgemeine Partizipationsgrad am Geringsten. Das Fehlen von lokalen Bindungen in dieser Einwandererstadt, die im Vergleich zum übrigen China hohe Arbeitsintensität und der dadurch bedingte starke Arbeitsdruck[228] sowie der Unabhängigkeitsdrang bilden die Ursachen dafür. Nachbarn kannten sich kaum, in vielen Fällen waren Kontakte untereinander auch gar nicht erwünscht. Allerdings existieren landsmannschaftliche Bindungen zwischen Personen aus der gleichen Region, Sprachgruppe oder mit gemeinsamem ethnischem Hintergrund (z.B. *Kejia* oder *Hakka*). So erklärte ein Mann aus Shantou (Provinz Guangdong), er habe fast ausschließlich Beziehungen zu Personen aus seiner Heimatstadt. Ähnlich äußerten sich Befragte aus Henan, Sichuan, Jiangxi oder Nordostchina. Auf der Basis gleicher lokaler Herkunft entstanden Gruppen zur gegenseitigen Hilfe. Viele erhofften sich Unterstützung allein von Landsleuten. Zugleich bildeten sich auf diese Weise auch mafiöse Organisationen, die Schutzgeld erpressen. Ein Geschäftsmann in Shenzhen konstatierte, die meisten seiner Bekannten aus Jiangxi müssten Schutzgeld bezahlen.[229] Ein pensionierter Ingenieur meinte, die meisten Kriminellen stammten aus Nordostchina. Wenn man überfallen würde, wäre es von Vorteil, wenn man sich als Nordostchinese zu erkennen geben würde. Das könne helfen, denn es gebe durchaus regionalbezogene affektive Gefühle.[230]

Vor allem Wohlhabendere präferierten Anonymität nach außen hin. Die Existenz zweier weiterer Organisationen neben dem EK, die Hausverwaltungsgesellschaften, die auch Block- und Hauswarte ernannten, sowie der Eigentümerversammlungen verringerten die Rolle des EK in den Wohnvierteln, da sie wichtige Aufgaben (Infrastruktur und Verschönerung der Viertel bzw. Sicherung der Rechte der Wohnungseigentümer) ohne das Zutun der EKs erledigten. Bei Problemen mit den Wohnungen oder der Reinlichkeit und öffentlicher Sicherheit im Viertel waren hier die Hausverwaltungen zuständig. Probleme in diesen Bereichen versuchten die Eigentümerkomitees in Verhandlungen mit den Hausverwaltungen zu regeln, notfalls über den Rechtsweg. Der gegenüber Shenyang und Chongqing geringere Grad an Arbeitslosen und Sozialhilfeempfängern auf der einen, der hohe Prozentsatz an Gutverdienenden, Gutausgebildeten und Wohlhabenden in den von uns untersuchten Vierteln auf der anderen Seite, bewirkte nicht nur eine andere Zusammensetzung der Wohnviertel. Die Viertel waren auch geprägt vom Selbstbewusstsein der neuen Mittel-

---

[228] Interview, Shenzhen, 29.2.04. Der interviewte Bewohner fasste das in die plastischen Worte, hier sei es nicht wie in den geruhsamen Behörden, wo es heiße „Einmal Zeitung, einmal Tee – schon ist Feierabend".
[229] Interview, Shenzhen, 21.2.04. Schutzgelderpressungen beziehen sich indessen nicht nur auf Shenzhen. Auch ein Geschäftsmann in Chongqing, der eine Ladenkette besitzt, erklärte, er werde permanent bedroht, weil er bislang die Zahlung von Schutzgeld verweigert habe. Nun drohe ihm die Zerstörung seiner Läden. Die Polizei unternehme nichts, sie stecke in der Regel mit den Banden unter einer Decke.
[230] Interview, Shenzhen, 24.2.04.

schicht gegenüber staatlichen oder staatsnahen Organisationen. Dieses Selbstbewusstsein drückte sich indessen nicht in Partizipation an den Aktivitäten der EKs aus, sondern in autonomen Formen wie in der Mitwirkung in den Eigentümerversammlungen oder dem kollektiven Einschlagen des Rechtsweges im Falle vermeintlicher Rechtsverletzungen.

Auch das relativ freie und offene politische Klima in der Wirtschaftssonderzone und der Einfluss des benachbarten Hongkong machen sich in Shenzhen bemerkbar. Man könnte hier von der Schaffung von Öffentlichkeit und einer Aufweichung der Institutionalisierung autoritärer Herrschaft auf Grund der Einwanderung aus den verschiedensten Landesteilen (inklusive Hongkongs) sprechen. Die Menschen aus dem Landesinneren fühlen sich hier offenkundig wesentlich unabhängiger von kollektivem Druck und freier als in ihrer Heimat. So erklärte eine 35jährige leitende Angestellte (Hochschulabsolventin, Parteimitglied, aus Sichuan stammend):

> Hier fühle ich mich sehr frei. Solange man nicht gegen Gesetze verstößt, kann man ungestört sein eigenes Leben führen...In Shenzhen, wo die Wirtschaft relativ weit entwickelt ist, gibt es ein höheres Bewusstsein zur Einforderung demokratischer Rechte als im Landesinnern...In Chengdu jedoch ist alles anders. Hier sagen die Leute, was sie denken. In Chengdu gehorchen sie. Ich denke anders seit und weil ich in Shenzhen lebe.[231]

Eine 30jährige aus Jiangxi stammende Kindergärtnerin konstatierte:

> Ich möchte nicht zurück nach Jiangxi, dort finde ich es zu traditionell. Hier haben die Kinder ein viel höheres Niveau. Ein wesentlicher Unterschied besteht darin, dass in Jiangxi die Kindergärten staatlich sind, hier sind sie privat. In Jiangxi ist die Autorität der Kindergärtnerinnen hoch, hier die der Eltern. In Jiangxi getrauen sich die Eltern nicht, ihre Meinung zu äußern, weil das Prestige der Erzieherinnen so hoch ist. Hier nehmen die Eltern regen Anteil am Kindergartenleben und äußern häufig ihre Meinung. Auch üben sie oft Kritik an unserer Arbeit. Wenn man nicht gut arbeitet, fliegt man raus. Mit den Eltern hier wird man nicht so leicht fertig. Selbst bei Kleinigkeiten regen sie sich auf und suchen ein Haar in der Suppe. Vor allem Nordchinesen üben häufig Kritik.[232]

In diesen Aussagen kommt auch das selbstbewusste Lebensgefühl der neuen Mittelschichten zum Ausdruck.

Arme und Arbeitslose interpretierten die Situation in Shenzhen anders. Ein 44jähriger arbeitsloser ehemaliger Soldat konstatierte:

> Ich habe kein Gefühl gegenüber Shenzhen. Das hat viele Gründe. Eigentlich ist das hier eine Einwanderungsstadt. Die Gefühle der Menschen untereinander sind nur schwach ausgeprägt. Hier benutzen sich die Menschen gegenseitig. Man hat sich am Schnapstisch kennenlernt, d.h. es gibt keine Basis. Man pflegt auch keinen Umgang miteinander. An Feiertagen besucht man sich nicht. In den nordchinesischen Städten lebt man seit Generationen zusammen; dort haben die Menschen ein relativ tiefes Gefühl füreinander entwickelt.[233]

---

[231] Interview, Shenzhen, 2.3.04.
[232] Interview, Shenzhen, 23.2.04.
[233] Interview, Shenzhen, 21.2.04.

Interessanterweise nahmen in den Wohnvierteln in Shenyang bis auf wenige Ausnahmen fast alle Befragten an Aktivitäten der EKs teil. In Chongqing hingegen erklärten nur 18 von 48 Personen, die diese Frage beantworteten, sie nähmen an Aktivitäten im *Shequ* teil (37,5%), 30 (62,5%) meinten hingegen, sie beteiligten sich nicht. In Shenzhen äußerten 13 von 46 Personen, sie partizipierten (28,3%), 33 hingegen, sie beteiligten sich nicht (71,7%). Partizipativ gesehen, sticht Shenyang von daher aus den drei Städtebeispielen hervor. Auffallend war dort auch, dass vor allem ältere Frauen im Vorruhestand ein Interesse an einer Mitwirkung an Aktivitäten der EKs hatten, also partizipieren wollten. Im Unterschied zu Chongqing und Shenzhen waren die Viertel in Shenyang von ihrer Zusammensetzung her kohärenter, d.h. die Anzahl der von außerhalb Zugezogenen war geringer. Der damit verbundene Grad an Bekanntschaften in den Vierteln sowie die entsprechend stärkere Identifikation mit dem *Shequ* könnten weitere Gründe für die weitreichendere Partizipationsbereitschaft sein.

Eine chinesische Untersuchung über den Partizipationsgrad in Shenzhener Nachbarschaftskomitees ergab folgende Bandbreite:

Tab. 19: Formen der Partizipation in Shenzhener Nachbarschaftsvierteln

Partizipationsform	Partizipationsgrad (in %)
Mobilisierung v. Bewohnern zur Teilnahme an Wahlen im Wohnviertel (*xiaoqu*)	12,9
Mithilfe bei der Lösung von Problemen im *Shequ*	23,3
Teilnahme an Sitzungen d. Eigentümerkomitees	24,7
Teilnahme an Aktivitäten für d. öffentliche Sicherheit im *Shequ*	28,0
Teilnahme an vom EK organisierten Sportaktivitäten	36,7
dem EK Vorschläge gemacht	38,5
vom EK zur Meinungsäußerung aufgefordert worden	39,3
Meinung gegenüber dem EK geäußert	40,6
Teilnahme an Sitzungen des EK	40,8
Teilnahme an Begrünungs- und Umweltaktivitäten des EK	46,1
Teilnahme an kulturellen Aktivitäten des EK	50,2
Teilnahme an „Freiwilligen"-Aktivitäten	51,2
Teilnahme an EK-Wahlen	54,4
Geld- und Sachspenden	77,9

Quelle: *Shequ* 1-2/2006, S. 33.

Am höchsten war hier die Teilnahme an passiven Aktivitäten (Spenden) sowie an Beteiligungsformen, für die die Bewohner mobilisiert werden (Wahlen, Freiwilligenaktivitäten, Begrünungs- und Umweltaktivitäten). Gleichwohl verdeutlicht Tab. 19 die Vielfalt der Beteiligungsmöglichkeiten.

6.2 Die politische/politiknahe Ebene der Partizipation

Bezogen auf die *Shequ* gibt es verschiedene Beteiligungsformen: a) formelle, wie Mitwirkung an Aktivitäten des EK (was zunächst auch Informationen über dessen Funktion und Arbeitsweise voraussetzt), Beteiligung an Wahlen und Wahlprozessen, Tätigkeit in Parteien (KP oder nicht-kommunistische Parteien) und Vereinen sowie die Übernahme von Brückenfunktion zwischen Bewohnern und EK; b) informelle, wie die Herstellung von *guanxi* zu Funktionsträgern im Wohnviertel, um Einzelpersonen oder Gruppen bestimmte Vorteile zu verschaffen. Im Folgenden wollen wir uns primär mit den formellen Formen befassen, zumal die informellen nur sehr schwer zu ermitteln sind.

Partizipation in den Wohnvierteln erfolgt zunächst primär vermittelt über das EK, das sich als lenkende und steuernde Kraft in einem Wohnviertel begreift. Ist jemand bereit, im Rahmen von EK-Aktivitäten zu partizipieren, dann muss er zunächst einmal mit dem EK und seiner Arbeitsweise vertraut sein. Von daher befassen wir uns im Folgenden mit den Einstellungen der Bewohner im Hinblick auf das EK. Wir ermitteln die Nähe der Bewohner zu ihrem EK und ihren Wissensstand als wichtige Voraussetzungen für Partizipation.

6.2.1 Einstellungen gegenüber der mobilisierenden Organisation: Einwohnerkomitee

Zunächst interessierte uns, welche Funktionen die Bewohner den EKs zuordnen.

Tab. 20: Welche Aufgaben erfüllt das Einwohnerkomitee? Es kümmert sich um

Antwort	Shenyang	%	Chongqing	%	Shenzhen	%
Geburtenplanung	7	16.7	2	4.1	22	44.9
Wohngebiet	5	11.9	3	6.1	-	-
Leben d. Bewohner	5	11.9	3	6.1	-	-
Bedürftige	3	7.1	-	-	2	4.1
Sozialhilfeempfänger	3	7.1	9	18.4	-	-
Öffentliche Sicherheit	2	4.8	5	10.2	2	4.1
Umwelt/Sauberkeit	2	4.8	8	16.3	6	12.2
Mediation	2	4.8	3	6.1	3	6.1
Arbeitssuchende	2	4.8	4	8.2	3	6.1
Kultur/Freizeit	2	4.8	-	-	1	2.0
Alte	1	2.4	1	2.0	4	8.2
Ausweisausstellung	-	-	2	4.1	4	8.2
Meldewesen	-	-	-	-	11	22.4
Weiß nicht	2	4.8	9	18.4	15	30.6

Quelle: Eigene Erhebung.
Anm.: Angaben beziehen sich auf diejenigen, die zu dieser Frage Stellung nahmen, mehrere Antworten waren möglich.

Aus Tab. 20 ergibt sich die Nähe der Bewohner zu den EKs. Während in Shenzhen fast ein Drittel der Befragten überhaupt nichts über deren Tätigkeit wusste, waren nahezu alle Befragten in Shenyang darüber informiert. Wenn wir davon ausgehen, dass – wie oben dargelegt – die Komitees primär diejenigen zu Interviews mit uns baten (oder bestellten), mit denen sie in Kontakt waren, so wird deutlich, dass die reale Unkenntnis der Bewohner in der Tat deutlich höher sein dürfte als durch die Interviews ermittelt.

In Shenzhen wurde, wie oben gezeigt, das Komitee primär mit der Geburtenplanungsarbeit in Verbindung gebracht. Die reservierte Haltung vieler Bewohner gegenüber dem EK erklärte sich dort u.a. aus der negativen Bewertung dieses Aufgabenfeldes. In Chongqing waren es primär Fragen der sozialen Absicherung (aufgrund hoher Arbeitslosigkeit), der Umwelt/Sauberkeit und das Problem der öffentlichen Sicherheit, die eine stärkere Rolle im Antwortverhalten spielten. Diese Schwerpunktsetzung dürfte auch mit den von oben vorgegebenen Arbeitsschwerpunkten der jeweiligen EKs zusammenhängen. In Shenyang fanden wir, wohl aufgrund größerer Vertrautheit der Bewohner mit der Arbeit der Komitees, eine breitere Streuung vor.

Die Identifizierung des jeweiligen EK mit Geburtenplanung, sozialer und öffentlicher Sicherheit oder Sauberkeit und Umwelt weist diesen Organisationen eine staatsnahe Funktion zu, denn alle diese Aufgabenfelder sind als staatsnah zu begreifen. Wer nicht direkt von damit zusammenhängenden Fragen betroffen ist, hat also keinen Grund, sich an die EKs zu wenden. In Shenzhen, wo die Hausverwaltungen als selbständige Organisationen eine stärkere Rolle spielten, äußerten 11 Personen entsprechend, dass sie sich bei auftretenden Problemen nicht an das EK, sondern an die jeweilige Hausverwaltung wenden würden. Die starke Rolle dieser Hausverwaltungen dürfte zur Schwächung des Prestiges der EKs beitragen. Und je höherwertiger ein Wohnviertel, desto geringer schien die Funktion des EK zu sein. Im *Longhu Huayuan-Shequ*, eine der luxuriösesten Eigentumswohnanlagen in Chongqing, deren Zugänge streng bewacht wurden, war die Hausverwaltung für die gesamte Anlage, die mit Schwimmbädern, Fitness Club, Kindergarten, Freizeiträumen, Cafes, hochwertigen Geschäften etc. ausgestattet war, zuständig. Dort fanden wir die Büroräume des EK verschlossen vor, ohne Hinweis auf Öffnungszeiten. Eine Reinigungskraft erklärte uns, in der Regel sei das Büro unbesetzt. Bewohner des Viertels, die wir dazu befragten, wussten von der Existenz dieses Komitees nichts. Ihre Interessen, so erläuterten sie, würden von dem von ihnen gewählten Eigentümerkomitee wahrgenommen, das bei auftretenden Problemen mit der Hausverwaltung in Verhandlungen trete. Offensichtlich werden EKs in solchen Arealen nicht benötigt, zumal sie auch, wie in „normalen" *Shequ* in Chongqing, nicht in der Lage sind, die hier mächtige Hausverwaltung zu kontrollieren.

Auffallend ist, dass der Bereich der Freizeitgestaltung und der sozialen Aufgaben (Alten-, Jugend-, Frauen-, Behindertenarbeit etc.) im Bewusstsein der befragten Bewohner eine eher geringe Rolle spielte. Außer im *Yongfeng-Shequ* in Shenyang, das über ein größeres und modernes Kulturzentrum verfügte und in einer „*Shequ*-Universität" u.a. Kurse bzw. Vorträge zu medizinischen und Gesundheitsfragen, gemeinsame Zeitungslektüre oder Mediation zur Behebung von Familienkonflikten anbot, fanden in den Wohnvierteln kaum Freizeitaktivitäten statt. Das Zentrum im Viertel *Chang'anjie* (Shenyang) war im Zeitraum unserer Befragung kontinuierlich geschlossen, und das EK wollte es uns auch nicht zeigen. In *Zhongshan Erlu* (Chongqing) wurde im „Kulturzentrum" ausschließlich *Majiang* gespielt, in *Jianbei* gab es immerhin ein Fernsehgerät, Zeitungen und Zeitschriften sowie verschiedene Spiele. Allerdings verhinderte eine große, hohe Steintreppe, die auf dem Weg dorthin (und auch zum EK) erklommen werden musste, dass ältere Bewohner aus den weiter unten gelegenen Wohngebieten dorthin gelangen konnten. Das *Fuhua*-Viertel in Shenzhen verfügte über eine Bibliothek, in der sich selten jemand aufzuhalten schien. Im Aktivitätszentrum von *Huaxiajie* wiederum wurde nur *Majiang* gespielt. Obwohl die meisten *Shequ* über eigene Bibliotheken verfügten, war – wie es Robert Putnam einmal plastisch genannt hat – vom „Heartbeat of the Community"[234] wenig zu spüren, d.h., sie wurden nur relativ wenig frequentiert.

Auch gibt es bislang kaum Ansätze zu einer Jugendarbeit. Für Kinder und junge Leute existierten im Grunde überhaupt keine Aktivitäten in den von uns untersuchten Vierteln.[235] Die meisten Befragten meinten allerdings, dass Jugendliche kein großes Interesse an vom EK organisierten Freizeitangeboten hätten. Ohnehin würde der Geldmangel solche Aktivitäten grundsätzlich beschränken.

Wie gering das Gemeinschaftsdenken ausgeprägt ist, zeigen zahlreiche Beispiele: Wenn Bewohner z.B. einen Kurs (Englisch- oder Tanzkurs) selbst bezahlen mussten, dann war niemand mehr bereit, daran teilzunehmen. Die von uns untersuchten EKs in den drei Städten wiesen immer wieder darauf hin, dass sie wesentlich vielfältiger und unabhängiger agieren könnten, wenn die Bewohner für einzelne Dienstleistungen bezahlen würden. In allen drei Städten wiesen Befragte darauf hin, dass die Organisierung von Freizeitangeboten an den knappen Finanzmitteln der EKs scheitere. Bewohner seien nicht Willens, auch nur einen geringen Eigenbeitrag dafür zu leisten. Eine Befragte in Shenyang antwortete auf die Frage, welches Angebot sie denn gerne hätte:

> Einen Tanzkurs. Wir hatten einmal einen solchen Kurs, dann aber verlangte der Lehrer, dass jeder Teilnehmende fünf Mao [5 Cent] dafür zahlen solle, da löste sich der Kurs auf. Schließlich ist es Sache des Staates [gemeint war das EK], solche Aktivitäten zu finanzieren.[236]

Schon aus diesem Grund sei das EK auf komplette Finanzzuweisungen von oben angewiesen und Autonomie kaum zu realisieren. Im Gegensatz zu den Befragten in Shenyang und Chongqing zeigte sich ein Teil der Interviewten in Shenzhen (knapp 10%) allerdings bereit, dafür auch aus eigener Tasche etwas beizusteuern.

In Shenyang gaben 21,4% an, sie suchten im Grunde niemals das EK auf, in Chongqing waren das 36,7% und in Shenzhen sogar 53,1%. Personen mit einem Arbeitsverhältnis und geregeltem Einkommen erklärten überwiegend, sie benötigten das Komitee nicht. Bei dieser Personengruppe wurde das EK eher mit traditionellen Bildern („Das sind doch diese alten Frauen mit Armbinden, die alles kontrollieren") in Verbindung gebracht. In der Regel waren es sozial Schwache, vor allem Sozialhilfeempfänger und Problemfamilien, die den Kontakt zum EK suchten, darüber hinaus vor allem in Shenyang Frührentnerinnen.

Nicht wenige Befragte konnten sich eine Mitarbeit im EK vorstellen. Diese Gruppe schien besonders das Einkommen aus einer EK-Tätigkeit zu reizen, das von vielen Befragten höher eingeschätzt wurde als es realiter war. Immerhin ein Drittel der Befragten in Shenyang (33,3%) und knapp ein Fünftel in Chongqing (18,4%) zeigten sich an einer Stelle im EK interessiert, hingegen nur 8,2% in Shenzhen. Vor allem in Shenyang beklagten FrührentnerInnen allerdings die für EK-Kandidaten hohen Eingangsvoraussetzungen. 12 Befrag-

---

[234] *Putnam/Feldstein* 2003: 34.
[235] Allerdings berichtet die Presse vereinzelt über Ansätze zu einer Jugendarbeit, etwa im Bereich von Internetzugang, vgl. *Renmin Ribao*, 6.1.05.
[236] Interview, Shenyang, 6.3.03.

te erklärten, es bedürfe sozialer Beziehungen (*guanxi*), um an ein solches Amt in einem EK zu kommen.[237]

Ältere Frauen mit dringend benötigten Fachkenntnissen (im medizinischen oder sozialen Bereich oder mit Kenntnissen, die für Fortbildungskurse und Fachvorträge wichtig erschienen) stellten sich in allen drei Orten schon einmal als Aushilfskräfte zur Verfügung (etwa bei der Propagierung der Geburtenplanung, bei der Bevölkerungszählung, beim Fremdsprachenunterricht oder anderen größeren Aktivitäten) und erhielten dafür ein monetäres oder nicht-monetäres Entgelt.

Obwohl alle besuchten EKs auf die Wichtigkeit von Personen, die freiwillig partizipierten, hinwiesen, war die Zahl Freiwilliger sehr gering. Wie wenig das Moment der Freiwilligkeit noch im Bewusstsein vor allem der sozial Schwachen verankert ist, zeigt folgende Aussage einer 46jährigen Arbeitslosen:

> Wenn das EK Unterstützung braucht, helfe ich schon mal aus. Sie rufen mich dann und zahlen auch schon mal etwas dafür. Ganz ohne Bezahlung – das wäre quasi Betrug. Natürlich rufen sie mich, weil ich arbeitslos bin. Als „Freiwillige" kann man das natürlich nicht bezeichnen.[238]

Andererseits könnte eine künftige Aufgabe des EK darin bestehen, öffentliche Kommunikationsräume zu schaffen. In den meisten Vierteln gibt es bereits „Aktivitätszentren", die bislang jedoch nur wenig frequentiert werden und in denen überwiegend *Majiang* gespielt wird. Eine Rechtsanwältin in Shenzhen erklärte, eine wesentliche Dienstleistung des EK sollte darin bestehen, die Kommunikation zwischen den Bewohnern zu fördern, durch Bereitstellung von Räumlichkeiten und die Organisierung von Veranstaltungen. Dies wäre letztlich auch der Partizipation der Bewohner förderlich, denn Partizipation erfordert zunächst einmal Kommunikation zwischen den Bewohnern einerseits sowie EK und Bewohnerschaft andererseits.

6.3 Funktionen unter Kontrolle der Einwohnerkomitees

Dabei handelt es sich zunächst um die Wahldelegierten, die das EK wählen und die jährlichen Rechenschaftsberichte entgegennehmen, um die Haus- und Blockwarte, aus denen sich die Wahldelegierten zum großen Teil rekrutieren, und um die Mitglieder des Beratungskomitees (*xieshang yishi weiyuanhui*). Die Wahldelegierten sowie die Haus- und Blockwarte in Shenyang waren Aktivisten, die sich an Aktivitäten im Viertel beteiligten und/oder über gute Kontakte in ihrem Wohnumfeld verfügten (zu den Aufgaben s.u.). Diese Funktionen wurden in Shenyang penibler wahrgenommen als in Chongqing, wo sich nur wenige Personen freiwillig für solche Aufgaben zur Verfügung stellten und häufig Sozialhilfeempfänger oder ehemalige Mitglieder früherer EKs diese Aufgaben übernahmen. In Shenzhen wiederum setzten nicht die EKs solche Personen ein, vielmehr baten die Eigentümerversammlungen einzelne Personen, als Ansprechpartner für Beschwerden der oder Mitteilungen an die Bewohner zur Verfügung zu stehen. In Shenzhen war den Befragten nicht immer bekannt, welche Personen solche Aufgaben übernommen hatten. Haus- und

---

[237] Auch Leiterinnen von Einwohnerkomitees bestätigten, dass man über Beziehungen die Eingangsvoraussetzungen umgehen könne.
[238] Interview, Shenzhen, 28.2.04.

Blockwarte waren sich vielfach auch nicht sicher, ob ihnen eine solche Funktion überhaupt übertragen worden war. Von daher war die Bedeutung dieser Funktionen im Gegensatz zu Shenyang und Chongqing in Shenzhen eher informell und gering.

Unterhalb der EKs existieren Einwohnergruppen mit einem Gruppenleiter, darunter gibt es Blockleiter. Formell sollen beide gewählt werden, in der Tat aber werden sie von den EKs bestimmt und die potenziellen Wähler (Bewohner) werden nur „nach ihrer Meinung befragt". Gruppen- und Blockleiter haben die Aufgabe, soziale Probleme zu melden und sind für soziale Kontrolle zuständig. Eine Blockleiterin erklärte:

> Ich muss dem *Shequ*-Verwaltungskomitee regelmäßig über meine Tätigkeit berichten. Ich habe darauf zu achten, dass im Block nichts Nachteiliges passiert und die Bewohner keine Schwierigkeiten machen. Ich kenne alle Bewohner und ihre Situation gut. Im Falle von Streitigkeiten bin ich eine gute Vermittlerin.[239]

In Shenyang wählten die Haushalte eines *danyuan* (Eingang, Teil eines Wohnblocks) ihren Gruppenleiter (*zuzhang*), die Gruppenleiter wählten den Blockleiter (*louzhang*). Die Letzteren waren in der Regel Wahldelegierte (*jumin daibiao*). Doch wie wird man Gruppenleiter? Herr Ji, Gruppen- und Blockleiter im Shenyanger *Yongfeng-Shequ*, verantwortlich für 51 Haushalte, erklärte dazu:

> Ich wollte das eigentlich nicht machen, woher sollte ich die Zeit dafür nehmen? Dann sagte die Leiterin des EK zu mir: „Na los, mach das!" Die ist so nett, da konnte ich nicht ablehnen. Also machte ich das eben.[240]

Eine 46 Jahre alte parteilose Arbeitslose in Shenzhen meinte:

> Blockleiter werden nicht gewählt, das ergibt sich so. Bei mir war das folgendermaßen: Die Frau, die das bis dahin gemacht hatte, hat mich auf Grund einer Krankheit gebeten, diese Aufgabe zu übernehmen. So wurde ich Blockleiterin. Wenn die Leute im Haus das akzeptieren, dann geht das schon in Ordnung.[241]

Informelle Einsetzungen scheinen zu überwiegen. Mehrere Interviewte in den drei Städten äußerten, von der Leiterin des EK oder anderen Blockleiterinnen dazu überredet worden zu sein.

Die Übernahme solcher Tätigkeiten hängt häufig auch vom Zeitbudget der betreffenden Personen ab. Nur wer ohnehin weniger zu tun hat, findet sich dazu bereit. Rentnerinnen erklärten vielfach, solche Aufgaben „aus Langeweile" übernommen zu haben. In Chongqing waren es überwiegend arbeitslose SozialhilfeempfängerInnen, die solche Aufgaben übernahmen, nicht zuletzt aus „Pflichtgefühl" (als Gegengabe für Sozialhilfe). Aufgrund der Größe existierte z.B. im *Jianbei-Shequ* (Chongqing) eine andere Wohnstruktur. Die Leiter eines Teilviertels (*xiao zuzhang*) waren hier den Blockleitern übergeordnet. Wenn man Blockleiter werden will, argumentierte eine Blockleiterin, „muss man sehr aktiv sein

---

[239] Interview, Shenyang, 13.3.03.
[240] Interview, Shenyang, 8.3.04.
[241] Interview, Shenzhen, 28.2.04.

und viele Botengänge machen".[242] Wahlen dazu gibt es nicht, das EK bestimmt in der Regel, wer diese Aufgaben übernimmt.

Im Chongqinger *Jianbei*-Viertel wurden solche Funktionen überwiegend von Sozialhilfeempfängern ausgeführt. Ein- bis zweimal monatlich fand eine gemeinsame Sitzung mit dem EK statt.

In Shenzhen waren die Blockleiter zum Teil nicht vom EK, sondern vom Eigentümerkomitee eingesetzt worden und hatten dementsprechend völlig andere Aufgaben (Kontakt zwischen Eigentümerkomitee und Eigentümern, Ansprechpartner für Beschwerden). Allerdings wiesen mehrere Befragte darauf hin, dass es schwierig sei, Jemanden zu finden, der diese Aufgabe übernehmen wolle.

Die Gruppen- und Blockleiter sollen nicht nur Meinungen und Kritik der Bewohner an das EK weiterleiten, sondern vor allem auch Aufgaben der sozialen Fürsorge (Versorgung von Alten, Kranken, Bedürftigen) und der sozialen Kontrolle übernehmen: dass im Block nichts passiert und niemand Ärger macht.[243] Sie sind für die Sauberkeit ihres Teilgebietes zuständig, sammeln Gebühren ein (z.B. Reinigungsgebühren), sollen den Bewohnern Mitteilungen des EK überbringen und das EK über die Lage und die Wünsche der Bewohner informieren.[244] In *Jianbei* waren sie auch für die Kontrolle der Geburtenplanung zuständig. Funktional tragen sie dazu bei, aus „privaten" Angelegenheiten öffentliche zu machen und, durch Übermittlung übergeordneter politischer Richtlinien an die einzelnen Haushalte, aus öffentlichen private Angelegenheiten.

Allerdings ist die Aufgabe des Gruppen- oder Blockleiters nicht einfach. Frau Ruan (*Yongfeng*, 51, Rentnerin), zuständig für 62 Haushalte, sagte dazu:

> Manche Leute hier sind sehr schwierig und unfreundlich, vor allem Privatwirtschaftende. Wenn ich an der Tür klingele und sage „Ich komme vom *Shequ*", dann machen die gar nicht erst auf, rufen „Was willst Du" und erklären, sie wollten mit dem EK nichts zu tun haben.[245]

Anders als in Chongqing kannten in Shenyang praktisch alle Interviewten ihre Blockleiter. In Shenzhen wiederum war das bei der Mehrheit nicht der Fall.

Die Delegierten, die das EK wählen sollen, werden offensichtlich nicht wirklich gewählt, sondern ausgewählt. So erklärten GruppenleiterInnen, sie fragten bei den Haushalten nach, ob diese einverstanden seien, dass Herr oder Frau X als Wahldelegierte fungierten.[246]

Bei den Wahldelegierten in Shenyang und Chongqing handelte es sich überwiegend um Frauen, weil „die Männer so viel zu tun haben". Männer, so die Argumentation von Aktivistinnen, kümmerten sich eher um ihre Gesundheit, Frau nähmen schneller Informationen auf und seien effizienter im Hinblick auf soziale Beziehungen. Auch handele es sich nahezu ausschließlich um ältere Personen, weil jüngere Leute das EK nicht bräuchten und weder Zeit dafür noch Interesse daran hätten.[247] Frau Wan (*Yongfeng*, 67, Rentnerin) erklärte, wie sie Wahldelegierte geworden ist:

---

[242] Interview, Chongqing, 29.7.03.
[243] Interview, Shenyang, 13.3.03.
[244] Interview, Chongqing, 29.7.03.
[245] Interview, Shenyang, 9.3.03.
[246] Interview, Shenyang, 6.3.03.
[247] Interview, Chongqing, 23.7.03.

> Ich bin nicht gewählt worden. Der Blockleiter hat zu mir gesagt, ich soll das übernehmen. Ich habe dann die Familien in meinem Bereich gefragt, ob sie einverstanden seien. Die meinten, ich solle das ruhig machen.[248]

Auch im *Huaxiajie-Shequ* in Shenzhen erklärte ein Wahldelegierter, er und seine Frau seien vom EK gerufen worden, sie sollten zur Wahl des EK kommen. Wieviele Leute gewählt hatten, wusste er nicht mehr.[249]

Vor den Wahlen gingen die LeiterInnen eines Teilgebäudes von Wohnung zu Wohnung und fragten, welchen Kandidaten die Familien wählen wollten. Die meisten Familien, so eine dieser Leiterinnen, äußerten sich nicht dazu, andere fragten allerdings, wer die KandidatInnen seien und was sie machten. Häufig schlagen die LeiterInnen auch von sich aus vor, wen sie zu wählen beabsichtigen, womit sich die Befragten in der Regel einverstanden erklären. Die LeiterInnen gaben an, sie würden nach der Mehrheitsmeinung ihre Wahlstimme abgeben. Häufig würden Bewohner aber einfach sagen: „Wähle du ruhig für uns, du hast mehr Zeit".[250]

Nicht alle Mitglieder der EKs sind gewählt. Manche wurden nachträglich vom EK kooptiert oder vom Straßenbüro eingesetzt. Nur teilweise wurde dann die Einsetzung im Nachhinein durch die Versammlung der Wahldelegierten gebilligt, partiell auch durch Handheben, obwohl das gesetzlich nicht erlaubt ist.[251]

Die Versammlung der Wahldelegierten trat in Shenyang und Chongqing in der Regel ein- bis zweimal jährlich zusammen. Im Huaxiajie-Viertel in Shenzhen wusste ein Mitglied des EK allerdings nichts davon, dass der Delegiertenversammlung jährlich Bericht zu erstatten ist:

> Jedes Jahr verfasst das EK einen Arbeitsbericht und jedes EK-Mitglied muss über seinen Bereich berichten, nicht schriftlich. Wir berichten auch nicht den Wahldelegierten über unsere Arbeit. Wie unsere Arbeit kontrolliert wird? Wenn jemand von uns nicht gut arbeitet, werden die Leute das dem Straßenbüro melden.[252]

Zusammenfassend lässt sich feststellen, dass die Ernennung oder Wahl zum Wahlvertreter, in das bereits o.g. *Shequ*-Beratungskomitee oder zum Haus- oder Blockwart bei den Betroffenen Partizipationsinteresse weckt. Wer eine solche Funktion innehat, bemüht sich in der Regel, gewissen Mindestanforderungen zu genügen. Häufig ist damit auch das Interesse verbunden, innerhalb des Nachbarschaftsviertels an Entscheidungen beteiligt zu sein, zumal die Involvierung in solche Aktivitäten eine Form von sozialem Kapital darstellt. Die Betreffenden kommen in Kontakt zum EK und zu anderen, zum Teil wichtigen Bewohnern im Viertel. Für die Verfolgung oder Durchsetzung von Eigeninteressen ist dies durchaus von Vorteil.

Derartige Funktionsträger, vor allem auf der Ebene der Haus- und Blockwarte sowie der Wahlvertreter, wiesen darauf hin, dass ihre Tätigkeit ein größeres Interesse an Informationen bewirkt und Bedarf an Informationen schafft, um solche Ämter effektiv ausüben zu

---

[248] Interview, Shenyang, 8.3.03.
[249] Interview, Shenzhen, 28.2.04.
[250] Interview, Shenyang, 10.3.04.
[251] Interview, Chongqing, 1.8.03.
[252] Interview, Shenzhen, 28.2.04.

können. Ein solcher Wissenserwerb durch Information ist zugleich Teil eines Prozesses zum Erlernen von Partizipation.

6.4 Parteiaktivitäten

Die Parteiorganisationen hatten sich durch Umstrukturierungen in den meisten von uns besuchten *Shequ* gerade erst neu konstituiert. Es waren primär Parteimitglieder im Ruhestand, Arbeitslose und zum Teil Individualwirtschaftende, deren Geschäfte sich auf dem Gelände eines Viertels befanden, die in den Parteiorganisationen eines *Shequ* organisiert waren. Einer neueren Regelung zufolge gehörten die Parteimitglieder im Ruhestand nicht mehr – wie früher – den Parteiorganisationen ihrer *Danwei* an, ihre Mitgliedschaft wurde vielmehr in das Wohnviertel transferiert.

Im Shenyanger *Yongfeng*-Viertel setzten sich die Parteimitglieder der Parteiorganisationen im *Shequ* aus 342 noch Berufstätigen und 124 Rentnerinnen/Rentnern zusammen. Die 466 Mitglieder waren 55 Segmenten des Viertels zugeordnet. In ihrem jeweiligen Viertel sollten sie sich um die Lösung sozialer Probleme (Armut, Arbeitslosigkeit, Behinderte, Kranke etc.) kümmern. Eine spezielle „Dienstleistungsgruppe von freiwilligen Parteimitgliedern" (*dangyuan zhiyuan fuwu dui*) spielte eine Vorreiterrolle und sollte den Mangel an Freiwilligen ausgleichen helfen.

Die Leiter der Parteizellen werden vom Straßenparteikomitee vorgeschlagen und von den Mitgliedern der Zellen alle drei Jahre neu bzw. wiedergewählt. In der Regel herrscht Personalunion (EK-/Parteizellenchef), um zusätzliche Kosten und Reibungen zwischen den beiden Organisationen zu vermeiden.

Die Parteiorganisationen hatten nach Auskunft interviewter Parteimitglieder keine festen Sitzungszeiten. Man treffe sich „gelegentlich",[253] lese einmal im Monat Zeitung und bezahle den Mitgliedsbeitrag. Arbeitslose weigerten sich zum Teil, Mitgliedsbeiträge zu entrichten. Vielfach wurde beklagt, dass bei allen Arbeitsaufgaben Parteimitglieder als Erste herangezogen würden.[254] Im Shenyanger *Chang'an*-Viertel war der 25. eines jeden Monats „Parteiaktivitätstag", die Teilnahme daran Pflicht. In Shenzhen (*Fuhua*-Viertel) traf sich die Parteizelle jeden Freitagnachmittag zum Studium. Im *Huaxiajie*-Viertel erklärte ein Parteimitglied jedoch, seit sie nach Shenzhen gezogen sei (November 2002) habe es nur drei Sitzungen gegeben.[255]

Viele *Danwei* kümmern sich kaum noch um ihre Parteimitglieder im Ruhestand. Von den Letzteren wurde häufig beklagt, dass es keine Sitzungen mehr gebe. Und wenn, dann ginge es nur um Formalien wie „Habt ihr schon den Mitgliedsbeitrag bezahlt?" Ein Universitätsprofessor behauptete sogar, in seinem Institut gebe es niemals Parteisitzungen. Die Mitgliedsbeiträge würden allerdings meist direkt vom Gehalt oder von der Rente abgezogen. Andere beschweren sich, dass sie zwar Beitrag zahlen, aber keinerlei Aktivitäten entfaltet würden. Für Beitragszahlungen erwarte man auch Leistungen.[256]

In Shenyang wurden Parteimitglieder am stärksten beansprucht: Im *Yongfeng*-Viertel musste jedes Parteimitglied sich um einen Problemhaushalt kümmern. Parteimitglieder

---

[253] Interview, Shenyang, 5.3.04.
[254] Interview, Shenyang, 7.3.03.
[255] Interview, Shenzhen, 27.2.04.
[256] Interview, Shenzhen, 1.3.04.

sammelten Spenden für Bedürftige, kümmerten sich um die Sauberkeit im Viertel und begrünten es, hielten die Wege in Ordnung, entfernten im Winter Schnee von den Gehwegen usw. Die Losung lautete „Erst die Parteimitglieder mobilisieren, dann die Aktivisten". Ein 64jähriges Parteimitglied im *Yongfeng*-Viertel erklärte:

> Die Parteimitglieder müssen Vorbild für die Massen sein, sie müssen vorangehen. Nur so können sie die Aktiven und dann die Massen mobilisieren.[257]

Eine 46jährige Arbeiterin, Parteimitglied, meinte:

> Was ich schon für das *Shequ* getan habe? Im Winter Schnee geschippt. Das sollte ich tun, denn ich bin Parteimitglied.[258]

Unter Bedingungen fehlender Freiwilligkeit kommt hier ein traditionelles Moment zum Tragen: Mobilisierung der Vorbildfunktion der Parteimitglieder, dadurch Stimulierung von Freiwilligen (Aktivisten) und auf diese Weise, so die Auffassung, lasse sich schließlich die Bevölkerung mobilisieren. Doch selbst mobilisierte Partizipation kann als eine Form der Partizipationseinübung und damit „lernender" Partizipation begriffen werden, weil die Beteiligten dadurch Erfahrungen, Informationen und Wissen sammeln..

Unter den gegenwärtigen Bedingungen erscheint vielen eine Parteimitgliedschaft nicht mehr sonderlich attraktiv. In den Wohnvierteln treten ohnehin nur sehr wenige in die Partei ein. Wie bereits geschildert, bestand der einzige Neueintritt in *Yongfeng* in den letzten Jahren vor 2003 aus einem 30jährigen arbeitslosen Hochschulabgänger. Die Leiterin des EK hatte ihm geholfen, einen Copy-Shop zu öffnen (auf dem Gelände des *Shequ*) und sich bei den zuständigen Ämtern für ihn eingesetzt (Verwaltungsamt für Industrie und Handel und Steuerbehörden). Sie kümmerte sich auch um die Entwicklung seines Geschäfts und gab ihm Protektion. Er erklärte:

> Ich bin in die Partei eingetreten, weil man mir hier so enorm geholfen hat. Viele sagen, sie würden nicht verstehen, wie man nur in die Partei eintreten könne. Schließlich sei ich doch ein Kleinunternehmer. Doch auch im Ausland sind viele gläubig, sie glauben z.B. an das Christentum. Auch in der KP gibt es gute Menschen, da war zum Beispiel Lei Feng.[259]

Unter Älteren herrscht häufig Verbitterung. Eine 58jährige Rentnerin (*Fuhua*-Viertel Shenzhen), früher Personalchefin in einem Staatsbetrieb, konstatierte:

> Unsere *Danwei* organisiert jetzt nichts mehr für uns Rentner...Zwar gibt es formell noch Parteiaktivitäten, aber insgesamt doch sehr wenige. Am 1. Juli [Parteigründungstag, Anm. d. Verf.] trifft man sich, trinkt Tee, und da werden einige herausragende Mitglieder ausgezeichnet. Seit letztem Frühjahr ist unsere *Danwei* ein Privatunternehmen. Es gibt aber, glaube ich jedenfalls, noch ein Parteikomitee. Aber da tut sich nicht mehr viel...Einmal im Jahr zahle ich Mitgliedsbeitrag, das waren, solange ich berufstätig war, 5 Yuan im Monat, jetzt sind es 12 Yuan monatlich. Manche zahlen nicht mehr, sondern wollen austreten. Wir Alten hoffen, es möge noch Par-

---

[257] Interview, Shenyang, 5.3.03.
[258] Interview, Shenyang, 16.3.03.
[259] Interview, Shenyang, 5.3.03.

teiaktivitäten geben. Aber die Leitungen sind zu sehr mit Geldverdienen beschäftigt, die haben für Parteiaktivitäten keine Zeit mehr. Heute kümmert sich jeder nur noch um sich selbst.[260]

Ein wesentlicher Grund für den Transfer der Parteimitgliedschaft der Rentner in die Wohnviertel besteht eben darin, sie stärker in Parteiaktivitäten zu integrieren und ihren Aktivismus positiv zu nutzen.[261] In den „Vorschlägen der Organisationsabteilung des ZK zur weiteren Stärkung und Verbesserung der Arbeit zum Parteiaufbau in Straßen- und Nachbarschaftsvierteln" von 2004 hieß es u.a., die Parteiorganisationen in den Wohnvierteln sollten sich bei ihrer Tätigkeit an den Interessen der Bewohner orientieren und dafür sorgen, dass diese mit dieser Tätigkeit zufrieden seien.[262] Nicht nur die Organisation von Parteimitgliedern und politische Aufsicht durch die Parteiorganisationen werden als wichtig erachtet, sondern auch die Generierung von Vertrauen in die Partei durch Basisarbeit und damit von Legitimität.

Auch wenn ein nicht unerheblicher Teil an Parteimitgliedern, vor allem Arbeiter, in den traditionellen Industriezonen erwerbslos ist: Parteimitgliedschaft lohnt sich ressourcenmäßig immer noch und stellt eine wichtige Form von Sozialkapital dar. Im *Jianbei*-Viertel in Chongqing erklärte ein altes Parteimitglied, in diesem Viertel gebe es keine Sozialhilfeempfänger, die Parteimitglieder seien. Alle Parteimitglieder hätten Arbeit erhalten.[263] Von daher ist vielen Interviewten bewusst, dass eine Parteimitgliedschaft Vorteile mit sich bringt und partiell noch immer eine wichtige Form von sozialem Kapital darstellt.[264] Li und Zhang haben überdies in der Provinz Liaoning ermittelt, dass Parteimitglieder höhere Einkommen haben als Parteilose.[265]

Immerhin 13 Personen erklärten offen, kein Interesse an einem Parteieintritt zu haben, 10 wollten hingegen eintreten, wobei sich die meisten davon berufliche oder materielle Vorteile versprachen. Auch beruflich kann Parteimitgliedschaft wichtig sein, weil sie als eine Art „Führungszeugnis" gilt: So erklärte eine 25jährige, die bei den Streitkräften in die KP aufgenommen worden war, dies sei ein Zeichen dafür, dass man sich „vorbildlich verhalten" habe.[266]

6.5 Partizipation in quasi-autonomen Organen: die Eigentümerkomitees

Wie oben dargelegt, führte die Reform des Wohnungssystems mit ihrer Umwandlung von öffentlichen in Eigentumswohnungen und die Errichtung neuer Eigentumswohnungen zur Entstehung von Interessenorganisationen der Eigentümer, deren Vorstände (Eigentümerkomitees) von den Eigentümerversammlungen in allgemeiner und direkter Wahl gewählt

---

[260] Interview, Shenzhen, 23.2.04.
[261] Die Parteipresse weist immer wieder darauf hin, dass auch Parteimitglieder eine Familie (*jia*), Wärme (*wennuan*) und „Liebe" (*ai*) bräuchten. Beides solle ihnen in den *Shequ* gegeben werden. Vgl. z.B. *Renmin Ribao* 16.11.04. Ähnlich u.a. *Renmin Ribao*, 6.1.05, 7.1.05.
[262] Das Dokument wurde abgedruckt in *Renmin Ribao*, 22.11.04.
[263] Interview, Chongqing, 30.7.03.
[264] Interview, Chongqing, 30.7.03.
[265] *Li/Zhang* 2004: 37.
[266] Interview, Shenyang, 16.3.03.

werden. Anfang 2000 sollen bereits 70% der städtischen Haushalte Wohneigentum erworben haben.[267]

Von daher gibt es in den Städten mittlerweile kompetitive und direkte Wahlen, die sich von den *Shequ*-Wahlen grundsätzlich unterscheiden: die Wahlen zu den Haus- oder Wohnungseigentümerversammlungen (*yezhu weiyuanhui*). Im Zuge der Wohnungsreform seit den 80er Jahren wurde staatlicher Wohnraum an die Bewohner verkauft bzw. wurden neue Häuser oder Eigentumswohnungen auf dem freien Markt zum Kauf angeboten. Auf diese Weise bildete sich in den Städten eine neue Schicht von Eigentümern heraus. Da deren Interessen von keinem anderen Organ, auch nicht von den EKs, vertreten wurden, entstanden in den Wohnvierteln die genannten Eigentümerversammlungen. Diese Organe sind weitgehend autonom gewählt und vertreten idealiter direkt die Interessen der Eigentümer.[268] Erforderlich wurde dies, weil es zwischen den Eigentümern einerseits und den Entwicklungsgesellschaften (*kaifa gongsi*) und/oder den Betrieben, die für Verwaltung und Reparatur dieser Anlagen zuständig sind, den *wuye gongsi* (Hausverwaltungen), andererseits immer wieder zu Konflikten auf Grund falscher Zusagen im Hinblick auf Bauqualität, die Zahlung von Gebühren und Abgaben, Reparatur- oder Instandhaltungsmaßnahmen kommt.

Abb. 4: Organisation der Verwaltung von Wohneigentum (Stadt Shenzhen)

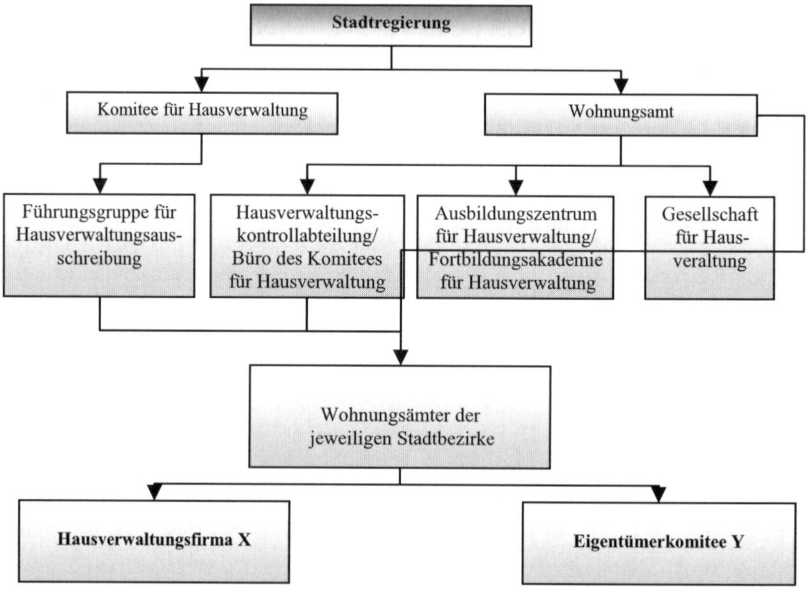

Quelle: Tang 2005: 41.

---

[267] Vgl. *Nanfang Zhoumo*, 29.5.03. In Shenzhen sollen 2005 95 Prozent der Bevölkerung Wohneigentum besessen haben, vgl. *Tang Juan* 2005b.
[268] Rechte und Pflichten der Eigentümer bzw. Eigentümerkomitees sind gesetzlich verankert in: *Wuye guanli tiaoli* (Bestimmungen über Hausverwaltung) (Entwurf), in: *Renmin Ribao*, 24.10.02. Eine überarbeitete Fassung wurde am 8.6.2003 verabschiedet, vgl. http://www.cin.gov.cn/law/admin/2003062002.htm (aufgerufen am 9.1.07). Die einzelnen Provinzen und Städte wie Shenzhen haben entsprechende gesetzliche Regelungen erlassen. In Shenzhen wurden 2005 auch „Anleitungsprinzipien" für Eigentümerversammlungen und -komitees erlassen. Vgl. http://www.law110.com/law/city/shenzhen/200314152.htm (aufgerufen am 9.1.07).

Abb. 4 verdeutlicht das Beziehungsgefüge zwischen den lokalen Behörden und den Hausverwaltungsfirmen. Die Auswahl und Aufsicht der Hausverwaltungsfirmen durch die Behörden bewirken eine Interessensnähe beider (von Behörden und Hausverwaltungen), gegen die die Eigentümerkomitees nur schwer ankommen, zumal häufig Interessen der Behörden und/oder einzelner Beamter involviert sind (Korruption).

Lange Zeit hatten die Eigentümer überhaupt keinen Einfluss auf die Hausverwaltungen. So berichtete die „Volkszeitung" z.B. über ein *Shequ*, aus dem sich die Hausverwaltung nicht zurückziehen wollte, obwohl der Vertrag zwischen der Eigentümergemeinschaft und der Verwaltungsfirma aufgelöst worden war. Stattdessen bot die Firma weiter „erzwungene" Dienstleistungen an.[269]

Ende 2004 berichtete *Renmin Ribao*, dass 70 Prozent der Wohneigentümer mit der Tätigkeit dieser Firmen, die überwiegend von den Entwicklungsgesellschaften ins Leben gerufen worden waren, unzufrieden seien. Steigende Gebühren und mangelhafte Dienstleistungen bildeten die Hauptgründe. Es sei das legitime Recht der Eigentümerversammlungen, schlecht arbeitenden Hausverwaltungsfirmen zu kündigen.[270]

Partiell wehren sich Eigentümer in Form von Kollektivaktionen gegen Fehlverhalten bzw. Mängel der Baugesellschaften oder Hausverwaltungen (z.B. durch die Weigerung, Verwaltungsgebühren zu bezahlen).[271] Cai argumentiert indessen, dass die Betroffenen, Angehörige der neuen Mittelklassen, zu den privilegierten Schichten gehörten und von daher weniger an Konfrontation als an Verhandlungen mit den jeweiligen Behörden interessiert seien.[272]

Um das Konfliktgemenge zu mindern, entstanden in den 1990er Jahren autonome Eigentümerversammlungen als Interessenorganisationen der Eigentümer in einem Wohnquartier.[273] Der Vorstand wird von allen Eigentümern gewählt und ist den Mitgliedern rechenschaftspflichtig. Auch wenn es immer wieder zu formellen Eingriffen staatlicher Stellen kommt, etwa weil ein Vorstand zu radikal oder konfliktorientiert auftritt, so werden diese Vorstände von den Eigentümern doch als einzig demokratisch gewählte Organisationen wahrgenommen. Sie unterscheiden sich von den EKs dadurch, dass sie tatsächlich spontan „von unten" entstanden sind und direkt die Interessen ihrer Mitglieder vertreten. Von daher sind die Mitglieder auch mehr an diesen Wahlen und Versammlungen interessiert als an denen auf allgemeiner *Shequ*-Ebene (EK-Wahlen).[274]

Eine chinesische empirische Erhebung (2005), bei der 759 Personen in 20 Vierteln in Peking, Shanghai und Guangzhou befragt worden waren, ergab, dass 96,5 Prozent der Kandidatinnen und Kandidaten für die Wahl zu den Eigentümerkomitees von den Eigentümern vorgeschlagen worden waren oder sich selbst zur Kandidatur gestellt hatten. 82,4 Prozent fanden die Wahlen fair oder relativ fair, 11,6 Prozent nur partiell oder nicht fair, 6,1 Prozent

---

[269] *Zou Shubin* 2005: 8-10; vgl. auch *Renmin Ribao*, 21.4.04. Von daher ist kaum nachvollziehbar, dass *Zhang/Li* 2005 die Hausverwaltungen als „new public space" bezeichnen; ähnlich: *Zhang/Liu* 2005. Zu den generellen Problemen vgl. *Tang Juan* 2005b: 54-63.
[270] *Renmin Ribao*, 25.11.04. Ähnlich: *Liang/Jiang* 2004; *Wang Chunlan* 2004; *Chen Youhong* 2004.
[271] Vgl. hierzu u.a. *Cai* 2005: 183ff.
[272] Siehe *Cai* 2005.
[273] *Zhang Lei* 2005: 3; bezeichnet die Gründung von Eigentümerkomitees als „soziale Bewegung der Mittelschicht".
[274] Mit der Geschichte und dem Stand der Eigentümerversammlungen Ende der 90er Jahre befasst sich *Read* 2003.

gaben keine Antwort. Im Durchschnitt hatten 61,4 Prozent der Eigentümer an den Wahlen teilgenommen.[275] Interessant sind die Gründe für die Wahlbeteiligung:

Tab. 21: Weshalb haben Sie sich an der Wahl beteiligt? (in Prozent)

Meine Pflicht	72,7
Damit das Wohnumfeld optimiert wird	66,5
Um meine Rechte und Interessen wahren zu können	57,1
Damit ich nicht mehr so hohe Verwaltungsgebühren bezahlen muss	23,4
Weil andere auch zur Wahl gehen	4,5

Quelle: *Xia Jianzhong* 2005: 93.

39,7 Prozent erklärten ihre Bereitschaft, sich gegebenenfalls als Kandidaten zur Verfügung zu stellen, während 23 Prozent nicht dazu bereit waren und 18,7 Prozent keine zustimmende Meinung äußerten („egal" oder „nicht überlegt"). Nur eine Minderheit der Befragten war also an aktiver Beteiligung interessiert. 28,1 Prozent gaben an, über eine Vergütung dieser Tätigkeit noch nicht nachgedacht zu haben, doch immerhin 17,7 Prozent sprachen sich dafür aus, dass diese Tätigkeit vergütet werden solle.[276]

Im Hinblick auf die Wahlen zu den Einwohnerkomitees zeigt sich ein recht hohes politisches Bewusstsein der Eigentümer. Nicht nur ist das Vertrauen in die Eigentümerkomitees am höchsten, weil die Komitees direkt gewählt und die Kandidaten weitgehend selbst ausgesucht wurden; auch sind sie den Eigentümern direkt verantwortlich und haben ausschließlich deren Interessen zu vertreten. Von daher könnte man hier eher von *native leaders* sprechen als im Hinblick auf die Mitglieder des EK.

Dass ein Großteil diese Wahlen als „Pflicht" begreift, dass dadurch Rechte gesichert werden sollen, dass ein hoher Prozentsatz freiwillig zur Wahl geht und – der erwähnten chinesischen Untersuchung zufolge – 39,7% sogar erklärten, sie wären bereit, für dieses Komitee zu kandidieren, weist auf ein hohes Maß an *internal efficacy* unter den Wohneigentümern hin, zumindest was Shenzhen anbelangt. Hier greifen auch Freiwilligkeit und ehrenamtliches Engagement, denn – wie gezeigt – nur 17,7% der Befragten meinten, für die Mitgliedschaft in dem Komitee solle eine Vergütung gezahlt werden.[277]

Allerdings versuchen die Hausverwaltungsfirmen die Gründung von Eigentümerkomitees zu verhindern oder zu erschweren, häufig mit Unterstützung lokaler Behörden. Vielfach werden Eigentümerkomitees auch von den Entwicklungsgesellschaften oder den Hausverwaltungen manipuliert, indem z.B. einzelne Mitglieder bestochen werden (z.B. durch Erlass der Hausverwaltungsgebühren oder Bereitstellung kostenloser Parkplätze); Hausverwaltungen positionieren insgeheim Kandidaten, die ihnen zuarbeiten oder versuchen die Eigentümerkomitees zu spalten.[278] Nicht selten werden Eigentümer, die aktiv für ihre Rechte eintreten, auch von den Hausverwaltungen bedroht oder zusammengeschlagen.[279]

Eigene Befragungen eines Eigentümerkomitees in der ostchinesischen Stadt Qingdao ergaben, dass dieses Komitee sieben Personen umfasste. Alle sieben waren Wohnungsei-

---

[275] *Xia Jianzhong* 2005: 91f.
[276] *Xia Jianzhong* 2005: 94.
[277] *Xia Jianzhong* 2005: 94.
[278] *Zou Yangjun* 2005: 31; *Du Feng*: 10.
[279] *Xu Daowen* 2005: 14 spricht von mehr als 20 solcher Fälle allein in Shenzhen im Jahre 2004.

gentümer in dem entsprechenden Viertel. Sie waren aus einer Kandidatenliste von neun Personen gewählt worden. Die Gültigkeit einer Wahl verlangt laut den gesetzlichen „Bestimmungen über Hausverwaltung", dass mindestens zwei Drittel der Eigentümer anwesend sein müssen. Je zwei Vertreter der Baukomission des Stadtbezirks, zwei Vertreter der für das Viertel zuständigen Immobilienerschließungsgesellschaft und ein Vertreter der Hausverwaltungsgesellschaft hatten als Beobachter an den Wahlen teilgenommen.

Zu den Aufgaben des Eigentümerkomitees zählen die Prüfung der Einhaltung von gesetzlichen Vorschriften und Verträgen im Hinblick auf die Hausverwaltung. Das Komitee ist auch für die Beziehungen zwischen Eigentümern und Hausverwaltung zuständig, kümmert sich zugleich aber um Konflikte zwischen den Bewohnern. Der stellvertretende Vorsitzende erläuterte, dass die Beziehungen zur Hausverwaltung sich gebessert hätten, nachdem die Eigentümer ein Jahr lang die Zahlung von Verwaltungsgebühren verweigert hätten, um ihre Rechte durchzusetzen. Es habe Konflikte wegen der mangelhaften Bauqualität gegeben und die Wasserversorgung habe längere Zeit nicht funktioniert. Vor Gründung des Eigentümerkomitees hätten die Eigentümer regelmäßig in der Stadt demonstriert, um auf ihre Probleme aufmerksam zu machen. Unternehmer, die hier wohnten, hätten auch ihre Beschäftigten mobilisiert, so dass einige hundert Personen demonstriert hätten. Dem Vizevorsitzenden war nicht bekannt, ob es ein für das Viertel zuständiges EK gibt.[280]

Die Hauptaufgabe der Eigentümerkomitees besteht von daher in Verhandlungen mit den Hausverwaltungen, um konkrete Probleme zu lösen (Reparaturen, Schadensbehebung, Hygienefragen, Gebührenverwendung etc.). Im Gegensatz zu den EKs werden Eigentümerkomitees immer nur für Teilsektionen (*xiaoqu*) und nicht für komplette *Shequ* gebildet. Dies hängt einmal damit zusammen, dass für unterschiedliche Abschnitte meist unterschiedliche Hausverwaltungen zuständig sind (im Shenzhener Huaxiajie-Viertel z.B. waren sechs Verwaltungen für die sechs Unterviertel zuständig). Andererseits wollen die Straßenbüros verhindern, dass sich die Eigentümerkomitees zu starken Interessen- bzw. Konkurrenzorganisationen gegenüber den EKs, die ein gesamtes *Shequ* verwalten, entwickeln.

Die o.g. chinesische empirische Erhebung (2005) erbrachte hinsichtlich der Frage, welche Einrichtung die neuen Wohnviertel verwalten sollte, folgendes Ergebnis:

Tab. 22: Wer sollte die Wohnviertel verwalten? (in %)

	Wuye gongsi (Hausverwaltung)	Eigentümerkomitee	EK
Bin einverstanden	4,4	63,8	9,0
Bin teilweise einverstanden	2,0	16,8	24,0
Ist mir gleichgültig	3,1	1,8	4,5
Bin nicht so sehr einverstanden	30,4	6,3	25,8
Bin überhaupt nicht einverstanden	60,1	11,4	36,7
Gesamt	100,0	100,1	100,0

Quelle: *Xia Jianzhong* 2005: 91.

Die absolute Mehrheit spricht sich hier gegen eine Verwaltung durch eine Hausverwaltungsfirma oder das EK aus, aber für die Verwaltung durch ein selbstgewähltes Organ der

---

[280] Interview, Qingdao, 9.3.04.

Wohnungseigentümer. Lediglich 6,4 Prozent der Befragten waren ganz oder partiell der Meinung, die *Wuye gongsi* sollten ihr Viertel verwalten. 90,5 Prozent hingegen sprachen sich dagegen aus. Auch eine Verwaltung durch das EK fand keine Mehrheit: 33 Prozent waren dafür, 62.5 Prozent dagegen oder nicht ganz einverstanden. Hingegen befürworteten über 80 Prozent eine Verwaltung durch das Eigentümerkomitee, während nur ein geringer Prozentsatz sich nicht einverstanden erklärte.[281]

Unsere eigene Erhebung ergab, dass in Shenzhen die Wahlen zu den Eigentümerkomitees eine deutlich größere Rolle spielten als die EK-Wahlen. Solche Komitees existierten in den von uns untersuchten Wohnvierteln in Shenyang und Chongqing zum Zeitpunkt unserer Untersuchung noch nicht bzw. nur in den sog. Luxuswohnvierteln. Auch im *Fuhua-Shequ* in Shenzhen befanden sich die Komitees noch in der Gründungsphase. Es hingen aber bereits öffentliche Kandidatenlisten aus, auf denen sich die einzelnen BewerberInnen mit Foto, Lebenslauf und Erfahrungshintergrund sowie einem Kurzprogramm, was sie im Falle ihrer Wahl für die Eigentümer tun wollten, präsentierten. Auf Wahlveranstaltungen stellten sich die Kandidatinnen und Kandidaten den Wählern vor.

Diejenigen der von uns Befragten, die bereits Erfahrungen mit dem Eigentümerkomitee hatten, bewerteten dessen Arbeit folgendermaßen:

Tab. 23: Bewertung der Arbeit der Eigentümerkomitees (nur Shenzhen)

Vertritt die Interessen der EigentümerInnen	15
Wird von allen direkt gewählt	8
Bei Problemen gehen wir zuerst dorthin	8
Wird von uns selbst gewählt	7
Ist ein wirklich autonomes Organ	6
Ist durch interne Querelen geprägt	3
Arbeitet schlecht	1

Quelle: Eigene Erhebung.
Anm.: Bezogen auf Befragte, die sich an Aktivitäten des Komitees beteiligten.

Die Eigentümerkomitees wurden von den meisten Eigentümern als „autonom" klassifiziert, als gewähltes „Organ der Bewohner" und die Wahlen als direkte und freie Wahlen. Die meisten Eigentümer waren, im Gegensatz zu den Wahlen zu den EKs, über die Wahlen informiert. Selbst chinesischen Umfragen in verschiedenen ostchinesischen Großstädten zufolge wurden in 96,5 Prozent der Fälle die Kandidatinnen und Kandidaten für die Wahl zum Eigentümerkomitee von den Eigentümern vorgeschlagen bzw. diese schlugen sich selber vor. Nur in 3,5 Prozent der Fälle seien Kandidaten ernannt worden. Immerhin 61,4 Prozent der Eigentümer hatten sich an den Wahlen beteiligt. Als wichtigste Gründe wurden benannt: a) Ist unsere Pflicht (72,7 Prozent); b) damit das Wohnumfeld noch besser wird (66,5 Prozent) und c) „damit wir unsere Rechte sicherstellen können" (57,1 Prozent). Ökonomische Gründe („Damit die Verwaltungsgebühren gesenkt werden") spielten eine eher geringe Rolle (23,4%).[282]

---

[281] *Xia Jianzhong* 2005: 91. Die Differenz zu 100% weist auf den (geringen Prozentsatz) derjenigen hin, die „egal" antworteten.
[282] *Xia Jianzhong* 2005: 92f.

Bei den Vorsitzenden der Eigentümerkomitees handelte es sich überwiegend um Personen mit Prestige und einem gewissen Einfluss: der Partei- oder Gewerkschaftschef eines großen Unternehmens, Rechtsanwälte oder wie in einem Fall in Fuhua der 55jährige Sohn eines revolutionären Märtyrers, selbst Kriegsinvalide. Der Letztere argumentierte:

> Für Reparaturen im Viertel, für die Sicherstellung von Sauberkeit und öffentlicher Sicherheit hat das EK überhaupt kein Geld. Darum kümmert sich das Eigentümerkomitee. Das ist die wahre autonome Organisation hier. Unsere Probleme müssen wir Eigentümer selbst lösen. In der chinesischen Politik ist es wie beim Fußball: Du trittst mir eine, ich trete dir eine. Chinas größtes Problem sind die Beamten, die nichts tun. Sie erklären lauthals, dass sie dein Problem lösen und sie lösen es, indem sie es dem Papierkorb überantworten. Die größeren Betriebe verwenden einen bestimmten Prozentsatz ihres Gewinns für die Wohngebiete ihrer Beschäftigten. Das kann das EK nicht…Wenn es Probleme im Haus gibt, wenden sich die Bewohner zunächst an das Eigentümerkomitee, obwohl das Einwohnerkomitee eigentlich die im *Shequ* wichtigste Organisation darstellt. Man könnte sagen, dass das Einwohnerkomitee der Vater ist, das Eigentümerkomitee der Sohn. Der Sohn muss traditionell auf den Vater hören. Wendet man sich an den Enkel [die Hausverwaltung, Anm. d. Verf.], löst man gar nichts.[283]

Wo Wohneinheiten von Angehörigen eines großen Unternehmens bestehen, hat die Firma ein Interesse daran, dass die Interessen der Mitarbeiter gewahrt werden. Im *Fuhua*-Viertel hatte ein solches Unternehmen die Einrichtung und Wahl eines Eigentümerkomitees organisiert und diesem auch Büroräume zur Verfügung gestellt. Auf diese Weise hatte es eine symbiotische Beziehung zum Eigentümerkomitee entwickelt und konnte so auch stärker Einfluss auf dieses nehmen.

Die Beziehungen zwischen Einwohner- und Eigentümerkomitee sind zum Teil gespannt. In einem Fall war das Eigentümerkomitee sogar rechtlich gegen ein EK vorgegangen. Im *Huaxiajie*-Viertel hatte das Eigentümerkomitee geklagt, weil das EK die freien Flächen zwischen dem 1. Stockwerk und dem Erdboden der Wohngebäude in einem Teilviertel nicht nur für die Errichtung eigener Büroräume genutzt, sondern diese freien Flächen auch gewerblich vermietet hatte. Nach Meinung der Eigentümer gehörte diese Fläche jedoch der Eigentümergemeinschaft und nicht dem EK. Das EK verlor den Prozess und musste eine Entschädigung von 1,7 Mio. Yuan an die Eigentümergemeinschaft zahlen. Der Versuch der Eigentümer, das EK ganz von dem *Shequ*-Gelände zu vertreiben, misslang allerdings.

Im *Huaxiajie*-Viertel hat das Eigentümerkomitee offensichtlich auch dazu beigetragen, das Rechtsbewusstsein der Eigentümer zu prägen. So erklärte z.B. eine 55jährige Rentnerin:

> Bei kleinen Problemen gehe ich selbst zur Hausverwaltung. Wenn da aber meine legitimen Rechte verletzt werden, wende ich mich schnurstracks an das Eigentümerkomitee. Die sorgen dann dafür, dass ich mein Recht bekomme.[284]

Der o.g. Prozess konnte allerdings nur deshalb in Gang gesetzt und gewonnen werden, weil in jenem Viertel mehrere Rechtsanwältinnen und -anwälte wohnten, die ihre juristische Expertise für die Interessen der Einwohner einsetzten. Diese Gruppe ist es auch, die ein

---
[283] Interview, Shenzhen, 21.2.04.
[284] Interview, Shenzhen, 27.2.04.

klares Rechtsbewusstsein besitzt, das sich allmählich auf andere Eigentümer zu übertragen beginnt. So erklärte eine Rechtsanwältin:

> Dem Recht zufolge besitzen Bürger das aktive und passive Wahlrecht. Aber letztlich ist nicht einmal das Recht auf Wahl gesichert. Von daher habe ich den Eindruck, dass das chinesische Recht für andere geschrieben wurde. Im Vergleich zu Rechtsstaaten sind wir hoffnungslos im Hintertreffen. Es stimmt, wir haben jetzt Gesetze, aber es mangelt an der Implementierung. Es wird noch sehr lange dauern, bis China ein Rechtsstaat ist. In der chinesischen Führung gibt es bislang keinen Juristen; das ist ein großes Hindernis…Bislang haben Chinesen nur die Möglichkeit, als Bittsteller zur Regierung zu gehen oder Sitzstreiks durchzuführen. Das ist wirklich traurig. Ich wünsche mir, dass China seine Demokratie und sein Recht bald in die Tiefe entwickelt.[285]

Die Vorsitzende des Eigentümerkomitees, eine parteilose 36jährige Rechtsanwältin, meinte, es wirke sich aus, dass viele Rechtsanwälte hier wohnten. Sie selbst erledigte den Job der Vorsitzenden unentgeltlich und in ihrer Freizeit. Doch nicht alle Eigentümer partizipieren an dieser Arbeit. Von den 270 Mitgliedern (Haushalte) kamen – so die Vorsitzende – nur ca. 50 zu den Vollversammlungen. Das Eigentümerkomitee selbst bestand aus 13 gewählten Mitgliedern. In dem Wohngebiet, das sie vertrat, waren die Probleme allerdings nicht so gravierend, eine mögliche Erklärung für die relativ schwache Beteiligung. In jenem Viertel, so ihre Argumentation, wohnten sehr viele Millionäre. Wenn diese etwas benötigten, z.B. Reparaturen, dann drückten sie einem Angestellten der Hausverwaltung einen gewissen Geldbetrag in die Hand und sagten „erledige das für mich".

Doch auch wenn das EK bzw. die übergeordneten Behörden den Prozess gegen das Eigentümerkomitee verloren haben, so kann es doch eine Politik der Nadelstiche betreiben. So annulierte das Amt für Zivilverwaltung des Stadtbezirks die Wahlen zum Eigentümerkomitee des Jahres 2003 mit der Begründung, die Wahlvorschriften seien nicht eingehalten worden. Es seien zu viele Personen gewählt worden, die nicht selbst Eigentümer seien, sondern nur deren Angehörige (Ehepartner, Kinder). Damit habe man gegen die Vorschriften verstoßen, der Wahlvorgang müsse wiederholt werden.[286] Die Eigentümer sind in der Regel nicht an Konflikten mit den Behörden interessiert. Daher wirkt das Eingreifen übergeordneter Behörden auf die Eigentümer teilweise abschreckend, so dass das Eigentümerkomitee an Zulauf verliert. Auch interne Konflikte und Querelen werden von den Behörden für die Rechtfertigung von Eingriffen oder die Absetzung von Eigentümerkomitees instrumentalisiert.[287]

Die gesetzlichen Bestimmungen sehen überdies vor, dass mindestens zwei Drittel der Eigentümer an Eigentümerversammlungen teilnehmen müssen, wenn Beschlüsse dieser Versammlung gültig sein sollen. Stimmberechtigt ist nur, wer mindestens ein Jahr in seiner Wohnung gewohnt hat. Diese Bestimmungen bereiten Schwierigkeiten, wenn z.B. eine Entwicklungsgesellschaft vor der Fertigstellung der Wohnhäuser in Konkurs geht. Bislang akzeptieren viele Gerichte auch noch keine Klagen von Eigentümerkomitees, sprechen Recht einseitig im Interesse der Entwicklungsgesellschaften oder Hausverwaltungen.[288] So

---

[285] Interview, Shenzhen, 28.2.04.
[286] Interview, Shenzhen, 28.2.04.
[287] Interview, Shenzhen, 29.2.04. Vgl. auch *Zou Shubin* 2005: 8-10.
[288] Vgl. hierzu *Zou Yangjun* 2005.

ließ im Jahre 2006 ein Gericht in Shenzhen einen Eigemtümer ins Gefängnis werfen, der aus berechtigten Gründen die Zahlung der Verwaltungsgebühren verweigert hatte.[289]

Die rechtlichen und administrativen Hürden, die der lokale Staat errichtet, mögen mit dazu beigetragen haben, dass bis 2006 weniger als 10 Prozent der 2.300 Eigentumswohnungsviertel (*xiaoqu*) in Peking ein Eigentümerkomitee errichtet hatten.[290]

In Shenzhen waren im Frühjahr 2004 bereits Maßnahmen ergriffen worden, um die Eigentümerkomitees korporatistisch einzubinden. Demnach sollten sie künftig den jeweiligen EKs unterstehen.

Eine 33jährige parteilose Rechtsanwältin im Huaxiajie-Viertel konstatierte:

> Vom Standpunkt einer Rechtsanwältin aus betrachtet ist das nicht korrekt...Das EK ist ein politisches Konzept, das Eigentümerkomitee ist eine Interessenorganisation, die von den Bewohnern selbst gewählt wurde, um deren Interessen zu vertreten. Eine solche Maßnahme [die Unterordnung unter das EK, Anm. d. Verf.] heißt, dass die Bewohner der Leitung des EK unterworfen werden sollen. Damit überbetont die Regierung wieder einmal ihre Rolle, sie will einfach alles leiten. Wenn das Einwohnerkomitee Dienstleistungen für das Eigentümerkomitee erbringt, dann ist das in Ordnung, nicht aber, dass es eine Leitungsfunktion über die Bewohner ausübt. Das ist abzulehnen...Im Übrigen wird das EK aus unseren Steuergeldern bezahlt, die Eigentümerversammlung hingegen verbraucht keine öffentlichen Mittel.[291]

Andere beurteilten das Beziehungsgefüge EK-Eigentümerkomitee allerdings positiver. Dadurch gewinne die Eigentümerversammlung einen Partner, der bei der Problemlösung behilflich sein könne. Das erleichtere dessen Arbeit. Überdies seien die Eigentümerkomitees nur für ihre jeweiligen Teilviertel zuständig, das EK hingegen für das Gesamtgebiet.[292]

Ein Vorfall in der Stadt Shenzhen zeigt jedoch, dass sich die Eigentümerkomitees gegen die Einschränkung ihrer Rechte durchaus zur Wehr setzen. So erließ Shenzhen im Januar 2005 Bestimmungen zur Anleitung der Eigentümerkomitees, mit denen die Rechte dieser Komitees drastisch eingeschränkt wurden. Dagegen wehrten sich die Komitees allerdings. Im März 2005 reichten Vertreter von fast 100 Hochhäusern beim Volkskongress der Stadt eine Eingabe ein, in der sie auf die Verletzungen der Eigentümerrechte durch die Hausverwaltungen und lokale Behörden hinwiesen, die immer wieder in die Rechte der Eigentümer und ihrer Komitees eingriffen und deren Arbeit behinderten. Ein Soziologieprofessor der Shenzhen Universität unterstützte dieses Vorhaben in der vom Ministerium für Zivile Angelegenheiten herausgegebenen Zeitschrift *Shequ*, in der diese Angelegenheit ausführlich erörtert wurde. Der Professor ging ausführlich auf die Verletzungen der Rechte der Eigentümer durch staatliche Stellen ein und argumentierte, die Shenzhener Bestimmungen, denen zufolge die Hausverwaltungen die Eigentümerkomitees zu kontrollieren hätten, seien rechtswidrig.[293] Der Abdruck dieser Kritik in einem offiziellen Organ des Ministeriums weist darauf hin, dass das Ministerium die Position der Eigentümer offensichtlich unterstützt.

---

[289] *Fang Changjun* 2006. Andererseits gibt es auch Fälle, in denen Eigentümerkomitees Hausverwaltungen erfolgreich verklagt haben, vgl. *Shequ* 1-1/2006: 36ff.
[290] *Du Feng* 2006: 10.
[291] Interview, Shenzhen, 28.2.04.
[292] Interview, Shenzhen, 29.2.04.
[293] *Zhao Lingmin* 2005a, 2005b.

6.6 Vereine und Vereinigungen

Vereine gelten als zentrale Elemente für Partizipation, gesellschaftliches Engagement und Zivilgesellschaft. In allen von uns untersuchten Wohnvierteln existierte eine größere Zahl von Vereinen (vgl. Abb. 2). Es zeigte sich indessen, dass dies wenig mit zivilgesellschaftlichen Prozessen zu tun hatte. In Shenzhen waren die EK-LeiterInnen Vorsitzende aller Vereine im *Shequ*. Im Chongqinger *Jianbei*-Viertel war die Leiterin des EK (gleichzeitig Parteisekretärin) Vorsitzende von über 30 Vereinen im Viertel. Als Leiterin fielen ihr die Positionen automatisch zu. Gleichwohl gab es zwischen den Städten Unterschiede. Im *Chang'anjie*-Viertel in Shenyang z.B. erfüllte der Vorstand des Frauenvereins vor allem Aufgaben der Frauenbildung und -erziehung. Der Vorstand wurde gewählt, Vorsitzende war eine ehemalige EK-Leiterin und Parteilose. Behinderte waren in Shenyang Mitglied im Behindertenverein des Viertels, der allerdings nur wenige Aktivitäten entfaltete. In *Zhongshan Erlu* kannten befragte Behinderte weder jemanden vom örtlichen Behindertenverband noch gab es eine Behindertengruppe im Wohnviertel. Sie beklagten besonders, dass Behinderte keine Lobby hätten und auch nicht eingestellt würden. Im *Jianbei*-Viertel mit über 80 Behinderten war eine solche Gruppe hingegen aktiv. Allerdings standen keine Finanzmittel für die Vereinsarbeit zur Verfügung, so dass es so gut wie keine Aktivitäten gab.

Bislang sind die Menschen eher Mitglieder in Organisationen außerhalb der Wohneinheiten. Die Vereine in den Wohnvierteln sind noch relativ jung und haben kaum Aktivitäten entfaltet. Von daher finden wir auch hier einen *top-down*-Prozess, d.h. die Vereinstätigkeit entstand nicht auf Grund freiwilliger Initiative von unten, sondern die Vereinsgründungen wurden von oben vorgegeben. Mitglieder müssen so erst mobilisiert werden.

Von offizieller Seite wird immer wieder darauf hingewiesen, dass die Vereine in den Nachbarschaftsvierteln (inklusive der Eigentümerkomitees) als Mittlerorganisationen begriffen werden müssten, die nicht nur als Brücke zwischen Bewohnern und EK fungieren könnten, sondern auch fester Bestandteil von Selbstverwaltung, Voraussetzung für Partizipation und Freiwilligenarbeit sowie Grundlage lokaler Demokratie seien.[294]

Ein chinesischer Untersuchungsbericht über 116 Vereine in Nachbarschaftsvierteln des *Gulou*-Stadtbezirks in Nanjing ergab, dass es sich bei den Aktivistinnen bzw. Aktivisten vorwiegend um Rentnerinnen aus Schichten mit geringerem Einkommen handelte. Nur 6,9 Prozent der Vorsitzenden waren in Wahlen mit mehreren Kandidaten, 20,7 Prozent in Wahlen mit nur einem Kandidaten gewählt worden. 46,6 Prozent waren vom EK und 6,0 Prozent von der örtlichen Regierung bestimmt worden. Bei den übrigen war unklar, wie die Vorsitzenden zu ihrem Amt gekommen waren.[295]

Eigene Untersuchungen zeigen, dass die Vereine ihr Geld überwiegend von den Lokalregierungen erhalten, keine Mitgliedsbeiträge erheben und damit von den Behörden abhängig sind. So hat der Freiwilligenverband (*yigong xiehui*) des *Lugu*-Straßenbezirks in Peking mit 500 Mitgliedern z.B. 2005 60.000 Yuan vom Stadtbezirk erhalten, weitere 70.000 vom Amt für Zivilverwaltung des Bezirks.[296] Immerhin geht hier der Mobilisierungs- mit einem Finanzierungsprozess Hand in Hand.

Zunehmend wichtiger wird die Tätigkeit von GONGOS (*Government organized NGOs* wie z.B. der Frauenverband) und NGOs in den Wohnvierteln. In Changsha (Haupt-

---

[294] *Chen Yali* 2004.
[295] *Bai/Zhu* 2006: 23.
[296] Gespräch mit dem Verband am 4.3.06 in Peking.

stadt der Provinz Hunan) führt der Frauenverband z.B. ein Projekt durch, alleinerziehende Mütter in den *Shequ* zu unterstützen, nämlich durch Bereitstellung finanzieller Mittel für die Eröffnung kleiner Geschäfte in den Wohnvierteln oder die Einrichtung von Ausbildungskursen für diesen Personenkreis. Es wurden ferner eine Beratungsstelle und eine Hotline für Alleinerziehende eingerichtet und der Frauenverband versucht, diesen Personenkreis zu aktivieren, in dem er Betroffene miteinander in Kontakt bringt, Vorträge und Fortbildungskurse organisiert, Beratungsdienste anbietet, betroffene Frauen in den *Shequ* finanziell unterstützt usw. Darüber hinaus werden in den Nachbarschaftsvierteln auch Eheberatungskurse angeboten, z.B. zu Themen wie „Vermeidung von Gewalt in der Ehe", „Wie erhalten Ehepaare ihre Gefühle füreinander auch nach der Heirat aufrecht" oder „Wir lernen wieder miteinander zu kommunizieren".[297]

Eine zunehmend wichtige Rolle spielen NGOs u.a. auch für die Ausweitung von Partizipation und Partizipationslernen. Ein Beispiel dafür ist die NGO *Shequ canyu xingdong* (*Shequ* Participation Action), die 2002 als *non-profit* Nichtregierungsorganisation von Frau Song Qinghua gegründet wurde mit dem Ziel der Förderung von Partizipation und der partizipativen Gestaltung in den Nachbarschaftsvierteln. Die NGO bietet Beratung von *Shequ* an, Ausbildungskurse zur Förderung von Partizipation und Selbstverwaltung. Sie wird u.a. mit Mitteln verschiedener internationaler Organisationen (z.B. Weltbank) und ausländischen Stiftungen projektgebunden unterstützt. Die Gründerin, eine ehemalige Umweltaktivistin, kam im Rahmen eines Aufenthaltes in Großbritannien in Kontakt zu dortigen Nachbarschaftsvierteln und begeisterte sich für die Mitwirkung von Bürgern an der Gestaltung ihrer Viertel. Diese Erfahrungen möchte sie für China nutzbar machen. Ihre NGO achtet dabei sowohl auf die Ausbildung von einfachen *Shequ*-Bewohnern als auch von Funktionären, die für diese Viertel zuständig sind. Sie bringen u.a. Einwohner und Funktionsträger an einen Tisch, wobei beide Seiten lernen sollen Probleme zu identifizieren, zu diskutieren und zu lösen. Sie organisieren z.B. in Wohnvierteln gemeinsame Treffen von Arbeitsmigranten und Einheimischen. Sie sind Migrantinnen behilflich sich zu organisieren und bemühen sich, verschiedene soziale Statusgruppen in einem Viertel in Partizipationsprozesse einzubinden. Dabei müsse man immer von der Lösung konkreter Probleme ausgehen. Partizipation sei eben nicht etwas Abstraktes. Auf diese Weise leiste die NGO auch einen Beitrag zur Konfliktminderung. Die Aktivitäten solcher Organisationen tragen auch zur Belebung der Aktivitäten der Vereine in den *Shequ* bei, die durch Fort- und Weiterbildung durch diese Organisationen gestärkt werden und dadurch an organisatorischer und inhaltlicher Selbständigkeit gewinnen.[298]

6.7 Informelle Momente von Partizipation

Im Rahmen unserer Untersuchung bestätigte sich die These, dass in Entwicklungsländern Arme eher in mobilisierter Form partizipieren und „Patrone" suchen (in unserem Fall die EKs), die ihnen eine gewisse Sicherheit oder anderweitig Hilfe und Unterstützung zukommen lassen können. Die Betroffenen sind weniger an politischer Einflussnahme interessiert

---

[297] Gespräch mit der Vizevorsitzenden des Frauenverbandes der Stadt Changsha Xiao Yaheng am 1.3.06 in Changsha.
[298] Gespräch mit Song Qinghua am 4.10.06 in Peking sowie *Shequ canyu xingdong 2005 niandu baogao*.

als an Protektion im täglichen Lebensablauf. Sie partizipieren im Interesse der Gewinnung sozialer Beziehungen.

Von daher spielt Soziakapital in Form von *guanxi* eine wichtige Rolle für Beteiligung. In den einzelnen *Shequ* bot die Nähe zu den Leiterinnen bzw. Leitern der EKs vielfältige Vorteile. Gute Beziehungen förderten die Einstellung von Arbeitslosen als „temporäre Arbeitskräfte" (*linshigong*) beim EK oder in den Wachdiensten einzelner *Shequ*. Sie erleichterten die Einstufung als „Sozialhilfeempfänger" und die Vermittlung von Arbeitsstellen, von Krediten und Geschäftsräumen für Einzelwirtschaftende usw.

Eine 45jährige Arbeitslose im *Chang'anjie*-Viertel in Shenyang erklärte z.B.:

> Jetzt ist es außerordentlich wichtig, gute Beziehungen zur Leitung des *Shequ* zu haben...Ich besitze gute Menschenkenntnis, ich habe hier jedoch noch keine geeignete Position gefunden. Aber ich nehme an allen Aktivitäten im Viertel teil. Wenn die Gesellschaft mir hilft, tue ich auch etwas für die Gesellschaft...Ich habe viele Fähigkeiten, aber meine Situation vermag ich nicht alleine zu ändern. Dazu brauche ich Beziehungen zum Einwohnerkomitee.[299]

In Shenzhen waren es z.T. arbeitslose ehemalige Soldaten, die in den 1980er Jahren als Angehörige der Streitkräfte zum Aufbau der Infrastruktur dorthin geschickt worden und nun arbeitslos waren. In einem von uns untersuchten Viertel war der Leiter des EK ebenfalls ein ehemaliger Soldat. Die Nähe gemeinsamer Erfahrungen arbeitsloser ehemaliger Soldaten zu einem ehemaligen Soldaten, der nun Leiter eines EK war, wurde von den Ersteren positiv hervorgehoben und erleichterte die Herstellung sozialer Beziehungen.

Ein arbeitsloser ehemaliger Soldat in Shenzhen erklärte entsprechend:

> Ich komme öfter hierher [zum EK, Anm. d. Verf.]. Ich kenne den Leiter. Er war auch Soldat und versteht mich. Ich komme meist wegen Arbeitssuche oder Arbeitslosengeld. Letzteres bekomme ich auch...Wenn ich komme, suche ich nur den Leiter auf. Ich bitte ihn, mir mitzuteilen, wenn er eine Information hat, wo ich Arbeit finden kann...Der Leiter besitzt Verantwortungsgefühl, Leute, die bei der Armee waren, besitzen ein solches Gefühl.[300]

Zweifellos sind soziale Beziehungen der Partizipation förderlich. Wer partizipiert, steht in der Regel in einer Beziehung zu Mitgliedern des EK und kann auf diese Weise leichter mobilisiert werden. Sozialkapital kann also Ausgangspunkt von partizipativem Verhalten und Partizipationslernen sein.

Hinsichtlich des Sozialkapitals existieren allerdings signifikante Unterschiede zwischen den diversen Statusgruppen. Kader, Manager, Unternehmer oder hochrangige *Professionals* besitzen größeres Sozialkapital als andere Gruppen. Soziales Kapital trägt wiederum entscheidend zur Erhöhung des subjektiven und objektiven sozialen Status' bei.[301] Die Angehörigen von Gruppen mit hohem Status werden von den EKs immer wieder umworben, entweder um soziale Beziehungen zu stärken oder herzustellen (Funktionäre), Fachwissen einzubringen (Akademiker) oder finanzielle Ressourcen zu akquirieren (Unternehmer). Andererseits haben solche Personen einen starken Einfluss auf das EK, denn sie könnten dem EK Ressourcen anbieten, ohne selbst auf das EK angewiesen zu sein. In speziellen Situationen erleichterte ihnen diese Stellung die Durchsetzung spezifischer Interes-

---

[299] Interview, Shenyang, 13.3.03.
[300] Interview, Shenzhen, 21.2.04.
[301] Vgl. hierzu auch die Untersuchung von *Bian Yanjie* 2004.

sen (Arbeitsbeschaffung für Verwandte, Ausstellung von Bescheinigungen für Auslandsreisen o.ä.).

Im folgenden Kapitel beschäftigen wir uns mit einem spezischen Aspekt von Partizipation, nämlich mit dem Thema Wahlen. Wir haben das zusammenfassende Fazit im Hinblick auf Partizipation inklusive der Ergebnisse aus der Analyse der Wahlprozesse daher an das Ende von Kapitel 7 (Abschnitt 7.6) gestellt.

7 Wahlen und Wahlprozesse in den Nachbarschaftsvierteln

Wahlen gelten als der allgemeinste Aspekt von politischer Partizipation. In unserem Forschungsdesign kam dem Thema Wahlen eine besondere Bedeutung zu, so dass wir uns in einem gesonderten Kapitel damit befassen. Dabei geht es uns einerseits um die Entwicklung von Wahlen und Wahlprozessen, andererseits um Einstellungen gegenüber Wahlen und Wahlformen und schließlich um die Frage institutioneller Wahleffekte, ehe wir am Ende Schlussfolgerungen aus dem Gesamtthema Partizipation und Wahlen ziehen (Abschnitt 7.6).

7.1 Die Entwicklung von Wahlen in China

Auch in der VR China gibt es ein Wahlsystem, das Anfang der 1950er Jahre etabliert, zu Beginn der Kulturrevolution abgeschafft und dann 1979 wiederhergestellt und erweitert wurde.[302] Es orientierte sich ursprünglich am sowjetischen Rätevorbild und am Vorbild der 1931 entworfenen chinesischen Räteverfassung. Das Gesetz sah u.a. die Wahl der von der Partei nominierten Kandidaten in den *Danwei* vor sowie allgemeine Wahlen von Abgeordneten zu den lokalen Volkskongressen. Das erste Wahlgesetz von 1953 bestimmte, dass alle Personen ab 18 Jahren aktives und passives Wahlrecht erhielten, „Großgrundbesitzer" und „Konterrevolutionäre" ausgenommen. Auf der Gemeindebene sollte die Wahl der Kandidaten für die Gemeindevolkskongresse in direkter Wahl erfolgen, die Kandidaten wurden allerdings von der Partei aufgestellt. Im Prinzip spielten Wahlen niemals eine so zentrale Rolle wie in demokratischen Ländern. Das zeigte sich nicht nur daran, dass zwischen 1953 und 1979 nur insgesamt dreimal (1954, 1956 und 1963) solche Direktwahlen auf der Gemeindeebene durchgeführt wurden, sondern auch, dass die Abschaffung des Wahlsystems 1963 von kaum Jemandem registriert wurde. Wahlen sind von daher eher als Teil der sozialistischen Mobilisierungspolitik zu verstehen.

Ende der 1970er Jahre wurden Wahlen wieder eingeführt, u.a. um die Legitimität des politischen Systems zu stärken, im Interesse politischer Sozialisation der Bevölkerung und um die Funktionäre auf unterer Ebene einer gewissen öffentlichen Kontrolle zu unterwerfen. Legitimation ließ sich nun immer weniger durch eine eschatologische Ideologie („klassenlose Gesellschaft") und charismatische Legitimation (überragende Führerpersönlichkeit) sicherstellen, sondern erforderte praktische Leistungen (Entwicklungs- bzw. Modernisierungserfolge) sowie Verrechtlichung und partizipative Einbindung (u.a. in der Form von Wahlen) zunächst auf den unteren Ebenen.[303]

Das neue Wahlgesetz von 1979, das Anfang 1980 in Kraft trat, weitete das System der Direktwahlen von der Gemeinde auf die Kreis- und Stadtbezirksebene aus. Abgeordnete für die lokalen Parlamente (Volkskongresse) konnten nun von den Wahlberechtigten in direkter Wahl gewählt werden. Die Wahl der Abgeordneten der Volkskongresse auf Provinz-

---

[302] Vgl. hierzu *Cai Dingjian* 2002a, 2002b.
[303] Vgl. z.B. *Ma Jianguo* 2004.

und nationaler Ebene erfolgt weiter indirekt, d.h. durch die Volkskongresse der jeweils unteren Ebenen. Das neue Gesetz legte zugleich fest, dass mehrere Kandidaten je Amt aufgestellt und die kandidierenden Personen in einem Diskussionsprozess von Wählern und übergeordneten Gremien festgelegt werden sollten. Da die Kandidaten von der Partei in der Regel nominiert oder Kandidaturen zumindest von ihr gebilligt werden müssen, besitzen diese Wahlen in der Bevölkerung kein großes Prestige. Die Partei intendierte mit der Reform des Wahlsystems einerseits, durch begrenzte lokale Wahlen die Repräsentativität der Regierung zu erhöhen und die Parteiherrschaft besser legitimieren zu können. Andererseits sollte dadurch die Effizienz der Regierungsorgane gestärkt werden. Dies schien nicht problematisch zu sein, da die KP u.a. durch Auswahl der Kandidaten und Bestätigung der Gewählten den Wahlprozess kontrolliert.

Parallel dazu wurde festgelegt, dass leitende Funktionen in den Betrieben von den jeweiligen Beschäftigten per Wahl besetzt werden sollen. Dies beruhte allerdings auf einem politischen Beschluss und wurde weder in der Verfassung noch im Wahlgesetz verankert. Hier waren die Gründe eher ökonomischer Art, da die Parteiführung sich von größerer Mitwirkung der Beschäftigten eine Erhöhung der Produktivität, der Effizienz und eine größere Akzeptanz und Fähigkeit der neuen Betriebsleitungen erhoffte.

Zwar wurde das Wahlgesetz viermal (1982, 1986, 1995 und 2004) revidiert, an den Grundsätzes des Wahlsystems änderte sich dadurch aber wenig. Realiter sind es nach wie vor die Parteikomitees der jeweiligen Ebenen, die die Wahlkomitees leiten, über die Zusammensetzung der Parlamente und die Kandidatenauswahl bestimmen.[304]

Allerdings ist in den letzten Jahren Bewegung in den Wahlprozess gekommen, vor allem durch die Ausweitung des Systems der Dorf- und Gemeindewahlen. Die Dorfleitungen müssen inzwischen von der Bevölkerung in direkter und geheimer Wahl gewählt werden. Auf der Ebene der Gemeinden und der städtischen Einwohnerkomitees wird mit der Direktwahl der jeweiligen Leitungen experimentiert.

Der Erfolg der ländlichen Wahlen stärkte das Bemühen um Übertragung der ländlichen Erfahrungen auf die urbane Ebene. Wahlen, so argumentiert das dafür zuständige Ministerium für Zivilverwaltung, sollen den Partizipationsgrad der Bevölkerung und die Legitimität des politischen Systems stärken. Im städtischen Raum sollen dadurch die EKs und die Identität der Bewohner mit ihrem Viertel erhöht werden.

Im ländlichen wie im städtischen Raum ging bzw. geht es zunächst um die Durchsetzung der Wahlmechanismen, dann aber auch um die Einübung von Wahlprozeduren. Institutionalisierung und Internalisierung von Wahlen stellen von daher die erste Stufe eines Wahlentwicklungsprozesses dar. Der hohe Grad an Aufmerksamkeit, der den Wahlverfahren entgegengebracht wird, belegt dies. So fanden die Wahlen in den von uns untersuchten *Shequ* jeweils unter Beteiligung hoher lokaler Funktionäre am Wahltag statt, wobei von diesen auch untersucht werden sollte, ob die Wahlbestimmungen eingehalten worden waren.

Die politische Elite argumentiert, sie wolle das auf dem Land erfolgreiche Wahlsystem (Wahl der Dorfadministrationen) auch im städtischen Raum implementieren. Die Unterschiede zwischen Stadt und Land erschweren allerdings die intendierte Übertragung von Direktwahlen auf die Nachbarschaftsviertel:

---

[304] Das Wahlgesetz (Volkskongresswahlen) von 2004 findet sich in *Renmin Ribao*, 6.11.04.

- Der Anstoß zu Dorfwahlen ging im ländlichen Raum von unten, im städtischen hingegen von oben aus.[305]
- Die Arbeit eines Dorfverwaltungskomitees (DVK) hat unmittelbarere Folgen für den Lebensstandard der Bewohner als die eines städtischen EK. So besitzt – rechtlich gesehen – z.B. jedes Dorf kollektiv Boden, der zur agrarischen Bearbeitung unter die Haushalte verteilt werden muss. Häufig besitzen Dörfer auch dorfeigene Betriebe sowie einen Akkumulationsfonds, in den die Dorfbewohner einzahlen. Von daher ist das Interesse an Mitsprache bei der Gestaltung der Dorfökonomie bzw. der Verwendung dieser Fonds groß. Eine solche kollektive Ökonomie gibt es in den Nachbarschaftsvierteln in der Regel nicht.
- In den städtischen Wohnvierteln erbringen die Aktivitäten der EKs keine Kollektiveinnahmen. Dort geht es vielmehr um die Organisation täglicher Lebensabläufe und um die Bereitstellung von Dienstleistungen für die Bewohner (Hygiene, öffentliche Sicherheit, soziale Leistungen). Der Staat, nicht die Bewohner selbst, organisiert und finanziert dies im städtischen Raum.
- Im Hinblick auf Einkommen, Wohnraum, Beschäftigung oder Umweltangelegenheiten besitzen die DVKs größere Entscheidungskompetenz als die Nachbarschaftsviertel.
- Das Dorf als natürliche Einheit ist „ein Ort der Nachbarschaft", der städtische Raum eher „ein Ort der Freundschaft",[306] d.h. städtische Beziehungen gründen sich nicht auf natürliche Nachbarschaftsbeziehungen, sondern auf Wohnviertel übergreifende Beziehungen.

Interessant ist in diesem Sinne eine Untersuchung von Sozialwissenschaftlern der Peking-Universität zum Wahlsystem (2.500 Fragebögen wurden ausgewertet).[307] Cai Dingjian, der Verfasser des Berichtes, bezieht sich zunächst auf die weit verbreitete Meinung, dass Direktwahlen aufgrund des niedrigen Bildungsniveaus, der ökonomischen und kulturellen Rückständigkeit sowie der „nationalen Besonderheiten" Chinas (*guoqing*) noch nicht möglich seien, sondern eher zu Chaos führen würden. Vor allem Funktionäre (64,5 Prozent), aber auch Betriebsmanager (63,5 Prozent), Stadtbewohner und Akademiker würden solche Meinungen vertreten. Der Verfasser sieht in solchen Meinungen ein ernstes Hindernis für die Demokratisierung. Symbolisch argumentiert er, dass den Lehren der sozialistischen Klassiker zufolge gerade in den sozialistischen Ländern der Grad an Demokratie wesentlich höher sein müsse als in kapitalistischen. Interessanterweise waren dieser Untersuchung zufolge Bauern positiver gegenüber Wahlen eingestellt. So stimmten 32,9% der befragten Land-, aber lediglich 28,8 Prozent der befragten Stadtbewohner der Aussage zu „Wenn man solche Wahlen erlaubt, dann wird das schon gut laufen". 37,6 Prozent der befragten Land-, aber nur 27,3 Prozent der Stadtbewohner meinten, man könne bereits jetzt Direktwahlen einführen. In den Städten glaubten überdies immerhin 38 Prozent der Erwerbslosen, der Zeitpunkt für Direktwahlen sei schon reif. Nur Juristen (43 Prozent) erreichten in den Städten einen höheren Prozentsatz, während der Prozentsatz der Funktionärsgruppen, die eine solche Meinung vertraten, nur zwischen 20 und 30 Prozent lag. Mehr als ein Viertel

---

[305] Im Zuge der Landwirtschaftsreform Ende der 1970er Jahre entstanden in Dörfern zunächst spontan Dorfkongresse und Dorfkomitees, die jedoch auf Vorbilder der Kaiser- und Republikzeit zurückgehen. Vgl. *Ran* 1989; Gespräch mit Lu Xueyi, Direktor des Instituts für Soziologie an der Chinesischen Akademie der Sozialwissenschaften am 21.2.92.
[306] *Vobruba* 1994: 25.
[307] Vgl. *Cai Dingjian* 2003.

der Befragten (27,3 Prozent) meinten, Direktwahlen könnten auch auf höhere Verwaltungsebenen (Gemeinden, Kreise, Straßenbüros, Stadtbezirke) ausgeweitet werden.[308]

Auf die Frage, welche Personen gewählt werden sollten, erfolgten folgende Antworten:

Tab. 24: Welche Personen sollten gewählt werden?

Personen, die für die Bevölkerung zu sprechen vermögen	53,0%
Personen mit Rechtskenntnissen und Durchsetzungsvermögen	29,0%
Ehrliche, gutherzige Personen mit menschlicher Wärme	4,7%
Modellarbeiter	4,6%
Führende Kader, die der Bevölkerung bekannt sind	4,5%
Keine spezifischen Personen	2,8%

Quelle: *Cai Dingjian* 2003: 48.

Zwar bezog sich die Befragung auf die Wahl der Abgeordneten für die lokalen Volkskongresse, gleichwohl sind die Ergebnisse dieser Erhebung auch für unsere Untersuchung von Belang. Immerhin zwei Drittel der Befragten wollten an Wahlen teilnehmen, 48,5 Prozent sogar aus eigenem Antrieb. Mitglieder der KPCh bildeten den höchsten Prozentsatz derjenigen, die an Wahlen teilnehmen wollten, Personen ohne Zugehörigkeit zu einer Partei oder Massenorganisation zeigten ein deutlich geringeres Interesse. Personen mit Kaderfunktion (Partei, Regierung, Staatsunternehmen) waren zu einem höheren Prozentsatz an Wahlen interessiert als Vertreter anderer Berufsgruppen, wobei unter Arbeitern und Kleinunternehmern das Interesse am geringsten war. Auch der Stadt-Land Unterschied war signifikant: 40,9 Prozent der befragten Stadt-, aber 62 Prozent der befragten Landbevölkerung wollten sich aktiv an Wahlen beteiligen. Von den Stadtbewohnern würden 26,4 Prozent nur zur Wahl gehen, wenn ihre Leitung sie dazu „mobilisieren" würde (Land: 9,2 Prozent).[309]

Diese Untersuchung korrespondiert mit ähnlichen anderer chinesischer Sozialwissenschaftler in den letzten Jahren. Chen und Zhong bezeichnen Wahlen in China generell als *semi-competitive*, weil sie von der KP kontrolliert und dominiert werden. Der Begriff *semi-competitive* beinhaltet zugleich, dass kein Wettbewerb zwischen Parteien stattfindet, sondern ein Wettbewerb entweder zwischen Kandidaten einer Partei (*intra-party competition*, in unserem Fall der KP) oder aber zwischen Kandidaten, die Parteimitglieder bzw. Parteilose sind.[310]

Chen/Zhong argumentieren, Personen mit stärkerer demokratischer Orientierung und solche, die dem politischen System kritisch gegenüberstünden, würden sich zu einem geringeren Maße an Wahlen beteiligen als systemnahe Personen, die aus Loyalität wählen würden. Nichtwählen müsse daher als eine Form politischen Protestes begriffen werden.[311] Sie argumentieren weiter, dass es der Partei nicht um demokratischen Wettbewerb gehe, sondern um Sicherung ihrer Legitimität und die Verbesserung ihrer Regierungskapazität

---

[308] *Cai Dingjian* 2002a: 541ff. In *Buyun* (Sichuan), der ersten Gemeinde, in der Direktwahlen stattgefunden hatten, waren sogar 90,6% dieser Meinung, vgl. *Cai Dingjian* 2003: 46.
[309] *Cai Dingjian* 2003. Ausführlich dazu: *Cai* 2002.
[310] Zum Begriff *semi-competitive* vgl. *Barkan/Okumu* 1978: 91.
[311] *Chen/Zhong* 2002: 1ff.

und -effizienz. Sie widersprechen damit Shi Tianjian, der aus einer Untersuchung in Peking zu der Schlussfolgerung gelangt, die Menschen beteiligten sich an Wahlen, weil sie eigene Interessen damit verfolgten und nicht, weil sie sich mit dem politischen System identifizierten. Vielmehr seien sie an der Abstrafung korrupter Funktionäre und der Durchsetzung demokratischer Werte interessiert.[312]

Obwohl sowohl Chen/Zhong als auch Shi Tianjian die Wahlen der Abgeordneten für die Volkskongresse untersucht haben, verdeutlichen unsere eigenen Untersuchungen im Prinzip das Ergebnis der Ersteren. Wer sich mit dem System nicht signifikant identifiziert, weist nur ein geringes Interesse an den Wahlen auf, zumal diese weitgehend nicht direkt, sondern indirekt erfolgen, von der Partei horizontal (Parteikomitee des Wohnviertels) wie auch vertikal (Straßenparteikomitee) in starkem Maße kontrolliert werden und die Kandidaten mehrheitlich Parteimitglieder sind. Auf der anderen Seite gewinnen *Shequ*-Funktionäre, die sich für die Belange der Bewohner und deren Interessen einsetzen, ein hohes Maß an Prestige, das sich auch auf die Wahlbeteiligung auswirkt. Beim Wahlgang handelt es sich dann um die Legitimierung oder Bestätigung dieser Funktionäre und nicht um die Legitimierung des Systems. Zumindest ein Teil der von uns Befragten konstatierte einen Zusammenhang zwischen dem Wahlprozess einerseits und den Engagement der EK-Mitglieder für die Wohnviertelinteressen andererseits. Die Möglichkeit der Wahldelegierten, sich für konkurrierende Kandidaten entscheiden, EK-Mitglieder abwählen und Rechenschaftsberichte des jeweiligen EK entgegennehmen und gegebenenfalls kritisieren zu können, verstärkt das Bewusstsein der Delegierten, dass sie nachlässige oder bürokratische Personen des EK abwählen können.

Dazu erklärte ein 57jähriges Parteimitglied in *Yongfeng*:

> Wahlen bewirken, dass die Leitung des *Shequ* überlegt, was sie Positives für die Bewohner leisten kann. Überdies werden jetzt Leute gewählt, die Fähigkeiten besitzen, die für die Bewohner von Nutzen sind...Hier ist das Bewusstsein der Wählenden gestiegen...Die Wähler verlangen auch, dass die Gewählten etwas für das Viertel tun und erreichen.[313]

Dies mag noch relativ abstrakt erscheinen. Aber zumindest ist bei einem Großteil der Befragten das Bewusstsein gestiegen, dass es eine Korrelation zwischen Wahlen, Verantwortung und Eigeninteressen (der Wähler) gibt. Dies kann durchaus als Ausdruck der Zunahme von *internal efficacy* verstanden werden und damit als Teil eines partizipativen Lern- und Erkenntnisprozesses.

7.2 Wahlprozesse in den *Shequ*

1999 wählte das Ministerium für Zivilverwaltung 26 Experimentierorte für Wahlen auf der untersten Ebene aus.

Im Prinzip gibt es landesweit gegenwärtig zwei Hauptformen von Wahlen in den Wohnvierteln: die derzeit vorherrschende Form besteht in der Wahl des EK durch Wahlvertreter, in einer Minderheit von *Shequ* finden aber bereits Direktwahlen durch alle Bewohner

---

[312] *Shi Tianjian* 1999.
[313] Interview, Shenyang, 8.3.03.

statt.[314] Solche Direktwahlen sollen inzwischen als Modell der Zukunft landesweit implementiert werden.[315]

EK-Wahlen fanden erstmals im Juni 1999 im Shenyanger Shenhe-Stadtbezirk statt.[316] Inzwischen werden sie in den meisten Städten durchgeführt. Es handelt sich allerdings weitgehend um indirekte Wahlen durch Vertreter von Haushalten, von Bewohnern einzelner Gebäudekomplexe oder von Einwohnergruppen. Hingegen fanden direkte Wahlen erstmals 2001 in Nanjing und in der Autonomen Region Guangxi statt.[317] Auch in Shanghai soll es 2004 im gesamten Stadtgebiet Direktwahlen gegeben haben.[318] Dabei existiert kein einheitliches Modell. Selbst in Shenyang, das als ein Musterbeispiel für städtische Wahlen gilt, wird mit unterschiedlichen Formen experimentiert.

EK-Wahlen finden alle drei Jahre statt. Die Wahlen in den von uns besuchten *Shequ* erfolgten indirekt durch Vertreter der Bewohnerschaft (Wahldelegierte). Das EK wurde von der jeweiligen Delegiertenversammlung des *Shequ* (*jumin daibiao da hui*), d.h. von Wahlvertretern, gewählt, nicht von allen Bewohnern. Diesem Gremium sollen die Leiter der Einwohnergruppen bzw. die Blockleiter sowie Vertreter von Betriebseinheiten (*danwei*) auf dem Gebiet des *Shequ* angehören. Die Block- oder Gebäudeleiter sind auch für die Wahlen der Wahlvertreter der Einwohner zuständig. In den Shenyanger und Chongqinger Wohnvierteln setzten sich die Delegiertenversammlungen je nach *Shequ* aus 50-125 „Vertretern der Bewohner" zusammen, 80 Prozent davon waren Frauen. Wahlmänner und -frauen sollen nach Angaben des Straßenbüros zwar von Vertretern der einzelnen Haushalte gewählt worden sein. Die Interviews ergaben aber, dass das EK zunächst Personen auswählte und per Konsultation zu Wählern erklären ließ, auch wenn die Gebäude- bzw. Gruppenleiter von Wohnung zu Wohnung gingen und die Meinung der Bewohner erfragt haben wollten. Solche Befragungen trugen indessen eher informellen Charakter („Was haltet ihr davon, wenn…", „Das Verwaltungskomitee hat vorgeschlagen, dass…"). Die Befragten erklärten in der Regel, es „sei schon in Ordnung" oder „macht das mal".

Die Delegiertenversammlung von *Yongfeng* z.B. hatte 132 Mitglieder (von 6.000 Einwohnern), davon waren 18 Blockleiter und 55 Leiter von „Verantwortungssegmenten von Parteimitgliedern" (*dangyuan zerenqu*). Bei den „Verantwortungssegmenten" handelte es sich um einzelne Abschnitte des Wohnviertels, für die jeweils ein Parteimitglied verantwortlich war. Hinzu kamen Vertreter von *Danwei* auf dem Territorium des *Shequ*. Darüber hinaus wurden „vorbildliche Personen" aus der Partei sowie Parteilose zu Wahldelegierten erklärt. Die Mitglieder der Delegiertenversammlung wurden vom EK bestimmt. In *Zhongshan Erlu* umfasste die Gruppe der Wahldelegierten ca. 70 Personen, davon 50 Vertreter des *Shequ* (ca. 30 Vertreter der Wohnblocks und 20 weitere Aktivisten) und 20 Vertreter verschiedener *Danwei* und Firmen auf dem Gelände. Die lokalen Bestimmungen in allen Untersuchungsorten sehen vor, dass die Delegierten die Meinungen der Mehrheit ihrer Haushalte vertreten sollen.

---

[314] So z.B. im Kreis Yingchou in Guangxi, vgl. *Li/Chen* 2002: 325f.; im Einzelnen vgl. *Li Fan* 2002: 338-347. Zur Frage der Wahlen in Nachbarschaftsvierteln vgl. *Wang Bangzuo* 2003.
[315] Siehe z.B. *Renmin Ribao*, 31.3.03; *Zhongguo de minzhu zhengzhi jianshe* 2005.
[316] Zum Ablauf des Wahlprozesses vgl. *Li Fan* 2002: 272f. Grundlage der Wahlen ist das „Gesetz zur Organisation der städtischen Einwohnerkomitees der VR China" (*Zhonghua renmin gongheguo chengshi jumin weiyuanhui zuzhifa*) von 1989, abgedruckt in *Zhou/Ning* 2001: 442-446.
[317] Vgl. hierzu die zahlreichen Beispiele und die Beschreibung der Wahlprozesse in *Li Fan* 2002: 275ff.; *Deng Minjie* 2002: 225ff.
[318] *Liu Chunrong* 2005. *Gui* et al. 2006 beschreiben Direktwahlen in Shanghai.

Allerdings sollen bei der Wahl in *Yongfeng* (Shenyang) im Jahre 2002 nur etwa 90 der 132 Wahldelegierten an der Wahl teilgenommen haben,[319] in *Zhongshan Erlu* (Chongqing) 60 von 70 Personen.[320] Im Shenzhener *Fuhua*-Viertel gaben ca. 70-80 Vertreter von 106 ihre Stimme ab.[321] Offensichtlich geht also nur ein Teil der Wahldelegierten zur Wahl. Eine Wahl gilt jedoch allgemein als gültig, wenn mehr als die Hälfte der Delegierten daran teilgenommen hat.

In Shenyang sollten Wahldelegierte laut den Bestimmungen des städtischen Amtes für Zivilverwaltung folgende Voraussetzungen erfüllen:

- „die Partei lieben, den Sozialismus lieben, die Linie, Richtlinien, Politik der Partei unterstützen; das *Shequ* lieben; sich mit Freude um die Mitglieder des Wohnviertels kümmern;"
- die Fähigkeit, an öffentlichen Angelenheiten mitzuwirken und sie mit zu beraten, ein bestimmtes politisches Niveau, einen korrekten Arbeitsstil und ordentliche Arbeitshaltung, Prestige unter den Bewohnern;
- enge Kontakte zu den Bewohnern;
- es soll sich um Personen handeln, die stets mit gutem Beispiel vorangehen.[322]

Die Shenzhener Bestimmungen sehen folgende Anforderungen für Kandidaten vor: Sie sollen Verfassung, Gesetze und staatliche Politik befolgen, ein bestimmtes Bildungsniveau und Führungsqualitäten aufweisen, nicht korrupt sein, einen demokratischen Arbeitsstil pflegen und von ganzem Herzen den Bewohnern dienen.[323]

Die Bestimmungen der Stadt Shenzhen über EK-Wahlen legen ferner fest, dass die Wahledelegierten von den „Bewohnergruppen", den *jumin xiaozu*, zu wählen sind. Diese Gruppen umfassen zwischen 30 und 50 Personen (Wohnblocks) und wählen 2-3 Delegierte. Die Wahldelegiertenversammlungen sollen je nach Größe eines Viertels zwischen 100 und 200 Personen umfassen.[324]

Stellen für eine Kandidatur zu den EK-Wahlen werden ausgeschrieben, potenzielle Kandidaten können sich beim Straßenbüro zur Teilnahme an einer Auswahlprüfung melden. Sie müssen nicht unbedingt in dem betreffenden Viertel wohnen. Wenn sich innerhalb eines *Shequ* keine geeigneten Kandidatinnen und Kandidaten finden, nimmt man auch Bewerber von außerhalb. Parteimitgliedschaft ist keine Voraussetzung. Im Shenyanger Chang'anjie-Viertel war keiner der drei durch Prüfung ausgewählten Personen Parteimitglied. Eine Auswahlprüfung ist erforderlich für die leitenden Aufgaben im EK (Leiter, Vizeleiter, Verantwortliche für Sozialhilfe). Die Prüfung besteht aus einem schriftlichen und einem mündlichen Teil, in dem u.a. Fragen nach gesetzlichen Vorschriften und Bestimmungen (die Wohnviertel betreffend), die Organisation der Wohnviertel und Fragen politischer und sozialer Allgemeinbildung abgefragt werden. Das Straßenbüro legt die Kandidatenliste und die Kandidaten für die Führungsfunktionen fest. Bei der Auswahl wird darauf geachtet, dass Kandidaten bestimmten fachlichen Ansprüchen genügen und in der Lage sind, öffentliches Vertrauen und Reputation zu gewinnen. Wie das Beispiel Chong-

---

[319] Interviews, Shenyang, 4.3.03, 5.3.03.
[320] Interview, Chongqing, 25.7.03.
[321] Interview, Shenzhen, 23.2.04.
[322] Laut Aushängen in *Shequ* in Shenyang.
[323] *Shenzhen shi minzheng ju* 2002.
[324] *Shenzhen shi minzheng ju* 2002.

qing zeigt, müssen die LeiterInnen nicht unbedingt Parteimitglieder sein, obgleich Loyalität gegenüber Partei und Staat erwartet wird. Auch wenn die Mitglieder der EKs, von ihrem legalen Status her, keine VertreterInnen des Staates sind, so sollen sie doch staatliche Politik propagieren und umsetzen. Dies verlangt die Einsetzung von Personen, die das Vertrauen der Bewohner gewinnen können und sich für deren Belange einsetzen. Von daher sollen die EKs die Legitimität des politischen Systems stärken helfen. Das Spezifische hierbei ist, dass die Realisierung dieser Aufgaben an die Bestätigung durch Wähler (Wahldelegierte) gebunden ist und Einsatz für beide Seiten (die Bewohner und die übergeordneten staatlichen Stellen) verlangt, weil ansonsten der Arbeitsplatz (im EK) gefährdet ist.

Es bewerben sich erheblich mehr BewerberInnen als benötigt werden. Von daher ist das Angebot an Kandidatinnen und Kandidaten weitaus größer als die Nachfrage und das Auswahlverfahren relativ streng. Im Chongqinger *Yuzhong*-Bezirk z.B. hatten sich 998 Personen für eine Kandidatur beworben, aber lediglich 174 wurden durch Prüfung dafür ausgewählt.[325]

Die Kandidatenliste umfasst mehr Kandidierende als ausgeschriebene Stellen. Sie wird öffentlich ausgehängt. Die weitere Kandidatenauswahl erfolgte, indem die Blockleiter die einzelnen Familien kontaktierten und nach ihrer Meinung befragten. Bei einer Vorauswahl auf einer Versammlung der Wahlmänner und -frauen, bei der sich alle Kandidaten persönlich und mit ihren Wahlzielen vorstellten, wurde eine Reduzierung der Kandidaten vorgenommen.

Ein Mitglied des EK von *Yongfeng* erklärte entsprechend, zunächst hätten sich Interessenten für eine Funktion im EK beim Straßenbüro melden müssen. Dort seien sie einem Prüfungsverfahren unterzogen worden. Eine Liste mit zwölf geeigneten Kandidatinnen und Kandidaten sei zusammengestellt und öffentlich ausgehängt worden. Die Blockleiter seien dann beauftragt worden, die Haushalte in ihrem Bereich dazu zu befragen. Die zwölf BewerberInnen hätten sich in einer ersten Versammlung vorstellen müssen. Danach habe das Straßenbüro eine endgültige Liste mit sechs Kandidatinnen und Kandidaten erstellt, die für fünf zu besetzende Aufgaben kandidiert hätten.

Die Wahl sei nach Funktionen getrennt erfolgt. Für die Aufgaben der Leiterin und ihre Stellvertreterin seien – auf Vorschlag des Straßenbüros – nur je eine Kandidatin aufgestellt und gewählt worden. Wer nicht die erforderliche Stimmenzahl erreiche, gelte als nicht gewählt. Eine Wahl mit mehreren konkurrierenden Personen habe es nur für die Posten der übrigen Mitglieder des EK (4 BewerberInnen für drei Posten) gegeben. Zu den Wahlen selbst hatten nur Wahldelegierte Zutritt, keine anderen Bewohner.[326]

Bei der Wahl im Jahre 2002 erfolgte die Festlegung der Kandidatenliste für die EK-Wahl auch in *Zhongshan Erlu* per Konsultation, nicht per Abstimmung. Fünf von sechs Kandidatinnen/Kandidaten waren damals gewählt worden. Vor der Wahl waren die Kandidierenden vom EK aufgefordert worden, sich in den sieben Teilvierteln des *Shequ* vorzustellen. Kritische Fragen oder abweichende Meinungen waren laut Aussagen der Befragten allerdings nicht vorgetragen worden Im *Fuhua-Shequ* (Shenzhen) sollen acht von zehn Kandidierenden gewählt worden sein.[327]

Das folgende Beispiel verdeutlicht aus subjektiver Sicht eines Befragten, wie es zur Kandidatur kam. Der 54jährige Wang Haitao, ein Fachhochschulabsolvent und ehemals

---

[325] Interview, Chongqing, 27.7.03.
[326] Interview, Shenyang, 10.3.03.
[327] Interviews, Shenzhen, 20.2.04, 21.2.04.

Personalchef eines Unternehmens (Parteimitglied), der bereits seit einem Jahr in Rente war, erklärte, er sei von den Mitgliedern des EK zur Kandidatur aufgefordert worden. Er habe sich einer schriftlichen und mündlichen Prüfung beim Straßenbüro unterziehen müssen. Nach erfolgreicher Prüfung sei er als Kandidat akzeptiert worden. Auf der Wahlversammlung habe er sich vorstellen und darlegen müssen, was er bewirken wolle. Unter anderem habe er die Einrichtung von bewachten Fahrradstellplätzen versprochen. Aufgrund seines Humors und seiner Überzeugungskraft, so erklärte er, sei er zum Vizeleiter gewählt worden. Er war der einzige Mann im EK von *Chang'anjie*.[328]

Für einen 48jährigen Mann im *Fuhua-Shequ*, der hin und wieder als temporäre Arbeitskraft für das EK tätig war, aber nicht selbst gewählt hatte, stellte sich die Wahl des EK folgendermaßen dar:

> Das Straßenbüro schickte zunächst eine Reihe von Kandidaten. Schließlich gab es eine Mitteilung, dass gewählt werden soll. Feste Wahldelegierte gab es nicht, sieben bis acht Personen je Teileinheit sollten wählen. Sie sollten im Prinzip dem Straßenbüro Gesicht geben. Es gab zunächst zwischen 11 und 13 Kandidierende, deren Namen an den schwarzen Brettern öffentlich ausgehängt wurden. Die Kandidaten wurden vom Straßenbüro bestimmt. Die Zahl wurde auf sechs reduziert, von denen fünf gewählt wurden. Das Parteikomitee der Straße hat dann festgelegt, wer Leiter und wer Vizeleiter wird.[329]

Die Auffassung, dass die Kandidierenden im Grunde vom Straßenbüro bestimmt worden seien und die Vorauswahl nur noch – wenn überhaupt – abgesegnet werden müsse, war weit verbreitet, besonders in Shenzhen. Viele wussten nicht, dass überhaupt gewählt worden war. Interessant, dass der Begriff der „Absegnung" mit „Gesicht geben" umschrieben wurde. Dahinter steht die Auffassung, dass es problematisch werden könnte, wenn sich die Wahldelegierten anders entscheiden würden als vom Straßenbüro vorgesehen. Diese Aussage ist eher im Sinn von „wir wollen den Behörden keine Schwierigkeiten machen" zu interpretieren.

Auch im Falle der Wiederwahl müssen sich die KandidatInnen vorab einem erneuten Prüfungsverfahren unterziehen. Die Leiterin eines EK in Chongqing empfand dies als diskriminierend und konstatierte:

> Wir sind der Meinung, dass wir ungleich behandelt werden. Die Beamten im öffentlichen Dienst z.B. werden nicht so häufigen Prüfungen unterworfen wie wir. Der Druck auf uns ist gewaltig. Eine Prüfung jagt die andere.[330]

Die Anforderungen an Kandidaten wurden in den letzten Jahren im Sinne einer elitären Auswahl signifikant angehoben: in der Regel wurden in Shenyang und Chongqing ein Hoch- oder Fachhochschulabschluss und eine Altersgrenze von unter 50 Jahren für einfache Mitglieder und unter 45 Jahren für die LeiterInnen des Komitees erwartet.[331] In Problemvierteln wurde teils von einem Hochschulabschluss abgesehen (z.B. *Lianglikou*-Straßenbüro Chongqing: unter 50 Jahren und Abschluss der Oberen Mittelschule). Nur in Shen-

---

[328] Interview, Shenyang, 12.3.03.
[329] Interview, Shenzhen, 23.2.04.
[330] Interview, Chongqing, 27.7.03.
[331] Laut *Renmin Ribao* vom 13.9.05 gab es 2005 77.000 *Shequ*. Von den 425.000 EK-Mitgliedern sollen 75 Prozent jünger als 50 gewesen sein und 77 Prozent eine Bildung von der Oberen Mittelschule aufwärts gehabt haben.

zhen war dies anders. Dort gab es keine feste Altersgrenze und Obere Mittelschulbildung galt als ausreichende Qualifikation. Eine Mitarbeiterin des EK im Fuhua-Viertel erklärte, Kandidaten würden dem Straßenbüro meist vom EK vorgeschlagen. Allerdings sei es über erfolgreiche Arbeit im Hinblick auf die Bewohner hinaus auch wichtig, über gute Beziehungen zur Leitung des EK und des Straßenbüros zu verfügen, um überhaupt eine Anstellung beim EK zu finden bzw. dann auch zu behalten.[332]

Tab. 25: Struktur der EK-Mitarbeiter im *Futian*-Bezirk Shenzhen (2004)

Straßenkomitee	EKS	Pers. (ges.)	♂	♀	LeiterInnen			Vize			Hoch-/Fachhochschulbildung			Obere Mittel-/Fachschule			Untere Mittelschule und darunter			Parteimitglieder		
					Σ	♂	♀	Σ	♂	♀	Σ	♂	♀	Σ	♂	♀	Σ	♂	♀	Σ	♂	♀
Yuangling	9	75	17	58	9	0	9	17	5	12	37	8	29	38	9	29	0	0	0	25	8	17
Nanyuan	9	83	20	63	9	3	6	18	6	12	15	5	10	59	14	45	9	1	8	24	11	13
Futian	13	106	56	50	13	9	4	21	12	9	28	16	12	62	31	31	16	9	7	49	31	18
Shatou	14	113	41	72	14	5	9	19	13	6	30	7	23	69	30	39	14	4	10	36	19	17
Meilin	11	86	18	68	11	3	8	8	4	4	27	6	21	59	12	47	0	0	0	18	6	12
Huafu	10	68	12	56	10	1	9	10	5	5	13	4	9	52	7	45	3	1	2	14	4	10
Lianhua	11	74	10	64	11	3	8	8	0	8	15	4	11	54	5	49	5	1	4	20	2	18
Xiangmihu	7	47	14	33	7	1	6	8	4	4	12	3	9	31	11	20	4	0	4	16	6	10
Gesamt	84	652	188	464	84	25	59	109	49	60	177	53	124	424	119	305	51	16	35	202	87	115

Quelle: Amt für Zivilverwaltung, *Futian*-Bezirk Shenzhen.

Im Chongqinger *Jiangbei*-Stadtbezirk besaßen im Jahre 2003 43 Prozent der EK-Mitglieder einen Hoch- oder Fachhochschulabschluss, das Durchschnittsalter lag bei 37 Jahren, 29 Prozent waren Parteimitglieder.[333] Offiziellen Angaben zufolge betrug das Durchschnittsalter aller *Shequ*-Kader in Shenyang 42 Jahre. 40,6 Prozent von ihnen hatten einen Hoch- oder Fachhochschulabschluss, 44,9 Prozent waren „von der Arbeit Freigestellte" (*xia gang*), 38,1 Prozent Parteimitglieder.[334] Im Shenzhener *Futian*-Bezirk besaßen von 652 EK-Mitarbeitern in 84 *Shequ* 177 einen Hoch- oder Fachhochschulabschluss (27,1 Prozent), 51 einen Abschluss einer Fach- bzw. einer Oberen Mittelschule (7,8 Prozent). 202 (31,0 Pro-

---

[332] Interview, Shenzhen, 20.2.04.
[333] Interview, Amt für Zivilverwaltung, *Jiangbei*-Stadtbezirk, Chongqing, 28.7.03.
[334] Zhao/Cheng 2002: 290.

zent) waren Parteimitglieder.[335] Im *Nanshan*-Bezirk (Shenzhen) lag das Durchschnittsalter der EK-Mitglieder bei 35 Jahren, 51 Prozent besaßen eine Hoch- oder Fachhochschulausbildung, 44 Prozent waren Parteimitglieder.[336]

Am Beispiel Shenzhens wird deutlich, dass Hochschulabschluss und Parteimitgliedschaft keineswegs immer Voraussetzung für die Übernahme einer EK-Funktion sind. Personen mit höherer Bildung und Parteimitglieder haben dort, im Unterschied zu Shenyang und Chongqing, in anderen Sektoren der Stadt (Wirtschaft, Verwaltung) wesentlich bessere berufliche und Einkommenschancen als wenn sie bei einem EK arbeiten. Von daher findet sich häufig keine ausreichende Zahl qualifizierter Personen für eine solche Tätigkeit. Das zeigte sich auch in Chongqing, wo etwa im Verwaltungsbereich des *Lianglukou*-Straßenbüros keine genügende Zahl von Parteimitgliedern für eine EK-Leitungstätigkeit gefunden werden konnten, so dass in sechs von sieben Fällen Parteilose diese Aufgabe übernahmen.

Es sind häufig Personen ohne Arbeit, die sich auf solche Ausschreibungen bewerben. Der 36jährige Fachhochschulabsolvent Liu Donghui z.B. wurde nach erfolgreicher Prüfung zum Kandidaten erklärt und nach der Wahl für zunächst drei Jahre eingestellt. Diese Personen bezeichnet man als „durch Auswahl angestellte Mitglieder" (zhaopin). Im Komitee selbst war er für die Überprüfung der Voraussetzungen für Sozialhilfe verantwortlich, eine der schwierigsten Tätigkeiten.

Die hohen Anforderungen, das geringe Prestige solcher Funktionen und die schlechte Bezahlung sind die Ursachen dafür, dass zum Teil keine ausreichende Zahl von qualifizierten und jüngeren Kandidaten zu finden ist. Zwar haben sich in den letzten Jahren immer mehr Hochschulabsoventen für eine EK-Kandidatur beworben, viele betrachten eine Stelle in einem EK aber eher als eine temporäre Funktion, die sie aufgeben, wenn sie einen besser bezahlten Job finden.[337] Von daher ist das Maß an Fluktuation bei den EKs relativ groß.

Neben den gewählten Mitgliedern des EK aus den Reihen der Aktivisten in einem Wohnviertel werden die Stellen für die Referenten, die für die soziale Mindestversorgung zuständig sind, vom Straßenkomitee öffentlich ausgeschrieben, wobei BewerberInnen ebenfalls einen hohen Bildungsgrad und ein möglichst geringes Alter aufweisen sollen. Nach schriftlicher und mündlicher Prüfung werden sie vom Straßenbüro zunächst auf Probe eingestellt und können im Falle der Bewährung einen Dreijahres-Vertrag erhalten. Zum Teil müssen diese Personen sich auch der Wahl durch die Wahlvertreter des jeweiligen *Shequ* unterziehen. Eine weitere Methode ist die Entsendung qualifizierter Kader in das Verwaltungs- oder Parteikomitee eines Wohnviertels durch den Stadtbezirk oder das zuständige Straßenbüro. Auch erfahrene Kader im Ruhestand von außerhalb des Wohngebiets werden (häufig ohne Wahlen) in die EKs eingebaut. Der stellvertretende Leiter des Verwaltungskomitees des *Zhongxingdong-Shequ* in Shenyang z.B. wurde von außerhalb geholt, weil das Komitee einen kompetenten Mann brauchte, innerhalb des Viertels aber keinen geeigneten finden konnte. Auch in diesen Fällen müssen sich diese Personen partiell der Wahl innerhalb eines *Shequ* unterziehen.

Im *Beidakou-Shequ* im Shenyanger Heping-Stadtbezirk leitete ein Mann in Personalunion das Einwohner- und auch das Parteikomitee. Er war zuvor Direktor einer Außenhandelsfirma gewesen. Obwohl er sich formell auf diese Stelle beworben habe, erklärte er, habe ihn die Partei realiter hierher geschickt. Obgleich er diese Aufgabe nicht habe über-

---

[335] Interview, Amt für Zivilverwaltung *Futian*-Bezirk, Shenzhen, 13.2.04.
[336] Interview, Amt für Zivilverwaltung *Nanshan*-Bezirk, Shenzhen, 26.2.04.
[337] Vgl. hierzu auch *Shequ* 4-2/06: 1.

nehmen wollen, sei er von der Partei dazu gedrängt worden. Man habe in diesem Arbeiterviertel mit 6.200 Bewohnern, hoher Arbeitslosigkeit (1.020 Personen) und einem hohen Anteil an geistig und körperlich Behinderten (152 Personen) keine geeigneten Personen für das Komitee finden können. Seine Tätigkeit, so erklärte er, sei im höchsten Maße konfliktbeladen. Er müsse sich häufig Beleidigungen und Beschimpfungen anhören und dabei doch ruhig bleiben. Viele Leute würden hier ihren Dampf ablassen, obgleich dieser sich nicht gegen ihn persönlich oder gegen das EK richte, sondern gegen die Regierung. Noch einmal würde er eine solche Aufgabe nicht übernehmen, und er würde auch nicht für eine weitere Amtsperiode zur Verfügung stehen. Die Regierung habe viele Aufgaben auf das EK verlagert, ohne die dafür notwendigen Ressourcen bereitzustellen.

Manche Kader werden auch nur zur Parteiarbeit in ein *Shequ* versetzt. So war der stellvertretende Parteisekretär von *Yongfeng* ein 54jähriger ehemaliger Vizeamtsleiter des Stadtbezirks mit Hochschulbildung, der aufgrund seines Alters von seiner Führungsposition hatte zurücktreten müssen (*tuidao di er xian*). Neben seinem Grundgehalt und seiner Gesundheitsversorgung erhielt er für seine Parteifunktion in *Yongfeng* zusätzlich 500 Yuan. Doch es war nicht nur der finanzielle Anreiz, der ihn bewog, sich um diese Funktion zu bewerben, er wollte auch noch etwas Sinnvolles leisten. Seine persönlichen Beziehungen zum Leiter des Straßenbüros erklären wohl, wie er an das Amt des stellvertretenden Parteisekretärs gelangt war. Mit diesem Leiter hatte er früher in der Organisationsabteilung des Parteikomitees des Stadtbezirks eng zusammengearbeitet.

7.3 Einstellungen gegenüber Wahlen und Wahlformen

7.3.1 Bedeutung von Wahlen

Die Bewohner in den Stadtvierteln sind in drei Wahlvorgänge involviert: (a) Wahl des/der Delegierten zum Volkskongress des Stadtbezirks; (b) Wahl der Mitglieder des EK und (c) Wahl der Mitglieder des Wohneigentümerkomitees durch die Eigentümer von Wohnungen (soweit vorhanden).

Bei (a) handelt es sich um direkte Wahlen, d.h. alle Bewohner ab 18 Jahren haben Teilnahmepflicht. Sie können sich aber, etwa bei Abwesenheit oder Krankheit, auch von anderen Personen bei der Stimmabgabe vertreten lassen. Zwar richtete sich unsere Befragung nicht auf diese Wahlen, es wurde aus den Interviews allerdings deutlich, dass eine Mehrheit der Befragten diese Wahlen als wichtig empfand. Ein weiteres Zehntel hatte allerdings Schwierigkeiten zu unterscheiden, an welchen Wahlen (Volkskongress oder EK) sie eigentlich teilgenommen hatten. Immerhin 15 Prozent (21 Personen) beklagten, dass Ihnen die Kandidaten unbekannt gewesen seien und sie daher kein so großes Interesse an diesen Wahlen gehabt hätten. Bei (b) handelt es sich überwiegend noch um indirekte, zunehmend aber um direkte Wahlen und bei (c) um direkte und bislang weitgehend autonome Wahlen.

Die Wahlen der Mitglieder der EKs, die im Mittelpunkt unseres Interviewinteresses standen, fanden in allen von uns untersuchten Wohnvierteln als indirekte Wahlen statt. Nur eine ausgesuchte Zahl von „Delegierten der Bewohner" konnte wählen. Da diese „Delegierten" nicht von den Bewohnern gewählt, sondern ernannt oder auf dem Wege eher weicher Konsultation bestimmt wurden (siehe oben), war den Bewohnern der Charakter bzw. die Existenz solcher Wahlen häufig nicht deutlich. In Shenyang wussten alle Befragten über die

Wahlen Bescheid. Dies dürfte kaum verwundern, waren doch 31 der 42 Befragten Wahldelegierte. In Chongqing hingegen gaben 27 der 49 Befragten (55,1 Prozent) und in Shenzhen 34 der 49 Befragten (69,4 Prozent) an, nichts von solchen Wahlen zu wissen. Es waren vielfach akademisch gebildete Parteimitglieder, die vehement bestritten, dass es überhaupt solche Wahlen gebe. Eine Rechtsanwältin im Shenzhener *Huaxiajie-Shequ* erklärte, wenn selbst sie davon nicht gehört habe, dann könne man davon ausgehen, dass praktisch niemand über solche Wahlen Bescheid wisse.[338]

Welche Einstellungen haben die Bewohner der Nachbarschaftsviertel im Hinblick auf Wahlen und Wahlprozesse? Eine chinesische Untersuchung im städtischen Raum zu der Frage, warum die Menschen kein Interesse haben, an Wahlen teilzunehmen, erbrachte folgende Ergebnisse:

Tab. 26: Weshalb wollen Sie nicht an Wahlen teilnehmen?

	Personen	%
Wahlen sind nur eine Formsache, bloßer Schein	634	59.0
Wahlen haben mit mir nichts zu tun	147	13.7
Wahlen sind nutzlos	131	12.2
Wahlen sind Zeitverschwendung	112	10.4
Sonstige	51	4.7
Gesamt	1075	100.0

Quelle: *Wang Tiemin* 2002: 169.

Die Mehrheit der Befragten zweifelte die Ernsthaftigkeit von Wahlen an. Anders als in Antworten wie „Zeitverschwendung" oder „nutzlos" manifestiert sich in der Aussage, Wahlen seien bloße Formsache die Beobachtung, dass Wahlen nicht ernsthaft seien und es daher keinen Sinn mache, daran teilzunehmen. Entsprechend wussten mehr als ein Viertel der Befragten (28,2%) auch nicht, ob „ihre" Kandidaten gewählt worden waren. Zwei Drittel meinten, die Kandidaten seien ohnehin von oben bestimmt worden und drei Viertel zeigten sich mit dem Verfahren der Kandidatenauswahl unzufrieden.[339]

Unsere eigenen Beobachtungen zeigen, dass diejenigen, die sich den Werbungsversuchen des EK entziehen können, ein weitgehendes Desinteresse gegenüber dem *Shequ* wie auch gegenüber den Wahlen als solchen an den Tag legten. Das gilt vor allem für Personen mit höherem Bildungsgrad, Kader, Privatunternehmer, Erwerbspersonen mit Arbeit außerhalb des Viertels und Männer. Bei den Aktiven handelt es sich überwiegend um ältere Frauen, die entweder arbeitslos geworden sind, zwangsweise verrentet wurden und/oder auf Sozialhilfe angewiesen sind und sich durch eine Mitarbeit im Viertel für den Erhalt von Sozialhilfe qualifizieren wollen (über Herstellung von Beziehungen). Partiell arbeiteten Frauen mit, die nach dem Ruhestand noch eine Aufgabe und darin soziale oder psychische Zufriedenheit (happiness[340]) und sozialen Status oder Vorteile suchten. Auch sind es genau diese Gruppen, die über die für eine Mitarbeit erforderliche Ressource Zeit verfügen.

---

[338] Interview, Shenzhen, 28.2.04.
[339] *Wang Tiemin* 2002: 171ff.
[340] Zum Zusammenhang von sozialer Partizipation und Zufriedenheit vgl. *Phillips* 1973.

Es gibt durchaus latente Formen von Protest gegen bestimmte Wahlprozeduren. So erhielt z.B. eine Aktivistin, die auf Grund Ihres Alters vom Straßenbüro nicht als Kandidatin nominiert worden war, wohl wegen ihres Ansehens dennoch über 30 Wählerstimmen. Zahlreiche WählerInnen erklärten überdies, nur eine einzige Person gewählt zu haben, weil ihnen die übrigen Kandidaten nicht bekannt gewesen seien und diese sich weder vorgestellt noch ein Arbeitsprogramm benannt hätten. Im Hinblick auf Fragen nach einer Verbesserung der Wahlen wurde von vielen verlangt, Kandidatinnen und Kandidaten müssten sich persönlich und detaillierter vorstellen und ihre Wahlziele begründen. Die lokalen Wahlbestimmungen sehen ein solches Verfahren vor, das durchaus auch dem Anliegen vieler Bewohner entspricht. Dies ist zugleich als ein Moment zu begreifen, das der institutionelle Wandel (Einführung von Wahlen) mit sich bringt.[341]

Eine Besonderheit in Shenyang war die häufig gehörte Argumentation (10 Personen), dass nicht Wahlen, sondern herausragende LeiterInnen entscheidend seien.[342] Im Prinzip erfolgte die Bewertung der Arbeit der *Shequ*-Leitungen häufig auf Grund des persönlichen Einsatzes solcher Leiterinnen und nicht aufgrund von Wahlen.[343] Li Jun, die Parteisekretärin und Leiterin des Verwaltungskomitees von *Yongfeng*, eine Frau Ende 50 mit großer Erfahrung, aufgrund eines Unfalls teilbehindert und nicht bei guter Gesundheit, war dennoch unermüdlich im Einsatz. Interviews wie auch eigene Beobachtungen zeigten, dass sie sich über Gebühr für das Viertel einsetzte und sich bemühte, Bewohnern jedwede erdenkliche Hilfe und Unterstützung zukommen zu lassen. Um einige Beispiele zu nennen: Die Vermittlung von Heiratspartnern, die Beschaffung von Geschäftslizenzen, Finanzierung eines Studiums, Versorgung alleinstehender Bewohner im Krankenhaus, Betreuung von Alten und Kranken oder einfach nur Zuhören, wenn jemand Probleme hatte. All dies hatte Frau Li ein hohes Maß an Prestige im Viertel verschafft. Ähnliches stellte sich in abgeschwächter Form auch in den anderen von uns besuchten *Shequ* dar. Eine Bewohnerin von *Yongfeng* drückte dies mit den Worten aus: „Der Erfolg dieses *Shequ* hängt mit dem bedingungslosen Einsatz von Li Jun zusammen und nicht unbedingt mit Wahlen".[344]

In der Einstellung, die hinter der letzten Aussage steht, kommen mehrere Faktoren der traditionellen politischen Kultur zum Tragen: Erstens die Auffassung, dass im chinesischen Kontext nicht-gewählten Beamten größerer Respekt gezollt werde als gewählten, wenn und insofern sie ihr Amt gemäß dem „Prinzip der Gerechtigkeit" ausüben.[345] Zweitens begreifen eher traditionell orientierte Personen ihre Beziehungen zu „Leitern" als hierarchisch. Drittens ist dies Ausdruck paternalistischer Erfahrung im Sinne von „eine gute Leitung wird es schon richten". Viertens verbirgt sich dahinter eine Identifizierung des Einwohnerkomitees mit „dem Staat", d.h. gute Arbeit der EK-Vorsitzenden Li Jun werden als „gute" Leistungen auch dem abstrakten Staat zugute gehalten. Fünftens besaß Li Jun „Vertrauen": 15 der 21 befragten Personen im *Yongfeng*-Viertel erklärten, Li Jun besitze ihr „großes Vertrauen".

---

[341] Entsprechend auch: *Cai Dingjian* 2002a: 51f.
[342] Diese Position wurde von keinem Befragten in Chongqing oder Shenzhen vertreten.
[343] Zu einer ähnlichen Einschätzung kommt *Wei* 2003: 18f.: "…in the Chinese social context, non-elected officials tend to enjoy more respect than the elected ones, as long as they govern according to the principle of justice…The people have no reason to trust anyone who is authorized with the tremendous power of government, whether he or she is elected or not."
[344] Interview, Shenyang, 3.3.03.
[345] *Wei Pan* 2003: 18.

Allerdings kann eine Leiterin nicht alleine agieren, sondern benötigt für eine erfolgreiche Arbeit ein Netz von Aktivistinnen und Aktivisten, von Parteimitgliedern und Parteilosen sowie gute Beziehungen zu höheren Stellen außerhalb des Wohnviertels. Je dichter das entsprechende Netzwerk, desto erfolgreicher vermag ein EK zu operieren. Von daher entscheiden in der Tat Personen und weniger Wahlen über die Effizienz der Arbeit eines Viertels.

Eine 64jährige Rentnerin (Parteimitglied) im *Yongfeng*-Viertel erklärte:

> Am wichtigsten ist die Auswahl der Leitperson. Diese Person ist das Hauptkettenglied…Hat man eine gute Leitfigur ausgewählt, dann kann man Gutes leisten, wenn nicht, wird man scheitern. Ist die Leitfigur gut, dann sind Wahlen sekundär.[346]

Ein 57jähriger Vizedirektor der Parteihochschule des Shenyanger *Dadong*-Bezirks, der in *Yongfeng* wohnte, meinte:

> Demokratie entsteht durch Leitfiguren. Das ist im Ausland nicht anders. Es muss jemanden geben, der Prestige besitzt und die Sache in die Hand nimmt. Irgendjemanden zu ernennen, ist keine besonders gute Idee. Wichtig ist, dass jemand die Interessen aller vertritt.[347]

Allerdings gibt es Unterschiede zwischen verschiedenen Altersgruppen. Während Ältere in Shenyang überwiegend der Meinung waren, der Erfolg eines *Shequ* hänge von einem *daitouren* ab, von einer Leitperson, einem persönlichen Vorbild, das mit gutem Beispiel vorangehe, und nicht von Wahlen, waren Jüngere damit nicht einverstanden, sondern sprachen sich für die Verbesserung des Wahlsystems aus.

Doch wie standen die Bewohner zu der Frage, ob EKs überhaupt gewählt werden sollten? Von 46 Befragten, die sich zu dieser Frage äußerten, meinten:

Tab. 27: Sollten Einwohnerkomitees gewählt werden?

	Personen	%
Ja	25	40.3
Nein	5	8.1
Kein Interesse/nicht wichtig	18	29.0
Ob gewählt wird oder nicht, macht keinen Unterschied	11	17.8
Kann jeder selbst entscheiden	3	4.8
Gesamt	62	100.0

Quelle: Eigene Erhebung.

Über die Hälfte derjenigen, die diese Frage beantworteten, sprach sich nicht für EK-Wahlen aus. Allerdings befürworteten rund 40 Prozent solche Wahlen, auch wenn es sich gegenwärtig noch nicht um direkte Wahlen handelt. Prinzipiell lässt sich feststellen, dass diejenigen, die Wählen „dürfen" (Wahldelegierte) ein größeres Interesse an Wahlen haben als diejenigen, die ohnehin nicht wählen dürfen. Von daher können wir aus Tab. 27 noch nicht auf ein generelles Desinteresse an Wahlen schließen, denn die Wahlen zum Volkskongress

---

[346] Interview, Shenyang, 5.3.03.
[347] Interview, Shenyang, 8.3.03.

des Stadtbezirks hielt – wie erwähnt – eine deutliche Mehrheit der Befragten durchaus für wichtig. Die Aussage des chinesischen Wahlforschers Li Fan, dass weder die Wähler noch die Kandidaten *Shequ*-Wahlen besonders ernst nähmen,[348] erscheint uns daher allzu vereinfachend zu sein.

Wer sich starke Leitfiguren wünschte, der maß Wahlen keine große Bedeutung bei. Dieser Personenkreis sah auch keinen direkten Zusammenhang zwischen Wahlen und Arbeitsverhalten der Gewählten. Unter Jüngeren und Mittelaltrigen wurden Wahlen auch als „Recht" angesehen. Direkte Wahlen wiederum wurden von Einzelnen als Lernfaktor begriffen („Wenn jeder wählt, wissen die Bewohner, was Wahlen bedeuten").

Befragt nach Vorteilen von Wahlen, wurden folgende Punkte benannt:

- Wer nicht gut arbeitet und keinen Einsatz zeigt, wird nicht mehr gewählt.
- Bewohner respektieren gewählte Personen eher.
- Dadurch verbessern sich die Dienstleistungen des EK gegenüber den Bewohnern.
- Bewohner setzen sich dann selbst mehr für die Arbeit des EK ein.
- Bewohner verstehen am besten, wer gewählt werden sollte.
- Wahlen besitzen Kontrollfunktion gegenüber dem EK.

Eine 53jährige Frau im Shenzhener Fuhua-Viertel, Gewerkschaftschefin eines großen Unternehmens, erklärte dazu:

> In der Tat sind die Menschen zu beschäftigt, um zur Wahl gehen zu können. Ich weiß das aus eigener Erfahrung in der Firma. Wenn wir den Leuten zum Wählen nicht frei geben, keine Vertreter für die suchen, die nicht können,[349] gehen weniger als ein Viertel zur Wahl. Viele haben dafür einfach keine Zeit. [Nachfrage: Und am Wochenende?] Ehrlich gesagt, die Leute haben kein großes Interesse an Wahlen. Wenn man sie nicht direkt dorthin bringt, gehen sie einfach nicht hin. Die Wahlen haben nichts mit ihren Interessen zu tun. Das ist hier nicht wie im Ausland, wo die Bevölkerung die Parlamente wählt. Die ganze Wahlprozedur ist nicht wirklich ernsthaft, daher haben die Menschen kein Interesse. Die Menschen kennen die Kandidaten nicht, wissen nicht, wen sie da wählen sollen. Sie wollen überdies möglichst nichts mit dem EK zu tun haben.[350]

Die Arbeit des EK, so empfinden viele, hat mit ihrem Lebensalltag und ihren Interessen nur wenig zu tun. Was machen überdies Wahlen für einen Sinn, über die man nichts weiß, besonders wenn man sich nicht für die Tätigkeiten des EK interessiert bzw. interessieren muss. Solange Akteure sich über ihre wirklichen Interessen nicht im Klaren sind, dürfte ihre Bereitschaft zur Partizipation eher gering sein.

Andererseits lässt sich aus Tab. 27 entnehmen, dass sich ein relativ hoher Prozentsatz für solche Wahlen ausspricht. Als Hauptgründe nannten die dazu Befragten: erhöht das Verantwortlichkeitsgefühl der EK-Mitglieder (12), erhöht die Legitimität des EK (7) und erhöht das Vertrauen in das EK (6).

Die folgenden Zitate belegen die Unterschiedlichkeit der Einschätzung von Wahlen und deren Bedeutung. So konstatierte eine 67jährige Professorin im Ruhestand (Parteimitglied):

---

[348] *Li Fan* 2005b: 369.
[349] Wer nicht selbst zur Wahl gehen kann, kann eine Vertretung schicken.
[350] Interview, Shenzhen, 23.2.04.

> Wie das EK zustande gekommen ist? Es wurde von oben eingesetzt. Beim Eigentümerkomitee, da ist das anders, das wurde gewählt. Beim EK – das sind doch Beamte oder? Gewählt? Das EK ist noch niemals gewählt worden! Von Wahlen habe ich noch nie gehört…An solchen Wahlen habe ich auch nicht teilgenommen, nur an Wahlen zum Eigentümerkomitee…Ich finde, dass Wahlen keinen großen Nutzen besitzen.[351]

Personen, die einem Staatsunternehmen, d.h. einer *Danwei* angehören, sehen ihren Tätigkeitsmittelpunkt ohnehin nicht im Wohnviertel, sondern in ihrer Arbeitseinheit. So beschrieb der 36jährige Sicherheitschef der Hausverwaltung für ein Teilviertel, in dem fast ausschließlich Angehörige eines staatlichen Unternehmens wohnten, die Wahlen in seinem Shenzhener Viertel aus der Sicht eines *Danwei*-Vertreters folgendermaßen:

> Das EK hat unserer *Danwei* eine Mitteilung geschickt und gebeten, eine bestimmte Zahl von Delegierten zu benennen. Danach hat das EK die Liste der Kandidierenden geschickt. Man kann aber auch selbst Leute vorschlagen. Unsere *Danwei* hat dann Vertreter zur Wahl geschickt. Dabei sollte es sich um Vertreter unterschiedlicher Gruppen handeln: Junge, Ältere usw. Von unserer *Danwei* nahmen 28 Wahlvertreter teil…Am Ende eines jeden Jahres stellt das EK der Versammlung der Wahldelegierten die Arbeit des vergangenen und die Planung für das kommende Jahr vor. Das letzte Mal nahmen nur 68 von 300 Wahldelegierten teil. Zusätzlich finden einmal im Monat gemeinsame Arbeitsgespräche statt.[352]

Eine 53jährige *Danwei*-Vertreterin, KP-Mitglied und Vizechefin der Gewerkschaft eines großen Unternehmens in Shenzhen:

> Im Rahmen der Wahlen geben die 10 Wahlvertreter unserer *Danwei* jedem EK-Mitglied Punkte im Hinblick auf die Arbeit in der abgelaufenen Amtsperiode. Diese Liste wird dann in unserem Wohnbereich veröffentlicht. Das letzte Mal wurden eine oder zwei Personen nicht mehr wiedergewählt. Die erhielten dann aber woanders Arbeit…Bei Problemen wenden wir uns auch direkt an die vorgesetzte Behörde des EK. Wer nicht gut gearbeitet hat, verliert nicht unbedingt seine Arbeit, wird dann aber woandershin versetzt.[353]

Hier zeigt sich, dass in Wohnvierteln, in denen viele Angehörige großer Unternehmen wohnen, eine Art *organisatorische Partizipation* ausgeübt wird, die nicht mobilisiert ist. Die Vertreter des Unternehmens üben im Interesse der Belegschaftsmitglieder dieses Unternehmens selbstbewusst die Kontrolle über die Arbeit des EK aus.

In Shenzhen wiederum beschweren sich zahlreiche von außerhalb Zugezogene, die noch keinen *Hukou* (permanente Wohnberechtigung) für Shenzhen besaßen, dass ihnen das Wahlrecht vorenthalten würde. „Ich wohne hier, ich sollte das Recht haben hier zu wählen…Als Bürgerin habe ich Wahlrecht", sagte eine 54jährige parteilose Rentnerin.[354]

Im Prinzip setzt sich bei diesem Wahlmodell die Tradition früherer Wahlmodi fort. Die Leitungsorgane (Parteikomitee und EK) wählen aus, das Straßenbüro kontrolliert, eine Gruppe handverlesener Wahlmänner und -frauen wählen. Solche Wahlprozeduren bewirken, dass das Interesse an den Wahlen gering bleibt und damit auch der Versuch des Staates, die Bewohner in kontrollierte Partizipationsprozesse einzubeziehen, nicht sonderlich

---

[351] Interview, Shenzhen, 28.2.04.
[352] Interview, Shenzhen, 23.2.04.
[353] Interview, Shenzhen, 23.2.04.
[354] Interview, Shenzhen, 27.2.04.

erfolgreich wirkt. Auf Grund vergangener Erfahrungen sehen die Bewohner in Wahlen nach wie vor eine von oben initiierte Veranstaltung, die im Grunde wenig bewirkt.

7.3.2 Wahlformen

Im Jahr 2002 waren in Shenyang nur 99 von 1.237 EKs direkt gewählt worden, in Chongqing kein einziges.

Die Nichtdurchführung von Direktwahlen wurde sowohl von den Leitungen der Nachbarschaftsviertel als auch von der Mehrheit der befragten Bewohner mit der Größe der Bevölkerung, dem organisatorischen und finanziellen Aufwand und dem geringen Interesse der Bevölkerung an Wahlen begründet. Der Leiter eines Straßenbüros erklärte dazu: „Man muss die Lage hier gut kennen, sonst könnte bei Direktwahlen alles außer Kontrolle geraten".[355]

Der Mehrzahl der befragten Bewohner in Shenyang und Chongqing war darüber hinaus nicht bekannt, was Direktwahlen überhaupt sind. Nach Erläuterung des Begriffs erklärten viele der Befragten, Direktwahlen seien zweifellos die bessere und demokratischere Wahlform (vgl. Tab. 28).

Die von uns Befragten problematisierten von sich aus kaum die *Wahlform*. Wo das Interesse an Wahlen eher gering ist, interessieren sich die Bewohner nur in geringem Maße für diese Form. Wo sie, als Delegierte, wählen, stellen sie die Form von sich aus selten in Frage. Die Menschen sind mit allen Wahlformen einverstanden, solange das EK nur etwas für sie tut.

Hier wirkt sich auch das allgemeine Informationsdefizit aus. Die Mehrheit der Befragten (über 90 Prozent) waren nicht darüber informiert, dass es, neben Delegiertenwahlen, in Chinas Städten auch Direktwahlen gibt, die laut der Pekinger Zentralregierung sogar zunehmend popularisiert werden sollen. Nach Hinweis auf unterschiedliche Wahlformen (Delegierten-/Direktwahlen), wobei wir zunächst lediglich erklärten, dass bei Direktwahlen alle Bewohner wählen dürfen, ergab sich folgendes Antwortverhalten:

Tab. 28: Welche Wahlform präferieren Sie? (Bewohner)

Form	Shenyang	%	Chongqing	%	Shenzhen	%
Direktwahlen	13	30.9	16	45.7	13	31.7
Deleg.wahlen	7	16.7	3	8.6	11	26.8
Beides O.K.	13	30.9	6	17.2	7	17.1
Wahlen unnötig	-	-	1	2.8	4	9.8
Wahl der Leiterin genügt	2	4.8	-	-	-	-
Weiß nicht	7	16.7	9	25.7	6	14.6
Gesamt	42	100.0	35	100.0	41	100.0

Quelle: Eigene Erhebung.

---

[355] Interview, Shenzhen, 4.3.03.

Als Wahlform fanden Direktwahlen gegenüber indirekten Wahlen die größere Zustimmung. Ein Teil derjenigen, die für indirekte Wahlen votierten, war der Meinung, es existierten derzeit noch keine hinreichenden Bedingungen für Direktwahlen.

Die Befürworter von Direktwahlen argumentierten überwiegend, diese Wahlform repräsentiere besser die Meinungen aller WählerInnen und sei von daher demokratischer. Es würden dann mehr Menschen partizipieren, weil sie die Arbeit des EK besser verstehen könnten. Wenn jeder wählen könnte, erhöhe dies das Verständnis von der Bedeutung von Wahlen. Überdies fühle sich dann das EK gegenüber den Bewohnern weitaus verantwortlicher. Das EK vertrete überdies alle Bewohner und solle daher auch von allen gewählt werden.

Ein 49jähriger Selbständiger in Chongqing erklärte dazu:

> Direkt- und Delegiertenwahlen könnte man auch miteinander kombinieren. In der jetzigen Frühphase von Wahlen sind Vertreterwahlen vielleicht geeigneter. Gute Delegiertenwahlen würden aber voraussetzen, dass die Vertreter die Kandidaten gut kennen und vor allem, dass diese Vertreter tatsächlich von allen gewählt werden. Denn nur so können sie real die Meinungen aller Bewohner vertreten. Die jetzigen Wahldelegierten machen bislang eigentlich nichts, weil sie genau wissen, dass die Wahlen eigentlich niemanden so recht interessieren.[356]

Ein 45jähriger arbeitsloser, ehemaliger Soldat (Parteimitglied) meinte:

> Direktwahlen sind gut! Bei Vertreterwahlen kann leichter manipuliert werden…Wer sagt, Direktwahlen seien nicht notwendig, hat keine Ahnung! Nehmen wir z.B. die USA, dort gibt es Direktwahlen. Wenn dort der Präsident etwas für die Leute tut, dann sind diese zufrieden.[357]

Eine 32jährige, Mitglied des EK von *Jianbei*, sagte:

> Wenn das *Shequ* wirklich autonom wäre, dann müsste es Direktwahlen geben. Wenn es eine eigene Ökonomie entwickeln könnte, wirklich etwas für die Menschen tut und gleichzeitig auf deren Unterstützung angewiesen ist, dann bedarf es solcher Direktwahlen. Wird das Viertel allerdings weiter vom Straßenbüro kontrolliert und wissen die Bewohner weiterhin nicht, was wir eigentlich machen und unterstützen sie unsere Arbeit nicht, dann reicht es, wenn das Straßenbüro die Kandidaten bestimmt und Wahldelegierte zustimmen.[358]

Unter den Befürwortern von Direktwahlen gab es zwei häufig geäußerte Haltungen: (a) „Wenn man mich auffordern würde, ginge ich wählen" (Wahlen als „Pflicht") und (b) „Zu wählen, das ist mein Recht" (Wahlen als „Recht"). (a) wurde überwiegend von über 50jährigen und Personen mit geringerer Bildung geäußert und steht für eine eher passive Haltung: Im Falle einer Aufforderung würde man sich verpflichtet fühlen zu wählen; andererseits mache man keinen Fehler, weil man ja nur einer Aufforderung „von oben" gefolgt sei. Eine Lehrerin (36, Parteimitglied) aus dem *Jianbei*-Viertel in Chongqing konstatierte:

> Wenn die uns zum Wählen brauchen, kann ich das machen, d.h., wenn unsere Schule aufgefordert wird zu wählen und ich nichts anderes zu tun habe, kann ich zur Wahl kommen.[359]

---

[356] Interview, Chongqing, 3.8.03.
[357] Interview, Shenzhen, 21.2.04.
[358] Interview, Chongqing, 1.8.03.
[359] Interview, Chongqing, 29.7.03.

(b) hingegen wurde von eher Jüngeren und Personen mit höherer Bildung geäußert. In Wahlen sehen diese Personen ein verbrieftes Recht, das sie offensiv wahrnehmen sollten. In Shenzhen brachte eine größere Zahl an Befragten Wahlen auch mit „Demokratie" in Verbindung. Eine 53jährige (Parteimitglied, Hochschulabsolventin) aus dem *Chang'an*-Viertel (Shenyang) wiederum argumentierte:

> Bei den jetzigen Wahlen handelt es sich nicht um rein demokratische Wahlen. Direktwahlen sind in der Tat besser, demokratischer. Auch die Gewählten haben keineswegs das Gefühl, sie seien durch demokratische Wahlen legitimiert worden.

Vor allem Gebildetere und Personen mit gehobenem Funktionärsstatus äußerten sich durchaus affirmativ zu Direktwahlen:

> Das Einwohnerkomitee m u s s gewählt werden, nicht nur weil das Gesetz es so vorsieht. Durch Wahlen wird man zum Vertreter der Massen. Man ist gewählt und damit durch die Bewohner legitimiert. Es gibt durchaus auch Abwahl. In einem Nachbarschaftsviertel war ein Mitglied des EK häufig abwesend. Er wurde nicht wiedergewählt und verlor so seinen Arbeitsplatz …Natürlich sind diese Wahlen noch nicht demokratisch. Alles läuft z.B. noch unter der Aufsicht des Straßenbüros.[360]

Der Vizerektor der Parteischule des Shenyanger *Dadong*-Stadtbezirkes, der im *Yongfeng*-Viertel wohnte und dem „Komitee zur Beratung öffentlicher Angelegenheiten" des Wohnviertels angehörte, äußerte im Hinblick auf Direktwahlen:

> Ich meine, bei der nächsten Wahl [des EK, Anm. d. Verf.] kann man hier direkt wählen lassen. Die Bedingungen dafür sind vorhanden. Man braucht auch keine hundertprozentige Wahlbeteiligung. 70 Prozent wären schon O.K. Direktwahlen halte ich für wichtig, denn indirekte Wahlen schließen die Mehrheit der Bevölkerung aus. In Zukunft sollten auch die Stadtregierungen und – volkskongresse direkt gewählt werden. Man sollte der Bevölkerung und dem Volk vertrauen.[361]

Immerhin meinten Befürworter von Direktwahlen, dass zwischen 70 und 80 Prozent der Wahlberechtigten an solchen Wahlen teilnehmen würden. Sie widersprachen damit Befürchtungen einzelner Funktionäre, solche Wahlen könnten auf Grund mangelnder Wahlbeteiligung zu einem Desaster werden.[362]

Die Befürworter von indirekten Wahlen wiederum nannten folgende Gründe gegen Direktwahlen:

---

[360] Interview, ehemaliger Parteisekretär eines EK, Shenyang, 4.3.03.
[361] Interview, Vizedirektor der Parteischule eines Stadtbezirks, Shenyang, 8.3.03.
[362] Entsprechend weist das Ministerium für Zivilverwaltung immer wieder auf Beispiele von Direktwahlen hin, wo die Wahlbeteiligung mehr als 90 Prozent betragen haben soll, vgl. *Shequ* 1-2/2004: 5.

Tab. 29: Weshalb sprechen Sie sich gegen Direktwahlen aus? (Bewohner)

Antworten	Personen	%
1. Leute wissen nicht, wen sie wählen sollen/kennen Kandidaten nicht	19	20.4
2. Schwierig zu organisieren	14	15.1
3. Geringes Interesse bei Bewohnern/viele werden nicht wählen	14	15.1
4. Führt zu Chaos (*luan*)	12	12.9
5. Leute keine Zeit	8	8.6
6. Fehlt Bewusstsein i.d. Bevölkerung	7	7.5
7. Es fehlt an erforderl. Räumlichkeiten	6	6.4
8. Ist noch verfrüht	5	5.4
9. Zu viele Menschen sind involviert	5	5.4
10. Womöglich werden nicht die vom Strassenbüro ausgewählten Kand. gewählt	3	3.2
Gesamt	93	100.0

Quelle: Eigene Erhebung.

Die in Tab. 29 vorgetragenen Argumente lassen sich im Wesentlichen in zwei Oberkategorien fassen: Für Direktwahlen fehlten (a) noch die subjektiven Voraussetzungen bei den potenziellen Wählern; und (b) die objektiven Bedingungen seien nicht gegeben. Der subjektive Faktor bezieht sich auf fehlende Informationen oder ein geringes Interesse der Wähler; der objektive auf die materiellen Erfordernisse wie Räumlichkeiten, Finanzmittel und Organisationsfragen.

Stellvertretend für Bedenkenträger erklärte in Shenzhen ein 60jähriger Ingenieur mit Hochschulabschluss zur Frage von Direktwahlen, dass diese zwar wünschenswert seien, es für die Einführung aber noch zu früh sei. Gleichzeitig sprach er sich für eine stärkere Kontrolle der Beamten aus, ohne jedoch die Kontrollfunktion zu erwähnen, die z.B. von Wahlen ausgehen könnte:

> [Frage: Direktwahlen] Das ist Demokratie. Aber denken wir doch einmal an Chinas Geschichte: Obwohl Demokratie jetzt ein globaler Trend ist, geht das unter den gegenwärtigen Bedingungen Chinas noch nicht. Mit einem Schlag westliche Demokratie einführen, ich fürchte, das geht noch nicht. Von der vieltausendjährigen Feudalgeschichte Chinas bis hin zur Ära Mao Zedong – da einfach mit einem Schritt es genauso machen zu wollen wie in der westlichen Demokratie, das haut nicht hin. Auch die Präsidenten in England und in den USA werden nicht durch direkte Wahlen gewählt. Auf der anderen Seite muss man sagen, es gibt jetzt bei uns zwar so etwas wie Disziplinkontrolle und behördliche Aufsicht, aber das Ergreifen von Repressalien und Racheakte an Personen [die Missstände aufdecken, Anm. d. Verf.] sind weit verbreitet. Öffentlich Bedienstete gehen auf Kosten des Staates Golf spielen, fahren staatliche Wagen, obwohl sie dazu eigentlich kein Recht haben. Aber niemand kümmert sich darum. Bei uns fehlt es an einer Kontrolle der öffentlich Bediensteten.[363]

---

[363] Interview, Shenzhen, 24.2.04.

Im Prinzip wird hier ausgesagt, dass es zunächst einmal einer effektiven Eindämmung der Korruption bedürfe und rechtlicher Sicherheit, d.h. es seien zunächst die Voraussetzungen für eine funktionierende Demokratie oder auch effektive Wahlsysteme zu schaffen.

Ein 51jähriger Manager in Shenzhen, KP-Mitglied, äußerte sich folgendermaßen:

> Nicht nur die EK-Wahlen, auch die Wahlen der Abgeordneten für den Volkskongress [des Stadtbezirks, Anm. d. Verf.] sind nicht ausgereift, sondern etwas oberflächlich. Sie repräsentieren, im strengen Sinne, nicht wirklich den Willen aller. Dafür braucht es noch Zeit. Das demokratische Bewusstsein ist bei vielen noch nicht sehr ausgeprägt. Um richtig wählen zu können, muss man die Kandidaten auch kennen und verstehen. Schriftliches Material oder öffentliche Bekanntmachungen reichen da nicht aus. In China wird Vieles gesagt, was sich dann als oberflächlich herausstellt. Das befindet sich alles noch in einem Entwicklungsprozess. Es ist wie bei *Wushu* oder *Taiji*: Man muss es erst einmal lernen, ehe es zur Reife kommt. Auch für Wahlen bedarf es eines Prozesses.[364]

Eine 35jährige Angestellte (Sekretärin einer Parteizelle, Hochschulbildung) konstatierte:

> Natürlich sind Direktwahlen besser. Sie repräsentieren stärker den Willen der Bevölkerung. Jeder sollte wählen können. Den Volkskongress-Abgeordneten, den ich wähle, kennen wir auch nicht. Woher weiss ich denn, dass der meine Interessen vertritt? Jeder sollte seine Meinung [bei den Wahlen, Anm. d. Verf.] zum Ausdruck bringen können. Das ist auch bei der Wahl zum Volkskongress bislang nicht der Fall, letztlich ist das auch keine Direktwahl. Die Gewählten sollten den Wählern gegenüber rechenschaftspflichtig sein. Sie sollten erklären, dass sie unsere Interessen vertreten wollen. Wie kann man einfach von oben Delegierte bestimmen?[365]

Und:

> Ich meine, mit der Entwicklung der Wirtschaft steigt auch das Bewusstsein für die eigenen Rechte. Unter den jetzigen Wirtschafts- und Bildungsstandards in China sind die gegenwärtigen Strukturen vielleicht angemessen. Nehmen wir z.B. Taiwan. Mit der Wirtschaft haben sich dort auch die Rechte der Menschen entwickelt. Wenn die Wirtschaft sich weiter entwickelt, wird sich auch das System ändern.[366]

Ein eher rationales Argument ist der Kostenfaktor. Sozialwissenschaftler haben errechnet, dass z.B. die Durchführung von Direktwahlen in einem einzigen Pekinger *Shequ* rund 100.000 Yuan koste (2004).[367] Diese Kosten beinhalteten Ausgaben für Werbung für die Wahlen, Organisationskosten (Raummiete etc.), die Vergütung der Wahlhelfer, Essen und Geschenke für Wahlhelfer etc. Bei einem Kostenaufwand von 100.000 Yuan pro Wahl wären dies in einer Stadt wie Chongqing mit (2003) 1.951 *Shequ* bereits Wahlkosten in Höhe von rund 195 Mio. Yuan gewesen. Weder die Städte noch die Stadtbezirke und schon gar nicht die Wohnviertel sind finanziell in der Lage, entsprechende Mittel aufzubringen.

Gegen dieses Argument gibt es allerdings Widerspruch. Eine chinesische Untersuchung über verschiedene *Shequ* konstatiert, dass die Kosten dann hoch seien, wenn das

---

[364] Interview, Shenzhen, 29.2.04.
[365] Interview, Shenzhen, 2.3.04.
[366] Interview, Shenzhen, 2.3.04.
[367] So Prof. Li Lulu, Direktor des Instituts für Soziologie an der *Renmin* Universität, in einem Gespräch am 11.3.04 in Peking.

Partizipationsbewusstsein gering und nachbarschaftliche Netzwerke nur schwach ausgeprägt seien. Im umgekehrten Fall hingegen seien die Kosten erheblich niedriger. Dazu gibt der Untersuchungsbericht folgendes Beispiel (*Shequ* A: geringes Partizipationsbewusstsein/schwach ausgebildete Netzwerke; *Shequ* B: hohes Bewusstsein/starke Netzwerke):

Tab. 30: Kosten der Wahlorganisation in zwei unterschiedlichen *Shequ* (in Yuan)

Shequ	Gesamtkosten	Materialien	Propaganda	Erinnerungsgeschenke	Vergütung Wahlhelfer	Verpflegung	Sonstige Kosten
A	80666,7	26647,4	14761,-	18484,5	11500,-	5771,-	3512,8
B	9400,-	3000,-	5500,-	-	-	200,-	700,-

Quelle: *Wu Meng* 2004: 12.

Je geringer das Partizipationsinteresse, desto höher die erforderlichen materiellen Anreize für Wahlhelfer und Wähler und umgekehrt. Wenn Funktionäre mit dem Kostenfaktor argumentieren, dann steht dahinter die Auffassung, dass die Kosten proportional zum geringen Partizipationsinteresse steigen. Funktionäre auf der Ebene der Stadtbezirke, Straßenbüros und EKs waren unserer Untersuchung zufolge entsprechend zu einem wesentlich höheren Prozentsatz für Vertreterwahlen als die normale Bevölkerung.

Tab. 31: Welche Wahlform präferieren Sie (Funktionäre)?

	Personen	%
Delegiertenwahlen	22	73.3
Direktwahlen	5	16.7
beide gleich	2	6.7
Sonstiges	1	3.3
Gesamt	30	100.0

Quelle: Eigene Erhebung.

Tab. 32: Weshalb sprechen Sie sich gegen Direktwahlen aus (Funktionäre)?

Antworten	Personen	%
1. Geringes Interesse bei Bewohnern/viele werden nicht wählen	6	27.3
2. Es fehlen die materiellen Voraussetzungen	4	18.2
3. Lage könnte außer Kontrolle geraten	4	18.2
4. Zu kompliziert	3	13.6
5. Ist noch verfrüht	2	9.1
6. Weiß nicht	1	4.5
7. Sonstige	2	9.1
Gesamt	22	100.0

Quelle: Eigene Erhebung.

An erster Stelle steht die Furcht vor einer geringen Wahlbeteiligung, die womöglich dem EK oder den lokalen Funktionären angelastet werden könnte. Dabei ist den Funktionären das Desinteresse der Bevölkerung an solchen Wahlen durchaus bewusst. Hinter allen Antworten verbirgt sich die Befürchtung, dass letztlich sie in der einen oder anderen Weise für ein Scheitern des Wahlvorgangs verantwortlich gemacht werden könnten. Überdies besitzen auch die Funktionäre kein großes Interesse an Wahlen, weil Wahlprozesse viel Arbeit bedeuten, aber (vermeintlich) niemandem Nutzen bringen.

Befragte Funktionäre erklärten, es sei noch zu früh für „Demokratie", ein Argument, das die Parteiführung immer wieder gegen allzu rapide Einführung von Formen direkter Demokratie anführt. Diesem Argument zufolge muss die Bevölkerung einerseits subjektiv auf Demokratie vorbereitet werden; andererseits bedarf es objektiver Voraussetzung, die auf Grund des gegenwärtigen Entwicklungsstandes Chinas noch nicht gegeben seien. In diesem Argument kommt zugleich aber ein Misstrauen gegenüber der Bevölkerung zum Ausdruck sowie die Angst, demokratische Methoden könnten zu „Chaos" führen, d.h. im Rahmen großer Menschenansammlungen könne eine nicht näher beschriebene Lage außer Kontrolle (*luan*) geraten. Eine solche Lage könne eintreten wenn z.B. von den Wählern andere Personen gewählt würden als die vorab von oben Selektierten; aber auch wenn nur ein Teil der Wahlberechtigten zu den Urnen ginge. Die für die Wahl zuständige „Leitung" könnte dann womöglich wegen ungenügender Vorbereitungsarbeit von höherer Stelle kritisiert werden.

Auch die Frage einer Wahlbeteiligung bei Direktwahlen wird unterschiedlich bewertet. Befürworter von allgemeinen und direkten Wahlen prognostizieren eine hohe, Gegner eine geringe Beteiligung. Die neue Politische Ökonomie hat darauf hingewiesen, dass Menschen dann nicht zur Wahl gehen „wenn der aus einer Partizipation erwachsende Nutzen niedriger ist als die Kosten",[368] wobei unter Kosten auch geringe wie der Gang zum Wahlakt, die dafür erforderliche Zeit oder die Begegnung mit lokalen Funktionären verstanden werden können. Im *Shequ* ist die Bedeutung der Wahlen für die Bewohner gegenwärtig relativ gering, da die Kandidaten weitgehend vom Straßenbüro bestimmt wurden, die Wahlen durch handverlesene Delegierte erfolgen und der Einzelne durch die Stimmabgabe bislang noch relativ wenig zu erreichen vermag. Die Kosten der Partizipation übersteigen von daher den Nutzen. Weil das Interesse der Bewohner, aber auch der Funktionäre an diesen Wahlen noch gering ist, befürchten lokale Funktionäre zu Recht, dass die Wahlbeteiligung „niedrig" sein würde. Allerdings muss dieses „Niedrigsein" relativiert werden. Eine Wahlbeteiligung von weniger als 80-90 Prozent wurde von vielen Funktionären bereits als „gering" veranschlagt, zumal vor dem Hintergrund, dass bei den Wahlen für die Delegierten der lokalen Volkskongresse Wahlpflicht besteht und höhere Verwaltungsorgane im Allgemeinen eine hundertprozentige Wahlbeteiligung erwarten. Dies lässt sich auch als Relikt planwirtschaftlichen Denkens interpretieren.

Allerdings mag die genannte Kostenüberlegung nur für einen Teil der Wähler zutreffen. Andere mögen darin keine Kosten, sondern einen Kommunikationsakt sehen, den sie gerne wahrnehmen. Wiederum andere gehen zur Urne, weil es sozialen Druck gibt, der eine Teilnahme erforderlich macht, und durch eine Nichtteilnahme möglicherweise soziale Kosten (wie Kritik wegen Nichtbeteiligung durch Funktionäre oder die öffentliche Meinung) entstehen würden.

---

[368] *Kirsch* 1997: 225.

Insgesamt lässt sich sagen, dass Wahlen in den Stadtvierteln ein neues Phänomen darstellen, das sich erst noch entwickeln muss. Kontinuierliche Wahlen fördern den Lernprozess und die Internalisierung und Einübung von Wahlprozessen und Partizipation. Gerade dadurch wachsen aber das politische Wissen der Bürger und damit die politische Nachfrage. Zugleich würden kontinuierliche Wahlen das Vertrauen der Wähler in die Kandidaten stärken und könnten die Gewählten durch bürgerfreundliche Tätigkeiten Vertrauen generieren. Direktwahlen würden die Vertrauenbasis zwischen Wählern und Gewählten stärken. Solange die Wahlen nur indirekten Charakter haben und die Kandidaten vom *local state* nominiert werden, ist der Grad an Vertrauen gering. Der Wahlforscher Li Fan spricht davon, dass „falsche Wahlen" das „öffentliche Vertrauen" beeinträchtigen würden.[369]

Das weiß auch die politische Führung. Von daher präferiert sie zunehmend Direktwahlen. Ein Beitrag im Parteiorgan „Volkszeitung" wies darauf hin, dass bei indirekten Wahlen letztlich die Straßenbüros über die Kandidaten enschieden. Dies wirke sich negativ auf die Identifizierung der Bewohner mit ihrem *Shequ* aus. Direktwahlen förderten Partizipation und dies wiederum sei Voraussetzung für die Selbstverwaltung durch die Bewohner. Basisdemokratie setze voraus, dass die Bürger selbst über ihre Angelegenheiten entscheiden könnten. Direktwahlen trügen von daher dazu bei, das demokratische Bewusstsein, die demokratischen Fertigkeiten und Gewohnheiten der Bürger zu entwickeln.[370] Hinter dieser Auffassung steht letztlich das Konzept lernender Partizipation in dem und durch das *Shequ*.

Indirekte Wahlen sind nicht nur Ausdruck gesellschaftlicher Ungleichheit (weil einige wählen dürfen, andere nicht), sie lassen sich letztlich auch als eine Form institutionellen Misstrauens begreifen, weil die Behörden zu glauben wissen, dass im Falle direkter Wahlen die Wahlbeteiligung relativ gering ausfallen und dadurch ihre Glaubwürdigkeit und damit die des Regimes an Ansehen verlieren könnte. Andererseits erweisen sich auch Direktwahlen unter den Bedingungen eines autoritären Systems durchaus als wenig demokratisch. Wie Gui et al. am Beispiel Shanghais gezeigt haben, versuchten die Parteikomitees in den *Shequ* mit gewaltigem Aufwand, die Bewohner zu einer Beteiligung an der Wahl zu mobilisieren, u.a. um das vom Straßenbüro gesetzte Wahlziel von 85 Prozent Wahlbeteiligung zu erreichen. Auch hier hatten die Bewohner zunächst wenig Interesse an der Wahlbeteiligung. Die Mobilisierung wurde fast ausschließlich von Parteimitgliedern geleistet. Auch die Wahlkomitees setzten sich nahezu ausschließlich aus Parteimitgliedern zusammen. Die Autoren kamen zu dem Schluss, dass „if the residents were to exercise their free will, the Party might encounter an uncontrollable situation in the election or after".[371] Bewohner könnten unabhängige Kandidaten wählen, die sich der Kontrolle durch übergeordnete Organe von Partei und Regierung entziehen könnten.

7.4 Institutionelle Wahleffekte

Die Ausweitung politischer Partizipation und politisch aktive Bürger gelten als wichtige Merkmale politischer Modernisierung. Auch wenn es sich bei den *Shequ*-Wahlen um eine Form mobilisierter (und nicht autonomer) Wahl handeln mag, weil die Partei über die Aufstellung von Kandidaten und, im Falle indirekter Wahlen, auch über die Zusammensetzung

---

[369] *Li Fan* 2005b: 370.
[370] *Pan Yue* 2004.
[371] *Gui* et al. 2006.

des Wahlgremiums wacht, so wäre es falsch, den partizipativen Charakter solcher Wahlen leugnen zu wollen. Verhalten, das aus mobilisierten Formen politischer Partizipation resultiert, etwa das Recht zu wählen, das Recht auf ordnungsgemäße Wahlprozeduren und die mögliche Abwahl von Funktionsträgern, die die Hoffnungen der Wähler nicht erfüllen, kann internalisiert werden und schließlich zu autonomen Formen von Partizipation führen. Überdies schaffen mobilisierende Wahlformen Gelegenheiten für die Wähler (wie das Stellen von Anforderungen an die Kandidaten, Einforderung der Rechenschaftspflicht) und legen den Gewählten bestimmte Beschränkungen auf (durch die Rechenschaftspflicht gegenüber den Wählern bzw. die Einhaltung von Wahlversprechen im Interesse der Wiederwahl).[372] Die ökonomische Theorie der Demokratie geht davon aus, dass Wähler sich rational in dem Sinne verhalten, dass sie diejenigen Personen wählen, von denen sie glauben, dass sie ihnen in der Vergangenheit die meisten Vorteile gebracht haben bzw. von denen sie sich in der Zukunft größere Vorteile versprechen als von anderen.[373] Von daher müssen sich auch im gegenwärtigen China Kandidaten bei ihrer Präsentation und Gewählte in ihrem Verhalten zunehmend an den Interessen der Wähler orientieren, um gewählt oder wiedergewählt zu werden. Allerdings findet sich ein solcher Idealtypus bislang nur in einer Minderheit von Nachbarschaftsvierteln. Überwiegend wählen Vertreter, häufig sind die Kandidaten den Bewohnern nicht bekannt oder sie wissen gar nicht, dass überhaupt Wahlen stattfinden. Auch die Wahlvertreter machen – wie wir oben gezeigt haben – lediglich einige Prozent der jeweiligen Gesamtbevölkerung aus.

In Vierteln, in denen die Wahlen mit Ernsthaftigkeit betrieben, wo Kandidaten befragt werden und geheim gewählt wird, dort geht von Wahlen durchaus ein bewusstseinsformender Effekt aus. Viele Bewohner wussten z.B., dass im Shenyanger Tiexi-Stadtbezirk ein EK von den Bewohnern abgewählt worden war, weil es ein Kernproblem, in diesem Fall das der Wasserversorgung der Bewohner, nicht zu lösen vermocht hatte.

Die Mehrheit derjenigen Befragten, die Wahldelegierte waren, also wählen durften, nannten als positive Effekte von Wahlen:

- Gewählte Personen empfinden sich als verantwortlicher, weil sie gewählt wurden und wieder kandidieren möchten.
- Wer nichts für die Bewohner tut, wird nicht wiedergewählt.
- Bewohner machen mehr Vorschläge und äußern öfter ihre Meinung.

Meinungen bzw. das Unterbreiten von Vorschlägen sind wichtige Indikatoren für Partizipation. Entsprechende Fragen im Rahmen der Interviews ergaben, dass ein gewisser (wenn auch geringer) Prozentsatz durchaus konstatierte, Vorschläge gemacht oder Meinungen geäußert zu haben:

---

[372] Zum Unterschied zwischen mobilisierten und autonomen Formen von Partizipation vgl. *Huntington/Nelson* 1976: 7-10.
[373] *Downs* 1957.

Tab. 33: Haben Sie gegenüber dem Einwohnerkomitee Vorschläge gemacht oder Meinungen geäußert?

	Shenyang	%	Chongqing	%	Shenzhen	%
Ja	15	51.7	7	43.75	6	40.0
Nein	14	48.3	9	56.25	9	60.0
Gesamt	29	100.0	16	100.0	15	100.0

Quelle: Eigene Erhebung.
Anm.: Bezieht sich auf befragte Personen, die sich dazu äußerten.

Knapp die Hälfte oder etwas weniger derjenigen, die sich zu der Frage äußerten, gaben an, schon öfter ihre Meinung zu bestimmten Fragen geäußert oder Vorschläge gemacht zu haben. Die Vorschläge bezogen sich, wie kaum anders zu erwarten, überwiegend auf Probleme des Alltags im Wohnviertel: Beschwerden über Mängel bei der öffentlichen Sicherheit und der Sauberkeit, Lärmbelästigung durch umherziehende Händler und Handwerker, über die wachsende Zahl an Hunden, über das wahllose Abstellen von Fahrrädern oder zu schnell fahrende Autos im Viertel usw. Es waren primär Personen mit einer herausgehobenen Stellung (alte Parteimitglieder, Kader auf Stadtbezirksebene, größere Unternehmer), die Vorschläge für die Weiterentwicklung des Viertels gemacht oder substantielle Kritik geäußert hatten. So hatte sich ein 86jähriger Parteiveteran einmal auf einer Sitzung mit dem Büroleiter der Bezirksregierung angelegt und ihm vorgeworfen, zwar die Bewohner zu Meinungsäußerungen aufzufordern, diese Äußerungen dann aber zu ignorieren. Bezirk und Straßenbüro entschieden ohnehin immer einseitig, ohne die Meinungen des *Shequ* zu berücksichtigen.[374]

Ein direkter Zusammenhang zwischen der Einführung von Wahlen und dem Anstieg von Meinungsäußerungen/Vorschlägen war nicht erkennbar, auch wenn viele der Befragten das so sahen. Allerdings schien die Mitwirkung in dem Wahlgremium, das ja zugleich auch Aufsichtsorgan über das EK war, nach Auffassung vieler Befragter zumindest die Möglichkeit zu mehr Meinungsäußerungen und Vorschlägen zu.

Nun wäre es allzu einfach, in diesen Wahlen lediglich ein Instrument zur Legitimierung autoritärer Strukturen oder der Kontrolle zu sehen. Sie besitzen durchaus dualen Charakter. Wahlen räumen der Bevölkerung ein gewisses Maß an Partizipation ein, auch wenn es sich um eine von oben kontrollierte, mobilisierende Partizipation handelt, da die Wahlvorgänge von den übergeordneten Behörden kontrolliert werden.[375] Dies gilt in noch stärkerem Maße für direkte Wahlen, die allerdings künftig flächendeckend eingeführt werden sollen. Den Bewohnern bietet sich die Möglichkeit der Mitwirkung an der Kandidatenauswahl und an deren Programmgestaltung, somit an erweiterter Interessenartikulation und eine Beteiligung an der Wahl von Personen, die bei der Durchsetzung von Interessen gegenüber den Straßenbüros und Stadtbezirken größeren Verhandlungsspielraum und größeres Verhandlungsgeschick aufweisen. Allein der Aufruf zu „demokratischen Wahlen" durch die Bevölkerung ermuntert zur Durchsetzung von Interessen. Darüber hinaus stärkt

---

[374] Interview, Chongqing, 30.7.03.
[375] Indirekte Wahlformen besitzen in China ein lange Geschichte. An den ersten Wahlen zu den Provinzversammlungen Anfang des 20. Jhdts. z.B. durften nur handverlesene Personen teilnehmen. Die Mehrheit der Bevölkerung blieb davon ausgeschlossen. Bei den Wahlen 1909-1911 waren lediglich 1,7 Mio. der schätzungsweise 400 Mio. Einwohner wahlberechtigt, vgl. *Fincher* 1981; *Thompson* 1995.

die gemeinsame Durchsetzung auch kleiner Forderungen der Bewohner (in Bereichen wie Verbesserung oder Erhaltung der Wohnqualität oder der Infrastruktur) deren Gefühl, gemeinsam etwas erreichen zu können (*sense of internal efficacy*). Dies fördert den Partizipationswillen und das Gemeinschaftsgefühl oder, wie Charles Taylor es formulierte:

> Die Beteiligten überwinden die Differenzen, die sie sonst trennen, sie sind sich der Bedeutung ihres gemeinsam angestrebten Zieles bewußt und haben das berechtigte Gefühl, dass dieses Ziel zu erreichen ein Sieg für den Anspruch auf Selbstregierung wäre. Sich unter einem solchen gemeinsamen Ziel zu versammeln kann für die Bürger und das Gemeinwesen sehr belebend sein. Es ist ein wichtiges Moment von Demokratieerfahrung.[376]

Auch wenn von der Partei primär anders intendiert, wird die Einführung direkter Wahlen die Macht der *Shequ* gegenüber dem Staat stärken. Der demokratische Anspruch kann von der Bevölkerung zur Ausweitung ihres *social space* genutzt werden, etwa durch die Durchsetzung von parteilosen und/oder von solchen Kandidaten, die sich an den Interessen eines Wohnviertels und seiner Bewohner orientieren. Die Wahlpartizipation erweist sich insofern als ein *Lernprozess*, weil sie ein wichtiges Moment politischer Sozialisation darstellt. Partizipationskompetenz als Voraussetzung für Mitgestaltung und Mitbestimmung durch Wahlen muss erlangt werden. Die Schaffung solcher Kompetenz erfordert Vermittlung von Wissen (Bewusstseinsbildung) und die Bereitstellung organisatorischer Kanäle für Partizipation, damit nicht nur Funktionäre partizipieren können. Organisatorische Fähigkeiten und subjektive Kompetenz (*internal efficacy*) sind zwei zentrale Lernsäulen, die in den *Shequ* und in nicht-politischen Institutionen entwickelt bzw. erlernt werden können.[377]

Auch in China wird mittlerweile vom „lernenden" (*xuexuing*) *Shequ* gesprochen, in dem es nicht nur ein Lern- und Informationsangebot für die Bewohner gibt, sondern in dem sich auch „zivilisatorische" Standards (Umwelt-, Hygiene-, Moralstandards) herausbilden und die Bewohner zunehmend freiwillig partizipieren.[378] Das Bemühen um die Anhebung dieser Standards und die Diskussion darüber in den EKs und in den Reihen der Aktivisten sowie die Entwicklungsprogramme in den *Shequ* weisen auf einen solchen Lernprozess hin, auch wenn dieser zunächst noch mobilisiert, d.h. von oben angestoßen wird. Lernen bezieht sich hier auf Organisationslernen, d.h. dass die Organisation ‚als Ganzes' sich verändert oder verbessert hat. Nicht individuelles Humankapital, sondern gemeinsame Organisationskompetenz soll erhöht werden. Gemeint ist dabei Lernen im Hinblick auf Verbesserung der Problemlösungskapazität, kontinuierliche Entwicklung, Reformierung und Qualifizierung, begleitet von permanenter Reflexion.

Letztlich bringen die Ausweitung von Wahlen und die öffentliche Diskussion darüber also mobilisierende und damit Lerneffekte mit sich. Das Moment der Basis-Wahlen findet häufige Erwähnung in der Presse und selbst innerhalb der Partei sollen nun auch Führungsfunktionäre auf der unteren und mittleren Ebene gewählt werden. Entsprechende Bestimmungen hat die Parteiführung bereits im September 2004 erlassen.[379]

---

[376] *Taylor* 2002: 18.
[377] Mehr zu diesem Problembereich: *Kißler* 1980.
[378] *Wu* 2004; *Huang Guanhong* 2004; *Shi/Zhuo* 2006.
[379] Vgl. hierzu: *Renmin Ribao*, 9.9.04.

7.5 Warum Wahlen?

Warum lässt die Partei Wahlen überhaupt zu? Zum einen sieht sie in einer partizipatorischeren Mitwirkung keine Gefahr für ihre Herrschaft, weil die *Shequ*-Komitees nicht als parallele Machtstrukturen begriffen werden, zumal die Parteiorganisationen entscheidungsrelevante und dominante Institution im *Shequ* bleiben und die Wohnviertel zudem der Kontrolle durch übergeordnete Verwaltungs- und Parteiinstanzen unterliegen. Im Falle von „Abweichungen" besteht jederzeit die Möglichkeit, von außen einzugreifen, etwa durch den Transfer von Kadern in die *Shequ*. Derartige Wahlen beeinträchtigen auch nicht die Staatskapazität. Sie können vielmehr zur Kontrolle lokaler Funktionsträger genutzt werden und zur Verbesserung lokaler Verwaltungseffizienz führen.

Karklins nennt drei Muster zur Erklärung, weshalb autoritäre Systeme Wahlen durchführen: (a) im Interesse der Legitimierung eines Regimes; (b) zur politischen Sozialisierung der Massen; (c) zur Mobilisierung der Bevölkerung.[380] Als weiterer Punkt ließe sich noch das Moment der Integration anführen, nämlich der Integration von Parteimitgliedern und Parteilosen, von Funktionären und Nicht-Funktionären sowie von verschiedenen Schichten innerhalb einer Gemeinschaft (hier des *Shequ*) auf Basis von Gleichheit und Gleichberechtigung. Zudem erzeugen Wahlen ein gewisses Identitätsgefühl unter den Wählern, im Sinne eines „ritual of solidarity" in Form des Wahlaktes.[381]

Wahlen sind zugleich Zeichen einer inneren politischen Entspannung, können Unzufriedenheit und oppositionelle Strömungen deutlich werden lassen und – als Machtkorrektiv – die Absetzung unfähiger oder unbeliebter Politiker fördern. Sie stellen einen Stimulus für Politiker dar, sich in gewisser Hinsicht wählergerecht zu verhalten und dienen somit auch der Legitimierung eines politischen Systems. All dies trägt dazu bei, das System zu stabilisieren. Letztlich können Wahlen auch dazu dienen, das politische System zu öffnen.[382]

Zweifellos sind diese Momente, die auch zur Rechtfertigung der Legitimation eines Regimes dienen und psychologische Funktion für die Bevölkerung haben sollen, wichtig. Auch verbirgt sich dahinter die symbolische Botschaft, dass es keine Alternative zur Parteiherrschaft gibt und Partizipation sich auf regulierte Kanäle beschränken soll. „Participation in the great charade of totalitarian and authoritarian elections", schreibt Karklins, "is highly valued by the regime, because the act of each citizen in being part and parcel of it is a small, but significant politico-psychological victory."[383]

In der Theorie der Wahlen gelten Wahlprozesse als Gelegenheit der Bürger, politische Führungspersonen zu beeinflussen. Darüber, so die Argumentation, entsteht Unterstützung für das bestehende politische System. Demokratietheorien haben gezeigt, dass es eine Korrelation zwischen Wahlbeteiligung und Legitimität eines Systems gibt. Faire und reguläre Wahlen erzeugen ein Gefühl der Legitimität der Regierung. Berichte in den Medien tragen darüber hinaus zur Schaffung von Vertrauen und *efficacy* bei.[384] In dieser Hinsicht bemüht sich die chinesische Führung, von den Wahlprozessen in „westlichen" Ländern zu lernen, um auf diese Weise Staatskapazität zu erhöhen und *governance* zu verbessern.[385]

---

[380] *Karklins* 1986: 449; *Rose/Mossawir* 1967.
[381] Vgl. hierzu u.a. *Rahn* et al. 1999: 126ff.
[382] Vgl. auch *Nohlen* 2004: 32.
[383] *Karklins* 1986: 465; vgl. auch *Pravda* 1978; *Reshetar* 1989: 193ff.
[384] Vgl. hierzu *Banducci/Karp* 2003.
[385] Dazu: *Heberer* 2003.

Wahlen stellen von daher nicht per se eine Herausforderung des Parteimonopols der KPCh dar. Vielmehr könnten allgemeine und kompetitive Wahlen *good governance* in dem Sinne stärken, dass die Gewählten sich stärker an den Interessen der Wähler orientieren müssen, wenn sie wiedergewählt werden wollen.

7.6 Zusammenfassung: Partizipation als Lernprozess?

Entscheidend für den Grad an politischer Partizipation auch in den *Shequ* ist in autoritären Staaten wie China zunächst die Haltung der politischen Eliten. Ein höheres Maß an kontrollierter Partizipation ist erwünscht und partiell sogar erforderlich, autonome Formen politischer Partizipation sind ausgeschlossen bzw. Einschränkungen unterworfen. Von daher ist politische Partizipation im Sinne westlicher politischer Theorie von vornherein begrenzt. Andererseits benötigt der Staat Mitwirkung und Initiativen der Bevölkerung, um sowohl soziale Stabilisierung und Legitimität als auch sein Modernisierungsziel erreichen zu können. Seit Beginn der Reformen hat er sich aus immer mehr Bereichen zurückgezogen. Das gilt für den ökonomischen Bereich (Abbau des Staats- und Kollektiv- gegenüber dem Privatsektor) ebenso wie für den Wohnbereich (Auflösung der *Danwei*-Wohnviertel; Umwandlung öffentlicher Wohnungen in Privateigentum). Auch der soziale Bereich (Umwelt, Sauberkeit, Verwaltung der Wohnviertel, soziale Wohlfahrt) soll nun partiell und graduell in die Hände der Betroffenen gelegt werden. Da jahrzehntelang der Staat für solche Fragen zuständig war, ist der Partizipationsgrad innerhalb der Bevölkerung noch nicht sehr hoch. Die sozial Schwachen rufen bei der Gestaltung ihres Lebens ständig nach dem Staat, die sozial Stärkeren pochen auf individuelle Autonomie. Beides lässt darauf schließen, dass Partizipation sehr viel stärker als Entwicklungs- und Lernprozess begriffen werden muss. Es geht also mehr darum, solche Prozesse in ihren Konditionalbedingungen aufzuzeigen. Partizipation im Kleinen und in politikferneren Domänen, so unsere These, stellt eine Schule für Partizipation in politiknäheren Feldern dar, gerade weil auch politikferne Partizipation in der Gemeinschaft erfolgt und gemeinschaftsspezifischen Zielsetzungen dienen kann. Wir bezeichnen das als *proto*-politische Partizipation, da dadurch nicht unerhebliche Teile der Bewohner in politiknahen Feldern der *Shequ*-Aktivitäten partizipieren. Die Bedingungen für die Ausweitung von Partizipation in China sind gut, weil die politischen Eliten zunehmend auf Freiwillige und Bürgerengagement angewiesen sind. Partizipation ist nicht das zentrale Ziel der politischen Elite, sondern ein Mittel zur Einbindung der Stadtbevölkerung in neue Prozesse politischer und sozialer Organisationsformen und im Interesse der Stärkung politischer Legitimität und Stabilität.

Gleichwohl existiert ein erkennbarer Grad an sozialer, aber auch an politischer Partizipation. Die mobilisierte Form (Wahlen zum EK, Einbindung von Bewohnern in politische Aktivitäten und Funktionen, Vereinstätigkeit, Aktivitäten der KP-Mitglieder) überwiegt. Autonome Formen finden sich bislang primär im Bereich der Wohnungseigentümerinteressen und –repräsentanz. Wichtig ist hier aber der Hinweis, dass nach der Erfahrung totalitärer Verhältnisse in den 1960er und 1970er Jahren und im Rahmen des gesellschaftlichen Pluralisierungsprozesses das Interesse der städtischen Bevölkerung an Formen mobilisierter Partizipation deutlich abgenommen hat. Das Defizit an freiwilliger Partizipation, gepaart mit Kontrolle partizipativen Verhaltens durch den Staat bewirkt daher weiterhin eine von oben mobilisierte Partizipation.

Auffallend ist, dass es in der Regel nicht Personen mit höherer Bildung sind, die in den Wohnvierteln partizipieren, sondern Ältere mit geringerer Bildung und eher traditionellem Denken, wobei Frauen die große Mehrheit bilden.[386] Dies hat aber nur sehr eingeschränkt mit „politischer Kultur" zu tun, vielmehr mit Fragen des Herausfallens aus Arbeitszusammenhängen und materieller sowie institutioneller Abhängigkeit, vor allem aber mit dem Faktor Zeit. Wer nicht auf Grund sozialer Benachteiligung von Zuwendungen und Hilfestellung der EKs abhängig ist, sucht eher individuelle Unabhängigkeit. Von daher partizipieren manche häufig, andere selten oder gar nicht, wiederum andere *issue*-orientiert. Überdies existiert eine gewisse Scheu im Hinblick auf partizipatorische Tätigkeiten. „Interest [gemeint ist passive Partizipation, Anm. d. Verf.] is cheap, whereas activity [aktive Partizipation, Anm. d. Verf.] is relatively expensive", hat bereits Dahl konstatiert.[387] Das autoritäre System sanktioniert politisch aktive Abweichungen, auch in staatsfernen Organisationen. Von daher besteht innerhalb der Bevölkerung nach wie vor eine Scheu, sich in autonomen Organisationen zu engagieren. Die Mittelschicht strebt nach beruflichem Erfolg und einer Erhöhung des Lebensstandards und ist von daher weder gewillt noch zeitmäßig in der Lage, sich partizipativ in den Wohngebieten zu engagieren. Freiwilliges Bürgerengagement existiert kaum, weil die einen es sich zeitlich nicht leisten können, die anderen, die Zeit hätten (Rentner, Arbeitslose), in höherem Maße mit der materiellen Absicherung ihres Lebens beschäftigt sind. Von daher können wir der These, dass „people with traditional political orientations participate more frequently than those with more modern orientations"[388] nicht so ohne weiteres zustimmen, weil die Argumentation allein aus der politischen Kultur und nicht aus materiellen Notwendigkeiten heraus erklärt wird.

Nun können die EKs nicht ohne Beteiligung der Bewohner auskommen, weil sie personell und finanziell ungenügend ausgestattet sind. Von daher greifen sie auf Personengruppen zurück, die in einer gewissen Abhängigkeit von ihnen stehen. Dies sind vor allem die Sozialhilfeempfänger, die ein- oder zweimal pro Woche zu öffentlichen Arbeiten und/oder Sitzungen erscheinen müssen (bei unentschuldigtem Fernbleiben droht der Wegfall der Leistungen) und die Parteimitglieder, die einmal in der Woche oder einmal im Monat Aktionstag im Wohnviertel haben. Gleichzeitig haben die EKs ein Netz von Aktivisten um sich herum aufgebaut, das einerseits aus loyalen Personen besteht, die sowohl Aufgaben sozialer Kontrolle wie auch Brückenfunktion zwischen Bewohnern und EK wahrnehmen und das EK über Stimmungen und Probleme unter der Bewohnerschaft informiert (Haus-, Blockwarte). Aus der Gruppe der loyalen Aktivisten setzen sich zugleich die Wahldelegierten zusammen. Vor allem in Shenyang gelang es, aus der Gruppe der Rentnerinnen und Frührentnerinnen eine weitere Aktivistengruppe zu gewinnen. Aktivismus findet durchaus soziale Belohnung. In Chongqing wurden Sozialhilfeempfänger – wie oben gezeigt – gegen Gehalt in einen spezifischen, von den EKs ins Leben gerufenen Wohnviertel-Sicherheitsdienst rekrutiert, der rund um die Uhr tätig ist und die Wohnviertel gegen ausufernde Kri-

---

[386] Unser Ergebnis wird durch eine chinesische Untersuchung bestätigt, der zufolge das Partizipationsinteresse bei Personen mit Grundschulbildung bzw. ohne Schulbildung bei 25,0 Prozent liegt, bei Personen mit unterer Mittelschulbildung bei 33 Prozent, bei solchen mit oberer Mittelschulbildung bei 21,9 Prozent und bei solchen mit Hochschulbildung bei 21,4 Prozent. Entsprechend stellte diese Studie fest, dass sich ein hohes Partizipationsinteresse bei 34,8 Prozent der über 56jährigen, bei 31,7 Prozent der Befragten zwischen 36 und 55, aber nur bei 9,4 Prozent der unter 35jährigen findet. Keinerlei Interesse an Partizipation bekundeten 0 Prozent der über 56jährigen, 2,4 Prozent derjenigen zwischen 36 und 55, aber 34,4 Prozent der unter 35jährigen. Vgl. *He Yan* 2004: 276.
[387] *Dahl* 1974: 280.
[388] *Kuan/Lau* 2002: 310.

minalität schützen soll. In Shenzhen wurden loyale Personen aus einkommensschwachen Schichten temporär oder als Zeitarbeiter gegen geringe Bezahlung für EK-Hilfsdienste rekrutiert.

Lässt sich unter Bedingungen solch mobilisierter Partizipation überhaupt von politischer Partizipation sprechen oder befinden wir uns in einem Übergangsprozess, in dessen Rahmen erst gesellschaftliche und materielle Voraussetzungen für Bürgerengagement, Freiwilligkeit und Partizipation geschaffen werden oder entstehen? Die künstlich konstruierten *Shequ* leiden an signifikanten partizipativen Mängeln: Ihr Wirken ist nur geringfügig an die Interessen der Bewohner gebunden (mit Ausnahme der sozial Schwachen). Ihre Legitimität könnten die EKs nur erhöhen, wenn sie lebenswichtige bzw. interessante Aktivitäten für a l l e Bewohner anbieten könnten, auch im Kultur- und Freizeitbereich oder für junge Leute. Dazu sind sie personell und materiell allerdings nicht in der Lage. Partizipation der Mittelschicht findet sehr viel stärker außerhalb der Wohnviertel, im Berufsleben statt, das machten die Interviews deutlich. Politische Partizipation in Form der Beeinflussung von Regierungsentscheidungen stellt dabei eher eine Ausnahme dar.

Allerdings lässt sich die mobilisierte Partizipation in den Wohnvierteln von einem anderen Blickwinkel her durchaus positiv bewerten. Personen, die aus dem sozialen und organisatorischen Netz herausfallen und in soziale Isolierung zu geraten drohen, werden zur Teilnahme an sinnvollen sozialen Tätigkeiten mobilisiert und überdies regelmäßig über neue politische Richtlinien der Regierung im Hinblick auf ihre Problemlage informiert. Dies löst ihre soziale Isolierung, in der sie sich häufig befinden, ein Stück weit auf. Es bewirkt Lern- und Erfahrungseffekte, gibt ihnen politische und gesellschaftliche Informationen an die Hand und bringt sie in Kommunikationszusammenhänge mit Mitbewohnern. Zugleich leisten sie Gemeinschaftsaufgaben und beteiligen sich an der Gestaltung des Viertels. Von daher ist diese Partizipation auch ein Mittel, die Ressourcen der sozial Schwächeren zu mobilisieren oder „of converting the poor from passive consumers of the services of others into producers of those services".[389] Teilweise haben die EKs durchaus sinnvolle Gemeinschaftsprojekte ins Leben gerufen (wie die Betreuung bedürftiger Familien, Verbesserung der öffentlichen Sicherheit etc.). Dies nutzt in erster Linie der Gemeinschaft und ihren Bedürftigen. Es handelt sich dabei um eine soziale u n d eine politische Aufgabe, weil es die Zufriedenheit mit dem Lebensumfeld erhöht, durch Einbindung der sozial Schwachen die gesellschaftliche Lage stabilisieren hilft und somit politische Ordnungsfunktionen erfüllt. Von daher ließe sich die Partizipation in den Wohnvierteln primär auch als ordnungspolitische Partizipation bezeichnen. Dabei geht es weniger um Partizipation als politischer Prozess, sondern mehr um Partizipation als ein Instrument für soziale Stabilität.

Mobilisierte Partizipation beinhaltet zugleich auch eine individuelle Komponente. Wie wir eingangs dargelegt haben, ermöglicht bzw. erleichtert sie das *contacting* von Funktionären, und damit eine genuine Form von Partizipation. Die neuen EKs unterscheiden sich dabei von den „alten" vor den 1990er Jahren dadurch, dass sie individuelle Autonomie zulassen, Teil der Modernisierung der Basisverwaltung sind und die Funktion der Verwaltung verändern sollen. Der Faktor „Lernen", der auch zu einer „Zivilisierung" im Sinne geistiger Erziehung beitragen soll, zielt weniger auf soziale und politische Ein- und Unterordnung als auf die Schaffung einer neuen Freiwilligkeit: nicht mehr im Sinne hehrer sozialistischer Ideale, sondern im Sinne kommunitaristischer Beteiligung (dazu unten).

---

[389] Vgl. *Cahn/Cahn* 1968: 218-222.

Indirekte Wahlen finden keinen Anklang in der Bevölkerung und schaden dem Prestige von Wahlen und des EK. Da die Kandidaten letztlich vom Straßenbüro ausgewählt und nicht aus den Reihen der Bewohner selbst bestimmt werden, die informelle Auswahl der Wahldelegierten zudem häufig den Eindruck von Kungelei vermittelt, ist das Interesse an Wahlen bislang gering. Im Gegenteil, ein solches Verfahren scheint zu bestätigen, dass den Herrschenden nicht an wirklicher Partizipation der Bevölkerung gelegen ist.

> For any system of choice, the decision maker must perceive some purpose for his choice behavior. If the decision maker (in this case the citizen as voter) does not perceive any purpose to his activity he will cease to manifest that activity; only the obstinate or the ignorant repeat an activity which does not reward them.[390]

Zwar beabsichtigt die Zentralregierung, Direktwahlen im ganzen Land durchzusetzen, aber die Widerstände in den Reihen der Kaderbürokratie in den Städten sind relativ groß. Die Behörden befürchten eine geringe Wahlbeteiligung, beklagen das Fehlen materieller Voraussetzungen dafür oder glauben, sie könnten dadurch die Kontrolle über Wähler und Kandidaten verlieren, mit der vermeintlichen Folge einer Verstärkung der Konflikte zwischen Bevölkerung und Behörden (vgl. Tab. 32). Das Beispiel des oben geschilderten Konfliktes zwischen dem Eigentümerkomitee *Huaxiajie* einerseits und dem EK und Straßenbüro andererseits ist ein Beispiel dafür. Direktwahlen könnten die Legitimität der EKs erhöhen. Allerdings dürften autonome, nicht-mobilisierte Wahlen zum Teil eine relativ geringe Wahlbeteiligung erbringen, jedenfalls solange die EKs nicht als Organisationen begriffen werden, die die Interessen der Allgemeinheit im Wohnviertel vertreten. Die Effekte von Wahlen in Wohnvierteln mit indirekten Wahlen können sich von daher höchstens auf Wahldelegierte beziehen. Solange deren Loyalität gegenüber dem EK aber nicht durch Misswirtschaft oder Unfähigkeit und entsprechenden Unmut unter den Bewohnern in Frage gestellt wird, dürften solche Effekte beschränkt bleiben. Die Kontrolle der EKs liegt bislang immer noch bei den Straßenbüros und nicht bei den Bewohnern. Das EK ist ein korporativer Akteur, eine *top-down* Organisation, die von einer hierarchischen Führung kontrolliert wird.[391] Die Personenauswahl durch die Straßenbüros soll dafür sorgen, dass die EK-Mitglieder die Regeln der höheren Organe befolgen.

Gleichwohl erfordern auch Delegiertenwahlen, dass die Gewählten Rücksicht auf die Wähler nehmen müssen. Es kommt immer wieder vor, dass Personen nicht mehr gewählt werden, weil Delegierte unzufrieden mit ihrem Verhalten sind. Da die Wahl direkt mit dem Erhalt des Arbeitsplatzes im EK verbunden ist und neue Arbeitsplätze nicht so einfach zu finden sind, bemühen sich auch von daher EK-Mitglieder um ein positives Erscheinungsbild. Allerdings werden solche Verfahren von den Straßenbüros und Stadtbezirken partiell unterlaufen. Es war immer wieder zu hören, dass Abgewählte von übergeordneten Organen als Kandidaten in andere *Shequ* versetzt wurden. Wahlen können auch die Legitimität der EKs im Hinblick auf Verhandlungen mit übergeordneten Organen wie den Straßenbüros oder den Stadtbezirken stärken, da die EKs sich auf „Meinungen der Bewohner" oder „Vorschläge der Wahldelegierten" berufen können.

Zwischen den einzelnen Städten zeigten sich interessante Unterschiede. Im nordostchinesischen Shenyang, mit gruppenstarken Gemeinschaften, häufig geprägt durch langjäh-

---

[390] *Marquette* 1971: 346.
[391] Vgl. *Scharpf* 2000: 105.

riges gemeinschaftliches Wohngebiet, starkem *Danwei*-Bewusstsein und kollektivistisch-sozialistischer Prägung, scheint sich das Gruppenbewusstsein durch die *Shequ* zu festigen. Die Homogenität eines Viertels trägt somit zur Stärkung gemeinsamer Identität und zur Herausbildung gemeinsamer Interessen bei. In Shenzhen hingegen, mit gruppenschwachen Gemeinschaften auf Grund von Zuwanderung und deutlichen Unterschieden hinsichtlich Einkommen und Lebensstandard, häufig innerhalb eines Wohngebietes, bewirkt der Modernisierungsprozess einen geringen Partizipationsgrad im Wohnviertel. Die Heterogenität der Wohnviertel und ihrer Bewohner verhindert die Herausbildung einer gemeinsamen Identität und gemeinsamer Interessen. Chongqing scheint hier eine Mittelposition einzunehmen, wohl auch deswegen, weil die Zusammenlegung mehrerer Wohngebiete zu *Shequ* zu einer Heterogenisierung der Bewohnerschaft geführt hat.

Für die These, dass hohe Einkommen und hoher Bildungsgrad politischer Partizipation förderlich sind,[392] konnten wir in den *Shequ* keine Belege finden. Im Gegenteil: Je höher diese Faktoren, desto geringer das Interesse.

In den Wohnvierteln ist die KP mittlerweile nicht mehr der wichtigste Akteur politischer Mobilisierung, von daher bilden sich hier auch Vorformen parteiferner Partizipationsformen heraus.

Der in den USA forschende Politikwissenschaftler Pei Minxin hat den Wandlungsprozess in China einmal als eine schleichende Demokratisierung (*creeping democratization*) bezeichnet und konstatiert:

> In the case of China, although there have been virtually no signs of direct or overt democratization, endogenous and incremental changes in the political institutions of the authoritarian regime are gradually subtle but important checks and balances against the ruling party's monopoly of power, strenghening the rule of law, and cultivating self-government at grassroots level.[393]

Ausgehend von einem institutionalistischen Ansatz stellt Pei für Transitionsprozesse eine erhöhte Institutionalisierung von Politik aus funktionalistischen Gründen durch autoritäre Regime in der Phase vor der Demokratisierung fest, wozu häufig auch eine Ausweitung lokaler Autonomie zählt. Neue politische Akteure können diese neuen oder modifizierten Institutionen dann für ihre eigenen Ziele nutzen, und so deren Charakter beeinflussen. Trotz der bestehenden Probleme sieht Pei Anzeichen dafür, dass die neuen Institutionen und Wahlprozesse an Legitimität gewinnen und damit auch das Konzept von Verantwortlichkeit gewählter Amtsinhaber sich in und durch die Praxis durchsetzt.[394] Es sollte nicht vergessen werden, dass ein funktionales Demokratieverständnis, wie es auch bei der chinesischen Führung vorliegt, typisch ist für Phasen der Liberalisierung. Rustow wies schon 1970 darauf hin, dass sich im Laufe von Demokratisierung in der Regel erst in einer Phase der Gewöhnung (*habituation*), die er als einen Übergang sieht von einem instrumentellen zu einem prinzipiellen *committment* zur Demokratie, ein essentialistisches Demokratieverständnis herausbildet.[395] Überdies gibt es weltweit einen Demokratisierungsdruck, der sich durchaus auch in Ansätzen vor allem unter der jüngeren Stadtbevölkerung ausmachen lässt.

Der *Carter Center's Field Report* von 1997 stellte, bezogen auf die Dorfwahlen, fest, dass Wahlprozesse aus drei Gründen von Bedeutung sind: a) das Wahlgesetz schreibe die

---

[392] *Huntington/Nelson* 1976: 80ff.; *Kuan/Lau* 2002: 311.
[393] *Pei* 1997a: 223.
[394] *Kuan/Lau* 2002: 223f.
[395] *Rustow* 1970: 357-361.

grundlegenden Normen eines demokratischen Prozesses fest: geheime, direkte und kompetitive Wahlen; b) jede Wahlperiode erweitere und vertiefe die technischen Fertigkeiten für die Abhaltung von Wahlen; c) die Offenheit der Regierung im Meinungsaustausch mit den Fachleuten des *Carter Center* belege, dass diese an einer Optimierung der Wahlprozesse interessiert sei.[396] Im Grunde können wir dieser Auffassung auch für die Städte zustimmen, selbst wenn dieser Prozess immer noch am Anfang steht. International vergleichende Studien zeigen aber, dass mit zunehmendem Wettbewerbscharakter von Wahlen die Zahl der politisch Interessierten und damit der Wähler insgesamt zunimmt.[397] Von daher ist von der Einführung von Direktwahlen im urbanen Raum ein Partizipationsschub zu erwarten.

Inzwischen bemühen sich sogar *Non-Profit-Organisationen* wie die oben erwähnte NGO *Shequ canyu xingdong* (Community Participation Action) um eine Ausweitung der Mitgestaltung der Bürger in ihren Wohnvierteln, u.a. durch Fortbildungsmaßnahmen in den Bereichen Partizipation, Autonomie, Umweltbewusstsein, Nachhaltigkeit usw.[398] In entwickelteren Gebieten wird Transparenz (und damit auch Partizipation) auch schon über das Internet hergestellt: EKs präsentieren ihre Arbeit im Netz und die Bewohner können sich direkt *online* in die Arbeit der Komitees einklinken.[399]

Zwar lässt sich bislang von einer „elitengesteuerten Partizipation"[400] sprechen, die das Ziel hat, Unterstützung für eine Politik zu mobilisieren bzw. zu gewinnen, die bereits vorab von den Eliten bestimmt worden ist. Gleichzeitig gibt es aber Anzeichen dafür, dass sich von einer „kognitiven Mobilisierung" im Sinne Ingleharts sprechen lässt, die im Zusammenhang mit der Hebung des Bildungsstandards, des Urteilsvermögens, selbständigen Denkens und von Empathie auch das partizipatorische Bewusstsein der Menschen graduell zu verändern beginnt.

Politisches Wissen und politische Informationen haben wir eingangs als wichtige Felder für politische Partizipation klassifiziert. Unsere Untersuchung hat gezeigt, dass das Wissen vor allem der nicht-partizipierenden Bewohner im Hinblick auf Wahlen und Tätigkeiten des Einwohnerkomitees relativ gering ist. In den von uns untersuchten *Shequ* gab es vielfältige Möglichkeiten der Informationsaneignung: Bibliotheken mit den wichtigsten lokalen, regionalen und überregionalen Tageszeitungen sowie einer größeren Anzahl von Zeitschriften (auch zu den *Shequ*) (in 4 von 6 untersuchten Vierteln); Flyer mit Informationen über Felder, die für Bewohner wichtig sind (Dienst- und Sozialleistungen der EKs, soziale Sicherungssysteme, Geburtenplanung und Verhütung, Wiederbeschäftigung und Fortbildungsangebote, Rechtsberatung etc.); Schaukästen und Schautafeln (in den Büros) mit Hinweisen über Zusammensetzung und Aufgabenverteilung innerhalb des jeweiligen Einwohner- und Parteikomitees, inkl. Namen, Funktionen und Fotos, Beschreibung vergangener Aktivitäten und Planung zukünftiger; Aushang von Wahlvorgängen und Kandidatenlisten etc. Außerdem können sich Bewohner ganztägig in den Büros der EKs informieren. Von daher besteht das Problem nicht in einem Informationsdefizit, sondern in einem partiellen Informationsdesinteresse. Wer partizipieren möchte, hat die Option, sich Wissen anzueignen. Darüber hinaus fördern, wie unsere Interviews belegen, soziale Partizipation und regelmäßige Beschäftigung mit den Medien die Generierung von politischem Wissen

---

[396] The Carter Center, The Carter Center Delegation to Observe Village Elections in China, March 4-16, 1997: 12; *Suisheng Zhao* 2003: 342.
[397] Vgl. u.a. *Verba/Nie* 1972; *Verba/Nie/Kim* 1978.
[398] Vgl. hierzu *Shequ canyu xingdong* (Community Participation Action Newsletter) 6/2003.
[399] Vgl. z.B. *Zhou Huiwen* 2004.
[400] Vgl. *Inglehart* 1998: 238.

und Interesse an Politik. Parteimitglieder und Inhaber von Funktionen außerhalb wie innerhalb eines *Shequ* sind in der Regel besser informiert als andere Bewohner.

Insgesamt gesehen weist der hohe Grad an politischer Indifferenz und Apathie auf einen niedrigen Grad an *efficacy* hin. Dies gilt gleichermaßen für *internal efficacy*, die Auffassung, dass man selbst Politik beeinflussen könne wie auch für *external efficacy*, die Auffassung, dass das politische System und seine Institutionen positiv auf Einflussnahmen reagieren. Die Mehrheit der Befragten war der Meinung, dass Politiker und Institutionen ohnehin nicht auf ihre Forderungen und Bedürfnisse eingehen würden. Innerhalb der Bevölkerung ist eher die Meinung vorherrschend, dass politisches Agieren und Engagement nicht erwünscht sind und negativ bewertet werden. Stabilität erfordere den zurückhaltenden und kontrolliert aktiven Bürger. Die Aussage einer 47jährigen Arbeiterin in Shenyang „Ich bin eine sehr gute Bürgerin, ich mache anderen keine Schwierigkeiten",[401] verdeutlicht dies. Von daher ist der Grad an Vertrauen in die lokalen Regierungen und die EKs bei den Bewohnern noch relativ gering. Das wissen auch die Funktionäre und fürchten daher eine geringe Wahlbeteiligung im Falle der Einführung von Direktwahlen.

Es wächst unter den Bewohnern zwar die Auffassung, dass man zumindest im Wohnviertel Einfluss nehmen kann, was jedenfalls Alltagsfragen anbelangt. Doch auch hierbei lässt sich nicht feststellen, dass die Menschen der Auffassung sind, politisches Engagement und Partizipation erlaubten eine Einflussnahme auf politische Entscheidungsträger. Der Anreiz, politisch aktiv zu werden, ist von daher als gering zu veranschlagen. Allerdings zeigten sich zwischen den Untersuchungsorten und zwischen einzelnen *Shequ* Unterschiede. Positive Partizipationserfahrungen (wie z.B. im Shenyanger *Yongfeng*-Viertel) stärken *efficacy* und sind von daher dem Partizipationsgrad und -charakter förderlich.

Es sind im Wesentlichen zwei Gründe, die einer Entwicklung von *efficacy* entgegenstehen: a) das paternalistische Staatsverständnis innerhalb der Bevölkerung, dem zufolge der Staat für alles verantwortlich und es seine Aufgabe ist, Lösungen zu suchen; b) die Suche nach informellen Lösungen (über *guanxi*-Beziehungen oder individuelle Anstrengungen) auf Grund des geringen Grades an politischer Institutionalisierung. Die so entstandene Pfadabhängigkeit behindert zugleich einen institutionellen Erneuerungsprozess. Eine Weggabelung, an der eine Neuentwicklung sich herausbilden, der ausgetretene Pfad verlassen werden könnte, ist bislang noch nicht in Sicht.[402]

---

[401] Interview, Shenyang, 11.3.03.
[402] *Ebbinghaus* 2005: 5f.

8 Institutionelle Effekte: *Citizenship*, Autonomie und Gemeinschaftsbildung

In diesem Kapitel befassen wir uns mit den institutionellen Effekten, die die Einrichtung von Nachbarschaftsvierteln, die Ausweitung von sozialer Partizipation und die Einführung von Wahlen generiert haben. Wie lässt sich der graduelle Prozess des Wandels analytisch erfassen? Unsere eingangs formulierte Hypothese lautet, dass sich gegenwärtig im urbanen Raum ein gradueller Prozess des Übergangs von „Massen" zu Bürgern zu vollziehen beginnt. An drei zentralen Feldern werden wir diesen Übergangsprozess darstellen: am Beispiel der Selbstverwaltung (Autonomie) und der Einstellung der Bewohner hierzu (zumindest rechtlich gelten die *Shequ* als selbstverwaltete Gebilde); am Beispiel des Anwachsens individueller Autonomie sowie an der Frage, ob sich bereits neue Gemeinschaften mit Gruppenidentitäten und neuen Werten herauszubilden beginnen.

8.1 Partizipation, Wahlen und *Citizenship*

In den letzten Jahren hat sich in China eine akademische Debatte über den Begriff des „Bürgers" herauskristallisiert. Unter anderem wird erörtert, dass der Terminus *gongmin* aus dem Ausland gekommen sei. In China sei traditionell nur zwischen *chenmin*, Untertanen, und *zimin*, wörtlich „Sohnesvolk", unterschieden worden. Bei den Letzteren handele es sich um Beherrschte und Unterdrückte in despotischen politischen Systemen, bei den Bürgern hingegen um politisch selbstbestimmte Subjekte in demokratischen Gemeinwesen.[403] Gleichwohl, so Liu, beinhalte die Entwicklung der *Shequ* auch eine Entwicklung der Menschen zu Bürgern. Die „höchste Stufe des modernen *Shequ*" stelle die „Assoziation freier Menschen" dar und damit verbunden sei die Herausbildung von Bürgern.[404]

O'Brien wirft entsprechend die Frage auf, ob die Menschen in China sich über Wahlen zu Bürgern mit Bürgerrechten (*citizenship*) und damit zu vollständigen Mitgliedern einer Gemeinschaft entwickelten.[405] Er knüpft damit an eine Diskussion an, die bereits zu Beginn des 20. Jhdts. auch in China eingesetzt hat und von Intellektuellen immer wieder aufgegriffen und zur Diskussion gestellt wurde.[406]

Zur Überprüfung der *citizenship*-These greifen wir noch einmal auf die in der Einleitung vorgestellten drei Kriterien T.H. Marshalls für *citizenship* zurück: (a) persönliche Freiheitsrechte, (b) Recht auf angemessenen und gesicherten Lebensstandard, (c) Recht auf Partizipation. Wir haben überdies ein weiteres Kriterium hinzugefügt: Bürger- und Gemeinsinn. Die *Shequ* sind zumindest mit (b) und (c) von Marshalls Dreigliederung befasst, in Form sozialer Grundsicherung und politischer Partizipation an den Angelegenheiten des Wohnviertels, inklusive Wahlen. Ein Bürger- oder Gemeinsinn in Form von ehrenamtlicher

---

[403] *Ying Kefu* 2004. Vgl. zu dieser Diskussion u.a. auch *Gao Like* 2004.
[404] *Liu Bokui* 2005: 213-221.
[405] *O'Brien* 2001. Zur Frage von *citizenship* in China vgl. den Band von *Goldman/Perry* 2002 sowie *Solinger* 1999: 3ff.
[406] Vgl. u.a. *Fogel/Zarrow* 1997; *Harris* 2002.

Arbeit ist in China zwar noch relativ schwach ausgeprägt, er entwickelt sich indessen, einmal mit dem Anstieg des Lebensstandards und damit verbundenen sozialphilanthropischen Vorstellungen, zum anderen versucht der Staat die Herausbildung von Bürgerverantwortlichkeit und Bürgersinn zu fördern. Für China lässt sich gegenwärtig vor allem von *urbanem citizenship* sprechen, d.h. *citizenship* primär bezogen auf die Stadtbewohner und hier wiederum stärker auf die Mittelschicht als auf marginale Gruppen.[407]

Wie wir oben dargestellt haben, finden wir mittlerweile ein wachsendes Maß an individueller Freiheit und Autonomie, an Absicherung von Eigentum (in den Wohnvierteln in Form der Eigentumswohnungen oder – im Privatsektor – in Form verfassungsrechtlicher Absicherung von Privateigentum an Produktionsmitteln), mit signifikanten Abstrichen aber auch eine graduelle rechtliche Absicherung vor staatlicher Willkür (jedenfalls solange sich jemand nicht aktiv gegen das politische System wendet).[408]

Im oben genannten Sinne von Tilly lässt sich zumindest von „thin citizenship" sprechen, weil sich die drei Faktoren Partizipation (als Lern- und Erfahrungsprozess), Recht auf angemessenen Lebensstandard (wachsende Mittelschicht, soziale Grundsicherung) und politische Freiheitsrechte (wachsendes Rechtsbewusstsein und zunehmende Rechtssicherheit, individuelle Autonomie) gegenwärtig entwickeln. Der Parteistaat versucht dabei, *citizen* „von oben" zu schaffen, weil die institutionellen Voraussetzungen einer Entwicklung „von unten" noch weitgehend fehlen.

Abb. 5 soll den Prozess der Schaffung von Bürgern „von oben" verdeutlichen. Das Schaubild simuliert einen Idealtypus, da sich dieser Prozess nicht gradlinig und gleichmäßig vollzieht. Wir begreifen diesen Prozess vielmehr als tendenzielle und interaktive Entwicklung verschiedener miteinander korrespondierender Sozialfelder.

Abb. 5 beschreibt den tendenziellen Entwicklungsprozess von Massen zu Bürgern durch die Erhöhung des urbanen Lebensstandards (als Voraussetzung ehrenamtlichen gesellschaftlichen Engagements), die Ausweitung von Partizipation und – damit auch verbunden – die graduale Zunahme von Gemeinsinn. Zentral sind hier die institutionellen Effekte, die sich durch die Etablierung von Nachbarschaftsvierteln ergeben: partizipative Lerneffekte, *empowerment* durch Anwachsen von *internal efficacy* und größere soziale Verantwortung (als Voraussetzung von Bürgersinn). Letztlich bedeuten Partizipationslernen, partizipatorisches *empowerment* und *Shequ*-Wahlen zwar noch nicht Demokratisierung, sie können aber dazu beitragen, aus den „Massen" oder aus dem „Volk" Bürger zu machen, Bürger, die zumindest partiell zunehmend die Möglichkeit zu politischer Partizipation erhalten und diese auch zu nutzen beginnen. Massen oder „Volk" sind politische Begriffe, Bürger ist ein rechtlicher Begriff. Massen werden mobilisiert, funktionieren, Bürger partizipieren, handeln selbstbewusst und kritisch.

Gleichzeitig lässt sich feststellen, dass dieser Prozess nicht von den Bewohnern als *bottom-up*-Prozess eingeleitet wurde, sondern dass der Parteistaat die Schaffung von Rahmenbedingungen für eine Herausbildung von *citizenship top-down* initiiert hat. Dies betrifft letztlich auch die Ausweitung partizipativer Momente in Form mobilisierter Partizipation. Wo die strukturellen Bedingungen für die Herausbildung auf Grund historischer Konstellationen und damit von Pfadabhängigkeit fehlen, muss der Staat als institutioneller und struktureller Architekt fungieren.

---

[407] Vgl. hierzu *Murphy/Fong* 2006; *Tianshu Pan* 2006.
[408] Mittlerweile wird auch gefordert, dass „Bürger" ein Recht haben sollten, den Inhalt ihrer Personalakten einzusehen, vgl. *Zhao Zhenyu* 2004.

Abb. 5: Herausbildung von Bürgern

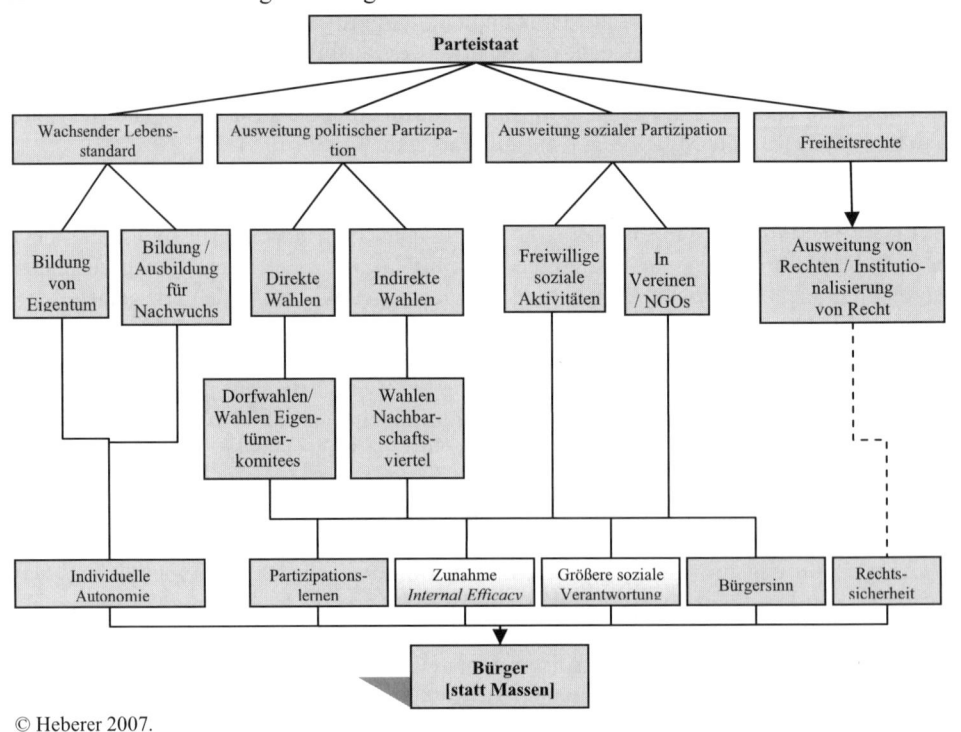

```
                                    Parteistaat
         ┌──────────────────┬──────────────────┬──────────────────┐
  Wachsender Lebens-  Ausweitung politischer  Ausweitung sozialer  Freiheitsrechte
     standard            Partizipation          Partizipation
    ┌────┴────┐         ┌────┴────┐          ┌────┴────┐              │
 Bildung  Bildung /   Direkte  Indirekte  Freiwillige   In         Ausweitung von
   von    Ausbildung  Wahlen    Wahlen      soziale  Vereinen     Rechten / Institutio-
Eigentum    für                            Aktivitäten / NGOs      nalisierung
          Nachwuchs                                                 von Recht
                         │         │
                    Dorfwahlen/  Wahlen
                    Wahlen Eigen- Nachbar-
                     tümer-    schafts-
                    komitees    viertel

 Individuelle    Partizipations-  Zunahme      Größere soziale  Bürgersinn  Rechts-
  Autonomie         lernen      Internal Efficacy Verantwortung            sicherheit

                                  Bürger
                              [statt Massen]
```

© Heberer 2007.

Dass die Neugestaltung sozialer Sicherungssysteme und soziale Partizipation in den Nachbarschaftsvierteln letztlich selbstbewusste Bürger verlangen, ist vom Parteistaat partiell durchaus erkannt worden, so wenn es etwa in der vom Ministerium für Zivilverwaltung herausgegebenen Zeitschrift *Shequ* heißt, aus Bewohnern müssten „Bürger" (*gongmin*) werden, die ihre *Shequ*-Leitungen selbst wählten und kontrollierten und sich selbstbewusst an den Angelegenheiten des Nachbarschaftsviertels beteiligten.[409] Das ist insofern interessant, als hier Partizipation und Gemeinschaftssinn als Teil von *citizenship* begriffen werden, was dem westlichen *citizen*-Konzept schon relativ nahe kommt.

Einerseits behindern der beschränkte Charakter dieser Wahlen und das institutionelle Defizit die Herausbildung von *citizenship*. Andererseits ist der Begriff auch an das Aktivwerden und die freiwillige Partizipation bzw. die Selbsthilfe mündiger Bürger gebunden. Der ökonomische und soziale Differenzierungs- und Pluralisierungsprozess hat traditionelle Formen der Klassen- und Gemeinschaftszugehörigkeit aufgeweicht. Der „chinesische Bürger" ist heute zunehmend gefragt, der sich mit der Nation identifiziert und sich aktiv für ihre Belange einsetzt. Das Konzept der „Drei Repräsentationen" (*sange daibiao*), das u.a. besagt, dass die Partei die Interessen aller Bürger Chinas vertritt und insofern keine Klassenpartei mehr ist, sondern sich zu einer „Volkspartei" gewandelt hat, soll zu einer stärkeren Identifizierung der Bürger mit dem Staat führen. Letzteres erfordert, dass die Bürger mit gleichen Rechten und Pflichten ausgestattet werden und (zumindest lokal) an öffentli-

---

[409] Chen Weidong 2004a.

chen Angelegenheiten partizipieren können. Zwar ist man in China noch nicht beim Bürgerstatus angelangt, aber die zunehmende Implementierung von Bürgerrechten zeigt, dass die politische Führung diesen Weg eingeschlagen hat. Dieser Wandel ist auch insofern von Interesse, als kulturelle Kontrolle partiell an die Stelle sozialer Kontrolle treten soll – nicht nur in Form der Nation, sondern auch in Form einer Umwertung der Partei als kultureller Institution,[410] die dem Wohl der Nation wie dem Gemeinwohl gegenüber der Bevölkerung verpflichtet ist.

Die in der Einleitung vorgenommene Differenzierung zwischen *verantwortungsbewussten*, *partizipatorischen* und *gerechtigkeitsorientierten* Bürgern (und Bürgersinn) finden wir in China erst in Ansätzen. Der gegenwärtige Stand des Bürger- oder Gemeinsinns zeigt sich deutlich am Grad der freiwilligen Mitwirkung von *Shequ*-Bewohnern an sozialen oder gemeinschaftlichen Aufgaben. Wir haben bereits oben erwähnt, dass der Grad an Freiwilligkeit relativ gering ist. Während in westlichen Gesellschaften 35-40% der Bevölkerung in freiwillige oder (ehrenamtliche) Tätigkeiten involviert sind,[411] engagiert sich in China bislang nur ein geringer Prozentsatz. Im Wesentlichen drei Gründe lassen sich dafür anführen:

1. historische Gründe: Anders als in christlichen oder buddhistischen Gesellschaften, in denen der Gedanke der Nächstenliebe und der Barmherzigkeit eine große Rolle spielte, war das Mitempfinden mit Personen außerhalb unmittelbarer Bezugsgruppen (Clan, Familie, Dorf, Landsmannschaften etc.) in China eher gering. In den 1930er Jahren beklagte der Philosoph Lin Yutang entsprechend das Fehlen einer sozialen Gesinnung. Familiensinn sei für Chinesen zentral, nicht Gemeinsinn. Von daher sei dem chinesischen Denken das Konzept der Gesellschaft auch ganz fremd.[412] Aus diesem Grunde votierten führende Denker Chinas zu Beginn des 20. Jhdts. für die Abschaffung der Familie und damit des Familiensinns (Kang Youwei) bzw. für eine „moralische Revolution" (*daode geming*, Liang Qichao).
2. Modernisierungsprozesse führten zum Zerfall traditionaler Gemeinschaften und Werte und damit zu einer Zunahme individualistischer und selbstbezogener Faktoren und Verhaltensweisen.
3. Bislang fehlen Institutionen, die einer freiwilligen sozialen Betätigung förderlich sein könnten wie funktionierende Rechtsinstitutionen, ein korruptionsresistentes Beamtensystem und ein Wertesystem, in dem unentgeltlicher Einsatz für Mitmenschen ein hohes Gut darstellt; dies behindert die Ausbildung zivilisatorischer Kompetenz im Sinne von Bürgerpflichten sowie eines Bürger- und Gemeinsinns.

Da die sich differenzierende Gesellschaft aber auf Freiwillige, die sich in sozialen Feldern engagieren, angewiesen ist, versucht der Staat unter defizitären institutionellen Bedingungen Freiwillige zu mobilisieren und Freiwilligkeit von oben zu initiieren. Wo allgemeine Freiwillige fehlen, dort sollen zunächst Parteimitglieder (und – wie wir oben gezeigt haben – Sozialhilfeempfänger) deren Aufgaben übernehmen und in den *Shequ* die Arbeitsfelder der EKs ergänzen. Darauf weist etwa ein Bericht über die Provinzhauptstadt Fuzhou hin, der darlegt, dass es Anfang 2005 in den *Shequ* der Stadt 182 „Freiwilligengruppen" und

---

[410] Vgl. z. B. die Theorie der „Drei Vertretungen", wonach die KP u.a. die fortgeschrittene Kultur Chinas vertritt.
[411] In Deutschland sollen ca. 70 Prozent der Bevölkerung regelmäßig oder partiell ehrenamtlich tätig sein, vgl. *Gensicke* 2006: 11.
[412] *Lin* o.J.: 217.

764 „Freiwilligenkleingruppen", bestehend aus über 10.000 Parteimitgliedern, gegeben habe.[413] Ende 2005 soll es in chinesischen *Shequ* rund 75.000 Freiwilligenorganisationen mit 16 Mio. Mitgliedern gegeben, nur drei Prozent aller Stadtbewohner sollen sich freiwillig betätigt haben.[414] Ein chinesischer Untersuchungsbericht verdeutlicht, dass es sich bei 80 Prozent der Freiwilligen in den *Shequ* um Mitglieder von Partei und Jugendverband oder öffentlich Bediensteten handele.[415] In Peking waren 2005 300.000 Personen als offizielle „Freiwillige" registriert, lediglich ca. zwei Prozent der Gesamtbevölkerung. 40 Prozent davon sollen Parteimitglieder, 70 Prozent über 50 Jahre alt gewesen sein. Lediglich sechs Prozent hatten einen Fach- oder Hochschulabschluss.[416] Laut einem Dokument des Staatsrats soll dieser Anteil bis 2008 auf rund acht Prozent angehoben werden.[417] In solch planwirtschaftlichem Denken manifestiert sich ein weiteres Mal der Mobilisierungsgedanke des Staates.

Eines der fortgeschrittenen Beispiele für Mobilisierung von oben ist die Freiwilligenvereinigung des Lugu-*Shequ* im Pekinger Shijingshan-Stadtbezirk. 2004 auf Anregung der Bezirksleitung gegründet, hatte der Verein im März 2006 knapp 500 eingetragene Mitglieder, die meisten davon Parteimitglieder (51,4 Prozent).[418] Rentner bildeten die Mehrheit der Mitglieder. Doch auch wenn der Verein „von oben" gegründet wurde und überwiegend aus Parteimitgliedern besteht, so erfüllt er doch wichtige soziale Aufgaben im Bereich sozialer Wohlfahrt, Umweltschutz, Gesundheit, Verkehrs- und öffentlicher Sicherheit sowie Fortbildung.[419] Künftig soll die Arbeit von Freiwilligenverbänden u.a. auch durch Steuervorteile gefördert werden.[420] Dabei soll sich über die staatliche Mobilisierung und Erziehung Freiwilligkeit von „Mildtätigkeit" hin zu „sozialer Verantwortung" entwickeln.[421] All dies bildet Teil eines staatlichen Programms zur Erziehung und Heranbildung von Freiwilligen.[422] Am Beispiel des Anreizsystems des genannten Lugu-Viertels in Peking wird dieser Erziehungsgedanke deutlich: Wer jährlich mehr als 100 Stunden an freiwilligen Aktivitäten teilnimmt, erhält den Titel eines „Sternfreiwilligen" (*xingji yigong*), wobei es für über 1000, 3000 und 5000 freiwillig geleistete Stunden Geldprämien und spezielle Titelauszeichnungen gibt.[423]

In nahezu allen Gesellschaften stellen partizipierende Bürger eine Minderheit dar. Denn Teil des Bürgerseins ist auch die Entscheidung, n i c h t aktiv zu partizipieren (darauf werden wir im Abschnitt „individuelle Autonomie" noch eingehen). Bürger können sich auch zwischen Abwanderung, Widerspruch (*voice*, bis hin zu aktivem Widerstand) und „politischem Epikureismus" (Franz Neumann), d.h. bewusster Abstinenz von der Politik und Konzentration auf private Interessen, gekennzeichnet durch Passivität und Indifferenz, entscheiden. Bezogen auf *Shequ* bedeutet Abwanderung schlicht Wohnungs- oder Wohnortwechsel. Allerdings kann ein solcher Wechsel signifikante Kosten verursachen, wenn

---

[413] *Renmin Ribao*, 7.1.05. Entsprechend rief *Renmin Ribao* dazu auf, Parteimitglieder als Freiwillige zu mobilisieren, vgl. Wang Yonghong 2005.
[414] *Renmin Ribao*, 6.12.05, 17.7.06.
[415] Vgl. *Shequ* 11-2/05: 15.
[416] Goujian hexie 2006: 50.
[417] *Renmin Ribao*, 17.7.06.
[418] Interview, Lugu-*Shequ*, 4.3.06.
[419] Vgl. hierzu auch *Lugu Yigong* 2005.
[420] *Goujian hexie* 2006: 50.
[421] *Sun Ying* 2005: 17.
[422] Vgl. hierzu das entsprechende Dokument des Staatsrates (*Renmin Ribao*, 17.7.06).
[423] *Lugu Yigong* 2005: 13; Interview im Lugu-*Shequ* am 10.10.06.

dadurch z.B. bestimmte soziale Beziehungen verloren gehen. Dies trifft in der Regel für sozial Schwache eher zu als für ökonomisch Unabhängige. Die Höhe dieser Kosten gibt zugleich Auskunft über das Ausmaß an Zwang, das mit der Zugehörigkeit zu einem Kollektiv verbunden ist. Wer z.B. Sozialhilfe erhält, arbeitslos oder behindert ist, der wird in der Regel schon aus materiellen Gründen kaum einen Wohnortwechsel vornehmen können, u.a. weil seine soziale Versorgung zunächst an das entsprechende EK gebunden ist und er hier über die notwendigen sozialen Beziehungen verfügt. Die hohen Kosten einer Abwanderung, d.h. der Zwang zum „Dableiben", bedeutet ein hohes Maß an Abhängigkeit, allerdings auch ein hohes Maß an Sicherheit. Widerspruch (*voice*) im obigen Sinn bezieht sich auf die aktive Einflussnahme, um Entscheidungen in einem *Shequ* zu ändern. Auch hier stellt sich für den Einzelnen die Frage der damit verbundenen Kosten wie Isolierung, Abstempelung zum notorischen Nörgler etc.

Ein weiterer Punkt betrifft z.B. den von Huntington und Nelson thematisierten Zusammenhang zwischen Gruppenbewusstsein und Partizipationsverhalten. Die Menschen in China sind schon immer Mitglieder spezifischer Gemeinschaften gewesen (von Dörfern und Clans bis hin zur *Danwei*), wobei die Zugehörigkeit primär sozial definiert war und spezifische Sozialleistungen umfasste, nicht aber das Moment der formellen politischen Partizipation, das weitgehend der politischen Elite, dem Beamtentum bzw. in der Gegenwart den Funktionären vorbehalten blieb. Von daher bedeuten die Erweiterung sozialer Partizipation und die Ausweitung des Wahlsystems auf die Wohnviertel eine Ausweitung der politischen Partizipation der Bevölkerung und damit eine Erweiterung der Rechte der Bürger. Wie Huntington und Nelson gezeigt haben, kommt es in Gesellschaften, in denen traditionell eine starke Gruppenkohäsion und ein signifikantes Gruppenbewusstsein herrschen (*group strong societies*), im Zuge des Modernisierungsprozesses eher zu einer Ausweitung von politischen Partizipationsprozessen als in gruppen-schwachen Gesellschaften.[424] Allerdings sind diese Prozesse häufig partikularistisch ausgerichtet und nicht an der Gesellschaft oder am Gemeinwohl orientiert.

Der staatliche Paternalismus und der Bezug der Einzelnen zu Primärgruppen erschweren die Herausbildung eines Bürgersinns. Die sozialistische Sozialisation lehrte die Menschen, dass derjenige ein guter Bürger ist, der sich ein- und unterordnet und loyal gegenüber Partei und Staat verhält – ganz so wie die bereits oben zitierte 47jährige Arbeiterin in Shenyang, die erklärte: „Ich bin eine sehr gute Bürgerin, ich mache anderen keine Schwierigkeiten."[425] Oder wie es eine 55jährige Rentnerin ausdrückte: „Ich gehe mit der Partei. Was die Leitung anordnet, das tue ich…wenn die Leitung mich ruft, komme ich."[426] Unter vielen Älteren wirkt hier im Denken und Handeln die Institutionalisierung der autoritären Herrschaft fort. Macht wird über das Bewusstsein der Menschen in dem Sinne ausgeübt, dass die Menschen glauben, dass die Arrangements des Staates zu ihrem eigenen Besten seien. Solche Auffassungen, in denen sich die Macht des Systems niederschlägt, verhindern gleichsam eine Beteiligung der Menschen, weil der Staat alles zu richten scheint. Auch hier kommt die o.g. Pfadabhängigkeit zum Ausdruck. Erst wenn die Menschen sich über ihre ureigenen Interessen und Zielorientierungen klar werden und diese auch durchsetzen wollen, werden sich Zielkonflikte gegenüber dem lokalen Staat ergeben, wird es zu Reibungen kommen.

---

[424] *Huntington/Nelson* 1976: 53.
[425] Interview, Shenyang, 11.3.03.
[426] Interview, Shenyang, 13.3.03.

8.2 Selbstverwaltung oder Inklusion?

Citizenship und Partizipation verlangen ein Mindestmaß an Selbstbestimmung und Autonomie in dem Sinne, dass einerseits die Mitglieder einer Gemeinschaft selbst über diese Gemeinschaft und ihren Rahmen bestimmen und dass andererseits die staatliche Macht durch diese Autonomie begrenzt wird.[427] Gleichzeitig muss der Wille zu Autonomie aus dem Gemeinwesen selbst kommen, d.h. Ausdruck des kollektiven Willens einer Gemeinschaft sein. Autonomie bezieht sich hier nicht auf *absolute* Autonomie (Unabhängigkeit von höheren Ebenen), sondern auf *relative*, d.h. es muss jeweils definiert werden, welche Formen der Selbstverwaltung den einzelnen Einheiten zuerkannt werden sollen. Es geht hier also um das politische Bewusstsein der Bewohner im Hinblick auf die Frage der Selbstverwaltung sowie um die Umsetzung der staatlichen Vorgaben.

Das Organisationsgesetz für EKs von 1989 bestätigte, dass EKs (wie auch die Dorfverwaltungskomitees) eine Selbstverwaltungsebene darstellen.[428] Allerdings steht diese Autonomie im urbanen Raum nach wie vor nur auf dem Papier. Und dies, obwohl die gesetzlichen Bestimmungen sowohl für die Verwaltungseinrichtungen in den Dörfern als auch in den urbanen Nachbarschaftsvierteln vorsehen, dass diese sich selbst verwalten, also autonom sein sollen. Nun bezieht sich der Begriff der Autonomie oder Selbstverwaltung auf gesellschaftliche Teilsysteme, die unter vorgegebenen rechtlichen Rahmenbedingungen selbst über ihre Grundstrukturen, Mechanismen und Handlungsabläufe, d.h. über ihre eigenen Angelegenheiten, entscheiden dürfen. Dabei erfolgt die Ausübung der Selbstverwaltung durch Personen, die nicht zur staatlichen Bürokratie gehören, sondern als rechtsfähige Körperschaft die ihnen obliegenden Aufgaben erledigen. Autonomie verlangt zugleich gewisse Ressourcen, um unabhängig von der Bürokratie agieren zu können, wie finanzielle Ressourcen, Wissen und Verfolgung eines eigenen Willens.[429]

Bird hat dem Moment der Selbstverwaltung oder Autonomie drei Momente zugeordnet: (a) die Verwaltung wird vollständig von Personen ausgeübt, die der betreffenden selbstverwalteten Gemeinschaft angehören; (b) Verwaltungsfunktionäre und Verwaltete müssen bestimmte allgemein akzeptierte Verfahrensweisen anerkennen, in denen sich der Wille einer Gemeinschaft manifestiert; (c) allein öffentliche Handlungen, die sich auf Ziele der gesamten Gemeinschaft beziehen, sind Ausdruck selbstverwalteten Handelns.[430] Der Autonomiebegriff orientiert sich hier an den Grenzen zwischen innen und außen, am Gemeinschaftsinteresse und Gemeinschaftswillen. Dies setzt eine feste Identität der Mitglieder einer Gemeinschaft und die Inkorporierung eines gemeinschaftlichen „Willens" voraus. Die Herausbildung einer solchen Gruppenidentität ist im Grunde eine wichtige Voraussetzung für Partizipationsinteresse, aber auch für ein Gefühl von Solidarität mit den Mitbewohnern. Von chinesischer Warte her erscheint es uns gegenwärtig eher fraglich zu sein, ob *Shequ* diese Voraussetzungen erfüllen.

Selbstverwaltung besitzt allerdings noch weitere wesentliche Komponenten: ehrenamtliche Mitwirkung an der Verwaltung durch Bürger, Garantierung der Mitwirkung und Mitgestaltung an wichtigen Verwaltungsentscheidungen und Erfüllung öffentlicher Aufgaben

---

[427] Zur Frage demokratischer Autonomie vgl. *Richardson* 2002.
[428] Abgedruckt in *Zhou/Ning* 2001: 442ff.
[429] Zu Letzterem vgl. *Bird* 2000: 563. Der Zusammenhang von Ressourcen, Autonomie und Governance wird inzwischen auch von chinesischen Wissenschaftlern diskutiert, vgl. *Feng/Li* 2003: 136ff.
[430] *Bird* 2000: 564.

durch von den Bürgern gewählte und kontrollierte selbständige Organe.[431] All dies bewirkt, dass Autonomie mit einem hohen Grad an Partizipation verbunden ist.

Den Bestimmungen des Ministeriums für Zivilverwaltung zufolge sollen die Wohnviertel autonome Einheiten unterhalb der staatlichen Ebene sein (Selbstverwaltungsebene). Autonomie wird dabei mit der Notwendigkeit „sozialistischer Demokratie" begründet. Das System der Dorfwahlen und der Dorfautonomie soll auf die städtischen Wohnviertel übertragen werden. In den Wohnvierteln soll ein Netz von Dienstleistungen auf nicht-staatlicher und *non-profit* Ebene sowie unentgeltlicher Arbeit von Freiwilligen aufgebaut werden, bei gleichzeitiger staatlicher Kontrolle und Mitfinanzierung. Der Staat (gegenwärtig noch konkret in Form der Straßenbüros) soll die Arbeit in den Wohnvierteln „anleiten", nicht leiten. Allerdings verlange die Autonomie „Führung durch die Partei". Zeigten doch die Erfahrungen, dass es ohne eine solche (politische) Führung zur Entstehung staatsfeindlicher Organisationen (wie z.B. Falungong[432]) komme. Die Erfahrungen der Sowjetunion und Osteuropas belegten, dass die Unterhöhlung des sozialistischen Systems zu einem wesentlichen Teil aus der Entwicklung antikommunistischer Organisationen in den Wohnvierteln entstanden sei. Unter den gegenwärtigen Bedingungen wachsender sozialer Konflikte könne es ohne Führung durch die Partei zu gefährlichen politischen Unruhen kommen.[433]

Ein Bericht in der vom Ministerium für Zivilverwaltung herausgegebenen Zeitschrift *Shequ* ordnet dem Begriff der Selbstverwaltung folgende Inhalte zu: Wahl des EK durch die Bewohner; Finanzautonomie (wobei einerseits der Staat die Arbeit der EKs finanzieren soll, weil sie staatliche Aufgaben erfüllen; andererseits soll das EK für Dienstleistungen Gebühren erheben); Selbstverwaltung des *Shequ*-Eigentums, der Bildungs- und Erziehungseinrichtungen; autonome Verwaltung und deren Kontrolle durch die Einwohnerversammlungen; selbst verwaltete Dienstleistungen und selbst verwaltete Erledigung von Gemeinschaftsaufgaben (Sozialarbeit, öffentliche Sicherheit, Mediation, Umwelt, Geburtenplanung, Jugendarbeit etc.).[434]

Selbstverwaltung im Sinne der Verwaltung eigener Angelegenheiten durch die Bewohner bzw. ihre gewählten Vertreter ohne Einmischung von außen existiert in China bislang nicht. Es wird vielmehr deutlich, dass die *Shequ* einerseits Aufgaben der sozialen und über die Parteiorganisationen auch der politischen Kontrolle erfüllen, andererseits den Staat durch freiwillige soziale Dienstleistungen und Selbsthilfe entlasten sollen. Entsprechend kam den Wohnvierteln eine wichtige Funktion bei der Bekämpfung von *Falungong* zu, aber auch bei der Eindämmung der Lungenkrankheit SARS im Jahre 2003.

Autonomie, so heißt es, existiere auf den Ebenen Recht auf Wahl und Abwahl der Mitglieder des EK (durch die Mitglieder- oder die Vertreterversammlung der Bewohner) sowie Verwaltung, Finanzen, Dienstleistungen und Erziehung.[435]

Von Regierungsseite aus und von vielen chinesischen Sozialwissenschaftlern werden die Faktoren Demokratie und Autonomie in den Mittelpunkt des *Shequ*-Konzeptes gestellt. Dieser Aufbau sei Teil des (sozialistischen) Demokratisierungsprozesses.[436] *Shequ* seien ein „strategischer Raum des politischen Aufbaus", Teil der politischen Demokratisierung Chi-

---

[431] Vgl. *Hamm/Neumann* 1996: 274.
[432] Zu Falungong vgl. *Heberer* 2001.
[433] *Huang Xu* 2002: 1-6. Zu den neuen Konfliktfeldern vgl. den Untersuchungsbericht der Organisationsabteilung des ZK der KPCh: *Zhonggong zhongyang zuzhibu ketizu* 2001.
[434] *Xu Kaiming* 2003.
[435] *Zhou/Ning* 2001: 57f.
[436] *Lin Shangli* 2003: 36.

nas, und die Letztere wiederum ein wichtiges Element der chinesischen Modernisierung. Die Bedeutung der Nachbarschaftsviertel für Demokratisierung beruhe auf drei Elementen: a) Schaffung eines Raumes für politische Demokratisierung und eines demokratischen politischen Lebens; b) demokratische Qualifizierung der Bürger; und c) Schaffung des notwendigen Rahmens für politische Partizipation.[437] Selbst das Ministerium für Zivilverwaltung hat im Jahre 2003 bekräftigt, dass die Autonomie der und Partizipationsmöglichkeiten in den Nachbarschaftsvierteln ausgeweitet werden müssten.[438]

Der Kernpunkt der Nachbarschaftsviertel, so z.B. der Sozialwissenschaftler Chen Yi, sei die Frage der Basisdemokratie und der Selbstverwaltung. Bislang habe es beides nicht gegeben. Die Kandidaten für die Wahl der EKs seien vom Straßenbüro ernannt worden, Vertreter der Bewohner hätten dann gewählt. Die Komitees hätten sich den Straßenbüros gegenüber verantwortlich gefühlt, nicht aber gegenüber den Bewohnern.[439] Auch der Vizegouverneur der Provinz Guangdong Li Rong erklärte, Kern der Autonomie sei die „demokratische Beschlussfassung".[440] Andere Autoren heben allerdings hervor, dass die Autonomie der Viertel durch die Führungsrolle der KP begrenzt werde.[441] Die Essenz von Autonomie bestehe in dem Recht auf Eigenentscheidung und Selbstgestaltung. Ohne dies könne von Selbstverwaltung nicht gesprochen werden.[442] Schließlich gibt es ohne Partizipation der Bewohner auch keine Autonomie. Darüber hinaus bedarf es der rechtlichen Absicherung spezifizierter Autonomierechte der *Shequ*. Einzelne Wissenschaftler halten sogar eine „chinesische Agenda 21 als Grundlage der *Shequ*-Arbeit" für unabdingbar.[443]

Yu Yanyan setzt nicht bei „Demokratie" an, sondern entwickelt stärker zivilgesellschaftsorientierte Kriterien für Autonomie: hoher Partizipationsgrad, hoher funktioneller Grad an Vereinen, die in einem *Shequ* tätig sind, hoher Grad an Ressourcen, darauf gestützt qualitativ gute Dienstleistungen für und ein Identitäts- und Zugehörigkeitsgefühl der Bewohner. Damit kommt sie den Anforderungen an die weiter unten noch zu behandelnde Frage „harmonischer" Nachbarschaftsviertel schon relativ nahe, wobei es ihr primär um den Wandel der Rolle des Staates und die Stärkung der Funktion der Viertel geht.[444]

Neuere Arbeiten hinterfragen grundsätzlich die Autonomiemöglichkeiten. Die EKs seien lediglich „Anhängsel" der Straßenbüros. Sie hätten Verwaltungsaufgaben zu erledigen und würden von den Straßenbüros bezahlt. In der Realität sei der Leiter des EK ein Vertreter des Staates. Auch bei den Parteiorganisationen stelle sich dies nicht anders dar, da der Sekretär des Parteikomitees vom Straßenkomitee ernannt werde. Allenfalls könne man noch von einer hybriden Organisation sprechen (halb staatlich, halb gesellschaftlich). Dies liege daran, dass das chinesische Entwicklungsmodell ein staatlich initiiertes *top-down* Modell sei, im Unterschied zum westlichen *bottom-up* Modell.[445]

Von vielen chinesischen Wissenschaftlern werden die Straßenbüros bzw. -komitees für den Mangel an Autonomie verantwortlich gemacht, zumal die Bestimmungen über die

---

[437] *Lin Shangli* 2003: 321ff.; *Wang Jianmin* 2006: 40ff.
[438] *Shequ canyu xingdong* 6/2003: 2.
[439] *Chen Yi* 2003: 24.
[440] *Li Rong* 2002: 9.
[441] So z.B. *Liang Qidong* 2002: 149; *Lin Shangli* 2003: 12.
[442] *Yang/Ma* 2004: 20.
[443] Vgl. hierzu auch *Zhang Shushen* 2005.
[444] *Yu Yanyan* 2006: 87.
[445] *Xu Xiaojun* 2005.

Arbeit und Funktion der Straßenbüros seit 1954 unverändert geblieben seien.[446] Solange die *Shequ*-Komitees den Straßenbüros gegenüber verantwortlich seien und diese eine Aufsichtsfunktion ausübten, sei keine Autonomie möglich.[447] Manche Autoren plädieren daher für eine Auflösung der Straßenbüros, und in einigen Städten (wie Shanghai) wurden sie partiell schon aufgelöst.[448] Andere schlagen die Einrichtung einer spezifischen Behörde für die Verwaltung der Nachbarschaftsviertel vor.[449] Was Letzteres anbelangt, so bleibt allerdings fraglich, ob und wie dadurch Autonomie sichergestellt werden kann.

Hier ist zu bedenken, dass der Staat im Interesse der Erreichung seiner Zielprioritäten über Agenten in den Wohneinheiten verfügen muss. Dies, so argumentiert Kuhn, sei Teil seiner *control-autonomy interaction*. Die Letztere habe sich, aus historischer Perspektive, in China über drei Kanäle vollzogen: (a) die Bildung dezimaler Hierarchien; (b) die Penetration lokaler Gemeinschaften (heute durch die Partei) und die Delegierung von Macht an die lokalen Eliten.[450] Autonomie in Form von selbständigem sozialem Handeln und unabhängig von der Bürokratie war und ist auch heute noch nicht intendiert und wird im Prinzip auch nicht zugelassen. Selbst wenn die EKs eine stärker autonome Einrichtung werden sollten, kann der Parteistaat über die Parteiorganisationen auch weiterhin die Kontrolle ausüben. Die Befürworter einer solchen Lösung votieren entsprechend dafür, die Führungsfunktion des Straßenparteikomitees über die *Shequ* zu stärken.[451]

Der Pekinger Politikwissenschaftler Wei Pan hingegen gibt eine explizit negative Definition von Selbstverwaltung. Diese "invites the rule of ,the law of the jungle', so comes the need for a government. People need a government first and above all else for order…Government maintains social order, and rule of law maintains a just order".[452] Doch es ist nicht nur das rigide Verwaltungssystem, das Autonomie verhindert, es gibt auch institutionelle Defizite in der Gesetzgebung, ein geringes Partizipationsinteresse der Bewohner sowie ungeklärte Verantwortlichkeiten zwischen EK und Straßenbüro.[453]

In allen von uns besuchten Wohnvierteln in Shenyang, Chongqing und Shenzhen übten die Straßenbüros eine zentrale Kontrollfunktion über die *Shequ* aus. Sie stellen das Gros der Finanzmittel zur Verfügung und überwachen deren Verwendung. Finanziell gesehen sind die Nachbarschaftsviertel also vom Staat abhängig. Auch die Arbeitspläne der EKs und die Bewertung von deren Tätigkeiten obliegen den jeweiligen Straßenbüros. Die Letzteren üben zugleich die Kontrolle über die Wahlen und die Aktivitäten der EKs aus und wählen Personen aus, die direkt vom Straßenbüro in diese Komitees entsandt werden, auch wenn ihre Wahl formell von den Wahldelegierten bestätigt wird. Dazu kommt, dass der Staat in Form der Straßenbüros die Autonomie der *Shequ* missachtet. Denn er delegiert staatliche Aufgaben wie Geburtenplanung, Rentenzahlungen, Sozialhilfe etc. direkt an die Nachbarschaftsviertel. Das Straßenbüro ist nach wie vor das entscheidende Bezugsorgan für das EK: „Wenn man nicht auf das Straßenbüro hört, macht es dich fertig", erklärte ein

---

[446] *Zhao Hongwen* 2003: 29.
[447] Vgl. *Li Fan* 2002: 271; *Wang Bangzuo* 2003: 290ff.
[448] Vgl. z.B. den Leitartikel der Zeitschrift *Zhongguo Minzheng* 4/2003 oder die Zeitschrift *Shequ* 8-15/02: 32f.
[449] *Zhang Shuzhen* 2005: 53.
[450] *Kuhn* 1975: 258.
[451] Siehe z.B. *Wang Yonghong* 2005.
[452] *Wei* 2003: 19.
[453] Vgl. *Goujian hexie* 2006: 228-230.

leitendes EK-Mitglied in Shenyang.[454] Aufgaben, die das Straßenbüro übertrage, *müsse* das EK ausführen.

Ein Untersuchungsbericht von 2003 über *Shequ* in einem Stadtbezirk von Harbin benennt folgende Akteure für die Aufgabenstellung der EKs:

Tab. 34: Hauptarbeitsbereiche der Shequ im Nanyang-Bezirk der Stadt Harbin (2003)

Bereiche	% der Tätigkeiten
im Auftrag des Straßenbüros	70,9
auf Anforderung der Bewohner	23,6
selbst gewählte Aufgaben	3,6
im Auftrag von *Danwei*, die sich auf dem *Shequ*-Terrain befinden	1,8
Gesamt	100,0

Quelle: *Yin Haijie* 2003: 19.

Dies verdeutlicht die überragende Rolle der Straßenbüros als übergeordnete Verwaltungsorgane der EKs und das geringe Ausmaß an Selbstverwaltung. Letzteres zeigt sich zudem an dem geringen Grad selbst bestimmter Aufgaben.

Ein Untersuchungsbericht über die Arbeit eines EK in der Stadt Wuhan ergab, dass dieses im Jahre 2003 insgesamt 1.982 Arbeitsaufgaben erledigt hatte, die sich wie folgt verteilten:

Tab. 35: Arbeitsaufgaben eines EK in Wuhan (2003)

Auftraggeber	Zahl der Aufträge	%
Regierungsstellen	842	42.5
davon: Straßenbüro	634	
Stadtbezirk	49	
Stadtregierung	100	
Sonstige	59	
Eigene Aufgaben	682	34.4
Bewohner	348	17.6
Sonstige Organisationen	110	5.6
Gesamt	1.982	100.0

Quelle: *Zhang Mingyu* 2005: 18/19.

634 der 842 Regierungsaufgaben hatte das Straßenbüro auferlegt, wobei die meisten Aufgaben aus Sitzungen (195), Prävention im Hinblick auf epidemische Krankheiten (wie Sars) (54), die Zusammenstellung von Materialien für das Straßenbüro (42) und der Überprüfung der temporären Bevölkerung (21) bestand sowie aus einer Vielfalt von Einzelaufgaben, die sich u.a. in allgemeine Aufgaben (128), Aufgaben durch die Abteilung für Stadtverwaltung

---

[454] Interview, Shenyang, 14.3.03.

(84), durch die Polizei (51), das Büro für Geburtenplanung (48) u.a. Abteilungen des Straßenbüros unterteilten. Bei den eigenen Aufgaben lagen die größten Belastungen bei der Schlichtung von Konflikten unter den Bewohnern (63), Sitzungen (56), der Überprüfung der Voraussetzungen für *dibao* (48) und Reinigungsarbeiten (43). Anforderungen der Bewohner ergaben sich vor allem im Hinblick auf Meldungen von Streitfällen (35), wilde Ablagerungen von Müll (28) oder das Einholen von Ratschlägen durch Bewohner (20).[455]

Obwohl die Straßenbüros nur „anleiten" (*zhidao*) sollen, empfinden die Bewohner dies als „Leitung" (*lingdao*), begreifen sie das EK als Teil des Staatsapparates. Nur eine kleine Minderheit der Befragten meinte von daher, das EK sei ein selbst verwaltetes Organ.

Tab. 36: Sind die Einwohnerkomitees Selbstverwaltungsorgane?

	Personen	%
Ja	5	5.8
Nein, ist Teil des Reg.-apparates	25	29.1
Nein, Voraussetzungen dafür fehlen	14	16.3
Weiß nicht	42	48.8
Gesamt	86	100.0

Quelle: Eigene Erhebung.
Anm.: Daten beziehen sich auf Personen, die zu der Frage Stellung nahmen.

Mehr als 45 Prozent sahen in den EKs und *Shequ* keine autonomen Gebilde. Nahezu der Hälfte war der Begriff der Autonomie generell unklar. Eine 60jährige erklärte dazu:

> Was Selbstverwaltung ist? Ich weiß das nicht. Zwar habe ich den Begriff schon einmal gehört, verstehe ihn aber nicht. Es ist doch so: Was immer die Regierung verlangt, was wir tun sollen, das tun wir dann auch.[456]

Lediglich fünf Personen mit Funktionärsrang konnten die politisch und gesetzlich vorgegebene Definition von Selbstverwaltung wiedergeben.

Wie stark die EKs mit der Regierung und damit dem Staat identifiziert werden, zeigt die folgende Tabelle:

Tab. 37: Um was für eine Organisationen handelt es sich bei den Einwohnerkomitees?

Typ	Shenyang	%	Chongqing	%	Shenzhen	%
Unterstes Organ d. Regierung	22	57.9	29	60.4	37	75.5
Abteilung unter Straßenbüro	11	29.0	15	31.3	6	12.3
Autonomes Organ	1	2.6	-	-	1	2.0
Weiß nicht	4	10.5	4	8.3	5	10.2
Gesamt	38	100.0	48	100.0	49	100.0

Quelle: Eigene Erhebung.

---
[455] *Zhang Mingyu* 2005: 18-20.
[456] Interview, Shenyang, 14.3.03.

Auch Tab. 37 bestätigt, dass die Bevölkerung in den EKs keine Organisationen nichtstaatlicher Selbstverwaltung sieht, sondern sie mit dem Staatsapparat identifiziert. Wie Tab. 38 zeigt, sind selbst Funktionäre überwiegend der gleichen Ansicht:

Tab. 38: Sind die Einwohnerkomitees Selbstverwaltungsorgane (Funktionäre)?

	Personen	%
Ja	7	26.9
Nein	15	57.7
Weiß nicht	2	7.7
Sonstiges	2	7.7
Gesamt	26	100.0

Quelle: Eigene Erhebung.

Auch unter den Funktionären vertritt nur eine Minderheit die Auffassung, EKs seien Selbstverwaltungsorgane. Die Mehrheit sieht in ihnen quasi-staatliche Organisationen. Der Begriff der Autonomie wird von denjenigen, die den Autonomiestatus bejahen, mit folgenden Faktoren begründet: EK wurde gewählt (2), die Bewohner partizipieren (2), das EK hört auf die Meinungen der Massen (2), das EK regelt seine Angelegenheiten selber (1). Bei den Neinsagern wurde u.a. vertreten, Autonomie sei ohne eigene Finanzressourcen nicht zu realisieren (5), es sei noch zu früh, das EK bedürfe noch der Anleitung durch übergeordnete Instanzen (5), Autonomie sei ein gradueller Prozess (2).

Im Hinblick auf das Beziehungsgefüge EK-Straßenbüro waren die befragten Funktionäre der folgenden Ansicht:

Tab. 39: Wie bewerten Sie das Beziehungsgefüge EK-Straßenbüro (Funktionäre)

	Personen	%
Straßenbüro ist übergeordnete Leitung	21	80.8
EK ist Brücke zwischen Bewohnern und Straßenbüro	2	7.7
Sonstiges	3	11.5
Gesamt	26	100.0

Quelle: Eigene Erhebung.

Auch hier vertraten Funktionsträger der EKs ebenso wie die meisten Kader auf Straßenbüro- und Stadtbezirksebene die Auffassung, dass zwischen EK und Straßenbüro „Leitungsbeziehungen" (*lingdao guanxi*) bestünden. Selbst in der Wahrnehmung der Funktionäre ergibt sich also eine Diskrepanz zwischen geschriebenem Recht, das einen Selbstverwaltungsstatus für die EKs vorsieht und der Wahrnehmung der Funktionäre, die der gesetzlichen Regelung zuwiderläuft.

Dahinter verbergen sich verschiedene kognitive Momente: Zum einen herrscht aufgrund des sozialistischen Paternalismus' bei einem Großteil der Stadtbevölkerung die Auffassung vor, es sei Aufgabe des Staates, die materielle und soziale Versorgung der Bevölkerung sicherzustellen. Von daher werden Organisationen, die solche Aufgaben wahrnehmen, per se mit „dem Staat" identifiziert. Zweitens vermag der Markt alleine materielle und soziale Fragen nicht zu lösen, so dass in der Organisations-, Verteilungs- und Beschäftigungspolitik der Staat gefragt ist. Ein solch paternalistisches Gesellschaftsmodell bewirkt, dass die EKs mit dem Staatsapparat identifiziert werden. Im EK wird nach wie vor ein Organ sozialer Kontrolle (durch den Staat) gesehen, „die Augen der Regierung, die uns beobachten", wie es eine Rechtsanwältin in Shenzhen formulierte. Von daher gebe es eine „natürliche Ablehnung" seitens der Bevölkerung.[457]

Zentral für die Realisierung von Autonomie ist – neben systemischen Faktoren – einerseits die Ressourcenlage. Bislang haben die meisten *Shequ* keine eigenen *Einnahmen*, die ihnen eine Ausweitung oder Verbesserung ihrer Selbstverwaltung und ihres Leistungsangebots erlauben würde. Zwar ist es den Nachbarschaftsvierteln erlaubt, eigene Betriebe (primär im Dienstleistungsbereich) zu gründen, dafür fehlen ihnen aber die erforderlichen Mittel. Die Stadt Shenzhen hat Anfang 2006 sogar beschlossen, dass *Shequ* keine Wirtschaftsaktivitäten entfalten dürfen.[458]

Die meist kleinen Betriebe und Geschäfte auf dem Territorium eines *Shequ* werden von den Straßenbüros verwaltet und leisteten z.B. in Shenyang lediglich eine Verwaltungsabgabe von 60 Yuan/Monat an das EK. Im Chang'anjie-Viertel sicherten drei Fahrradunterstellhallen, für deren Nutzung eine monatliche Gebühr erhoben wurde, dem EK geringe Einnahmen in Höhe von einigen hundert Yuan. In Vierteln, in denen größere Gruppen von Angehörigen einer *Danwei* wohnen, unterstützt die betreffende *Danwei* das EK meist finanziell. Auch bemühen sich die EKs um Spenden städtischer Behörden bzw. von Privatunternehmern. Aber all dies löst die finanziellen Probleme der Nachbarschaftsviertel nicht. Teilweise müssen die EKs für von ihnen genutzte Räumlichkeiten noch Miete an das Straßenbüro zahlen. Überdies mussten Einnahmen selbst geringer Art (2003 ab 200 Yuan) den Straßenbüros gemeldet werden. Es können Anträge zur Verwendung dieser Gelder gestellt werden, die vom Straßenbüro genehmigt werden müssen. Spenden, so erklärten EK-Mitglieder partiell, müssten an das Straßenbüro abgeführt werden.

Die folgende Tabelle verdeutlicht am Beispiel der Provinzhauptstadt Harbin, dass die Mehrheit der Narbarschaftsviertel nur über geringe Einnahmen verfügt:

Tab. 40: Jahreseinkommen der *Shequ* im Nanyang-Bezirk der Stadt Harbin (2003)

Einkommen (Yuan)	*Shequ*-Anzahl	%
0	12	24,5
100-500	14	28,6
501-1000	7	14,3
1001-5000	11	22,4
5001-10000	2	4,1
10001-50000	2	4,1
>50000	1	2,0
gesamt	49	100,0

Quelle: *Yin Haijie* 2003: 18.

---

[457] Interview, Shenzhen, 28.2.04.
[458] *Shequ* 1/06: 10.

Ressourcen könnten auch durch den Transfer staatlicher Gelder an sogenannte *nonprofit community-based organizations* innerhalb der *Shequ* akquiriert werden. Die EKs ähneln den US-amerikanischen *nonprofit community-based organizations* (CBOs), die vom Staat finanziert werden und Dienstleistungen in den Nachbarschaftsvierteln erbringen, wobei auch hier über Dienstleistungen und Gemeinschaftsbildung hinaus Wahlprozesse eingeführt werden sollen.[459] So nehmen z.B. in westlichen Ländern durch *out-contracting* von Regierungsaufgaben solche Transfers zu. Die genannten Organisationen bieten nicht nur Dienstleistungen an, sondern wirken auch als *community builders*, da sie mehr lokale Bürger in soziales und ehrenamtliches Engagement einzubeziehen versuchen.[460] Auch in den USA wurden ab den 60er Jahren Dienstleistungen an *community groups* übertragen, wodurch die Letzteren größere Entscheidungsrechte erhielten. Diese Form der Selbstverwaltung wird in den Vereinigten Staaten als *creative federalism* bezeichnet.[461]

Ein ganz ähnliches Konzept verbirgt sich hinter den *community-based* oder *community-driven* Entwicklungsprojekten, bei denen lokale Gemeinschaften die direkte Kontrolle über die wichtigsten Projektentscheidungen ausüben, inklusive der Verwaltung von Investitionen.[462] Während der Transfer staatlicher Leistungen an solche Organisationen auch politisch im Sinne sozialer Kontrolle interpretiert werden kann, enthält dieses Moment zugleich aber die Komponente gegenseitiger Abhängigkeit. Nicht nur sind die entsprechenden Organisationen auf staatliche Zuwendungen angewiesen, der Staat ist zugleich von diesen Organisationen abhängig, weil sie soziale Aufgaben erledigen, die die lokalen Regierungen nicht zu übernehmen vermögen. Dies trifft auch auf die *Shequ* zu. Die EKs leisten Aufgaben sozialer Kontrolle und bieten soziale Dienstleistungen an, nicht zuletzt über die verschiedenen Ausschüsse und Vereine (für Behinderte, Senioren etc., vgl. Schaubild 2). Gleichzeitig bewirkt die staatliche Finanzierung, dass die Wohnquartiere mehr Personen mobilisieren können, die unentgeltlich oder bei geringem Salär Gemeinschaftsaufgaben übernehmen. Staatliche Geldtransfers tragen so zur Ausweitung von (mobilisierter) Partizipation bei.

Von daher gibt es in westlichen Ländern durchaus Vorbilder für die Akquirierung von Ressourcen. Über finanzielle Ressourcen hinaus bedarf es zugleich auch menschlicher Ressourcen in Form von Freiwilligen und eines Gemeinsinns. Waren Tätigkeiten im Rahmen der Wohnviertel früher häufig ehrenamtlich und wurden unentgeltlich übernommen, so haben die marktwirtschaftlichen Verhältnisse bewirkt, dass „Freiwillige" als Gegenleistung für ihre Arbeitsinvestition partiell eine gewisse monetäre oder immaterielle Vergütung erwarten. Dies war besonders in Shenzhen der Fall. Der transitorische Aspekt beruht hier darauf, dass Arbeiten nicht mehr einfach (vom EK) angeordnet werden können und die Kommerzialisierung aller Leistungen gegenwärtig auch die Bezahlung von „Freiwilligkeit" erfordert. Bezahlt wird in der Regel das *Know-how* oder Bildungskapital der Betreffenden, wie etwa in Shenzhen Kenntnisse in der Geburtenplanung, im medizinischen Bereich oder auch von Wissenschaftlern (für Vorträge). Letztlich stellt sich über die Ressourcenfrage hinaus noch die entscheidende Frage, ob die Bewohner aus Zeitgründen überhaupt an einer Selbstverwaltung interessiert sind und ob Autonomie funktionieren würde, wenn tatsächlich die Mehrheit der Bewohner sich an der Selbstverwaltung beteiligen wollte und die *community*-Verwaltung dadurch möglicherweise gelähmt würde.

---

[459] Vgl. *Maxwell* 2004.
[460] Dazu u.a.: *Marwell* 2004; *Chaves* et al. 2004.
[461] Siehe *Gittell* 1980 : 226.
[462] *Mansuri/Rao* 2004.

Andererseits setzt Selbstverwaltung als demokratischer Akt auch voraus, dass staatliche Akteure glauben, dass Bürger zu einer solchen Verwaltung in der Lage sind.[463] Die Versagung oder Einschränkung von Selbstverwaltung lässt sich auf der politischen und kognitiven Ebene daher als ein weiterer Ausdruck institutionellen Misstrauens von Seiten des Parteistaat verstehen. Doch letztlich ist schon auf Grund der Dimension staatsnaher Tätigkeiten bei gleichzeitig mangelnder finanzieller Ressourcenausstattung Selbstverwaltung kaum möglich. Als Übergangslösung könnte man sich zunächst ein Mischungsverhältnis von gesellschaftlicher Selbstorganisation und staatlicher Regelung vorstellen.

Gleichwohl gibt es in Einzelfällen funktionierende Viertel mit Selbstverwaltung. Einen interessanten Fall lokaler Selbstverwaltung stellt das Nachbarschaftsviertel Shangsha in Shenzhen dar. Das frühere Fischerdorf mit rund 1.300 Einwohnern, die überwiegend dem Huang-Clan angehören, wurde 1992 in ein städtisches Nachbarschaftsviertel überführt. Die Bodenrechte wurden schrittweise an die Stadt Shenzhen verkauft, die eine städtische Gesellschaft beauftragte, Hochhäuser mit Eigentumswohnungen zu errichten. Wurde der Boden zunächst billig an die Stadt verkauft und zwar unter der Auflage, für die ehemaligen Dorfbewohner Arbeitsplätze in nichtagrarischen Sektoren bereitzustellen, so lernte die Dorfgemeinschaft rasch dazu. So forderte sie z.B. preisgerechtes Engelt für den abgegebenen Boden. Die entsprechenden Einnahmen wurden nicht einfach an die einzelnen Mitglieder der Gemeinschaft verteilt. Vielmehr wurden alle Einnahmen der ehemaligen armen Dorfgemeinschaft in eine Aktiengesellschaft eingelegt, und alle 1.300 Bewohner wurden Anteilseigner. Überdies wurde in Produktions- und Dienstleistungsbetriebe investiert, um das Vermögen zu mehren. Die Aktienanteile wurden pro Kopf verteilt und dürfen nicht übertragen oder verkauft werden. Anteile stehen nur Personen zu, die aus dem ehemaligen Dorf stammen. Selbst die Frau des Parteisekretärs aus Sichuan erhielt keine Anteile, allerdings die Kinder der beiden. Über die Ausschüttung von Dividenden entscheidet der Vorstand, der sich jeweils am Jahresende gegenüber der Gemeinschaft für seine Tätigkeit rechtfertigen muss.

Ausgeschlossen davon blieben die 50.000 von auswärts zugezogenen bzw. temporären Bewohner, die im Jahre 2004 in diesem Wohnquartier lebten. Den Einheimischen allein obliegen auch die Verwaltung des Gebietes (das EK wird von den 1.300 Bewohnern in direkter und geheimer Wahl gewählt), die Verwaltung der Wohnungen und die öffentliche Sicherheit (über 100 Sicherheitskräfte). Teilweise wurden von der Gemeinschaft auch Wohnungen angekauft und vermietet.[464]

8.3 Individuelle Autonomie

Bürgerbegriff und Selbstverwaltung verlangen autonome Individuen, die selbständige Entscheidungen treffen können. Auch chinesische Wissenschaftler argumentieren bereits entsprechend. Jedes Individuum, schreiben Yang und Ma, sei Träger von Selbstverwaltungsrechten.[465]

---

[463] Ähnlich: *Dahl* 1989: 97.
[464] Gespräch mit dem Einwohnerkomitee des Shangsha Nachbarschaftsviertel, 25.2.04. Zur Frage der Umwandlung von Dörfern in *Shequ* vgl. den interessanten Band von *Xie Zhikui* 2005. Laut *Renmin Ribao* vom 30.6.04 war Shenzhen 2004 die erste chinesische Stadt ohne Dörfer und Landbevölkerung, da alle Dörfer in *Shequ* umgewandelt worden waren.
[465] *Yang/Ma* 2004: 21.

Dazu trägt schon der Modernisierungsprozess bei. Er bewirkt, dass traditionelle Strukturen und Bindungen aufgebrochen werden (u.a. durch Aufweichung von Verwandtschaftsbeziehungen, Wanderungsbewegungen, Ausweitung der Marktverhältnisse, Leistungsprinzipien und Konkurrenzdruck, Erodierung des Netzes sozialer Sicherheit oder Arbeitslosigkeit). Soziale Unsicherheit nimmt zu, der Einzelne wird stärker auf sich selbst zurückgeworfen, macht sich beruflich selbständig und trägt selbst die Verantwortung für erhöhtes Risiko und soziale Unwägbarkeiten. Traditionelle Werte und Glaubensvorstellungen werden hinterfragt und relativiert. Es tritt das ein, was Ulrich Beck in Anlehnung an Norbert Elias „gesellschaftlichen Individualisierungsschub" genannt hat.[466] Zwar finden wir auch in den Nachbarschaftsvierteln einen Individualisierungsschub, er unterscheidet sich allerdings von dem von Beck gekennzeichneten gesellschaftlichen. Er impliziert eher dass, was u.a. von dem Sozialanthropologen Fei Xiaotong als „Selbstsucht" oder „Egozentrismus" bezeichnet wurde, als Charakteristikum sozialen Verhaltens in China. Damit meinte er die fehlende Verantwortung für öffentliche Angelegenheiten.[467] Gleichwohl bewirkt die gegenwärtige urbane Atomisierung einen Wandel vom Gruppen- (Familie, Clan, Dorf, *Danwei*) hin zum individuellen Egoismus, der durchaus als Vorstufe zu gesellschaftsbezogenem Individualismus begriffen werden kann.

Wichtig für unsere Diskussion ist das Interaktionsgefüge Besitzstand – Zwang – Abhängigkeit – Sicherheit. Wer ein überdurchschnittliches Vermögen oder Einkommen besitzt und beruflich selbständig bzw. organisatorisch (Partei) unabhängig ist, dessen Abhängigkeit im *Shequ* ist relativ gering. Umgekehrt, wer auf staatliche Unterstützung angewiesen ist oder der Parteidisziplin unterliegt, der ist abhängiger vom EK bzw. der Parteiorganisation. Von daher sind es zunächst die beruflich und materiell Bessergestellten, unter denen ein solch ich-bezogener Schub stattfindet. Mit Individualismus meinen wir in diesem Zusammenhang diejenige Orientierung des Denkens und Handelns, die das Individuum bzw. einzelne Gruppen wie die Familie der größeren Gemeinschaft oder der Gesellschaft überordnet. Individuell bezieht sich auf den stärkeren psychischen Bezug auf das Ich und das Selbst. Private Wirtschaftstätigkeit, Wohneigentum und materielle Unabhängigkeit vom Staat fördern individuelle Sichtweisen und begünstigen die Herausbildung individualistischer Strukturen auch in den Wohnvierteln. Berufliche Selbständigkeit, die Möglichkeit des Berufs- und Arbeitsstättenwechsels erlauben den Akteuren größere Wahl- und Entscheidungsmöglichkeiten und individuellere Lebensentwürfe. Simmel hat diesen Prozess der „Ausdehnung des Ichs" durch Geldbesitz und die Korrelation zwischen der Ausweitung der Geldwirtschaft und der Entwicklung von Individualität folgendermaßen beschrieben: Die Verfügung über mehr Geld erlaube einen stärkeren Ausdruck der Persönlichkeit, deren Erweiterung durch Besitz sowie Machtgefühl. Zugleich würden die Beziehungen der Einzelnen gegenüber Gruppen unabhängiger.[468]

In Modernisierungsprozessen kommt es nicht nur zu Individualisierung und Unabhängigkeit von Individuen, sondern zu einem dreifachen Individualisierungsprozess, nämlich zum Verlust der Einbindung in traditionelle Herrschafts- und Sozialstrukturen und damit zum Verlust sozialer Absicherung und Bindungen, zur Aufweichung traditioneller Werte, Normen und Glaubensmuster und zu neuen Formen sozialer Einbindung. Modernisierung bewirkt eine zunehmende Auseinanderentwicklung von öffentlichem und privatem Bereich,

---

[466] *Beck* 1986: 116; vgl. auch *Elias* 1991: 309f.
[467] Vgl. *Fei* 1947, 1992.
[468] *Simmel* 1994: 297ff.

ebenfalls ein Moment von Individualisierung. Voraussetzung für ein Mehr an Individualismus in der Gesellschaft ist ein Mehr an individueller Freiheit. Dabei darf individuelle Freiheit nicht mit dem demokratischen Freiheitsbegriff als Freiheit der Partizipation verwechselt werden. Individuelle Freiheit nimmt in sozialistischen Gesellschaften zu, so Kornai, (1) wenn das Recht, bestimmte Arten von Entscheidungen zu treffen, von der Bürokratie auf das Individuum übergeht und wenn (2) bürokratische Zwänge gegenüber den Entscheidungen von Individuen nachlassen bzw. aufgehoben werden.[469] Ein solches Anwachsen individueller Autonomie und Privatheit können wir im gegenwärtigen China zweifellos erkennen. Eine solche Autonomie beinhaltet u.a. eine abnehmende Abhängigkeit der Menschen von der Bürokratie, größere Eigenentscheidungen hinsichtlich individueller Lebensentwürfe und die Akzeptanz von Nicht- Partizipation durch den Parteistaat.

Hier macht die von Jürgen Habermas vorgenommene Differenzierung von Gesellschaft in System und Lebenswelt Sinn.[470] Lebenswelt bezeichnet in der phänomenologischen Soziologie das „kognitive Bezugssystem" (Habermas), das Subjektive, die Erfahrungen und die Wahrnehmungen in der Alltagswelt und das „Selbstverständliche", d.h. den Erfahrungsraum der Individuen. Der Begriff bezieht sich auf den lebensweltlichen Spontanbereich der Bewohner, der Wähler, der öffentlichen Meinung.[471] Der subjektiven Dimension steht die objektive gegenüber, das System in Form staatlicher Organisation, politisch-administrativer Steuerung von Macht, d.h. der formal-organisierte Bereich (staatliche Verwaltung, Parteien etc.), also die Gesamtheit der politischen und institutionellen Rahmenbedingungen, die zum Erhalt des politischen Systems beitragen. Die stärkere Trennung von System und Lebenswelt leitete eben jenen Individualisierungsprozess ein und bewirkte, dass sich das „post-totalitäre Trauma" allmählich aufzulösen begann.[472] Zugleich wird das System nicht mehr als einheitliches Hegemoniesystem begriffen, gerade weil es Pluralisierungsprozesse toleriert und verschiedene Optionen (Abwanderung, Exit, eingeschränkt *voice*, aber auch individuelle Autonomie) möglich sind.

Entsprechend lässt sich feststellen, dass Autonomie in den Wohnvierteln als individuelle Autonomie bereits vorhanden ist. Abgesehen von den sozial Abhängigen (Sozialhilfeempfängern) und den politisch Abhängigen (Mitglieder der KP) kann kein Individuum mehr verpflichtet werden, sich in seinem Wohnviertel politisch oder sozial zu engagieren. Vielmehr ist die Gestaltung der Lebensentwürfe heute Angelegenheit jedes Einzelnen. Von daher trifft das Argument Amitai Etzionis, dass ein wesentlicher Grund für den Zusammenbruch der kommunistischen Systeme im fehlenden Raum für Autonomie, „sowohl in Bezug auf politische Äußerungen als auch wirtschaftliche Initiativen und Innovationen" bestanden habe,[473] auf das gegenwärtige China nicht zu.

Individuelle (politische) Autonomie im Sinne von Freiheiten privater Bürger gegenüber dem Staatsapparat und seinen Untergliederungen besteht primär für jenen Personenkreis, der weder sozial noch politisch von den EKs abhängig sind. Diese Personengruppe, bestehend aus Personen mit regelmäßigen und z.T. hohen Einkommen, interessiert sich nur selten für die Belange der *Shequ* und möchte ganz bewusst in keine kollektiven Aktivitäten einbezogen werden. Hier bestätigt sich erneut Georg Simmels These, dass Geld und Geld-

---

[469] *Kornai* 1988: 236f.
[470] Vgl. *Habermas* 1985: 171ff.
[471] Vgl. hierzu besonders auch *Teubner* 2000: 20.
[472] Posttotalitäres Trauma bezieht sich auf die Nachwirkungen und die Verarbeitung von Erfahrungen in einem totalitären System.
[473] *Etzioni* 2004b: 29.

verkehr (oder der Markt) als Träger der unpersönlichen Beziehungen zwischen Personen zur eigentlichen Entfaltung der Individualität führen, weil persönliche Abhängigkeiten durch Gleichgültigkeit und Freiheit personeller Ungebundenheit ersetzt werden. Innere Unabhängigkeit der Menschen sei die direkte Folge.[474] Genau dieser Prozess vollzieht sich gegenwärtig in der urbanen Gesellschaft Chinas. Darüber hinaus ist individuelle Autonomie auch Ausdruck der Ermüdungsgeschichte des autoritären Systems, eines „ausgelaugten Leninismus" (Charles Taylor), einer früheren, allumfassenden politischen und sozialen Inklusion sowie einer De-totalisierung von Politik. „Freiheit von Politik", hat Hannah Arendt einmal argumentiert, sei eine der wichtigsten negativen Freiheiten.[475] Individuen in den *Shequ* haben entsprechend die Möglichkeit, sich gegen Partizipation zu entscheiden, weil sie diese für unnötig halten oder weil sie glauben, dass über die bestehenden Strukturen ihren Interessen Genüge getan werde. Letztlich ist dies eine Entscheidung für die Selbstbestimmung des Lebens und Handelns. Zwar ließe sich dieser Sachverhalt auch so interpretieren, dass der Parteistaat an der Partizipation der Abhängigen, aber nicht an der Partizipation der Angehörigen der neuen Mittelschicht interessiert sein könnte. Aber diese Argumentation überzeugt deshalb nicht, weil für den Parteistaat die Integration der jeweiligen Nachbarschaft im Mittelpunkt steht und im Mobilisierungsbemühen nicht zwischen verschiedenen Schichten unterschieden wird.

Das Anwachsen individueller Autonomie lässt sich als Teil des Wandels der chinesischen Gesellschaft von einer geschlossenen zu einer offenen Gesellschaft interpretieren. Geschlossene Gesellschaften lassen sich als solche mit geringer sozialer Mobilität, Einbindung der Menschen in festgefügte Gemeinschaften, individueller Abhängigkeit von kollektiven Zwängen definieren, wobei private und öffentliche Sphären nicht getrennt sind. Dies entspricht den sozialen und politischen Verhältnissen Chinas bis in die 1980er Jahre hinein. Die offene Gesellschaft ist charakterisiert durch sozialen Wandel und verschiedene Formen räumlicher und gesellschaftlicher Mobilität. Traditionale Gemeinschaften beginnen sich aufzulösen, Individualisierungsprozesse führen zu einer Erodierung kollektiver Werte und Normen, persönliche Lebensentwürfe beginnen sich von kollektiven Zwängen zu lösen. Öffentliche und private Räume bilden zunehmend getrennte Sphären, kollektive Schicksale (von *Danwei*, Dörfern, Clans, Dorfgemeinschaften) werden zu persönlichen.[476] Genau dieser Prozess *individueller Autonomisierung* hat sich seit den 1980er Jahren vor allem im urbanen Raum vollzogen, wie unsere Interviews deutlich belegen. Die gesellschaftliche Entwicklung verlangt indessen längerfristig die Überführung von individueller Autonomie in Bürgersinn und Bürgerengagement, auf der Basis von Partizipationsmöglichkeiten, Freiwilligkeit, Empathie und sozialer Solidarität, um den Grad an sozialer Stabilität erhöhen sowie zentrifugalen Tendenzen einer Überindividualisierung und anderen sozialzentrifugalen Tendenzen entgegenwirken zu können.

---

[474] *Simmel* 1994: 395ff. Wir beziehen den Begriff der individuellen Autonomie nicht – wie Rawls – auf die politisch verstandene (*full*) Autonomie, vgl. *Rawls* 1993: 72ff.
[475] *Arendt* 1966: 284.
[476] Siehe *Baurmann* 1996: 502ff.

8.4 *Shequ*: Gemeinschaft statt Gesellschaft?

Hinter dem *Shequ*-Gedanken steht aber noch eine andere Grundidee sozialer Stabilisierung: die Frage neuer bzw. erneuter Gemeinschaftsbildung. Chinesische Schriften beziehen sich bei der Begrifflichkeit *Shequ* in der Regel auf den deutschen Soziologen Ferdinand Tönnies und seine Differenzierung zwischen Gesellschaft und Gemeinschaft. Gemeinschaft bezeichnet eine traditionale, vorindustrielle Entität, geprägt durch familiäre oder lokale Strukturen, gemeinsame Werte und affektive Nähe in einem gemeinsamen Raum. Gesellschaft hingegen meint eine Menschengruppe, die zwar in einem gemeinsamen Raum wohnt und lebt, deren Mitglieder aber weder affektiv noch durch gemeinsame Werte und Überzeugungen miteinander verbunden, sondern eher voneinander separiert sind. Für Ferdinand Tönnies ist die Gemeinschaft eine organische, die Gesellschaft eine künstliche, mechanische Einheit. Gemeinschaft bezieht sich auf das Vertraute, das innere Zusammenleben, Gesellschaft auf das eher Fremde, äußere Zusammenleben und den öffentlichen Raum.[477]

Durkheim hat, von anderer Warte aus, der Auffassung von Tönnies widersprochen. Er unterscheidet zwischen der mechanischen Solidarität einfacher, segmentärer Gesellschaften und der organischen Solidarität auf Grund wachsender Arbeitsteilung. Die Erstere beruhe auf dem Prinzip der Gleichheit und basiere auf einem kollektiven Bewusstsein, in dem individuelle Momente keinen Plätz hätten, die organische Solidarität hingegen auf Ungleichheit (eben infolge dieser Arbeitsteilung). Die Solidarität auf Basis der Ungleichheit bewirke einen stärkeren Zusammenhalt als die mechanische, weil es sich um eine individuellere, bewusstere und selbst-entschiedene Solidarität handle.[478] Andererseits hätten Modernisierungsprozesse zu einer Erodierung gemeinschaftlicher Solidarität und zu Verunsicherung der Menschen geführt, weil die traditionalen Regeln und Werte keine Gültigkeit mehr besäßen. Es komme daher darauf an, durch eine neue Moral die verschiedenen Teile der Gesellschaft wieder harmonisch (organisch) zusammenzufügen.[479]

In China ist die urbane Gemeinschaft geographisch determiniert und den Bewohnern von oben oktroyiert worden. Tönnies sieht in der Gemeinschaft überdies stärker ein Gebilde, das von unten wächst. Von chinesischer Warte aus erhofft man sich die Herausbildung urbaner Gemeinschaften mit eigener Identität, die ein Wärme- und Loyalitätsgefühl, d.h. eine emotionale Nähe entwickeln und deren Bewohner sich auf freiwilliger Basis für die Belange der Wohnviertel und darüber hinaus einsetzen sollen.[480] So hieß es im Februar 2005 im Parteiorgan *Renmin Ribao*, zentral für die Entwicklung der *Shequ* seien die verstärkte Interaktion bzw. wachsende Kontakte zwischen den Bewohnern. Dadurch bilde sich eine gemeinsame Identität heraus, verminderten sich Missverständnisse und Konflikte. Über eine solche Identität entstünden affektive Beziehungen, die auf Gleichberechtigung, gegenseitiger Hilfe und nachbarschaftlichem Vertrauen basierten.[481]

---

[477] *Tönnies* 1972. Vgl. hierzu auch verschiedene Beiträge in *Brumlik/Brunkhorst* 1993.
[478] Vgl. *Durkheim* 1992.
[479] *Durkheim* 1992: 477ff.
[480] Damit greift in China ein Vorschlag zur Entwicklung von *communities*, den die Vereinten Nationen bereits Mitte der 1950er Jahre für Entwicklungsländer konzipiert haben, vgl. *United Nations* 1955. *Community work* blieb auch in den folgenden Jahrzehnten ein wichtiger Faktor der Arbeit in Entwicklungs- aber auch in entwickelten Gesellschaften, vgl. u.a. *Ross/Lappin* 1967; *Twelvetrees* 1982; *Popple* 1995.
[481] *Ding Gang* 2005. Selbst chinesische Quellen argumentieren, dass in China der Grad des Vertrauens in andere Menschen heute generell sehr niedrig sei, vgl. z.B. *Goujian hexie* 2006: 28.

Das *Shequ*-Konzept übersieht bislang jedoch, dass Menschen unterschiedlichen Gemeinschaften angehören, und dass daher der Versuch einer Identitätsbildung, die sich auf ein Wohnviertel konzentriert, unter Bedingungen einer sich differenzierenden Gesellschaft zunehmend schwierig ist. Zwar haben Wissenschaftler bereits auf diese Problematik hingewiesen, zugleich aber betont, dass eine künftige Identität der Bürger mit ihrem Wohnviertel voraussetze, dass die *Shequ* für die grundlegenden Organisationsfragen des alltäglichen Lebens der Bewohner zuständig seien.[482] Identität über Dienstleistungen und soziale Sicherung innerhalb der *Shequ* lautet dieses Konzept, das den Identitätsbegriff zumindest an die Interessen der Bewohner bindet.

Wie oben erwähnt, ist die Einrichtung von *Shequ*, anders als die Dorfgemeinschaft, der Versuch, Gemeinschaften von oben zu schaffen. Mit wachsender sozialer Differenzierung und Mobilisierung haben sich traditionelle städtische Gemeinschaften (wie die *Danwei*) aufgelöst. Die Wohngebiete, die sich immer weniger aus Personen einzelner *Danwei* zusammensetzen, sondern aus Personen mit ganz unterschiedlichen sozialen Zuordnungen, bilden in diesem Sinne keine solidarischen Gemeinschaften mehr, sondern Gemeinschaften von Fremden. Der Individualisierungsprozess steht der Gemeinschaftsbildung zunehmend entgegen, zumal die Wohnviertel nicht, wie traditionelle Gemeinschaften, durch gemeinsame Institutionen und Symbole zusammengehalten werden. Gemeinsame Interessen fehlen weitgehend, so dass von dieser Seite aus die Gemeinschaftsbildung erschwert wird. Auf Interessen alleine kann Gemeinschaft ohnehin nicht gebaut werden. Dazu bedarf es weiterer Faktoren wie eines spezifischen Gefühls der Loyalität, der Wärme, der Symbolik, der Lebenszusammenhänge, der Information und Kommunikation. Gemeinschaft braucht ein Telos, eigene Ziele und Zwecke, darf nicht nur eine atomisierte Ansammlung von Individuen sein.[483] Die luxuriösen, abgegrenzten und gut bewachten städtischen *gated communities*, die Lash als „Lebensstil-Enklaven" bezeichnet, besitzen zwar gemeinsame Spezifika, stellen damit aber noch keine Gemeinschaft dar, weil die Lebensweise letztlich individualisiert ist.[484]

Wie wir oben gezeigt haben, hat sich die Zusammensetzung der Bewohnerschaft deutlich ausdifferenziert. Die Disparität der Bewohner, die stetig zunimmt, erschwert die Schaffung von Gemeinschaften und eines gemeinschaftlichen Identitätsgefühls. Von daher lässt sich kaum von einer Gemeinschaft im Sinne von Tönnies sprechen. Eher ließe sich die Frage stellen, ob sich eine Art organische Solidarität zwischen den Bewohnern herausbilden könnte. Aber auch dies erscheint fraglich, weil die einzelnen Gruppen in völlig unterschiedliche Lebens- und Arbeitszusammenhänge eingebunden sind. Soziale Ungleichheit, die hohe Fluktuation (durch Zu- und Wegzüge) sowie die Segregation von Teilvierteln unterschiedlicher Qualität innerhalb der einzelnen *Shequ* verhindern die Herausbildung gemeinsamer Interesse und Identitäten. Zudem sind sozial Benachteiligte, Arbeitslose und RentnerInnen stärker auf das Wohnviertel angewiesen bzw. dort engagiert als Personen, die außerhalb des *Shequ* arbeiten. Die kälteste Loyalität besteht unter den Migranten von außerhalb, die temporär dort zur Miete wohnen. Auch eine Differenzierung zwischen „Zuge-

---

[482] *Shen Xinkun* 2004.
[483] *Lash* 1996: 256, 271.
[484] *Lash* 1996: 272. *Castels* 1991: 205 charakterisiert die *gated communities* folgendermaßen: Die Stadt…wird den Barbaren überlassen und man selbst zieht sich in den Komfort einiger Wohnenklaven zurück".

hörigen", also Bewohner eines *Shequ* ohne innere Anteilnahme, und „Angehörigen", die sich mit ihrem Viertel identifizieren, weist bereits auf eine innere Polarisierung hin.[485]

Allerdings lassen sich hier Unterschiede zwischen „traditionellen" Wohnvierteln in Altstadt- oder ursprünglich *danwei*-organisierten Vierteln und neuen Wohnquartieren wie z.B. in Shenzhen oder den *gated communities* feststellen. In den Ersteren kannten sich die Menschen häufig durch *face-to-face* Kontakte (z.B. in Shenyang oder Chongqing) und daher war hier ein stärkerer Identitätsgrad vorhanden. In den Letzteren, deren Bewohner weitgehend von außerhalb zugezogen und sich häufig fremd waren oder wo die Teilviertel schichtenspezifisch voneinander separiert worden waren, war der Identitätsgrad relativ gering.[486]

Georg Simmel hat konstatiert, dass eine enge Bindung an kommunale Gemeinschaften die Ausbildung von Individualität und transkommunale Identitäten verhindere. Je größer der Individualisierungsgrad werde, desto geringer sei die Bindung an solche Gemeinschaften und desto größer die Loyalität gegenüber übergeordneten Institutionen.[487] Im Prinzip ließe sich argumentieren, dass die Ablösung von kleinen Identitätsgruppen überhaupt erst den Bezug zur Gesellschaft und zur Nation herstellt.[488] Der Parteistaat intendiert weniger eine politisch-institutionelle Identität, die auf Durchsetzung grundlegender Rechte insistiert, sondern eine moralische Identität, die auf gemeinsame Werte gegründet ist.

Einzelne Befragte haben darauf hingewiesen, dass die Identität mit dem eigenen *Shequ* nur dann wachse, wenn ein EK sich für die Interessen der Bewohner einsetze und erkennbare Leistungen erbringe. Erst dann entstünden ein „Familiengefühl" und damit Vertrauen in das Nachbarschaftsviertel und sein EK.[489]

Auch mit Hilfe von *Shequ*-Symbolen wird versucht, das Identitätsgefühl zu stärken, etwa durch spezifische Hymnen, deren Texte im Wohnviertel öffentlich ausgehängt und von Gesangsgruppen im Viertel eingeübt und vorgetragen werden, oder durch spezielle Embleme, Fahnen oder Losungen wie „Das *Shequ* ist unsere Familie, die Familie stützt sich auf alle!" Dazu kommen Sport- und Tanzgruppen, die sich mit denen anderer Nachbarschaftsviertel messen und an Wettbewerben teilnehmen.

Die Grundidee des *Shequ*-Konzepts erinnert an das kommunitaristische Konzept etwa des Soziologen Amitai Etzioni, der unter Bedingungen zunehmender Individualisierung eine neue Gemeinschaft fordert, um „ein neues Verantwortungsbewusstsein der Menschen" und „die Stärkung der moralischen Grundlagen" der Gesellschaft zu schaffen. Die Grundidee des Kommunitarismus besteht in der „Wiederbelebung von Gemeinschaftsdenken unter den Bedingungen postmoderner Dienstleistungsgesellschaften".[490] Die Auflösung von sinnstiftenden Gemeinschaftsideologien (wie des Marxismus, Sozialismus oder auch des Nationalsozialismus) und der Zusammenbruch eines „sozialen Modells von Modernisierung" (Touraine) führten zur Suche nach neuen Formen von Gemeinschaft, um auf einer neuen, selbstbewussten, selbstverantwortlichen und autonomen Ebene das Defizit an Ge-

---

[485] Vgl. hierzu u.a. *Seel* 1993: 249.
[486] *Forrest/Yip* 2007: 56 stellten bei ihren Untersuchungen in Guangzhou z.B. einen relativ hohen „sense of community and belonging" fest.
[487] *Simmel* 1992: 56ff.
[488] Andererseits stellt sich die Frage, ob durch die Schaffung neuer künstlicher Gemeinschaften keine neue Form von *Tribalismus* entstehen würde, d.h. die Abschließung gegenüber anderen Gemeinschaften bzw. gegenüber der Gesellschaft. Eine solche Problematik konstatieren *Horsman/Marshall* 1994 z.B. für die USA.
[489] U.a. Interview, Shenyang, 11.3.03.
[490] *Reese-Schäfer* 1996: 3.

meinschaftswirken und –sinn, an sozialer Kälte und Vereinzelung auszugleichen. Letztlich manifestiert sich darin das „Unbehagen an der Moderne",[491] die einen Zustand moralischer Unordnung hervorgerufen hat.[492] Die gemeinschaftsstiftende Funktion des Kommunitarismus würde auch in China überzeugen. Die folgende Aussage Etzionis würden chinesische Politiker ohne Einschränkung unterschreiben:

> Unsere Kritiker nennen den Begriff *Gemeinschaft* vage, diffus und warnen vor einer Einschränkung der individuellen Freiheit durch neue starke Gemeinschaften. Für mich sind Gemeinschaften soziale Netze von Menschen, die einander persönlich kennen – und zugleich moralische Instanzen. Sie nutzen interpersonelle Bande, um ihre Mitglieder zur Beachtung gemeinsamer Werte und Normen („Wirf deinen Müll nicht zum Fenster raus!", „Denk an spielende Kinder, fahr vorsichtig!") zu erziehen. Sie tadeln jene, die gemeinsame moralische Normen verletzen, und loben jene, die sie beachten. Den Staat…rufen sie erst, wenn alle anderen Mittel versagen. Daher gilt: Je funktionsfähiger die Gemeinschaften, desto geringer der Bedarf an staatlicher Kontrolle.[493]

Im Kern geht es um die Frage, wie ein „sozial übergreifender Wertzusammenhang beschaffen sein kann, der einerseits durch neue Formen der gesellschaftlichen Solidarität den destruktiven Tendenzen einer weiteren Individualisierung entgegenwirkt"[494] und um die „Erneuerung des öffentlichen Raums in den Städten" (Reese-Schäfer).

Doch während es in der Zielsetzung zwischen Kommunitarismus und *Shequ*-Konzept frappierende Übereinstimmung gibt, unterscheiden sich das *Shequ*- und das Kommunitarismus-Konzept nicht nur in Fragen einer starken Demokratie. Während Etzioni an die mündigen Bürger selbst appelliert, ist das *Shequ*-Projekt ein Kind der Politik, wobei Organisations- und Führungsstrukturen den (kontrollierten) Bürger „von oben" schaffen sollen. Von daher lässt sich mit Blick auf die chinesische Stadtentwicklungspolitik von einem *autoritären Kommunitarismus* sprechen.

Zweifellos müssen in Massengesellschaften Partizipation, die Erziehung zu Demokratie und demokratische Praxis von kleinen lokalen Einheiten ausgehen. Bereits John Dewey hat darauf hingewiesen, dass in Massengesellschaften die Erziehung zu demokratischem Verhalten und Handeln in sogenannten *face-to-face-communities*, d.h. in kleinen, unmittelbaren Lebenswelten (Wohn-/Arbeitsbereich) erfolgen müsse: „Democracy must begin at home, and its home is the neighborly community".[495] Allerdings ging er dabei von Bedingungen politischer Demokratie aus und von einem Staat, der dem Volk gegenüber verantwortlich sei. In demokratischen Gesellschaften fängt Demokratie in der Gemeinde an, und eine solche Demokratie erfordert freiwilliges Engagement der Bürger (und nicht „Freiwillige"). International gesehen werden *community*-Konzepte mit Partizipation, Freiwilligenarbeit, gemeinsamer Problemlösung und Eigeninitiative in Verbindung gebracht.[496] Aus solchen Ansätzen schöpfen chinesische Wissenschaftler ihre Idee einer Basisdemokratie in den Wohnvierteln, wobei Wahlen als einer der zentralen Faktoren der Realisierung von

---

[491] Vgl. *Taylor* 1995; *Brunkhorst* 1996.
[492] Dazu u.a. *MacIntyre* 1987, 1988.
[493] *Etzioni* 1995: IXf.
[494] *Honneth* 1994: 22f.
[495] *Dewey* o.J.: 213. „In ihrem tiefsten und reichsten Sinn muß eine Gemeinschaft immer eine Sache des Verkehrs von Angesicht zu Angesicht bleiben", siehe *Dewey* 1996: 175. Zu Deweys Einfluss auf und in China, *Kim* 1998.
[496] Vgl. z.B. *Ross/Lappin* 1967: 7f.. Ein lesenswertes Buch, das den *community*-Gedanken aus der Perspektive westlich-ideengeschichtlicher Konzepte beleuchtet, ist *Friedrich* 1959.

Demokratie und des *Shequ*-Aufbaus gelten.[497] Die *Shequ* werden als „idealisierter Gegenentwurf" zur Gesellschaft begriffen.

Gleichwohl ist Gemeinschaft ein „moderner Begriff, der sich auf Vormodernes bezieht, um das moderne Problem der Gestaltung der Gesellschaft zu bewältigen", schreibt Vobruba.[498] Modernisierung und Industrialisierung führen zu einem Individualisierungsschub und damit zur Auflösung traditionaler Gemeinschaften. Das Entstehen einer Marktgesellschaft bewirkt zugleich, dass nicht nur die soziale Kontrolle, sondern auch Institutionen wechselseitiger Pflichten und Fürsorge erodieren. Den mit der Auflösung traditionaler Institutionen und Gemeinschaften verbundenen Problemen (Vereinsamung, Erosion sozialer Kontrolle und sozialer Normen, neue soziale Probleme) versucht die Politik mit der Schaffung neuer Gemeinschaften und Gemeinschaftsorganisationen zu begegnen. Die *Shequ* sollen die gesellschaftlichen Schäden in der Gemeinschaft heilen.[499] Der Auflösung der Gemeinschaften und der sozialen Kontrolle im Rahmen des Modernisierungsprozesses soll durch die Schaffung neuer Gemeinschaften begegnet werden. Das Gelingen eines solchen Vorhabens erscheint indessen fraglich, weil (a) Momente gemeinschaftlicher Identitätsbildung weitgehend fehlen, (b) die „Oberschicht" in den Wohnvierteln (Funktionäre, Unternehmer, Akademiker, Facharbeiter) nicht an der Einbindung in neue Kontrollstrukturen interessiert ist, (c) die Hebel fehlen, um die Bewohner auf ein Gemeinschaftsprojekt verpflichten zu können, (d) mit Modellen aus der Mao-Zeit (wie z.B. die Bewegung zum „Lernen von dem Modellhelden Lei Feng"), auch wenn sie „erneuert" wurden, die Menschen lediglich über konkrete Vorbilder erzogen und so gesellschaftliche Probleme gelöst werden sollen. Überdies bewirken gesellschaftliche Liberalisierung, Pluralisierung und Individualisierung sowie die damit verbundenen Probleme wie Arbeitslosigkeit und soziale Unsicherheit, dass die Vorteile gemeinschaftlichen Handelns immer weniger als vorteilhaft begriffen werden. Soziale Probleme werden zunehmend als individuelle perzipiert, für die der Einzelne selbst die Verantwortung trägt. Zudem beschränken individuelle Lebensentwürfe und eine neue individuelle Lebenswirklichkeit die Herausbildung neuer Gemeinschaften.

Gleichwohl rufen auch in den USA Kommunitarier dazu auf, dem Verfall lokaler Gemeinschaften Einhalt zu gebieten. Gemeinschaften (wie Nachbarschaftsgemeinschaften) müssten wiedererrichtet und Bürger ermuntert werden, aktiver zu werden. Auch dabei soll der Staat eine wichtige Rolle spielen.[500] In China erscheint die Schaffung einer neuen Moral- und Werteordnung als ein zentraler Faktor der intendierten Gemeinschaftsbildung. Darauf weist u.a. ein „Programm zur Realisierung des Aufbaus einer neuen Bürgermoral" (*gongmin daode jianshe shishi gangyao*) hin, das die politische Führung 2001 beschlossen hat und das regelmäßig von den Medien propagiert wird.[501] 2003 veröffentlichte der ZK-Ausschuss für die Leitung des Aufbaus der geistigen Zivilsation ein neues Dokument, mit dem das Programm von 2001 konkretisiert werden sollte. Darin wurde der 20. September zum „Tag der Propagierung der Bürgermoral" erklärt.[502] (Das auf der folgenden Seite abgebildete Propagandaposter aus der „Volkszeitung" wirbt explizit für diesen „Aufbau einer neuen Bürgermoral" und für den 20. September als Aktionstag zur Propagierung einer solchen Moral.) Regelmäßig berichtet die Parteizeitung *Renmin Ribao* ab 2004 von der Betei-

---

[497] Vgl. *Liang/Liu* 2002.
[498] *Vobruba* 1994: 20.
[499] *Vobruba* 1994: 39.
[500] Dazu u.a. *Hopper* 2003: 85ff.; *Putnam* 2000.
[501] Vgl. z.B. *Renmin Ribao*, 5.9.03, 7.7.04, 20.9.05.
[502] *Renmin Ribao*, 19.9.03.

ligung von Bürgern an der Schaffung einer neuen Moralordnung. Mittel dazu waren u.a. „öffentliche Verpflichtungen" (*gongyue*) von Bewohnern auf der Ebene von *Shequ*, Wohnblocks und sogar Wohnhäusern, sich an bestimmte Moralstandards zu halten, auch was das Verhalten in der Öffentlichkeit, im Wohnviertel oder gegenüber Mitbewohnern anbelangt.[503] Im November 2004 richtete die „Volkszeitung" sogar eine Sonderrubrik „Diskussion über den Aufbau einer [neuen] Moral" ein.

Vizeminister Chen Jichang vom Ministerium für Zivilverwaltung hob im Juni 2004 ausdrücklich hervor, dass der „Aufbau der ideologischen Moral", vor allem auch der Jugend, ein zentraler Teil des *Shequ*-Aufbaus darstelle. Bei dieser Aufgabe müssten Familie, Schule und *Shequ* eng zusammenarbeiten.[504] Die Nachbarschaftsviertel werden auch als Instrument zur Erlernung „zivilisierten Verhaltens", des „moralischen Aufbaus" der Gesellschaft sowie der Hebung der „moralischen Qualität" der Menschen begriffen.[505] Auch Medien- und wissenschaftliche Beiträge betonen immer wieder, dass die Veränderung der Werte, die Schaffung einer öffentlichen Moral und eines sozialen Bewusstseins der Menschen „zentrale Faktoren" und Ziele des *Shequ*-Aufbaus darstellten.[506]

---

[503] Vgl. z.B. *Renmin Ribao*, 9.9.04 (Dalian), 10.9.04 (Peking) , 11.9.04 (Shanghai).
[504] *Renmin Ribao*, 17.6.04.
[505] *Meng/Bai* 2006: 3ff.; *Shi/Zhuo* 2006: 127ff.; *Tang Chongxin* 2006: 175ff.
[506] *Liu Jitong* 2003: 105; *Liu Lina* 2004; *Renmin Ribao*, 3.7.04, 29.7.04.

9·20"公民道德宣传日"

爱国守法 明礼诚信 团结友善
勤俭自强 敬业奉献

公民道德建设实施纲要

深入贯彻《公民道德建设实施纲要》
积极推进思想道德建设

In vielen *Shequ* findet sich der aus 20 Schriftzeichen bestehende Kurzmoralkodex als öffentlicher Aushang: das Vaterland lieben und sich an die Gesetze halten; höflich, ehrlich und glaubwürdig sein; solidarisch und freundschaftlich sein; fleißig, genügsam und voranschreitend sein; die Arbeit achten und Opfer bringen. Es sind primär Patriotismus, die Einübung von moralischen Werten durch Propagandaaktionen, soziale Kontrolle, selbstbewusstes Verfolgen der geforderten Standards und behördliche Anleitung, die zum Aufbau einer „Bürgermoral" führen sollen.[507] Es geht nicht mehr um die Moral von neuen „sozialistischen Menschen", sondern um die neue Moral von „Bürgern".

Der Staat betätigt sich hier als *Moralstaat*, der von oben neue institutionelle Muster in Form von Moralstandards zu setzen versucht. Kuan und Lau haben in einer empirischen Untersuchung nachgewiesen, dass die Bürger in der Volksrepublik die Regierung für den moralischen Verfall in der Gesellschaft verantwortlich machen.[508] Unsere Befragungen haben eine solche Haltung bestätigt. Wenn eine solche Auffassung in der politischen Kultur vorherrscht, dann scheint in der Tat der Staat gefordert zu sein, diesem Verfall durch Durchsetzung neuer moralischer Standards entgegenzuwirken. Der Staat, nicht die Menschen sind gefordert, neue Standards zu implementieren. Neu ist allerdings, dass die paternalistische Auffassung, der Staat habe als Verantwortlicher für den moralischen Niedergang gefälligst auch für Abhilfe zu sorgen, von Seiten des Staates nunmehr beantwortet wird mit dem Bemühen, auf der Basis von Freiwilligkeit die Bevölkerung in den Wohngebieten in diesen Prozess einzubeziehen. Zu bezweifeln ist aber, dass eine solche Propaganda gerade bei denen wirkt, auf die sie abzielt: die Jugend, die im gegenwärtigen China als besonders gefährdet gilt (durch extremen Individualismus, Glücksspiel, Pornographie und „westliche" Kultur sowie Drogen, wachsende Kriminalität und das Anwachsen von religiösen und abergläubischen Einflüssen). Es wird wenig nutzen, wenn die *Shequ* aufgerufen werden, stärker auf negative Einflüsse unter der Jugend und auf moralische Erziehung zu achten.[509]

Lässt sich eine neue Werte- und Moralordnung quasi „von oben", durch Partei oder Staat und – in unserem Fall – mittels der *Shequ* herstellen? „Das Gut Moral", schreibt Baurmann, dürfe nicht „dem Zufall und dem spontanen Zusammenspiel menschlicher Interessen überantwortet bleiben. Es muss planmäßig hergestellt und verbreitet werden". Es bedürfe einer „moralischen und weltanschaulichen Aufrüstung".[510] Wer aber soll dann eine solche Planmäßigkeit gewährleisten, wenn nicht der Staat?

Innerhalb der Bevölkerung gibt es eine hohe Erwartungshaltung im Hinblick auf eine „moralische Erneuerung der Gesellschaft" durch die Partei. So ergab eine Untersuchung unter Haushaltsvorstehern in Shanghaier *Shequ*, dass 69,8 Prozent der Befragten Wissen und Bildung für die wichtigsten Lebensziele ihrer Kinder hielten (mit großem Abstand folgte als zweitwichtigstes Ziel mit 19,5 Prozent eine gute Moral), den Erwerb von materiellem Reichtum (Geld) hingegen nur 4,2 Prozent. Die absolute Mehrheit (81,0 Prozent) meinte, die Erziehung durch die Partei (gemeint ist wohl eher der Staat) sei dabei der wichtigste Faktor. Erst an zweiter Stelle folgte die konfuzianische Ethik (21,3 Prozent).[511] Das parteistaatszentrierte Antwortverhalten mag allerdings auch damit zusammenhängen, dass nach der Rolle der Familie, der Schulen oder der Wohnviertel bei diesem Erziehungsauftrag

---

[507] Auch in der Republikzeit unter Chiang Kai-Shek gab es entsprechende Versuche, vgl. *Culp* 2006.
[508] *Kuan/Lau* 2002: 304.
[509] Dazu u.a.: *Renmin Ribao*, 27.4.04.
[510] *Baurmann* 1996: 31.
[511] *Zhang Huanhua* 2004: 14ff.

gar nicht gefragt worden war. Funktional könnte dieses Ergebnis denn auch lauten, dass der Parteistaat im Hinblick auf die Wertevermittlung mehr tun müsse.

Ob der Staat diese Aufgabe zu leisten vermag, ist zu bezweifeln. Dazu sind die sozialen Verhältnisse bereits zu sehr pluralisiert. Gemeinschaften als Wertevermittlungsinstanzen zeigen ebenfalls keine große Wirkung mehr. Die oben erwähnte Charakterisierung der Stadt als „Ort der Freundschaft" (im Gegensatz zum Dorf als „Ort der Nachbarschaft") impliziert, dass eine gemeinschaftliche Abgrenzung nach außen, charakteristisch für das Dorf, im urbanen Raum nicht mehr möglich ist. Der Versuch, über zentrale Zugänge, hohe Mauern, Wohnviertelhymnen und andere Symbole Abgrenzung nach außen und damit Identität nach innen hin zu schaffen, funktioniert nur partiell. Dies zeigte sich schon am Scheitern der von uns besuchten Wohnviertel, kontrollierte Zugänge zu schaffen, wie sie für größere *Danwei* üblich sind. Die Bewohner sicherten sich immer wieder Seitenein- und -zugänge, die eben von Niemandem bewacht oder kontrolliert wurden, und die Mauern und Zäune wiesen zahlreiche von Bewohnern geschaffene Lücken auf. Wird andererseits das Gemeinwesen nicht als kollektives Gut begriffen, das von seinen Bewohnern respektiert und gepflegt werden muss, dann handelt es sich nicht um ein tatsächliches Gemeinwesen.

Unter Bedingungen des Autoritarismus weisen Formen der Gemeinschaftsbildung (hier: im *Shequ*) überdies starke paternalistische und hierarchische Züge auf. Die neue Gemeinschaft erfordert sowohl das Antriebsmoment der Parteiorganisation, als auch die Aufsicht durch die Straßenbüros und die Organisationskraft eines kontinuierlich mobilisierenden Organs (EK) mit einer starken Persönlichkeit an der Spitze. Solche Personen benötigen Prestige und *standing* innerhalb der jeweiligen Gemeinschaft, um wirkungsvoll und effektiv agieren zu können. Auch lässt die Bürokratie sie nicht unabhängig agieren, sondern weist ihnen die Funktion von sozialen und letztlich systemischen Stabilisatoren zu. Genau dies macht aber die Schwäche der Stellung solcher Personen und des *Shequ*-Systems überhaupt aus. Gleichwohl erlaubt die Ambivalenz als Subjekt (*Shequ*-LeiterIn) einerseits und Objekt oder Kontrollinstanz andererseits ein Lavieren zwischen den Interessen der Bürokratie (bzw. der Partei) und denen der *community*. Der Einfluss der LeiterInnen lässt sich von daher im Interesse des Staates, der Gemeinschaft oder im eigenen Interesse nutzen.[512] Dieser Spielraum verlangt nach öffentlicher Kontrolle, die aber ausgerechnet durch die Parteiorganisation in den Nachbarschaftsvierteln sichergestellt werden soll.

Von daher hat die chinesische Form des Kommunitarismus mit dem Kommunitarismus westlicher Prägung zunächst wenig gemein. Kommunitaristische Theoretiker verbinden das Moment der Gemeinschaft primär mit einer liberalen Gesellschaft, mit Demokratie, festen Grundrechten und gegenseitiger Achtung gesellschaftlicher Gruppen, letztlich als Verbindung von geteilter Lebensform und Selbstverwaltung.[513] Kommunitarismus, argumentiert Etzioni, sei eng verbunden mit dem Moment „starker Demokratie".[514] Während eine solche Demokratie in westlichen Gesellschaften Ausgangspunkt kommunitaristischer Ansätze ist, glauben chinesische Sozialwissenschaftler, „Demokratie" ließe sich auf der Basis kommunitaristischer Konzepte fördern. Auch dies ist ein Indikator dafür, dass es sich um ein Konzept eines autoritären Kommunitarismus handelt. Anknüpfungspunkte zum westlichen Kommunitarismus finden sich eher bei dem, was Etzioni „Rekonstruktion der

---

[512] Auch dies hat *Kuhn* 1975: 260 bereits für historische Prozesse konstatiert.
[513] Vgl. *Walzer* 1990; *Walzer*, in: *Carleheden/Gabriels* 1997.
[514] *Etzioni* 1995: 284.

Moral" nennt,[515] d.h. die Schaffung eines Systems neuer sozialer Tugenden und Werte auf der Basis des Gemeinsinns, persönlicher Verantwortung und der Selbsthilfe.

Keller et al. sprechen von drei Entwicklungsstufen der Moral: (a) auf der ersten Stufe orientiert sich die Einhaltung moralischer Verpflichtungen an den gegebenen Regelwerken und Sanktionsandrohungen; (b) auf der zweiten Stufe spielen Eigeninteressen und Interessen anderer gleichermaßen eine Rolle; und (c) auf der dritten Stufe spielen Empathie und Fürsorge gegenüber Mitmenschen moralisch eine wichtige Rolle.[516] Obwohl es falsch wäre, eine strikte Trennung zwischen diesen drei Stufen vorzunehmen, weil Elemente davon in allen drei beschriebenen „Phasen" vorkommen, hat unsere Untersuchung gezeigt, dass die Fürsorge gegenüber anderen auch einer gewissen materiellen Basis bedarf, um zu einem moralischen Allgemeingut zu werden. In den chinesischen Städten finden wir daher bislang überwiegend (a), mit leichten Tendenzen in Richtung (b).

Wachsender Lebensstandard, größere individuelle Freiheiten, zunehmende Partizipationsmöglichkeiten und Verrechtlichung begünstigen die Herausbildung von Bürgern im urbanen Raum. Der Staat sucht von oben Strukturen zu schaffen und Werte zu propagieren, die dieser Herausbildung förderlich sind. In und über die Nachbarschaftsviertel sollen die Bewohner an partizipative Mitwirkung herangeführt werden und diese erlernen. Freiwillige soziale Tätigkeiten, Vereinsgründungen oder der Transfer staatlicher Dienstleistungen in die Wohnviertel hinein schaffen Strukturen, die der Entwicklung von Gemeinsinn und sozialem Engagement förderlich sein könnten. Mangelnde „bürgerliche" Freiheitsrechte und fehlende Rechtssicherheit wirken hier allerdings beschränkend. Signifikant gestiegen ist das Maß an individueller Autonomie. Eine solche Autonomie, verbunden mit größerer Individualisierung, lässt sich auch als mögliche Vorstufe zu größerer organisatorischer Autonomie oder Selbstverwaltung der *Shequ* begreifen. Nach all den negativen Erfahrungen mit Planwirtschaft und sozialer Repression streben die meisten Menschen zunächst nach höherem Lebensstandard und individueller Unabhängigkeit. Der Staat versucht diese Entwicklung u.a. mit Hilfe der *Shequ* in Richtung sozialen Engagements zu lenken. Ob dadurch neue Werte- und Solidargemeinschaften entstehen, bleibt fraglich. Zivilisatorische Lernprozesse, Partizipation und soziales *engineering* durch den Staat schaffen indessen die Voraussetzungen für Bürger und Bürgersinn. Die *Shequ* dienen dabei als Katalysatoren.

---

[515] *Etzioni* 1995: 14ff.
[516] Vgl. *Keller* et al. 2000: 378f.

9 Fazit und Ausblick

9.1 Zusammenfassung der Ergebnisse zu den *Shequ*

Von der funktionellen Bestimmung her hat sich das Aufgabenspektrum der EKs zunächst nicht sonderlich verändert. Bereits in den Bestimmungen über EKs in den 50er Jahren hieß es, diese seien „Organisationen der Massen mit Selbstverwaltungscharakter" mit folgenden Aufgaben: (1) Anleitung und Organisierung der Stadtbewohner im Sinne der Unterstützung der Politik von Partei und Staat und (2) Lösung möglichst vieler *community*-Probleme an der Basis, um die lokalen Regierungen zu entlasten. Um diese Aufgaben zu bewältigen, bedürfe es eines hohen Grades an innerer Demokratie und Partizipation.[517] In der Realität blieb dies jedoch bedeutungslos.

Erst mit dem Umbau zu einer Marktwirtschaft und dem folgenden sozialen Umbruch traten die Reorganisation sozialer Sicherung und sozialer Kontrolle auf die politische Agenda. Der Parteistaat alleine konnte beides nicht mehr sicherstellen. Neue Gemeinschaften, die *Shequ*, sollten dies fortan gewährleisten, durch weitgehenden Einbezug der jeweiligen Bewohnerschaft. Dies erforderte eine Ausweitung von Partizipation und – längerfristig – sozial und politisch aktive Bürger. Eine graduelle Ausweitung der Partizipation lässt sich bereits feststellen, auch wenn diese noch primär auf mobilisierten Formen beruht. Gleichwohl verringerten die rasche Wirtschaftsentwicklung und der soziale Wandel den Grad an konventioneller mobilisierter Partizipation. Individuelle Autonomie, d.h. das Ausleben des selbstgewählten Lebensentwurfs der Bewohner mit dem Streben nach höherem Lebensstandard, beruflicher Eigenständigkeit und politikferner Lebensweise, ist gegenwärtig vor allem für die wachsenden Mittelschichten charakteristisch. In Ansätzen zeigen sich allerdings schon autonome Formen sozialer Partizipation, die sich aus unterschiedlichen Quellen speisen: a) die Kontinuität von Nachbarschaftshilfe und -fürsorge in älteren, gewachsenen Vierteln; b) Freiwilligenarbeit von Personen im Ruhestand, die ihrem Leben neuen Sinn und Inhalt geben wollen, c) philanthropische Aktivitäten von Angehörigen der Mittelschichten und d) aktive Mitwirkung in den Eigentümerkomitees. Von daher lassen sich eindeutig bewusstseinsmäßige Veränderungen, die teilweise institutionell eingebettet sind, durch und in den *Shequ* feststellen.

Die Wahlen der EKs spielen hierbei bislang eher eine nachgeordnete Rolle (im Gegensatz zu den Wahlen der Eigentümerkomitees), auch wenn die Bedeutung von Wahlen, Wahlrechten und rationalem Wahlverhalten im Bewusstsein der Stadtbewohner zugenommen hat. Auf Grund fehlender materieller Vorbedingungen mag es für das Aufkommen politisch aktiver Bürger in China noch zu früh sein. Es bedarf wohl zuerst ökonomischer Sicherheit, bevor Wahlen und Partizipation zu zentralen Elementen werden können, so wie Rancière argumentiert: „Die hierarchische Art der Führung entspricht der häuslichen Ordnung, der Welt der Bedürfnisse des Lebens; die auf Gegenseitigkeit angelegte Führung entspricht der Welt jenseits der Bedürfnisse, der Welt der von ökonomischen Notwendig-

---

[517] *Townsend* 1969: 159ff.

keiten freien und mit der Gemeinschaft des Guten befaßten *citoyens*."[518] Solange die Menschen primär mit der Lösung ihrer unmittelbaren sozialen Probleme befasst sind und wo es gar um das tägliche Überleben geht, spielen politische Diskussionen und politische Partizipation als Teil der Lebensgestaltung in der Regel eine eher geringe Rolle. Ganz ähnlich hat auch Pei Meinungsumfragen angeführt, die zeigen, dass die Bevölkerung größeren Wert auf Wirtschaftsentwicklung als auf Demokratie legt.[519]

In diesem noch relativ frühen Stadium der *Shequ*-Entwicklung zeichnen sich Konturen des institutionellen Wandels ab. Mit Demokratie und Partizipation hat das *Shequ* bislang allerdings wenig zu tun. Es gibt keine echten Wahlen, und die Bevölkerung weiß überdies kaum etwas über die Wahl der EKs. Auch ist die Zahl der Freiwilligen, die bereit sind, sich in ihrem Wohnviertel zu engagieren, noch gering. Es sind primär die sozial Schwachen und Parteimitglieder, die sich mobilisieren lassen. Die Mobilisierung erfolgt weniger auf der Basis von Freiwilligkeit und Selbsthilfe, sondern aufgrund materieller (bei Sozialhilfeempfängern) oder organisatorischer Abhängigkeit (Parteimitglieder). Frauen bilden die Mehrzahl der Freiwilligen.[520] Auch bei der Gruppe mobilisierter Sozialhilfeempfänger geht es weniger um „Partizipation" im Sinne von Verteilungsgerechtigkeit als um „Teilnahme" im Sinne von Chancengerechtigkeit. Von daher lässt sich schlussfolgern, dass das vorrangige Bedürfnis der Menschen nach sozialer Sicherheit gegenwärtig noch ihren Willen zu mehr freiwilliger Beteiligung an gesellschaftlichen und sozialen Aufgaben überlagert.[521] Priorität sozialer Sicherung gegenüber Partizipation ließe sich das treffend charakterisieren. Dies drückt sich auch darin aus, dass das Gros der Bewohner sich bislang eher verhalten für partizipatorische Mitwirkung im Wohnviertel interessiert. Entsprechend besteht die Hauptfunktion der EKs gegenwärtig in der Verwaltung der sozial Schwachen.[522]

Gleichzeitig entlasten die *Shequ* den Staat durch die Übernahme staatlicher Aufgaben und Leistungen. Sie übernehmen damit Tätigkeitsfelder, die in demokratischen Gesellschaften von zivilgesellschaftlichen Organisationen (Vereine, Verbände etc.) wahrgenommen, in Deutschland z.B. von Vereinen, kirchlichen Organisationen, aber auch von Behörden (Arbeits-, Sozialamt) oder der Volkshochschule getragen werden. Alternative Träger von Wohlfahrt und Sozialem fehlen bislang in China. Die große Bevölkerungszahl legt überdies nahe, soziale Aufgaben direkt in die Wohngebiete hinein zu verlagern. Letztlich sollen die *Shequ* auf diese Weise zur Erhaltung und Legitimierung des Systems beitragen, eines Systems, das nicht mehr auf plan-, sondern auf marktwischaftlichen Strukturen fußt. Da es, anders als in demokratischen Gesellschaften, auf Freiwilligkeit basierende Vereine, Verbände, Solidargemeinschaften und Nachbarschaftshilfen erst in Ansätzen gibt, versucht der Staat, dies durch einen *top-down* Prozess von oben zu initiieren. Die EKs sollen dabei als mobilisierende Katalysatoren wirken, die – kontrolliert – den aktiven Beteiligungsgrad der Gesellschaft erhöhen. Doch auch staatlich initiierter Wandel verändert das Institutionengefüge. So erzeugen die EKs einen Mobilisierungseffekt, der zu einer Erweiterung der Interessenartikulation führt und auch benachteiligten und marginalisierten Gruppen (Rentnern, Arbeitslosen, Sozialhilfeempfängern, Behinderten) die Möglichkeit einräumt, sich im öffentlichen Raum zu betätigen.

---

[518] *Rancière* 2003: 5.
[519] Vgl. *Pei* 1997b; ähnlich: *Dowd/Carlson/Shen* 2000; *Nathan/Shi* 1993.
[520] Zu dieser Problematik vgl. u.a. *Xie Zexian* 2003.
[521] Interview, Shenyang, 7.3.03, die Interviewte in Shenyang fasste dies in die Worte: „Wie kann ich mich um andere kümmern, solange meine eigene Grundversorgung nicht sichergestellt ist".
[522] So z.B. Interview, Shenyang, 7.3.03.

In Kapitel 5 haben wir argumentiert, dass die EKs die Funktion *sozialer Sicherungsagenturen* wahrnehmen, zugleich aber die Bewohner in diese Aufgabe einbeziehen sollen. Auch dies erleichtert dem Parteistaat die Generierung von Legitimität: Trägt er zur Lösung dieser Probleme bei (auch über die *Shequ*), dann gewinnt er an Legitimität und Vertrauen.

Die EKs sind mit der Vielfalt an sozialen und politischen Aufgaben z.T. völlig überlastet. Ökonomisch gesehen, ist die Arbeit der EKs für den Staat hingegen kostengünstig. Qualifizierte junge Leute werden für die Komitees angeworben und sind bereit, mangels ausreichender Arbeitsplätze oder auf Grund organisatorischer Verfügungen (Parteidisziplin) mit geringen Gehältern in den EKs zu arbeiten. Wer schlecht arbeitet, dessen Vertrag wird nicht erneuert bzw. der wird nicht wiedergewählt. Dies erzeugt ein hohes Maß an Druck auf die Mitarbeiter der Komitees.

Gleichwohl besitzen unterschiedliche Bewohnergruppen unterschiedliche Bedürfnisse und Interessen. Wer einen Arbeitsplatz hat, sieht seinen Organisations- und Tätigkeitsschwerpunkt in der Arbeits*danwei*, nicht aber im Wohnviertel. Der Identifikationsgrad mit und der Partizipationswille im Wohnviertel sind daher relativ schwach ausgeprägt. Die Gründe dafür sind dass a) die Arbeit der EKs nicht unmittelbar an den Interessen der Bewohner anknüpft; b) das Komitee von der absoluten Mehrheit der Befragten als ein Staats- und Verwaltungsorgan wahrgenommen wird und nicht als autonome Institution; c) vor allem jüngere Personen im EK ein Kontrollinstrument sehen; d) das indirekte Wahlsystem zudem den Identifikationsgrad und damit Gemeinschaftsbildung erschwert. Warum sollten Individuen auch partizipieren, wenn der Erwerb von Vorteilen letztlich nicht von ihrer individuellen Partizipation abhängt.

Die Anforderungen an die Kandidaten für das Komitee sind z.T. unverhältnismäßig hoch. Es wird zumindest ein Fachhochschulabschluss erwartet, und Kandidaten dürfen das Alter von 45 (Leitungsfunktionen) bzw. 50 Jahren nicht überschritten haben. Die Folge dessen ist, dass die eigentliche Klientel in den von uns untersuchten Vierteln von einer Mitarbeit im EK ausgeschlossen blieb, nämlich ArbeiterInnen, Arbeitslose sowie die meisten Pensionäre. Funktionäre einzelner Straßenkomitees begründeten dies u.a. damit, dass Arbeiter „keine Fähigkeiten zu Verwaltung und Lernen" besitzen würden.[523]

Gerade die sozial schwachen Gruppen bräuchten aber „dichte" VertreterInnen im EK, damit erstens ihre Interessen durch Personen vertreten werden, die, aufgrund ähnlicher Lebenslage und gleicher Erfahrung, die jeweiligen Grundprobleme kennen, verstehen und sich mit ihnen identifizieren; und zweitens durch Interessenvertreter gruppennahe Lösungen gesucht werden können.[524]

Bei den Aktiven handelte es sich fast ausschließlich um ältere Frauen. Männer sahen in der Komiteearbeit häufig eine „Frauenangelegenheit", für die sie nicht viel übrig hatten. Personen mit höherem Bildungsgrad und Jüngere hatten überwiegend einen Arbeitsplatz außerhalb des Viertels und waren an einer Mitarbeit wenig interessiert. Wo solche Personen dennoch mitwirkten, waren sie Parteimitglieder und daher der Aufforderung der Parteigremien gefolgt. Die Interviews ergaben, dass die Mehrheit der Bewohner das EK nur aufsucht, wenn es unumgänglich ist. Man wolle „nicht in Schwierigkeiten kommen" (*pa mafan*). Viele Bewohner wussten nicht einmal, wo sich der Sitz des Komitees befand.

---

[523] Interview, Shenyang, 18.3.03.
[524] Den Begriff „dicht" verwenden wir hier in Anlehnung an Clifford Geertz, der unter „dichter Beschreibung" eine verständliche Beschreibung versteht.

Die Bewohner wissen wenig oder nichts über die Wahlen des EK. Häufig verwechseln sie diese Wahlen mit jenen der Kandidaten für die lokalen Volkskongresse, für die *Wahlpflicht* besteht. Die Wahlen, so erklärte die Mehrheit der Interviewten, hätten mit ihrem realen Leben und ihren Interessen wenig zu tun. Die lokalen Behörden und selbst die meisten Komiteemitglieder hegen Befürchtungen gegenüber Direktwahlen: es könne zu „Chaos" kommen, möglicherweise würden viele nicht zur Wahl gehen oder es könnten Leute gewählt werden, die nur Eigeninteressen verfolgten oder sich gegen den Staat auflehnten. Nach Erläuterung der Idee der Direktwahlen würde die Mehrheit der befragten Bewohner Direktwahlen allerdings vorziehen, weil sich in ihnen eher die Meinung der Bevölkerungsmehrheit verkörpern würde. Hier gibt es zugleich einen Zielkonflikt zwischen der Zentrale, die durch Wahlen die Staatskapazität und Legitimität zu erhöhen sucht, und den lokalen Ebenen, die darin eine Schwächung ihrer Steuerungsfunktion und ihrer Machtbasis sehen.

Die Bewohner haben nicht gelernt, eigene Forderungen zu stellen oder vorzutragen oder die Arbeit der Komitees zu bewerten. Auch hier greift die spezifische politische Sozialisation. Die Frage, wie ein „gutes" oder „ideales" *Shequ* aussehen sollte, konnte im Prinzip kaum jemand beantworten. Es fehlen Vergleichsmöglichkeiten, überdies sind die Menschen zu sehr mit ihren eigenen Problemen und deren Lösung beschäftigt. Bei der Problemlösung erwarten sie vom *Shequ* bislang eher geringe Hilfestellung (wohl aber vom Staat), weil die EKs bislang weder über ausreichende Macht noch Mittel dazu verfügen. Wie ein Befragter äußerte: „Für uns am Wichtigsten sind zwei Punkte: die Ausbildung unserer Kinder und möglichst nicht krank werden". Der Grad an Vertrauen in die EKs ist noch nicht sehr groß, wo Vertrauen gering ist, ist auch die Bereitschaft zu Engagement und kollektivem Handeln noch gering. Dazu mag aber auch ein Moment kommen, das Pye „complaing rather than critical analysis" genannt hat, dass nämlich die chinesische Kultur Beschwerden über behördliches Fehlverhalten durchaus legitimiert, verallgemeinernde, abstrakte Analysen dieses Missverhaltens hingegen tabuisiert sind: Beschwerden ja, Kritik nein, ließe sich das umschreiben.[525]

Anders als im Gesetz und in der Theorie vorgesehen, handelt es sich bei den *Shequ* bzw. EKs nicht um autonome Gebilde. Praktisch alle Befragten, selbst die Mitglieder der Komitees, sehen darin faktisch ein Regierungsorgan. Der Begriff der Autonomie selbst ist den meisten schon vom Inhalt her unbekannt. Mangelnde finanzielle Ausstattung, die Abhängigkeit von den Straßenbüros, das die gesamte Arbeit der Komitees kontrolliert und inhaltlich absegnen muss, verhindert Selbstverwaltung. Selbst die Kandidaten für die Komitees werden von den Straßenbüros ausgewählt und vorgeschlagen, die Wahlergebnisse müssen von den Büros bestätigt werden.

Zusammenfassend lässt sich feststellen, dass die Idee des *Shequ* theoretisch an das Konzept des Kommunitarismus erinnert. Im Gegensatz zum *Shequ*-Konzept verlangt der Kommunitarismus allerdings die bewusste Bürgerbewegung von unten und ein hohes Maß an Selbstverwaltung, Partizipation und Freiwilligenarbeit. Ähnlich sind sich beide allerdings hinsichtlich der Zielsetzung: Schaffung einer neuen sozialen, moralischen und Werteordnung bei gleichzeitiger individueller Autonomie; Fürsorge für die sozial Schwachen. Hinsichtlich der Mittel unterscheiden sich beide: der Kommunitarismus verlangt individuelle und organisatorische Autonomie; die *Shequ* hingegen versuchen, der individuellen Autonomie Grenzen zu setzen, organisatorische Autonomie besteht bislang nicht. Allerdings ist eine Entwicklung vorstellbar, bei der zunächst der Grad an individueller Autono-

---

[525] *Pye* 1988: 96f.

mie zunimmt, der dann zu einer Stärkung der organisatorischen Autonomie führt (*Shequ*) und schließlich zu größerer gesellschaftlicher Autonomie.

Der Soziologe Amitai Etzioni hat argumentiert, dass Gesellschaften wie China, die eine moderne Ökonomie schaffen, zugleich aber am sozialistischen System festhalten wollten, einer „dichten", d.h. stärker kontrollierten sozialen Ordnung bedürfen. Prozesse und Institutionen seien notwendig, die „ein gewisses Maß an Zeit, Aktivität, Energie, Loyalität der Gesellschaftsmitglieder für den Dienst an einem oder mehreren gemeinsamen Zielen zu mobilisieren" vermögen.[526] In der Tat scheinen die *Shequ* diese Rolle einzunehmen.

Die *Shequ* fördern zugleich die Entwicklung des chinesischen Staatsgebildes in Richtung eines Minimalstaates, der sich auf die Gestaltung der allgemeinen wirtschaftlichen, politischen und äußeren Rahmenbedingungen beschränkt, sich aber aus der Gestaltung des sozialen und des Alltagslebens zunehmend zurückzieht.[527] Die Nachbarschaftsviertel übernehmen dabei gleichzeitig auch die Funktion einer Disziplinierungsinstitution, in der die Bewohner Disziplin einüben bzw. lernen sollen, so dass paternalistische Disziplinierung von Selbstdisziplin abgelöst werden kann.

9.2 Auswirkungen auf Legitimität und Stabilität des Regimes

Wir haben uns in diesem Band mit der Einwirkung institutioneller Veränderungen auf das Bewusstsein der Betroffenen (einfache Bewohner und Funktionsträger) auf der *grassroots*-Ebene beschäftigt. Dabei standen die Gesichtspunkte Einstellungen, Wahrnehmung von Optionen und Präferenzen der lokalen Bevölkerung im Hinblick auf ihre Bereitschaft zu aktiver sozialer und politischer Partizipation sowie nach den daraus erwachsenden sozialen und politischen Konsequenzen im Fokus unserer Betrachtung. Wir wollten ferner ermitteln, in welcher Weise das Wechselverhältnis zwichen politischer Bewusstseinsveränderung und institutionellem Wandel zu größerer Legitimität und schließlich zur Systemstabilisierung beiträgt.

Im Zentrum stand dabei die Erforschung des politischen Bewusstseins der Stadtbevölkerung, wobei wir uns auf die Faktoren Partizipation, politisches Wissen und Informationen sowie *political efficacy* konzentrierten. Dabei lautete die von uns zu untersuchende Hypothese: Der Parteistaat stärkt mit der Reorganisation der Verwaltung der Nachbarschaftsviertel seine Legitimität und damit die soziale und politische Stabilität.

Das Interesse an der Bewahrung von Stabilität setzt einen kollektiven Nutzen für die Akteure voraus. Beides wird auf unterschiedlichen Ebenen sichergestellt: a) auf Seiten der Bevölkerung durch Gewährleistung sozialer Sicherung (für die Bedürftigen), öffentlicher Sicherheit (für die Bewohner) und individueller Autonomie; b) auf Seiten des Staates durch Schaffung neuer Formen sozialer Kontrolle, Sicherstellung sozialer Stabilität und Gewährleistung öffentlicher Sicherheit.

In den urbanen Wohnvierteln ist der Wandel der folgenden Momente zentral:

---

[526] *Etzioni* 1999: 33.
[527] Allerdings ist dieser Rückzug nich unumstritten. Gegner dieses Rückzugs argumentieren, dadurch habe sich die soziale Ungleichheit verstärkt, so dass der Staat sich im sozialen Bereich wieder stärker einbringen müsse, Vgl. hierzu *Xu/Zhang* 2005.

- der unabhängigen Variablen: Organisationsstruktur und Arbeitsweise der EKs, Partizipationsmöglichkeiten (Wahlen und andere Formen), Rechtsvorschriften, Kontrollinstrumente (Delegiertenversammlung der Bewohner);
- der abhängigen Variablen: Legitimität und Vertrauen (durch soziale Sicherung, Transparenz, öffentliche Sicherheit), Identität und Werte (Gemeinschaftsbildung, neue Moral); und
- der intervenierenden Variablen: Autonomie (kollektive, individuelle).

Der institutionelle Wandel erfolgt nicht auf der Basis zivilgesellschaftlicher Momente (unabhängig vom Parteistaat), sondern auf der Basis eines paternalistischen Staatsverständnisses sowie sozialer Kontrolle durch einen autoritären Staat. Gleichwohl bilden sich – wie wir gezeigt haben – Protoformen der Entwicklung von *citizenship* heraus.

Im Folgenden wollen wir darlegen, worin die zentralen Erkenntnisse unserer Untersuchung bestehen.

(1) Partizipation

Ohne Zweifel haben die Gelegenheiten zu partizipativer Beteiligung zugenommen durch rechtlich geregelte und institutionalisierte Verfahren für Wahlen in den Nachbarschaftsvierteln, Mitwirkung in Eigentümerversammlungen bzw. -komitees sowie neue Formen sozialer Partizipation. Ausgangspunkt für den von oben initiierten institutionellen Wandel war indessen nicht ein abstrakter Wunsch nach Partizipation, sondern die Notwendigkeit der partizipativen Mitwirkung der *Shequ*-Bewohner an der Neugestaltung von sozialer Sicherheit und sozialer Kontrolle. Ein wichtiger Effekt ist, dass Partizipation nicht mehr ein notwendiges „Muss" für alle ist, sondern es vielmehr die Option der *Nicht-Partizipation* gibt.

Generell gesehen, ist die Bereitschaft im Wohnviertel zu partizipieren noch nicht sehr groß. Der Grad der Beteiligung hängt u.a. von folgenden Faktoren ab: der Zusammensetzung der Bewohnerschaft und dem Grad der Identifizierung mit dem Nachbarschaftsviertel; dem Prestige und der Kompetenz des EK; der Interessenlage der Bewohner und einer erfolgreichen Interessenvertretung durch das EK; der Kapazität zur Mobilisierung der Bewohner; der Existenz von funktionierenden Aktivitätszentren. Diese Faktoren spielten in älteren Wohnvierteln mit kompetenter und mobilisierungsfähiger Leitung wie in Shenyang eine größere Rolle als in neuen Wohnvierteln in Shenzhen oder in neuen Luxuswohnvierteln. Entsprechend war der Partizipationsgrad in Shenyang auch wesentlich höher als in Shenzhen. Das gilt für die EKs ebenso wie für die Parteiorganisationen.

Mehrfach haben wir darauf hingewiesen, dass die Zahl der Freiwilligen begrenzt ist. Dies hat einerseits mit der paternalistischen Rolle des Parteistaates zu tun, der nur kontrolliert-mobilisierte Partizipation zulässt. Andererseits sehen sich die Bewohner in ihren Interessen durch das EK nicht vertreten. Das EK wird vielmehr als Repräsentant des Staates begriffen. Partizipative Momente sind dort am stärksten, wo an den Interessen der Bewohner angesetzt wird: Freizeit-, Fortbildungs- und kulturelle Angebote, Sauberkeit und Ordnung im Viertel, Nachbarschaftshilfe. „Citizens are not altruists", schreibt Benjamin Barber.[528] Sie messen die Wohnviertel eher daran, inwieweit sie ihren Interessen entgegenkommen.

---

[528] *Barber* 2003: xxvii.

Wahlen spielen für die Bewohner eine eher nachgeordnete Rolle, weil deren Ergebnisse nicht mit ihren Interessen verbunden, staatlich kontrolliert und eingeschränkt sind. Hier könnte die Einführung von Direktwahlen einen Interessensschub bewirken. Andererseits sind sich viele Bewohner über die Vorteile von Wahlen und deren mögliche Effekte bewusst. Wahlen werden als „Recht" begriffen, mit deren Hilfe Interessen durchgesetzt werden könnten. Von daher gibt es kein Desinteresse an Wahlen, sondern vielmehr ein derzeit geringes Vertrauen in deren Effizienz.

Die Bewertung der Eigentümerkomitees und der Wahlen zu diesem Gremium verdeutlicht ebenfalls, dass Wahlen durchaus als positives Instrumentarium begriffen werden, wenn und insofern damit Interessen und Interessendurchsetzung verknüpft sind.

Andererseits können wir im Sinne des theoretischen Ansatzes der „Koproduktion" davon ausgehen, dass Bewohner beginnen, freiwillig bestimmte öffentliche Güter etwa in Form von Nachbarschaftshilfe bereitzustellen und damit den Staat zu entlasten. Auch wenn dieses Engagement noch weitgehend *top down* initiiert ist, so trägt es nicht nur zur Verbesserung der Qualität der öffentlichen Güter bei, sondern auch zur Ausweitung sozialer Partizipation. Längerfristig dürfte dadurch die Zufriedenheit der Bürger mit dem Staat zunehmen. Allerdings ist die Anzahl von Partizipierenden in diesem Feld noch gering.

Unsere Untersuchung hat zugleich gezeigt, dass neue Partizipationsformen zur Verteilung der Lasten und auch der Verantwortung der Macht beitragen, nicht jedoch zu einer Neuverteilung von Macht. Solche Partizipationsformen sind in der Tat systemunterstützend, zumal Partizipation im gegenwärtigen China nicht primär auf die Entscheidungsfindung der Bürger abzielt, sondern auf eine effizientere parteistaatlicher Politik.

(2) Politisches Wissen/Informationen

Wer nicht im Viertel partizipieren möchte, der interessiert sich auch nicht für entsprechende Informationen bzw. diese Gruppe kann Informationen auch aus anderen Quellen (z.B. am Arbeitsplatz) beziehen. Einerseits sind es die „Aktiven" (Wahldelegierte, Block- und Hauswarte, sonstige Aktivisten), Parteimitglieder sowie die mobilisierten sozial Schwachen, die am ehesten über neue Gesetze und Richtlinien informiert werden. Andererseits bieten Aushänge, Schaukästen und -tafeln, umfangreiches Informationsmaterial in den EK-Büros, Broschüren sowie die öffentlichen Aushänge, die über Namen, Funktionen, Rechte der Bewohner und Pflichten der Funktionäre sowie die wichtigsten Bestimmungen und Prinzipien Auskunft geben, umfangreiche Informationsmöglichkeiten. Auch die Möglichkeiten zu sozialer Partizipation im Viertel sind in Schaukästen vorgestellt (u.a. durch Informationen über Arbeitskreise und Aktivitäten). Wissen können sich Bewohner auch im Rahmen partizipativer Möglichkeiten aneignen und zunehmend auch über das Internet. Entsprechende öffentliche Aushänge informieren über die Eigentümerversammlungen/-komitees und ihre Aktivitäten sowie über die Arbeit der Parteiorganisationen. Das zum Teil geringe Wissen der Bewohner über die Wahlen und Wahlabläufe weist allerdings darauf hin, dass einerseits die Informationen darüber zu wenig gestreut werden, andererseits sich viele Bewohner für solche Informationen nicht interessieren.

(3) Political Efficacy

Weder die Vorstellung, Bewohner hätten die Fähigkeiten oder besäßen die Möglichkeit, auf politische Entscheidungen des EK oder des Straßenbüros Einfluss zu nehmen, d.h. der Grad an *internal efficacy*, noch die Vorstellung, Behörden reagierten positiv auf Einflussnahme der Bewohnerschaft (*external efficacy*) spielen bislang eine nennenswerte Rolle. Beziehen wir den *efficacy*-Begriff stärker auf soziale Partizipation, d.h. auf die Gestaltung des Nachbarschaftsviertels und die diesbezügliche Reaktion des EK, dann lässt sich durchaus ein höherer Grad an innerer und – abgeschwächt – äußerer *efficacy* feststellen. Bei den parteilosen Aktiven und den Parteimitgliedern der Wohnviertel ist dieses Empfinden am höchsten, unter anderen Bewohnern eher gering. Hierbei muss wieder zwischen denen unterschieden werden, die sich gar nicht beteiligen dürfen (Auswärtige) oder wollen (Nicht-Partizipierende) und daher gar keinen auf das *Shequ* bezogenen *sense of efficacy* aufweisen und den Partizipierenden, bei denen dieses Empfinden weniger politisch als sozial ausgeprägt ist.

(4) Lernen

Unsere Interviews belegen, dass auch kleine partizipative Schritte (im Kultur-, Freizeit-, Fortbildungs- oder im sozialen Bereich) sowie Personen, die mobilisiert partizipieren, die Beteiligten in kommunikative Zusammenhänge bringt. Sie eignen sich dort organisatorische Fähigkeiten und Kapazitäten an und werden selbstbewusster. Besonders deutlich wurde dies bei den verschiedenen Freizeitgruppen vor allem in Shenyang, wo die Beteiligung an kulturellen und sportlichen Freizeitaktivitäten in der Regel auch zur Beteiligung an anderen Tätigkeiten im Wohnviertel führen. Partizipation benötigt nicht nur institutionelle Möglichkeiten, sondern muss auch „erlernt" werden. Lernen ist insofern Ausgangspunkt für weitergehende Partizipation. Gerade in einer post-totalitären Gesellschaft wie China muss Partizipation erlernt werden, denn der paternalistische Fokus auf den Staat verhinderte jede Form autonomer Mitwirkung und schuf ein hohes Maß an Desinteresse.

(5) Vertrauen

Vertrauen oder *trust* ist eine Mehrebenenkategorie. Die Mehrheit der Befragten äußerte Vertrauen in die Politik der zentralen politischen Führung. Dieses Vertrauen wurde bestärkt durch das Gefühl, die politische Führung agiere im Interesse des Gemeinwohls. Sie kümmere sich auch um Fragen sozialer Sicherung und Versorgung. Für Probleme in dieser Hinsicht wurden eher die lokalen Regierungen (Stadt, Stadtbezirk) verantwortlich gemacht.

Wenn Vertrauen – wie eingangs ausgeführt – primär auf fünf Säulen basiert, die wir in Abschnitt 1.2.6 als *reputation*, *performance*, *appearance*, *accountability* und *precommitment* bezeichnet haben, so sind die „neuen" EKs in der Tat noch zu neu, um wirklich schon Vertrauen unter der Bevölkerung generiert zu haben. Erfahrungen alleine sind nicht ausreichend für Vertrauen. Es bedarf zugleich kontinuierlicher Vertrauensbeweise im Sinne von Verlässlichkeit. Von daher geht es eher darum – wie es in unserer eingangs gegebenen Definition heißt – der „Erwartung eines ehrlichen und den Regeln entsprechenden Verhaltens, basierend auf gemeinsamen Normen, die von allen Mitgliedern der Gemeinschaft respektiert werden" durch bewohnernahe und an den Interessen der Bewohner orientierte längerfristige Arbeit gerecht zu werden.

Die von uns untersuchten EKs wirkten im Hinblick auf die Interessen der Bewohner durchaus „vertrauenswürdig" und verantwortungsbewusst. Es waren speziell Personen ausgesucht (und gewählt) worden, die über entsprechende Vorbildung verfügten, ein Ohr für die Sorge und Nöte der Bewohner hatten und Einsatz für deren Interessen zeigten. Dieser Eindruck ergab sich weniger aus den Aussagen der EK-Mitglieder als aus eigenen Beobachtungen. Da unsere Interviews in einem zum jeweiligen EK gehörigen Raum durchgeführt wurden und wir uns mehrere Wochen in einem EK aufhielten, bekamen wir einen guten Einblick in den täglichen Arbeitsablauf inklusive Konfliktsituationen.

Soweit die befragten Bewohner mit den EKs Kontakt hatten, bestand durchaus eine gewisse Vertrauensbasis. Wer allerdings keinen Kontakt hatte, konnte (und wollte) nicht vertrauen. Allerdings gab es hier Unterschiede zwischen den einzelnen Orten und auch zwischen den einzelnen *Shequ*. Wie im Falle der Partizipation spielten auch hier die Faktoren Zusammensetzung der Bewohnerschaft; Grad der Identifikation mit dem Nachbarschaftsviertel; Prestige und Kompetenz des EK; Interessenlage der Bewohner und erfolgreiche Interessenvertretung durch das EK sowie die Existenz von funktionierenden Aktivitätszentren eine Rolle. Auch hier schien in älteren Wohnvierteln mit kompetenter und mobilisierungsfähiger Leitung das Vertrauen in Bezug auf die EKs größer zu sein als in neuen Wohnvierteln in Shenzhen oder in neuen Luxuswohnvierteln. Vertrauen ist Voraussetzung für die Unterstützung durch die Bewohner, Unterstützung wiederum Grundlage für partizipative Mitwirkung. Die Übereinstimmung der genannten Kriterien mit den Partizipationskriterien weist wiederum auf einen engen Zusammenhang zwischen Partizipation und Vertrauen hin. Es kann behauptet werden, dass Vertrauen und Unterstützung wichtige Faktoren für Partizipation und Partizipationsbereitschaft darstellen. Dabei schien eine Kombination von spezifischer (Erfüllung konkreter Aufgaben durch die EKs) und diffuser Unterstützung (Vertrauensvorschuss im Hinblick auf die EKs) wichtig für Vertrauen zu sein. Was den Vertrauensvorschuss anbelangt, so werden, wie wir oben dargelegt haben, die EKs mit dem „Staat" identifiziert, so dass eine gewisse Erwartungshaltung besteht: Die EKs als vermeintliche staatliche Einrichtungen sollen Gemeinwohl orientiert arbeiten und entsprechende konkrete Probleme lösen. Die Bewohner hoffen, dass sie darauf vertrauen können, dass die EKs diese Probleme erfolgreich zu lösen vermögen. Im Prinzip ergibt sich daraus, dass die Generierung von Vertrauen unter den Bewohnern auch der Generierung von Legitimität in das politische System (Parteistaat) zugute kommt. Denn auf lokaler Basis erfahren die Menschen, ob und wie „der Staat" (in unserem Fall die EKs) sich für die Interessen und Bedürfnisse der Bewohner einsetzt: eine „chinesische" Form bürgernaher Politik.

Es sind primär die Unterstützung und Hilfe im Hinblick auf soziale Absicherung oder neue Beschäftigungsverhältnisse, die Verbesserung der öffentlichen Sicherheit in den Wohnvierteln, geordnete Umwelt- und hygienische Verhältnisse, soziale Fürsorge, schließlich politische Transparenz und Offenheit (wie die oben geschilderte öffentliche Bekanntmachung der Funktionen der EK-Mitglieder sowie der Rechte der Bewohner), die zur Vertrauensbildung in das EK (und damit in den Staat) beitragen. Durch Problemlösungen wächst unter den Bewohnern zugleich das Gefühl sozialer Verlässlichkeit und von Affektivität als weiteren Grundlagen von Vertrauen. Die EKs boten den Bewohnern in der Regel auch eine Art Schutzfunktion: Hilfestellung bei der Willkür von Behörden oder gegenüber den Hausverwaltungen, zum Teil Rechtsbeistand (in manchen *Shequ* waren Rechtsberatungsstellen eingerichtet worden) und Schutz der Privatsphäre der Bewohner, auch wenn es sich um sensible Felder handelt (wie religiöse Betätigung von Parteimitgliedern oder *Falungong*-Anhängerschaft). So war ein von uns Befragter, Parteisekretär eines großen Staatsunternehmens, der in einem Shenyanger *Shequ* wohnte, ein überzeugter Anhänger des tibetischen Buddhismus (religiöse Betätigung ist Parteimitgliedern verboten). Er lud uns in seine Wohnung ein, wobei uns ein Mitglied des zuständigen EK begleitete. Die religiösen Neigungen des Parteisekretärs, der seine Wohnung zu einer Art tibetischen Tempel umfunktioniert hatte, waren dem EK bekannt und wurden akzeptiert. In einem *Shequ* in Shenzhen wiederum ging man ganz offen mit *Falungong*-Anhängern um. Die EK-Leiterin gab unbefangen Auskunft über deren Anzahl im Viertel und fragte uns, ob wir mit Jemandem von ihnen sprechen wollten. Solange sie dies in ihren vier Wänden vollzögen und nicht in Protestmanier damit an die Öffentlichkeit gingen, sei die Tolerierung solcher Personen kein Problem, erklärte uns die Leiterin. An Stelle einer noch schwach ausgeprägten Rechtssicherheit tritt hier eine Form institutioneller Sicherheit nach innen hin. Gleichwohl hängt der jeweilige Grad an Toleranz von der EK-Leitung, vor allem aber von der Politik übergeordneter Partei- und Regierungsgremien ab.

Dort, wo die soziale Absicherung relativ gut funktionierte und sich die öffentliche Sicherheit durch *Shequ*-eigene Sicherheitskräfte verbessert hatte, war die Vertrauensbasis unter den betroffenen Bewohnern größer als in anderen Vierteln.

(6) Loyalität

Was die Loyalität gegenüber der KP anbelangt, so zeigen die Interviews, dass der allgemeine Glaube an die Partei und die Rechtmäßigkeit ihrer Herrschaft unter den Parteimitgliedern relativ groß ist. Organisatorische Loyalität im Sinne der Einhaltung der Parteidisziplin und der Vertretung der Prinzipien der Partei nach außen hin lässt sich primär bei älteren Mitgliedern festzustellen. Vor allem in Vierteln mit hoher Arbeitslosigkeit wie in Shenyang oder Chongqing konstatierten vor allem Arbeiter, die selbst oder deren Familienmitglieder arbeitslos sind, dass der Grad an Loyalität abgenommen habe. Durch verstärke Organisierung der Parteimitglieder ohne organisatorische Anbindung und deren Einbindung in den „*Shequ*-Aufbau" sowie in die Dienstleistungen der Nachbarschaftsviertel soll die Loyalität der Mitglieder gestärkt werden. Privilegienloyalität, d.h. Vorteile für Parteimitglieder und zu erwartende Nachteile im Falle des Verlustes dieser Mitgliedschaft, trägt zur Loyalität nicht unwesentlich bei. Insgesamt gesehen, stellt Organisationsloyalität einen wichtigen Faktor für politische Stabilität dar.

(7) Legitimität

Regimelegitimität ergibt sich in erster Linie aus Regierungsperformanz (Entwicklungserfolge und Sicherstellung von „Stabilität") sowie der erfolgreichen Realisierung von nationalen Zielen und Interessen (*nation-building* und Schaffung einer „starken" Weltmacht China). Durch Stabilisierung der Basiseinheiten (Wohnviertel) versucht der Parteistaat über soziale Sicherung, präventive soziale Kontrolle, Garantierung öffentlicher Sicherheit und die Schaffung eines stabilen Wohn- und Lebensumfeldes auf lokaler Ebene Legitimität zu generieren. „Verwaltungskapazität", schrieb die Volkszeitung im März 2005, „ist ein zentraler Teil der Steuerungskapazität (*zhizheng nengli*) der Partei". Die Stärkung dieser Kapazität müsse auf das Moment der „dienenden Regierung" (*fuwuxing zhengfu*) fokussiert werden, so dass die Menschen mit der Regierung zufrieden seien. Eine gute Verwaltung der Gesellschaft, gute öffentliche Dienstleistungen sowie die Bewahrung der Stabilität auch unter erschwerten Bedingungen müssten gewährleistet werden.[529] Die Aufgabe einer „dienenden Regierung" im o.g. Sinne soll wesentlich von den *Shequ* geleistet werden.

Legitimität im Sinne der Angemessenheit des politischen Systems und auf Grund seiner Performanz sichert sich ein Staat nicht zuletzt dadurch, dass er es versteht, soziale Unsicherheiten erfolgreich abzusichern und die öffentliche Sicherheit und Ordnung stabil zu halten. Diese Faktoren betreffen sowohl die sozial Starken wie auch die sozial Schwachen. Staatliche Sozialhilfe vermag den Schwachen unmittelbar zu helfen, sie beruhigt zugleich aber diejenigen, die nicht darauf angewiesen sind, weil allein durch die Existenz effektiver Sicherungssysteme ein Stück soziales Sicherheitsgefühl generiert wird. Die EKs bemühen sich, durch ihre Tätigkeiten zu Trägern von Legitimität zu werden. Wenn das gelingt, dann konkretisiert sich Legitimität, die bislang weitgehend auf die zentrale Führung bezogen wird, auch im lokalen und sub-lokalen Bereich.

Wie eingangs dargelegt, besteht der Unterschied zwischen Legitimität und Vertrauen darin, dass sich das Letztere auf die Gemeinwohlorientierung bezieht, das Erstere auf die Angemessenheit politischen Handelns in moralischer und funktionaler Hinsicht. Beziehen wir Legitimität auf die von uns untersuchte Partizipation, dann lässt sich feststellen, dass Partizipationsformen und -inhalte nach wie vor vom Parteistaat kontrolliert werden. Autonome Formen von Partizipation sind auch in der sozialen Sphäre noch schwach ausgeprägt. Von daher ist es eher das Nicht-Partizipieren, d.h. die Freiheit vom Partizipieren-Müssen, die Legitimität schafft. Die Menschen im urbanen Raum wollen (und können partiell) darauf vertrauen, dass der Staat sich kümmert, wenn sie sich in sozialer Not befinden; und sie können auch darauf vertrauen, dass der Staat sich nicht-kümmert, wenn sie ihren individuellen Lebensentwürfen nachgehen. Vertrauen und Legitimität durch *Wuwei*, d.h. Nicht-Handeln des Staates, solange die Dinge ihren geregelten Gang gehen und politische Stabilität nicht beeinträchtigen, ist eine alte Tradition in der politischen Kultur Chinas, die politisch legitimierend wirkt.

(8) Regimestabilität

Gemäß unserer oben gegebenen Definition bezieht sich Stabilität darauf, dass ein System in der Lage ist, im Fall von Störungen zu einem Gleichgewichtszustand zurückzukehren. Im Interesse der Stabilität muss es sich mit seinen Teileinheiten auseinandersetzen und Lösungen suchen, die zur Wiederherstellung des Gleichgewichtszustands führen. Den oben genannten fünf Merkel'schen Kriterien zufolge bedarf es dafür u.a. der Ausweitung der politischen Partizipation der Bevölkerung und einer sozial relativ gerechten Verteilung des Sozialproduktes durch staatliche Maßnahmen. Unter Bedingungen wachsenden Unruhepotenzials in China kommt den *Shequ* die Aufgabe zu, soziale und politische Stabilität durch folgende Punkte sicherzustellen: a) soziale Sicherung und ein soziales Dienstleistungsangebot

---

[529] Vgl. *Xu Rongkai* 2005. In dem Beitrag ist die Rede davon, dass die Regierung Anpassungs- und Wandlungskapazität an den Tag legen müsse. Genau dies aber ist ein wesentlicher Faktor unseres Stabilitätsbegriffs. Vgl. auch den Beitrag von *Wen/Feng/Cao/Cao* 2005 über den Funktionswandel des Staates vom Verwalter zum Dienstleister. Das Dokument 14/2006 des Staatsrats über die Stärkung und Reformierung der Dienstleistungsarbeit der *Shequ* (abgedruckt in *Shequ*, 5-2/2006: 6-8) befasst sich explizite mit der Notwendigkeit der Übertragung staatlicher Aufgaben auf die Nachbarschaftsviertel.

für die Bewohnerschaft; b) Gewährleistung der öffentlichen Sicherheit in den Wohnvierteln; c) soziale Kontrolle, u.a. auch durch frühzeitige Erkennung von Konflikt- und Unruhepotenzial (Protest- oder regimeoppositionelle Aktivitäten, *Falungong*, Krankheiten wie SARS oder Vogelgrippe); d) Involvierung der Bewohner in Partizipationsprozesse. Die Schaffung eines „harmonischen" *Shequ* ist die zentrale Aufgabe. Im Unterschied zu den traditionellen Wohnvierteln der 1950er bis 1980er Jahre sollen die neuen *communities* nicht „Wächter des Klassenkampfes" sein, sondern durch ein modernes und bürgernahes Dienstleistungs- und Verwaltungsangebot, ein umweltfreundliches, behagliches und infrastrukturell entwickeltes Wohnumfeld zur Zufriedenheit der Menschen und damit zu Regimestabilität beitragen. Auch die Möglichkeit für die Menschen, soziale Partizipation und soziales Engagement und damit *Citizenship* zu „erlernen", soll Stabilität fördern. Gleichzeitig ist durch die Reorganisation der Wohnviertel ein neues Kommunikationssystem entstanden, dass der Regierung Wissen über lokale Angelegenheiten verschafft und auf diese Weise ebenfalls zu politischer Stabilität und zur Stärkung des Regierungssystems beiträgt.

(9) Citizenship

Die Voraussetzungen für den „Bürger" nehmen zu. Das mittlerweile hohe Maß an Selbstbewusstsein und potenzieller Selbstbestimmung der Mittel- und Oberschichten; die Möglichkeit der Partizipation auch in autonomen oder nicht-staatlichen Formen (Eigentümerkomitees, NGOs, Vereinen); ein langsam wachsendes Rechtsbewusstsein, das bewirkt, dass immer mehr Individuen und Gruppen versuchen, ihr Recht unter Berufung auf Gesetze (z.B. Verfassung) oder Partei- und Staatsdokumente einzufordern, sind Anzeichen für das Entstehen von *citizenship*. Letzteres zeigt sich ausgeprägter bei jungen Akademikern und *professionals*, während die sozial Schwachen noch am Beginn eines partizipativen Lernprozesses stehen. Von daher lassen sich die Mittel- und Oberschichten als Vorreiter einer Entwicklung zu *citizenship* klassifizieren, auch wenn Faktoren der politischen Kultur (wie geringe Gesellschaftsbezogenheit, mangelhaft ausgeprägter Gesellschaftssinn, *guanxi*-Netzwerke, schwaches Rechtsbewusstsein und hierarchische Strukturen) Hürden für eine solche Entwicklung darstellen.

9.3 Zusammenfassung

Unsere Ausgangsthesen bestätigten sich für die Gegenwart im urbanen Raum nur partiell oder mussten sogar falsifiziert werden. Der Partizipationsgrad ist noch gering und selektiv, der politische Wissensstand niedrig und *efficacy* zeigt sich bislang lediglich bei einer kleinen Minderheit. In den Nachbarschaftsvierteln wird Partizipation momentan überwiegend von mobilisierten Akteuren getragen bzw. erlernt. Allerding lässt sich feststellen, dass die *Shequ* ein großes Potenzial besitzen, wenn es erst einmal direkte Wahlen, Bürgerbezug und einen entwickelteren Bürgersinn gibt. Da die Einrichtung von *Shequ* und die Einführung von Wahlen noch relativ junge Prozesse sind, erschien es uns wichtig, dieses Zukunftspotenzial in seinen Anfängen aufzuzeichnen und analytisch zu deuten und einzuordnen. Obgleich noch relativ wenige partizipieren und Partizipation weitgehend mobilisiert wird, wächst die Zahl der Mitwirkenden kontinuierlich. Über persönliche Kontakte und bürgernahe EKs gelingt es partiell durchaus, die Zahl der sozial Partizipierenden zu erhöhen.

Eine wichtige Variable, die durch die Beobachtung in der Analyse gefunden wurde, ist das Moment individueller Autonomie, vor allem der Autonomie der Besserverdienenden. Hier stellt sich die Frage, ob Regimestabilität in den Städten nicht eher über die apolitische Mittel- und Oberschicht erreicht werden könnte. Eine solche Sichtweise erscheint uns allerdings zu einseitig. Eine Regimestabilität, die sich lediglich auf die Mittel- und Oberschicht stützen würde, wäre prekär, da sie allein von deren Wohl abhinge.

Die politische Führung beschreitet derzeit den Weg einer zweigleisigen Legitimitätsgenerierung. Über die Gewinnung der Mittelschichten hinaus soll mittels kommunitarischer Konzepte Legitimität auch unter den sozial schwachen Schichten generiert werden. Vertrauen wird unter den Unterschichten eher durch soziale Partizipation und soziale Sicherungsmodelle, von der sie materiell profitieren, erreicht. Diese Zweigleisigkeit ist ein zentraler Faktor von Vertrauen, Legitimität und für Stabilität. Sie sorgt paternalistisch für die sozial Schwachen und gewährt den Mittel- und Oberschichten individuelle Autonomie. Es ist genau diese Zweigleisigkeit, mit der sich der gegenwärtige relative stabile Zustand im urbanen Raum erklären lässt. Sie trägt dazu bei, das Protestverhalten der Arbeitslosen in Shenyang und Chongqing zu vermindern und nimmt damit den Mittelschichten die Furcht vor Instabilität. In Shenzhen wiederum führt sie zu einem freieren politischen Klima, das den Mittel- und Oberschichten ein ausreichendes Maß an individueller Freiheit ermöglicht. Die Unterschiedlichkeit lokaler *Shequ*-Modelle trägt den jeweils lokalen Verhältnissen und Erfordernissen Rechnung. Von daher sind die *Shequ* zwar Gebilde mit großem Zukunftspotenzial, sie tragen aber auch in der Gegenwart dazu bei, das politische System zu legitimieren und damit zu stabilisieren. Letzteres ist ein wesentlicher Grund dafür, weshalb die politische Führung ihr Konzept der „Schaffung einer harmonischen Gesellschaft" so stark an die urbanen Nachbarschaftsviertel knüpft.

9.4 *Shequ* als Keimzellen einer „harmonischen Gesellschaft"

Neue Grundlage für Stabilität soll das Konzept der „harmonischen Gesellschaft" (*hexie shehui*) bilden, das erstmals auf der 4. Plenartagung des XVI. ZK im September 2004 vorgetragen und von Ministerpräsident Wen Jiabao in seinem Rechenschaftsbericht an den Nationalen Volkskongress im Februar 2005 erläutert wurde. Demokratie, *rule of law*,[530] Gerechtigkeit, Aufrichtigkeit (im Gegensatz zu Korruption) und sozialer Ausgleich sollen diese Gesellschaft auszeichnen. Parteichef Hu Jintao hat das im Juni 2005 präzisiert: Aufbau einer „geistigen Moral" (*sixiang daode*), korrekte Behandlung der Widersprüche im Volk, Verstärkung des ökologischen und Umweltaufbaus, *good governance* und soziale Stabilität nannte er als weitere Faktoren.[531]

Im Prinzip geht es um die Frage, auf welche Weise gesellschaftliche Widersprüche gelöst sowie die Ursachen dieser Widersprüche aufgehoben und gesellschaftliche Stabilität erreicht werden können. Dies soll durch Schaffung einer soliden ökonomischen Grundlage, einer neuen Moral, die Herstellung ökonomischer und sozialer Gerechtigkeit, ein funktionierendes Rechtssystem und die kontinuierliche Anhebung des Bildungsstandards erreicht

---

[530] Wir verwenden hier den englischen Begriff, weil *rule of law* nicht dem deutschen Begriff „Rechtsstaat" entspricht (obwohl er in der Regel so übersetzt wird), sondern eher dem Begriff der „Herrschaft mit Hilfe des Rechts".
[531] Vgl. *Renmin Ribao*, 27.6.05, 8.5.06.

werden.⁵³² Im Rahmen dieses Konzeptes sollen – wie der Soziologe Hang Lin betont hat – die Mittelschicht verbreitet, die Zahl der Angehörigen unterer Einkommensgruppen verringert und Korruption bekämpft werden.⁵³³ Dabei soll das Ideal dieser Gesellschaft offensichtlich an die Stelle des abstrakten Ziels des „Kommunismus" treten. Jedenfalls beschreibt die *Renmin Ribao* die „harmonische Gesellschaft" als das – nicht mehr allzu ferne – „gesellschaftliche Ideal", in dem es allen gut gehe und gesellschaftliche Widersprüche zwar weiter existierten, aber friedlich gelöst werden könnten. Diese Gesellschaft könne man (wohl im Gegensatz zum Idealbild des „Kommunismus") „fühlen".⁵³⁴ Das Konzept der harmonischen Gesellschaft lässt das konfuzianische Ideal der „Großen Harmonie" (*datong*) anklingen, eine Gesellschaft ohne soziale Ungerechtigkeit und Unsicherheiten, geprägt durch soziale und politische Harmonie. Eine solche Gesellschaft soll sich auch von dem „westlichen" Modell einer neoliberalen Marktgesellschaft unterscheiden, die von Maximierung von Profit, Reichtum und Konsum geprägt sei.

Diese harmonische Gesellschaft soll u.a. in den *Shequ* realisiert werden: „Harmonische" Nachbarschaftsviertel bildeten „das Fundament" einer harmonischen Gesellschaft bzw. der „Aufbau einer harmonischen Gesellschaft" sei untrennbar mit harmonischen *Shequ* verbunden.⁵³⁵ Aktive Partizipation, hohe Lebensqualität, angenehmes Lebensumfeld, ein blühendes Vereinsleben und Bürgersinn werden u.a. als entscheidende Faktoren angesehen.⁵³⁶ Der Erfolg hänge davon ab, inwiefern es gelinge, Partizipation der Bewohner als „Lebensnerv" und Voraussetzung einer solchen Gesellschaft zu realisieren. Partizipation müsse dabei zunächst im *Shequ* verwirklicht werden. Die Nachbarschaftsviertel müssten eine Lehrfunktion für Partizipation übernehmen.⁵³⁷ Darüber hinaus ließen sich die verschiedenen Voraussetzungen für eine harmonische Gesellschaft und damit verbundene gesellschaftliche Stabilität nur über die Nachbarschaftsviertel realisieren: Sozialisierung bzw. Resozialisierung, soziale Sicherheit und Kontrolle, Gewährleistung öffentlicher Sicherheit und Bildungsaufgaben seien hierbei wichtige Faktoren,⁵³⁸ wobei der Frage sozialer Sicherung eine besondere Rolle zukomme.⁵³⁹ Der Parteisekretär eines Stadtbezirks von Qingdao benennt die Punkte demokratische Verwaltung, Schaffung eines vertrauenswürdigen und zivilisierten Wohnviertels, das auf Dienstleistungen für die Bewohner beruhe und soziale Sicherung gewährleiste, in dem es friedlich und geordnet zugehe und alle sich wohl fühlten, das in eine schöne und saubere Umgebung eingebettet, innovativ und „lernend" sei, als Kernfaktoren eines „harmonischen *Shequ*".⁵⁴⁰

---

⁵³² Vgl. hierzu *Qiang Wei* 2004 sowie verschiedene Beiträge dazu im Rahmen der Diskussion über den Rechenschaftsbericht der Regierung an den Nationalen Volkskongress im März 2005, *Renmin Ribao*, 7.3.03, 8.3.03, 9.3.03.
⁵³³ *Wang/Zhu* 2004; vgl. auch *Renmin Ribao*, 9.3.05.
⁵³⁴ Vgl. *Chen Jiaxing* 2005; *Ma/Pei* 2005; *Yu Keping* 2005. Der Begriff der „harmonischen Gesellschaft" weist Anklänge an den Begriff der *well-ordered society* von Rawls auf. Rawls bezeichnet damit eine Gesellschaft, die auf Gerechtigkeitsgrundsätzen und gemeinsamen Zielen der Bürger beruht, vgl. *Rawls* 1993: 35ff.; einen Überblick über die Facetten des Konzeptes gibt *Zhongguo shehui kexueyuan* 2005.
⁵³⁵ *Renmin Ribao*, 5.8.05; *He Minjie* 2005; *Wang Julu* 2006; *Goujian hexie* 2006: 1ff.; *Zhang Yipeng* 2006; Rede Hu Jintaos auf der 6. Plenartagung des XVI. ZK, siehe *Renmin Ribao*, 12.10.06 sowie den Beschluss dazu: *Zhonggong zhongyang guanyu goujian* 2006.
⁵³⁶ *Wu Jun* 2006; *Luo Yun* 2007.
⁵³⁷ *Wu Jun* 2005; *Wu/Zhang* et al. 2005: 275ff.; *Wenig/Yang* 2006; *Tang Zhongxin* 2006; *Goujian hexie* 2006.
⁵³⁸ *Renmin Ribao*, 13.6.05; *Zhang Wenfan* 2005 sieht selbst in der Seniorenbildung einen Faktor zur Herausbildung einer harmonischen Gesellschaft.
⁵³⁹ *Wu/Zhang* et al. 2005: 139ff.; *Zheng Gongcheng* 2005; *Han Xiancong* 2005; *Goujian hexie* 2006: 1-10.
⁵⁴⁰ *Ma Shizhong* 2005.

Vertrauen, Sicherheit, Zufriedenheit und saubere Umwelt gelten als zentrale Faktoren solcher Viertel, wobei Voraussetzung dafür sei, dass die *Shequ* zunächst soziale Sicherung und Wohlfahrt sowie Dienstleistungen für die Bewohner realisierten und die Momente soziale Freiwilligkeit und Nachbarschaftshilfe stärkten.[541] Auch die Entwicklung freiwilligen sozialen Engagements der Menschen, das sich umeinander kümmern und eine hochstehende Moral werden als weitere Kriterien für harmonische *Shequ* genannt.[542]

Gleichzeitig soll über die „Harmonisierung" der *Shequ* Vertrauen in das System geschaffen werden.[543] *Shequ* seien Ausgangspunkt von Vertrauen in die Regierung und stärkten zugleich die entsprechende Vertrauensbasis, heißt es in der *Renmin Ribao*.[544] Vertrauen als politische Kategorie ist somit zu einem Bestandteil chinesischer Innenpolitik geworden.

Das Konzept der „harmonischen Gesellschaft" erinnert an Etzionis Konzept der *good society*. Etzionis lehnt indessen die Durchsetzung dieses Konzeptes durch den Staat ab, weil dies von oben verordnete Zwänge impliziere. Vielmehr müsse diese durch bewusste Bürger erfolgen.[545] Aber auch in China geht es heute nicht mehr nur um Verordnungen von oben. Vielmehr bemüht sich der Parteistaat, die Menschen zur bewussten Implementierung einer harmonischen Gesellschaft zu animieren. Von daher sind beide Konzepte gar nicht so weit voneinander entfernt. Die Rahmenbedingungen (autoritärer/demokratischer Staat) sind allerdings verschieden, so dass unser Konzept eines autoritären Kommunitarismus gleichsam die chinesische Situation beschreibt. Der wesentliche Unterschied besteht darin, dass westliche Staaten die Autonomie des Individuums in den Mittelpunkt rücken, Länder wie China soziale Stabilität und Ordnung als pragmatische Endbestimmung von Politik.

---

[541] Vgl. *Tang Zhongxin* 2006: 12ff., 101ff.
[542] Vgl. *Tang Zhongxin* 2006: 10f.
[543] Vgl. hierzu z.B. *Wu/Zhang* 2005: 54.
[544] *Hu/Wang* 2005.
[545] *Etzioni* 2004b: 20f.

Literaturverzeichnis

Abramson, Paul R./Aldrich, John H., 1982: The Decline of Electoral Participation in America, in: American Political Science Review 76, S. 502-521.
Ackermann, Rolf, 2001: Pfadabhängigkeit, Institutionen und Regelreform. Tübingen.
Adelman, Irma/Yeldan, A. Erinc, 1999: The End of the Developmental State? A General Equilibrium Investigation on the Sources of the Asian Crisis within a Multi-Region, Inter-temporal CGE Model. Paper prepared for the presentation at the 2nd Annual Conference on Global Economic Analysis, June 20-22. Denmark.
Aiken, Michael/Mott, Paul E. (Hg.), 1970: The Structure of Community Power. New York.
Alinsky, Saul, 1968: Native Leadership, in: *Spiegel, Hans B.C.* (Hg.), Citizen Participation in Urban Development: Volume 1. Washington D.C., S. 150-161.
Almond, Gabriel A./Verba, Sidney, 1965: The Civic Culture: Political Attitudes and Democracy in Five Nations. Boston.
Almond, Gabriel A./Verba, Sidney (Hg.), 1980: The Civic Culture Revisited. Boston.
Arendt, Hannah, 1966: On Revolution. New York.
Asher, Herbert A./Richardson, Bradley M./Weisberg, Herbert F., 1984: Political Participation. Frankfurt, New York.
Axelrod Robert M., 1984: The Evolution of Cooperation. New York.
Bai Fatao/Zhu Lingfang, 2006: Chengshi shequ minjian zuzhi fazhan zhuangkuang diaocha (Untersuchung über Entwicklung und Lage der nicht-staatlichen Organisationen in städtischen *Shequ*), in: Shequ 1-2, S. 22-23.
Balch, George I., 1974: Multiple Indicators in Survey Research: The Concept „Sense of Political Efficacy", in: Political Methodology 1 (2), S. 1-43.
Bandemer, Stephan von/Hilbert J., 1999: Vom expandierenden zum aktivierenden Staat, in: *Bandemer, S. v./Blanke, Bernhard/Nullmeier, Frank/Wewer, Göttritz* (Hg.), Handbuch zur Verwaltungsreform. Opladen.
Banducci, Susan A./Karp, Jeffrey A., 2003: How Elections Change the Way Citizens View the Political System: Campaigns, Media Effects and Electoral Outcomes in Comparative Perspective, in: British Journal of Political Science 33 (3), S. 443-468.
Barber, Benjamin R., 2003: Strong Democracy. Participatory Politics for a New Age. Berkeley et al.
Barkan, Joel D./Okumu, John J., 1978: 'Semi-Competitive' Elections, Clientelism and Political Recruitment in a No-Party-state: The Kenyan Experience, in: *Hermet, Guy/Rose, Richard/Rouquié, Alain* (Hg.), Elections without Choice. London, Basingstoke, S. 88-107.
Barker, Rodney, 1990: Political Legitimacy and the State. Oxford.
Barnes, Samuel H., 2006: The Changing Political Participation of Postcommunist Citizens, in: International Journal of Sociology 36 (2), S. 76-98.
Baurmann, Michael, 1996: Der Markt der Tugend. Recht und Moral in der liberalen Gesellschaft. Eine soziologische Untersuchung. Tübingen.
Beck, Ulrich, 1986: Risikogesellschaft. Auf dem Weg in eine andere Moderne. Frankfurt/M.
Benewick, Robert/Tong, Irene/Howell, Jude, 2004: Self-Governance and Community. A Preliminary Comparison between Villagers' Committees and Urban Community Councils, in: China Information 18 (1), S. 11-28.
Berry, Jeffrey M./Portney, Kent E./Thomson, Ken, 1993: The Rebirth of Urban Democracy. Washington, D.C.
Beyer, Lothar/Hilbert, Josef/Stöbe-Blossey, Sybille, 2003: Wie lernt Verwaltung? Verwaltungsmodernisierung als Daueraufgabe, in: *Grunow, Dieter* (Hg.), Verwaltung in Nordrhein-Westfalen: zwischen Ärmelschoner und E-Government. Münster, S. 213-239.

Bian Yanjie, 2004: Chengshi jumin shehui ziben de laiyuan ji zuoyong: wanglun guandian yu diaocha faxian (Quellen und Funktionen von sozialem Kapital von Stadtbewohnern: Eine Netzwerks-Analyse), in: Zhongguo Shehui Kexue (Chinas Sozialwissenschaften) 3, S. 136-146.

Bird, Colin, 2000: The Possibility of Self-Government, in: The American Political Science Review 94 (3), September, S. 563-577.

Birkhölzer, Karl, 1994: Lokale Ökonomie zwischen Marginalisierung und zukunftsweisender Wirtschaftsweise, in: Technische Universität Berlin (Hg.), Interdisziplinäres Forschungsprojekt „Lokale Ökonomie. Beschäftigungs- und Strukturpolitik in Krisenregionen". Berlin, S. 9-15.

Blaffert, S., et al, 1994: Strategien lokaler und regionaler Ökonomie, in: Raum-Planung 65, S. 101-104.

Blanke, Bernhard/Bandemer, S. von, 1999: Der aktivierende Staat, in: Gewerkschaftliche Monatshefte 6, S. 310-335.

Boeßenecker, Karl-Heinz/Trube, Achim/Wohlfahrt, Norbert (Hg.), 2001: Verwaltungsreform von unten? Lokaler Sozialstaat im Umbruch aus verschiedenen Perspektiven. Münster.

Bourdieu, Pierre/Wacquant, Loic J.D., 2006: Reflexive Anthropologie. Frankfurt/M.

Brady, Henry E./Schlozman, Kay Lehman/Verba, Sidney, 1999: Prospecting for Participants: Rational Ecpectations and the Recruitment of Political Activists, in: American Political Science Review 93 (1), S. 153-168.

Braithwaite, Valerie/Levi, Margaret (Hg.), 1998: Trust and Governance. New York.

Bridge, Thomas, 1997: The Culture of Citizenship: Inventing Postmodern Civic Culture. Washington, D.C.

Brudney, Jeffrey L., 1991: Coproduction and Local Governments, in: *Kemp, Roger L.* (Hg.), The Provision of Public Services by the Private Sector. Jefferson.

Brumlik, Micha/Brunkhorst, Hauke (Hg.), 1993: Gemeinschaft und Gerechtigkeit. Frankfurt/M.

Brunkhorst, Hauke, 1996: Demokratie als Solidarität unter Fremden. Universalismus, Kommunitarismus, Liberalismus, in: Aus Politik und Zeitgeschichte. Beilage zur Wochenzeitung Das Parlament B 36, 30. August, S. 21-28.

Brunkhorst, Hauke, 2002: Solidarität. Von der Bürgerfreundschaft zur globalen Rechtsgenossenschaft. Frankfurt/M.

Brunkhorst, Hauke/Köhler, Wolfgang R./Lutz-Bachmann, Matthias (Hg.), 1999: Recht auf Menschenrechte. Menschenrechte, Demokratie und internationale Politik. Frankfurt/M.

Burns, Nancy/Schlozman, Kay Lehman/Verba, Sidney, 2001: The Private Roots of Public Action. Gender, Equality, and Political Action. Cambridge/Mass., London.

Buskens, Vincent, 1999: Social Networks and Trust. Amsterdam.

Cahn, Edgar S./Cahn, Jean Camper, 1968: Citizen Participation, in: *Spiegel, Hans B.C.* (Hg.), Citizen Participation in Urban Development: Volume 1. Washington D.C., S. 211-224.

Cai Dingjian (Hg.), 2002a: Zhongguo xuanju zhuangkuang de baogao (Bericht über die Lage der Wahlen in China). Peking.

Cai Dingjian, 2002b: Xin Zhongguo xuanju zhidu de lishi yu xianzhuan (Geschichte und Stand des Wahlsystems im neuen China), in: *Cai Dingjian*, Zhongguo xuanju zhuangkuang de baogao (Bericht über die Lage der Wahlen in China). Peking, S. 1-59.

Cai Dingjian, 2003: Gongmin suzhi yu xuanju gaige diaocha (Untersuchung zum Niveau der Bürger und zur Reform der Wahlen), in: Zhanlüe yu Guanli (Strategie und Management) 2, S. 35-56.

Cai, Yongshun, 2005: China's Moderate Middle Class. The Case of the Homeowners' Resistance, in: Asian Survey 45 (5), S. 777-799.

Cai, Yongshun, 2004: Managed Participation in China, in: Political Science Quarterly 119 (3), S. 425-451.

Calder, Kent E., 1993: Strategic Capitalism. Private Business and Public Purpose in Japanese Industrial Finance. Princeton.

Callan, Eamonn, 2004: Creating Citizens. Political Education and Liberal Democracy. Oxford et al.

Campbell, Angus/Converse, Philip E./Miller, Warren E./Stokes, Donald E., 1964: The American Voter. New York, London, Sydney.

Campbell, Angus/Gurin, Gerals/Miller, Warren E., 1976: The Voter Decides. Westport.
Carleheden, Mikael/Gabriels, Rene, 1997: An Interview with Michael Walzer, in: Theory, Culture & Society 14 (1), S. 113-130.
Castells, Manuel, 1991: Die zweigeteilte Stadt – Arm und Reich in den Städten Lateinamerikas, der USA und Europas, in: *Schabert, Tilo* (Hg.), Die Welt der Stadt. München, S. 199-216.
Castells, Manuel, 1994: European Cities, the International Society, and the Global Economy, in: New Left Review 204, S. 18-32.
Castells, Manuel, 2000: The Information Age. Economy, Society and Culture, vol. III: End of Millenium. Oxford, Maldern.
Chan, Steve/Clark, Cal/Lam, Danny, 1998a: Beyond the Developmental State. East Asia's Political Economies Reconsidered. Houndmills et al.
Chan, Steve/Clark, Cal/Lam, Danny, 1998b: Looking beyond the Developmental State, in: *Chan, Steve/Clark, Cal/Lam, Danny*, Beyond the Developmental State. East Asia's Political Economies Reconsidered. Houndmills et al., S. 1-8.
Chanan, Gabriel, 1999: Local Community Involvement. A Handbook for Good Practice. Dublin.
Chaves, Mark/Galaskiewicz, Joseph/Stephens, Laura, 2004: Does Government Funding Suppress Nonprofits`Political Activity?, in: American Sociological Review 69 (2), S. 292-316.
Chen, Aimin, 2004: China's Urban Housing: Privatization and Market Integration, in: *Chen, Aimin/Liu, Gordon G./Zhang, Kevin H.* (Hg.), Urbanization and Social Welfare in China. Aldershot, Burlington, S. 63-86.
Chen Jiaxing, 2005: Jixin gongcou hejie qu (Mit ganzem Herzen und gemeinsam eine harmonische Musik spielen), in: Renmin Ribao, 8.3.05
Chen, Jie, 2004: Popular Political Support in Urban China. Washington, Stanford.
Chen, Jie/Zhong, Yang/Hillard, Jan W., 1997: The Level and Sources of Popular Support for China's Current Political Regime, in: Communist and Post-Communist Studies 30 (1), S. 45-64.
Chen, Jie/Zhong, Yang, 2002: Why do People Vote in Semicompetitive Elections in China?, in: The Journal of Politics 64 (1), S. 178-197.
Chen, Nancy/Clark, Constance D./Gottschang, Suzanne Z./Jeffery, Lyn (Hg.), 2001: China Urban. Ethnographies of Contemporary Culture. Durham, London.
Chen Weidong, 2004a: Min ping guan: rang jumin chengwei gongmin (Bürger beurteilen Beamte: lasst aus Bewohnern Bürger werden), in: Shequ 2-4, S. 11.
Chen Weidong, 2004b: Shequ zizhi. Zizhi zuzhi wangluo yu zhidu shezhi (*Shequ*-Autonomie. Netzwerke autonomer Organisationen und organisatorischer Aufbau). Peking.
Chen, Xiangming/Sun, Jiaming, 2006: Sociological Perspectives on Urban China. From Familiar Territories to Complex Terrains, in: China Information XX (3), S. 519-551.
Chen Yali, 2004: Zhongjie zuzhi: shequ zizhi de qiaoliang (Mittlerorganisation: Brücke der *Shequ*-Selbstverwaltung), in: Shequ 2-4, S. 12-13.
Chen Yi, 2003: Chengshi jiceng minzhu de qidian zaiyu xuanju zhidu de gaige (Ausgangspunkt der städtischen Basiswahlen und die Reform des Wahlsystems), in: Shequ 2-3, S. 24-26.
Chen Youhong, 2004: Gongyou caichanquan cheng jiufen qiaodian (Öffentliche property rights – eine Frage des Disputs), in: Renmin Ribao, 12.11.04.
Cheng Yushen, 2002: Zhongguo chengshi shequ fazhan yanjiu (Studien zur Entwicklung der städtischen *Shequ* in China). Shanghai.
Chu, Godwin C., 2001: The Changing Concept of Zhong (Loyalty): Emerging New Chinese Political Culture, in: *Hua, Shiping* (Hg.), Chinese Political Culture, 1989-2000. Armonk, London, S. 42-69.
Chu, Yun-han/Chang, Yu-tzung, 2001: Culture Shift and Regime Legitimacy: Comparing Mainland China, Taiwan and Hong Kong, in: *Hua, Shiping* (Hg.), Chinese Political Culture, 1989-2000. Armonk, London, S. 320-348.
Ch'ü, T'ung-tsu, 1988: Local Government in China under the Ch'ing. Cambridge/Mass., London.
Citrin, Jack, 1974: Comment: The Political Relevance of Trust in Government, in: American Political Science Review 68 (3), S. 973-988.

Clarke, Terry N., 1968: Community or Communities, in: *Clarke, T.N.* (Hg.), Community Structure and Decision-Making: Comparative Analyses. Scranton, S. 83-89.
Conover, Pamela Johnston/Searing, Donald D./Crewe, Ivor M., 2002: The Deliberative Potential of Political Discussion, in: British Journal of Political Science 32, S. 21-62.
Cook, Karen S. (Hg.), 2001: Trust in Society. New York.
Cox, Gary, 1987: Electoral Equilibrium under Alternative Voting Institutions, in: American Journal of Political Science 31, S. 81-108.
Cox, Gary, 1990: Centripetal and Centrifugal Incentives in Electoral Systems, in: American Journal of Political Science 34, S. 903-935.
Craig, Stephen C., 1979: Efficacy, Trust, and Political Behavior: An Attempt to Resolve a Lingering Conceptual Dilemma, in: American Politics Quarterly 7 (2), S. 225-239.
Craig, Stephen C./Maggiotto, Michael A., 1982: Measuring Political Efficacy, in: Political Methodology 8 (3), S. 85-110.
Craig, Stephen C./Niemi, Richard G./Silver, Glenn E., 1990: Political Efficacy and Trust: A Report on the NES Pilot Study Items, in: Political Behavior 12 (3), S. 289-314.
Culp, Robert, 2006: Rethinking Governmentality: Training, Cultivation, and Cultural Citizenship in Nationalist China, in: The Journal of Asian Studies 65 (3), S. 529-554.
Dahl, Robert A., 1974: Who Governs? Democracy and Power in an American City. New Haven, London.
Dahl, Robert A., 1989: Democracy and Its Critics. New Haven, London.
Deng Minjie, 2002: Chuang xin shequ (Neue *Shequ* schaffen). Peking.
Deng Weizhi, 2005: Fahui shehui zuzhi de xietiao zuoyong (Die Koordinierungsfunktion sozialer Organisationen entwickeln), in: Shehuixue 1, S. 4-5.
Derichs, Claudie/Heberer, Thomas (Hg.), 2006: Wahlsysteme und Wahltypen. Politische Systeme und Regionale Kontexte im Vergleich. Wiesbaden.
Derleth, James/Koldyk, Daniel R., 2004: The *Shequ* Experiment: grassroots political reform in urban China, in: Journal of Contemporary China 13 (41), S. 747-777.
Dewey, John, 1996: Die Öffentlichkeit und ihre Probleme. Darmstadt.
Dewey, John, o.J.: The Public and its Problems. Athens.
Diamond, Larry/Myers, Ramon H. (Hg.), 2004a: Elections and Democracy in China. Oxford et al.
Diamond Larry/Myers, Ramon H., 2004b: Introduction: Elections and Democracy in Greater China, in: *Diamond, Larry/Myers, Ramon H.* (Hg.), Elections and Democracy in China. Oxford et al., S. 1-21.
Diamond, Larry/Plattner, Marc F. (Hg.), 2006: Electoral Systems and democracy. Baltimore.
Ding Gang, 2005: Shequ hexie zhong zai goutong (*Communities* in Harmonie), in: Renmin Ribao, 18.2.05.
Doji Cairang (Hrsg), 2002: Chengshi shequ jianshe duben (Reader zum Aufbau städtischer *Shequ*). Peking.
Dong Hongjun, 2003: Rang shequ dang zuzhi geng you weili (Die Parteiorganisationen in den *Shequ* noch mehr Ansehen generieren lassen), in: Renmin Ribao, 5.4.03.
Dore, Ronald P., 1990: Reflections on Culture and Social Change, in: *Gereffi, Gary/Wyman, Donald* (Hg.), Manufacturing Miracles: Paths of Industrialization in Latin America and East Asia. Princeton, S. 353-367.
Dowd, Daniel V./Carlson, Allen/Shen Mingming, 2000: The prospects for democratization in China: evidence from the 1995 Peking area study, in: *Suisheng Zhao* (Hg.), China and Democracy. New York, S. 189-206.
Downs, Anthony 1957: An Economic Theory of Democracy. New York.
Du Feng, 2006: Wuye jiufen zhuyao zeren zai wuye gongsi (Die Hauptverantwortung für Hausverwaltungskonflikte liegt bei den Hausverwaltungen), in: Shequ 6-1: S. 9-10.
Du Junxiao, 2003: Kangle shequ heyi kangle (Wie das Kangle Viertel glücklich werden kann), in: Renmin Ribao, 19.4.03.

Durkheim, Emile, 1992: Über soziale Arbeitsteilung. Studie über die Organisation höherer Gesellschaften. Frankfurt/M.
Easton, David, 1965: A System Analysis of Political Life. New York et al.
Easton, David, 1975: A Re-Assessment of the Concept of Political Support, in: British Journal of Political Science 5, S. 435-457.
Ebbinghaus, Bernhard, 2005: Can Path Dependence Explain Institutional Change? Two Approaches Applied to Welfare State Reform. MPIfG Discussion Paper 2. Köln.
Edwards, John N./Booth, Alan (Hg.), 1973: Social Participation in Urban Society. Cambridge/Mass.
Eisenstadt, Shmuel, 2001: Vertrauen, kollektive Identität und Demokratie, in: *Hartmann, M./Offe, C.* (Hg.), Vertrauen. Die Grundlage des sozialen Zusammenhalts. Frankfurt, New York, S. 333-363.
Eisenstadt, Shmuel H./Roniger, Luis, 1984: Patrons, Clients and Friends. Interpersonal Relations and the Structure of Trust in Society. Cambridge et al.
Elias, Norbert, 1991: Die Gesellschaft der Individuen. Frankfurt/M.
Endress, Martin, 2002: Vertrauen. Bielefeld.
Etzioni, Amitai, 1968: The Active Society. New York.
Etzioni, Amitai, 1995: Die Entdeckung des Gemeinwesens. Ansprüche, Verantwortlichkeiten und das Programm des Kommunitarismus. Stuttgart.
Etzioni, Amitai, 1999: Die Verantwortungsgesellschaft. Individualismus und Moral in der heutigen Demokratie. Berlin.
Etzioni, Amitai, 2004a: Wie eine globale Gesellschaft entsteht, in: Internationale Politik und Gesellschaft 2, S. 12-30.
Etzioni, Amitai, 2004b: From Empire to Community. A New Approach to International Relations. New York et al.
Fan, Yun, 2004: Taiwan: No Civil Society, No Democracy, in: *Alagappa, Muthiah* (Hg.), Civil Society and Political Change in Asia: Expanding and Contracting Democratic Space. Stanford, S. 164-191.
Fang Changjun, 2006: Yezhu weiquan zaoyu galan kunjing (Peinliche Fesseln bei der Sicherung der Rechte der Wohnungseigentümer), in: Shequ 9-1: S. 6-8.
Fei Xiaotong, 1947: Xiangtu Zhongguo (Lokales China). Shanghai.
Fei, Xiaotong, 1992: From the Soil. The Foundations of Chinese Society. Berkeley et al.
Fei Xiaotong, 1993: Lüetan Zhongguo de shehuixue (Abriss über Chinas Soziologie), in: Gaodeng JiaoyuYanjiu (Studien zu höherer Bildung) 4, S. 5-7.
Feng Chunmei/Xu Zhifeng/Gu Chun/Li Zhangjun/Li Shiyan, 2005: Wennuan songjin qianwan jia (Es wärmevoll zu Millionen von Familien bringen), in: Renmin Ribao, 9.3.05.
Feng Ling/Li Zhiyuan, 2003: Zhongguo chengshi shequ zhili jiegou bianqian de guocheng fenxi (Analyse des Strukturwandlungsprozesses von *Governance* in städtischen *Shequ* Chinas), in: Renwen Zazhi (Zeitschrift für Geisteswissenschaften) 1, S. 133-138.
Feuchtwang, S., 2003: Peasants, Democracy and Anthropology, in: Critique of Anthropology, 23 (1), S. 93-120.
Fincher, John, 1981: Chinese Democracy: the Self-Government Movement in Local, Provincial and National Politics, 1905-1914. London.
Finkel, Steven E., 1985: Reciprocal Effects of Participation and Political Efficacy: A Panel Analysis, in: American Journal of Political Science 29, S. 891-913.
Fogel, Joshua/Zarrow, Peter (Hg.), 1997: Imagining the People: Chinese Intellectuals and the Concept of Citizenship, 1890-1920. Armonk, London.
Fogel, Robert W., 2004: Forecasting the Demand for Health Care in OECD Nations and China, in: *Chen, Aimin/Liu, Gordon G./Zhang, Kevin H.* (Hg.), Urbanization and Social Welfare in China. Aldershot, Burlington, S. 23-37.
Forrest, Ray/Yip, Ngai-Ming, 2007: Neighbourhood and Neighbouring in Contemporary Guangzhou, in: Journal of Contemporary China, No. 50, February, S. 47-64.

Frances, Jennifer/Levacic, Rosalind/Mitchell, Jeremy/Thompson, Grahame, 1991: Introduction, in: *Thompson, G./Frances, Jennifer/Levacic, Rosalind/Mitchell, Jeremy* (Hg.), Markets, Hierarchies and Networks. The Coordination of Social Life. London, Newbury Park, New Delhi, S. 1-19.
Friedgut, Theodore H., 1979: Political Participation in the USSR. Princeton.
Friedman, John, 2005: China's Urban Transition. Minneapolis.
Friedrich, Carl J. (Hg.), 1959: Community. New York.
Fuchs, Dieter/Gabriel, Oscar W./Völkl, Kerstin, 2002: Vertrauen in politische Institutionen und politische Unterstützung, in: Österreichische Zeitschrift für Politikwissenschaft 4, S. 427-450.
Fukuyama, Francis, 1995: Konfuzianismus und Marktwirtschaft. München.
Gabriel, Oscar W./Hoffmann-Martinot, Vincent/Savitch, Hank V. (Hg.), 2000: Urban Democracy. Opladen.
Gabriel, Oscar W./Kunz, Volker/Roßteutscher/Sigrid/van Deth, Jan, 2002: Sozialkapital und Demokratie. Zivilgesellschaftliche Ressourcen im Vergleich. Wien.
Galston, William A., 2004: Civic Education and Political Participation, in: Political Science & Politics 2, S. 263-266.
Gambetta, Diego, 1988a: Can we Trust Trust?, in: *Gambetta, Diego* (Hg.), Trust: Making and Breaking Cooperative Relations. Oxford, S. 213-237.
Gambetta, Diego (Hg.), 1988b: Trust. Making and Breaking Cooperative Relations. New York, Oxford.
Gambetta, Diego, 2001: Kann man dem Vertrauen vertrauen?, in: *Hartmann, M./Offe, C.* (Hg.), Vertrauen. Die Grundlage des sozialen Zusammenhalts. Frankfurt, New York, S. 204-240.
Gao Like, 2004: Lusuo de gongminquan (Über Rousseaus Bürgerrechte), in: Zhejiang Xuekan (Hangzhou) 4, S. 108-115.
Ge Suobiao/Wan Yi/Cheng Yifeng, 2006: Dibao loudong you ji duo (Es gibt viele *Dibao*-Löcher), in: Renmin Ribao, 30.10.06.
Gensicke, Thomas, 2006: Bürgerschaftliches Engagement in Deutschland, in: Aus Politik und Zeitgeschichte 12, S. 9-16.
Giddens, Anthony, 1990: Konsequenzen der Moderne. Frankfurt/M.
Gievius, W., 1999: Leitfaden durch die Kommunalpolitik. Bonn.
Gittell, Marilyn, 1980: Limits to Citizen Participation. The Decline of Community Organizations. Beverly Hills, London.
Goldman, Merle/Perry, Elisabeth J. (Hg.), 2002: Changing Meanings of Citizenship in Modern China. Cambridge/Mass., London.
Goujian hexie. Beijing shi jianshe hexie shequ xin tan (Harmonie aufbauen. Neue Betrachtung des Aufbaus harmonischer *Shequ* in der Stadt Peking), 2006 (Hg.): Forschungszentrum für die wichtigen Ideengebäude der Deng-Xiaoping-Theorie und der „Drei Vertretungen" der Stadt Peking und des Verlags der Zeitschrift „Front" des Parteikomitees der Stadt Peking. Peking.
Grunow, Dieter (Hg.), 2003: Verwaltung in Nordrhein-Westfalen. Zwischen Ärmelschoner und E-Government. Münster.
Gu, Edward X., 2000: The Political Economy of Public Housing Reform, in: *Wang, Gungwu/Zheng, Yongnian* (Hg.), Reform Legitimacy and Dilemmas. China's Politics and Society. Singapore et al., S. 195-230.
Gu Mei, 2005: Shangpinfang zhuzhaiqu gonggong wuye zizhi guanli zhidu fenxi (Analyse des autonomen Verwaltungssystems der öffentlichen Hausverwaltungen in Eigentumswohnungen), in: Shehui 4, S. 39-69.
Gui, Yong/Cheng, Joseph Y.S./Ma, Weihong, 2006: Cultivation of Grass-Roots Democracy. A Study of Direct Elections of Residents Committees in Shanghai, in: China Information 20 (1), S. 7-31.
Gurr, Ted R., 1974: Persistence and Change in Political Systems, in: American Political Science 68, S. 1482-1504.
Habermas, Jürgen, 1985: Theorie des kommunikativen Handelns, 2 Bde. Frankfurt/M.
Hall, Peter A., 1993: Policy Paradigms, Social Learning, and the State. The Care of Economic Policymaking in Britain, in: Comparative Politics 25, S. 275-296.

Hamm, Bernd/Neumann, Ingo, 1996: Siedlungs-, Umwelt- und Planungssoziologie. Opladen.

Han Xiancong, 2005: Tisheng wenming chengdu, jianshe hexie shequ (Den zivilisatorischen Grad anheben, harmonische Nachbarschaftsviertel aufbauen), in: Renmin Ribao, 30.5.05.

Hardin, Russell, 1998: Trust in Government, in: *Braithwaite, Valerie/Levi, Margaret* (Hg.), Trust and Governance. New York, S. 9-27.

Hardin, Russell, 2001a: Conceptions and Explanations of Trust, in: *Cook, Karen S.* (Hg.), Trust in Society. New York. S. 3-39.

Hardin, Russell, 2001b: Do we want trust in Government?, in: *Warren, Mark E.* (Hg.), Democracy and Trust. Cambridge, S. 22-41.

Hardin, Russell, 2001c: Die Alltagsepistemologie von Vertrauen, in: *Hartmann, Martin/Offe, Claus* (Hg.), Vertrauen. Die Grundlage des sozialen Zusammenhalts. Frankfurt, New York, S. 295-332.

Hardin, Russell, 2002: Trust and Trustworthiness. New York.

Harris, Peter, 2002: The Origins of Modern Citizenship in China, in: Asia Pacific Viewpoint 43 (2), S. 181-203.

Hartmann, Martin/Offe, Claus (Hg.), 2001: Vertrauen. Die Grundlage des sozialen Zusammenhalts. Frankfurt, New York.

Haus, Michael, 2003: Kommunitarismus. Einführung und Analyse. Opladen.

Hayami; Yujiro/Aoki, Masahiko (Hg.), 1998: The Institutional Foundations of East Asian Economic Development. Houndmills et al.

He Baogang, 2001: China's First Direct Election of the Township Head: A Case Study of Buyun, in: Japanese Journal of Political Science 1, S. 1-22.

He Minjie, 2005: Shequ hexie shi shehui hexie de jishi (Harmonie der *Shequ* ist die Basis gesellschaftlicher Harmonie), in: Renmin Ribao, 12.8.05.

He Wei, 2006: Wei wailai wugongzhe yingzao yangguang shequ (Ein glänzendes *Shequ* für auswärtige Arbeitskräfte schaffen), in: Renmin Ribao, 15.7.06.

He Yan, 2004: Dui chengshi shequ jumin canyu yishi de shizheng diaoyan (Untersuchung über das Partizipationsbewusstsein von Bewohnern in städtischen *Shequ*), in: Xinan Minzu Xueyuan Xuebao 9, S. 273-277.

Heberer, Thomas 2001: Falungong. Religion, Sekte oder Kult? Eine Heilsgemeinschaft als Manifestation von Modernisierungsproblemen und sozialen Entfremdungsprozessen. Jena.

Heberer, Thomas 2003: Strategic Groups and State Capacity: The Case of the Private Entrepreneurs, in: China Perspectives 46, March-April, S. 4-14.

Heberer, Thomas/Sausmikat, Nora 2004: Bilden sich in China Strukturen einer Zivilgesellschaft heraus?, in: Duisburger Arbeitspapiere Ostasienwissenschaften 61.

Heberer, Thomas 2006: Institutional Change and Legitimacy via Urban Elections? People's Awareness of Elections and Participation in Urban Neighbourhoods (*Shequ*), Duisburg Working Papers on East Asian Studies (University Duisburg-Essen, Institute of East Asian Studies), 68.

Heidorn, Joachim 1982: Legitimität und Regierbarkeit. Berlin.

Heinelt, Hubert 2004: Governance auf lokaler Ebene, in: *Benz, Arthur* (Hg.), Governance – Regieren in komplexen Regelsystemen. Wiesbaden, S. 30-44.

Hermet, Guy/Rose, Richard/Rouquié Alain (Hg.), 1978: Elections without Choice. London, Basingstoke.

Hetherington, Marc J., 1998: The Political Relevance of Political Trust, in: American Political Science Review 92 (4), S. 791-808.

Hirschman, Albert O., 1974: Abwanderung und Widerspruch. Reaktionen auf Leistungsabfall bei Unternehmungen, Organisationen und Staaten, Tübingen.

Honneth, Axel, 1994: Individualisierung und Gemeinschaft, in: *Zahlmann, Christel* (Hg.), Kommunitarismus in der Diskussion. Berlin, S. 16-23.

Hong Dayong, 2005: Shilun Zhongguo chengshi dibao zhidu shijian de yanshen xiaoguo ji qi yanjin fangxiang (Über Folgen und Entwicklungsrichtung der Ausdehnung der Systems der städtischen Sozialhilfe in China), in: Shehui 3, S. 50-69.

Hopper, Paul, 2003: Rebuilding Communities in an Age of Individualism. Aldershot, Burlington.
Horsman, M/Marshall, A., 1994: After the Nation-State: Citizens, Tribalism and the New World Disorder. London.
Howard, Marc Morjé, 2006: Comparative Citizenship: An Agenda for Cross-National Research, in: Perspectives on Politics 4 (3), S. 443-455.
Hsiao Kung-chuan, 1953: Rural Control in Nineteenth Century China, in: Far Eastern Quarterly 12 (2), S. 173-181.
Hsiao Kung-chuan 1960: Rural China: Imperial Control in the Nineteenth Century. Seattle.
Hu Mou/Wang Wei, 2005: Cong 'zhengfu benwei' dao 'shehui benwei' (Von der Regierungsabteilung zu einer gesellschaftlichen Abteilung), in: Renmin Ribao, 9.6.05.
Hu Zongshan (Hg.), 2004: Shequ zizhi shiwu (Die Frage der Autonomie der *Shequ*). Wuhan.
Hua, Shiping (Hg.), 2001: Chinese Political Culture, 1989-2000. Armonk, London.
Huang Guanhong, 2004: Shenme shi „xuexixing shequ"? (Was ist ein „lernendes *Shequ*"?), in: Shequ 2-3, S. 14.
Huang Xu (Hg.), 2002: Chengshi fazhan zhong de shequ jianshe (Aufbau von *Shequ* im Zuge der Stadtentwicklung). Peking.
Huckfeldt, Robert 1979: Political Participation and the Neighborhood Social Context, in: American Journal of Political Science 23 (3), S. 579-592.
Huckfeldt, Robert 1986: Politics in Context: Assimilation and Conflict in Urban Neighborhoods. New York.
Huntington, Samuel P., 1970a: Social and Institutional Dynamics of One-Party Systems, in: *Huntington, Samuel/Moore, Clement H.* (Hg.), Authoritarian Politics in Modern Society. New York, London, S. 3-47.
Huntington, Samuel/Moore, Clement H. (Hg.), 1970b: Authoritarian Politics in Modern Society. New York, London.
Huntington, Samuel/Nelson, Joan M., 1976: No Easy Choice. Political Participation in Developing Countries. Cambridge/Mass., London.
Hurwitz, Leon, 1972/73: Contemporary Approaches to Political Stability, in: Comparative Politics 5, S. 449-463.
Inglehart, Ronald, 1990: Culture Shift: In Advanced Industrial Society. Princeton.
Inglehart, Ronald, 1997: Modernization and Postmodernization: Cultural, Economic and Political Change in 43 Societies. Princeton.
Inglehart, Ronald, 1998: Modernisierung und Postmodernisierung. Kultureller, wirtschaftlicher und politischer Wandel in 43 Gesellschaften. Frankfurt/M., New York.
Inglehart, Ronald, 1999: Trust, Well-Being and Democracy, in: *Warren, Mark E.* (Hg.), Democracy and Trust. Cambridge, S. 88-120.
Jennings, M. Kent/Stoker, Laura, 2004: Social Trust and Civic Engagement across Time and Generations, in: Acta Politica 39 (4), S. 342-379.
Jiang Baozhang, 2004: Shequ shenchu dangqi hong (*Shequ* vertiefen das Rot der Parteifahne), in: Renmin Ribao, 8.6.04.
Jiang Xunqing/Ding Yuanzhu et al., 2005: Goujian chengxin youai de hexie shehui (Eine offenherzige und brüderliche harmonische Gesellschaft aufbauen). Peking.
Johnson, Chalmers, 1982: MITI and the Japanese Miracle. Stanford.
Johnson, Chalmers, 1995: Japan: Who Governs? The Rise of the Developmental State. New York and London.
K'ang Yu-Wei, 1974: Ta T'ung Shu, Das Buch von der Großen Gemeinschaft. Düsseldorf. Köln.
Kaase, Max, 1990: Loyalität als Einstellung zu sozialen Objekten, in: *Hoyos, Graf Karl von/Kroeber-Riel, Werner/von Rosenstiel, Lutz/Strümpel, Burkhard* (Hg.), Wirtschaftspsychologie in Grundbegriffen. München, S. 111-117.
Kamerade, Daiga/Burchell, Brendan, 2004: Teleworking and Participatory Capital: Is Teleworking an Isolating or a Community-Friendly Form of Work?, in: European Sociological Review 20 (4), S. 345-361.

Kaplan, Cynthia S., 1993: New Forms of Participation, in: *Miller, Arthur H./Reisinger, William M./Hesli, Vicki L.* (Hg.), Public Opinion and Regime Change. The New Politics of Post-Soviet Societies. Boulder et al., S. 153-167.

Karklins, Rasma, 1986: Soviet Elections: Voter Abstention in Noncompetitive Voting, in: American Political Science Review 80 (2), June, S. 449-469.

Kaufman, Michael, 1997a: Community Power, Grassroots Democracy, and the Transformation of Social Life, in: *Kaufman, Michael/Alfonso, Haroldo Dilla* (Hg.), Community Power and Grassroots Democracy. London et al., S. 1-24.

Kaufman, Michael, 1997b: Differential Participation: Men, Women and Popular Power, in: *Kaufman, Michael/Alfonso, Haroldo Dilla* (Hg.), Community Power and Grassroots Democracy. London et al., S. 151-169.

Kaufman, Michael/Alfonso, Haroldo Dilla (Hg.), 1997c: Community Power and Grassroots Democracy. London et al.

Keller, Monika/Edelstein, Wolfgang/Krettenauer, Tobias, Fang, Fu-xi/Fang, Ge, 2000: Denken über moralische Verpflichtung und interpersonale Verantwortung im Zusammenhang unterschiedlicher Kulturen, in: *Edelstein, W./Nummer-Winkler, Gertrud* (Hg.), Moral im sozialen Kontext. Frankfurt/M., S. 375-406.

Kim, Bong-Ki, 1998: John Dewey und China – Die Bedeutung seiner Gesellschaftstheorie für die interkulturelle Kommunikation (Inauguraldissertation). Bochum.

Kirsch, Guy, 1997: Neue Politische Ökonomie, 4. Auflage. Düsseldorf.

Kißler, Leo, 1980: Partizipation als Lernprozeß. Basisdemokratische Qualifizierung im Betrieb. Eine Fallstudie. Frankfurt, New York.

Knight, Jack, 2001: Social Norms and the Rule of Law: Fostering Trust in a Socially Diverse Society, in: *Cook, Karen S.* (Hg.), Trust in Society. New York, S. 354-373.

Knight, Jack/Sened, Itai (Hg.), 1995: Explaining Social Institutions. Ann Arbor.

Kojima, Kazuko/Kokubun, Ryosei, 2002: The 'Shequ Construction' Programme and the Chinese Communist Party, in: The Copenhagen Journal of Asian Studies 16, S. 86-105.

Kornai, Janos, 1988: Individual Freedom and Reform of the Socialist Economy, in: European Economic Review 32, S. 233-267.

Kramer, Roderick M./Cook, Karen S. (Hg.), 2004: Trust and Distrust in Organizations. Dilemmas and Approaches. New York.

Kuan Hsin-Chi/Lau Siu-Kai, 2002: Traditional Orientations and Political Participation in three Chinese Societies, in: Journal of Contemporary China 11 (31), S. 297-318.

Kuhn, Philip A., 1975: Local Self-Government under the Republic. Problems of Control, Autonomy, and Mobilization, in: *Wakeman, Frederic/Grant, Carolyn* (Hg.), Conflict and Control in Late Imperial China. Berkeley, S. 257-298.

Lai Hairong, 2004: Semi-Competitive Elections at Township Level in Sichuan Province, in: China Perspectives 51, S. 13-27.

Lan Yuyun, 2005: Dui gaizhi gongsi „ban" shequ de sikao (Überlegungen zur Restrukturierung von Firmen, die *Shequ* „betreiben"), in: Shehui, S. 78-92.

Lash, Scott, 1996: Reflexivität und ihre Doppelungen; Struktur, Ästhetik und Gemeinschaft, in: *Ulrich Beck/Anthony Giddens/S. Lash*, Reflexive Modernisierung. Eine Kontroverse. Frankfurt/M., S. 195-286.

Lee, James/Zhu, Ya-peng, 2006: Urban governance, neoliberalism and housing reform in China, in: The Pacific Review 1, S. 39-61.

Lei Jieqiong (Hg.), 2001: Zhuanxing zhong de chengshi jiceng shequ zuzhi (Die städtische Basisorganisation *Shequ* im Zuge der Transformation). Peking.

Leighly, Jan, 1996: Group Membership and the Mobilization of Political Participation, in: Journal of Politics 58 (2), S. 447-463.

Lethbridge, Henry J., 1963: China's Urban Communes. Hongkong

Levi, Margaret, 1998: A State of Trust, in: *Braithwaite, Valerie/Levi, Margaret* (Hg.), Trust and Governance. New York, S. 77-101.

Li Fan (Hg.), 2002: Zhongguo jiceng minzhu fazhan baogao 2000-2001 (Bericht über die Entwicklung der Basisdemokratie in China 2000-2001). Peking.
Li Fan (Hg.), 2003a: Zhongguo jiceng minzhu fazhan baogao 2002 (Bericht über die Entwicklung der Basisdemokratie in China 2002). Peking.
Li Fan (Hg.), 2003b: Zhongguo chengshi shequ zhujie xuanju gaige (Wichtige Wahlreformen in Chinas urbanen Gemeinschaften). Xi'an.
Li Fan (Hg.), 2005a: Zhongguo jiceng minzhu fazhan baogao 2004 (Bericht über die Entwicklung von Basisdemokratie in China 2004). Peking.
Li Fan (Hg.), 2005b: Xuanju gaige zai chengshi shequ jianshe zhong de zuoyong (Die Funktion von Wahlreformen beim Aufbau urbaner *Shequ*), in: *Li Fan* (Hg.), Zhongguo jiceng minzhu fazhan baogao 2004 (Bericht über die Entwicklung von Basisdemokratie in China 2004). Peking, S. 366-371.
Li Fan (Hg.), 2005c: Gongmin yu shehui – ruhe zuo ge haoren (Bürger und Gesellschaft – wie man ein guter Mensch wird). Xi'an.
Li Jun (Hg.), 2001: Yongfeng shequ gongzuo jianbian (Kurzer Überblick über die Arbeit des *Yongfeng* Wohnviertels). Shenyang.
Li Jun (Hg.), 2003: Shequ gongzuo de shijian (Praktische Erfahrungen der *Shequ*-Arbeit). Shenyang.
Li Li, 2002: Chengshi shequ jianshe lilun yu shijian yanjiu (Studien zur Theorie und Praxis des Aufbaus städtischer *Shequ*). Shenyang.
Li Lianjiang, 2004: Political Trust in Rural China, in: Modern China 30 (2), S. 228-258.
Li Peilin/Zhang Yi, 2004: The Professional Reintegration of the „xiagang". A survey in Liaoning province underscores the importance of vocational training courses, in: China Perspectives 52 March – April, S. 32-43.
Li Qiang, 2005: Zhongguo chengshi pinkun wenti (Das Problem der Schicht der Stadtarmen in China), in: Shehuixue 5, S. 72-79.
Li Rong, 2002: Quanmian tuijin chengshi shequ jianshe yao licu jumin zizhi, shequ zhuban (Die vollständige Durchführung des Aufbaus städtischer *Shequ* muss auf der Selbstverwaltung der Bewohner und der Verantwortlichkeit der Shequ basieren), in: Shequ 8, S. 9-10.
Li Xueping/Chen Weidong, 2002: Jinnian lai chengshi shequ minzhu jianshe fazhan baogao (Bericht über die Entwicklung des Aufbaus der urbanen *Shequ*-Demokratie seit diesem Jahr), in: *Li Fan* (Hg.), Zhongguo jiceng minzhu fazhan baogao 2000-2001 (Bericht über die Entwicklung der Basisdemokratie in China 2000-2001). Peking, S. 310-337.
Liang Mengwei/Jiang Nan, 2004: Wuye guanli: guan ye nan, li hai luan (Hausverwaltungen: Verwaltung ist schwierig und chaotisch), in: Renmin Ribao, 12.11.04.
Liang Qidong (Hg.), 2002: Shequ fazhan yanjiu baogao (Bericht über die Erforschung der *Shequ*-Entwicklung). Shenyang.
Liang Qidong/Liu Xiaonan (Hg.), 2002: Guowai shequ jianshe lüeying (Wahrnehmungen des *Shequ*-Aufbaus im Ausland). Shenyang.
Liang Qidong/Wang Xin/Wu Shendong (Hg.), 2002: Shequ jianshe jingyan jicui (Sammlung von Erfahrungen beim *Shequ*-Aufbau). Shenyang.
Lin Shangli (Hg.), 2003: Shequ minzhu yu zhili: anli yanjiu (Studien über Fallbeispiele der demokratischen *Governance* von *Shequ*). Peking.
Lin, Tse-Min/Wu, Chin-En/Lee, Feng-Yu, 2006: „Neighborhood" Influence on the Formation of National Identity in Taiwan: Spatial Regression with Disjoint Neighborhoods, in: Political Research Quarterly 59 (1), S. 35-46.
Lin, Yutang o.J.: Mein Land und mein Volk. Stuttgart [ca. 1947].
Lipset, Seymour M., 1960: Political Man. The Social Bases of Politics. Garden City.
Lipset, Seymour M., 1964: Soziologie der Demokratie. Neuwied.
Lipset, Seymour M., 1981: Political Man. The Social Bases of Politics. Baltimore.
Liu Bokui, 2005: Zhonghua wenhua yu Zhongguo shequ (Chinas Kultur und Chinas *Shequ*). Guangzhou.

Liu Chunrong, 2005: Zhongguo chengshi shequ xuanju de xiangxiang: cong gongneng chanshi dao guocheng fenxi (Das Phänomen urbaner *Shequ*-Wahlen in China: von funktionaler Interpretation zur Prozessanalyse), in: Shehui 1, S. 119-143.

Liu, Gordon G./Yuen, Peter et al., 2004: Urban Health Insurance Reform: What Can we Learn from the Pilot Experiments?, in: *Chen, Aimin/Liu, Gordon G./Zhang, Kevin H.* (Hg.), Urbanization and Social Welfare in China. Aldershot, Burlington, S. 38-62.

Liu Jitong, 2003: Guojia huayu yu shequ shijian: Zhongguo chengshi shequ jianshe mubiao jiedu (Staatliche Äußerungen und *Shequ* Praxis: Erklärung der Ziele des *community*-Aufbaus), in: Shehui Kexue Yanjiu (Sozialwissenschaftliche Studien) 3, S. 104-109.

Liu Lina, 2004: Shequ shi shehui gongde jianshe de zhongyao zaiti (*Shequ* sind wichtige Träger der Schaffung einer gesellschaftlichen öffentlichen Moral), in: Xinan Minzu Xueyuan Xuebao 9, S. 282-285.

Liu, Tinglin, 2004: Ba yingxiang fazhan wending de wenti jiejue zai jiceng (Probleme, die Entwicklungsstabilität beeinträchtigen, an der Basis lösen), in: Qiushi (Wahrheit) 5, S. 55.

Liu Yuqin, 2003: Wenhua jin shequ, wenming xin liangdian (Die Kultur kommt ins *Shequ*, neues Licht der Zivilisation), in: Renmin Ribao, 12.11.03.

Lu Xueyi, 1991: Shehuixue. Peking.

Lugu Yigong (Hg.), 2005: Beijing shi Shijingshanqu lugu shequ yigong xiehui (Freiwilligenverein des Lugu *Shequ* im Pekinger Shijingshan Stadtbezirk). Peking.

Luhmann, Niklas, 1968: Vertrauen. Ein Mechanismus der Reduktion sozialer Komplexität. Stuttgart.

Luhmann, Niklas, 1969: Legitimation durch Verfahren, 2. Aufl. Opladen.

Luhmann, Niklas, 2001: Vertrautheit, Zuversicht, Vertrauen. Probleme und Alternativen, in: *Hartmann, Martin/Offe, Claus* (Hg.), Vertrauen. Die Grundlage des sozialen Zusammenhalts. Frankfurt, New York, S. 143-160.

Luo Yun, 2007: Fahui minzheng gongzuo zai hexie shehui jianshe zhong de zuoyong (Die Rolle der Arbeit für Zivilangelegenheiten beim Aufbau einer harmonischen Gesellschaft zur Entfaltung bringen), in: Renmin Ribao, 12.1.07.

Ma Jianguo, 2004: Chuangxin, rang Dezhou xuanmin chongfen xingquan (Neuerung, die Wähler von Dezhou sollen vollständig ihre Rechte ausüben), in: Renmin Ribao, 21.7.04.

Ma Li/Pei Zhiyong, 2005: Bu xie zhuiqiu de fendou mubiao (Sich bei der Erreichung der Zielsetzung nicht zurücklehnen), in: Renmin Ribao, 3.3.05.

Ma Shizhong, 2005: Chuangxin shequ guanli, goujian hexie shequ (*Shequ*-Verwaltung erneuern, harmonische *Shequ* errichten), in: Renmin Ribao, 6.12.05.

MacIntyre, Alasdair, 1987: Der Verlust der Tugend. Zur moralischen Krise der Gegenwart. Frankfurt/M., New York.

MacIntyre, Alasdair, 1988: Whose Justice? Which Rationality?. Notre Dame, Indiana.

Magnette, Paul, 2005: Citizenship: The History of an Idea. Colchester.

Mansuri, Ghazala/Rao, Vijayendra, 2004: Community-Based and –Driven Development: A Critical Review, in: Research Observer 19 (1), S. 1-39.

March, James G./Olsen, Johan P., 1989: Rediscovering Institutions. The Organizational Basis of Politics. New York et al.

Marquette, Jesse F., 1971: Social Mobilization and the Philippine Political System, in: Comparative Political Studies 4, S. 339-347.

Marschall, Melissa J., 2004: Citizen Participation and the Neighborhood Context: A New Look at the Coproduction of Local Public Gods, in: Political Research Quarterly 57 (2), S. 231-244.

Marshall, T.H., 1976: Class, Citizenship, and Social Development. Westport/Conn.

Marwell, Nicol P., 2004: Privatizing the Welfare State: Nonprofit Community-Based Organizations as Political Actors, in: American Sociological Review 2 April, S. 265-291.

Mayntz, Renate/Scharpf, Fritz W., 1995: Steuerung und Selbstorganisation in staatsnahen Sektoren, in: *Mayntz, Renate/Scharpf, Fritz W.* (Hg.), Gesellschaftliche Selbstregelung und politische Steuerung. Frankfurt/M., New York, S. 9-38.

Melville, Andrei Yu, 1993: An Emerging Civic Culture? Ideology, Public Attitudes, and Political Culture in the Early, 1990s, in: *Miller, Arthur H./Reisinger, William M./Hesli, Vicki L.* (Hg.), Public Opinion and Regime Change. The New Politics of Post-Soviet Societies. Boulder et al., S. 56-68.

Meng Gu/Bai Zhigang, 2006: Shequ wenhua yu gongmin suzhi (*Shequ*-Kultur und Bürgerqualitäten). Peking.

Merkel, Wolfgang, 1999: Systemtransformation. Opladen.

Meuschel, Sigrid, 1992: Legitimation und Parteiherrschaft in der DDR. Frankfurt/M.

Migdal, Joel, 1988: Strong Societies and Weak States. State-Society Relations and State Capabilities in the Third World. Princeton.

Milbrath, Lester W., 1965: Political Participation: How and Why People get Involved with Politics. Skokie.

Milbrath, Lester W./Goel, M.L., 1977: Political Participation. How and Why Do People Get Involved in Politics? Second Edition. Lanham, New York, London.

Miller, Arthur H., 1974: Political Issues and Trust in Government: 1964-70, in: American Political Science Review 68 (3), S. 951-972.

Miller, Arthur H., 1993: In Search of Regime Legitimacy, in: *Miller, Arthur H./Reisinger, William M./Hesli, Vicki L.* (Hg.), Public Opinion and Regime Change. The New Politics of Post-Soviet Societies. Boulder et al., S. 95-123.

Miller, Arthur H./Reisinger, William M./Hesli, Vicki L. (Hg.), 1993: Public Opinion and Regime Change. The New Politics of Post-Soviet Societies. Boulder et al.

Minzheng tongji nianjian: (Statistisches Jahrbuch Zivilangelegenheiten), 2004. Peking.

Misztal, Barbara A., 1996: Trust in Modern Societies. The Search of the Bases of Social Order. Cambridge.

Moore, Clement H., 1970: The Single Party as Source of Legitimacy, in: *Huntington, Samuel/Moore, Clement H.* (Hg.), Authoritarian Politics in Modern Society. New York, London, S. 48-72.

Morgan, David R./Pelissero, John P., 1980: Urban Policy: Does Political Structure Matter?, in: American Political Science Review 74 (4), S. 999-1006.

Muller, E.N./Jukam, T.O., 1977: On the Meaning of Political Support, in: American Political Science Review 71, S. 1561-1595.

Münkler, Herfried, 1997: Der kompetente Bürger, in: *Klein, Ansgar/Schmalz-Bruns, Rainer* (Hg.), Politische Beteiligung und Bürgerengagement in Deutschland. Möglichkeiten und Grenzen. Baden-Baden, S. 153-172.

Murphy, Rachel/Fong, Vanessa L., 2006: Introduction: Chinese experiences of citizenship at the margins, in: *Murphy, Rachel/Fong, Vanessa L.* (Hg.), Chinese Citizenship: Views from the margins. London, New York, S. 1-8.

Nathan, Andrew J., 1986: Chinese Democracy. Berkeley, Los Angeles.

Nathan, Andrew/Shi, Tianjian, 1993: Cultural requisites for democracy in China: findings from a survey, in: Daedalus 122 (2), S. 95-124.

Nelson, Philip, 1970: Information and Consumer Behavior, in: Journal of Political Economy 78, S. 310-329.

Nelson, Philip, 1974: Advertising as Information, in: Journal of Political Economy 82, S. 729-754.

Neumann, Franz, 1986: Demokratischer und autoritärer Staat. Frankfurt/M.

Nohlen, Dieter, 2004: Wahlrecht und Parteiensystem, 4. Auflage. Opladen.

Nye, Joseph S./Zelikow, Philip D./King, David C., 1997: Why People Don't Trust Government. Cambridge/Mass., London.

O'Brien, Kevin, 2001: Villagers, Elections, and Citizenship in Contemporary China, in: Modern China 4, S. 407-435.

Offe, Claus, 1996: Designing Institutions in East European Transitions, in: *Goodin, Robert E.* (Hg.), The Theory of Institutional Desihn. Cambridge, New York, Melbourne, S. 199-226.

Offe, Claus, 1999: How can we trust our fellow citizens, in: *Warren, Mark E.* (Hg.), Democracy and Trust. Cambridge, S. 42-87.

Offe, Claus, 2001: Wie können wir unseren Mitbürgern vertrauen?, in: *Hartmann, Martin/Offe, Claus* (Hg.), Vertrauen. Die Grundlage des sozialen Zusammenhalts. Frankfurt, New York, S. 241-294.

Olsen, Marvin E., 1972: Social Participation and Voting Turnout: A Multivariate Analysis, in: American Sociological Review 37 (3), S. 317-333.

Ostrom, Elinor, 1996: Crossing the Great Divide: Coproduction, Synergy, and Development, in: World Development 24 (6), S. 1073-1087.

Pammer, William, 1992: Administrative Norms and the Coproduction of Municipal Services, in: Social Science Quarterly 73, S. 920-929.

Pan, Tianshu, 2006: „Civilizing" Shanghai: government efforts to cultivate citizenship among impoverished residents, in: *Murphy, Rachel/Fong, Vanessa L.* (Hg.), Chinese Citizenship: Views from the margins. London, New York, S. 96-122.

Pan Yue, 2004: Cong zhixuan kann jumin zizhi (Von Direktwahlen her die Autonomie der Bewohner betrachten), in: Renmin Ribao, 29.1.04.

Parkum, Virginia Cohn, 1976: Efficacy and Action: An Extension of the Efficacy Concept in Relation to Selected Aspects of Citizen Participation. Inaugural-Dissertation, Universität Mannheim. Mannheim.

Parsons, Talcott, 1959: The Principal Structures of Community: A Sociological View, in: *Friedrich, Carl J.* (Hg.), Community. New York, S. 152-179.

Parsons, Talcott (Hg.), 1961: Theories of Society, 2 Bände. New York.

Pateman, Carole, 1970: Participation and Democratic Theory. London, New York.

Patzelt, Werner J., 1992: Einführung in die Politikwissenschaft. Passau.

Pei Minxin, 1997a: „Creeping" Democratization in China, in: *Diamond, Larry/Plattner, Marc F./Chu, Yun-han/Tien, Hung-mao* (Hg.), Consolidating the Third Wave Democracies: Regional Challenges. Baltimore et al., S. 213-227.

Pei, Minxin, 1997b: Racing against time: institutional decay and renewal in China, in: *Joseph, William A.* (Hg.), China Briefing. Armonk, London, S. 11-49.

Peng Bo, 2005: State Control and Governance of Residential Communities, in: China Perspectives 57, S. 12-22.

Peng, Yali, 1998: Democracy and Chinese political discourses, in: Modern China 24 (4), S. 408-444.

Peters, B. G., 1999: Institutional Theory in Political Science. The 'New Institutionalism'. London, New York.

Pettit, Philip, 1998: Republican Theory and Political Trust, in: *Braithwaite, Valerie/Levi, Margaret* (Hg.), Trust and Governance. New York, S. 295-314.

Phillips, Derek L., 1973: Social Participation and Happiness, in: *Edwards, John N./Booth, Alan* (Hg.), Social Participation in Urban Society. Cambridge/Mass., S. 245-253.

Pierson, Paul, 2000: Increasing Returns, Path Dependence, and the Study of Politics, in: American Political Science Review 94 (2), S. 251-267.

Polsby, Nelson W., 1974: Community Power and Political Theory. New Haven, London.

Popple, Keith, 1995: Analysing Community Work. Its Theory and Practice. Buckingham, Philadelphia.

Portney, Kent E./Berry, Jeffrey M., 1997: Mobilizing Minority Communities. Social Capital and Participation in Urban Neighborhoods, in: American Behavioral Scientist 40 (5), S. 632-645.

Pravda, Alex, 1978: Elections in Communist Party-states, in: *Hermet, Guy/Rose, Richard/Rouquié, Alain* (Hg.), Elections without Choice. London, Basingstoke, S. 169-195.

Putnam, Robert D., 2000: Bowling Alone: The Collapse and Revival of American Community. New York.

Putnam, Robert D. (Hg.), 2001: Gesellschaft und Gemeinsinn. Sozialkapital im internationalen Vergleich. Gütersloh.

Putnam, Robert D./Feldstein, Lewis M./with Don Cohen, 2003: Better Together. Restoring the American Community. New York et al.

Pye, Lucian W., 1981: The Dynamics of Chinese Politics. Cambridge/Mass.

Pye, Lucian W., 1988: Asian Power and Politics. The Cultural Dimension of Authority. Cambridge/Mass., London.
Qiang Wei, 2004: Zuohao weihu wending gongzuo, cujin hexie shehui jianshe (Die Arbeit zur Bewahrung von Stabilität und Förderung einer harmonischen Gesellschaft gut durchführen), in: Renmin Ribao, 23.12.04.
Rahn, Wendy M./Brehm, John/Carlson, Neil, 1999: National Elections as Institutions for Generating Social Capital, in: *Skocpol, Theda/Fiorina, Morris P.* (Hg.), Civic Engagement in American Democracy. Washington, D.C., New York, S. 111-141.
Ran, Wanxiang, 1989: Liyong chuantong, zouchu chuantong. Guanyu nongcun cunji zuzhi jianshe de sikao (Die Tradition nutzen, den Weg der Tradition gehen. Überlegungen zum Aufbau der ländlichen Dorforganisation), in: Qiushi (Wahrheit) 10, S. 34-38.
Rancière, Jacques, 2003: Politisches Denken Heute. Die normale Ordnung der Dinge und die Logik des Dissenses, in: Lettre International 6, S. 5-7.
Rawls, John, 1993: Political Liberalism. New York.
Read, Benjamin L., 2003: Democratizing the Neighbourhood? New Private Housing and Home-Owner Self-Organization in Urban China, in: The China Journal 49, January, S. 31-59.
Reese, Pat Ray/Aldrich, Howard E., 1995: Entrepreneurial Networks and Business Performance, in: *Birley, Sue/MacMillan, Ian C.* (Hg.), International Entrepreneurship. London, New York, S. 109-123.
Reese-Schäfer, Walter, 1996: Die politische Rezeption des kommunitaristischen Denkens in Deutschland, in: Aus Politik und Zeitgeschichte. Beilage zur Wochenzeitung Das Parlament B 36, 30. August, S. 3-11.
Reese-Schäfer, Walter, 2001: Kommunitarismus. Frankfurt/M., New York.
Renmin Ribao (Volkszeitung). Peking.
Reshetar, John S., 1989: The Soviet Polity: Government and Politics in the USSR. New York.
Richardson, Henry S., 2002: Democratic Autonomy - Public Reasoning about the Ends of Policy. Oxford et al.
Rose, Richard, 1994: Postcommunism and the Problem of Trust, in: Journal of Democracy 5 (3), S. 18-30.
Rose, Richard/McAllister, Ian, 1990: The Loyalties of Voters. A Lifetime Learning Model. London et al.
Rose, Richard/Mossawir, Harve, 1967: Voting and Elections: A Functional Analysis, in: Political Studies 15, S. 173-201.
Rosenstone, Steven J./Haus, John Mark, 1993: Mobilization, Participation, and Democracy in America. New York.
Ross, Murray G./Lappin, B.W., 1967: Community Organization. Theory, Principles and Practice. New York, Evanston, London.
Rothstein, Bo/Uslaner, Eric M., 2005: All for All. Equality, Corruption, and Social Trust, in: World Politics 58 (October), S. 41-72.
Rudolph, Thomas J./Evans, Jillian, 2005: Political Trust, Ideology, and Public Support for Government Spending, in: American Journal of Political Science 3 (July), S. 660-671.
Rustow, Dankwart A., 1970: Transitions to Democracy: Towards a Dynamic Model, in: Comparative Politics 2 (April), S. 338-363.
Salaff, J., 1967: The Urban Communes and Anti-City Experiment in Communist China, in: The China Quarterly 29, S. 82-110.
Sandel, Michael J., 1984: The procedural republic and the unencumbered self, in: Political Theory 12, S. 81-96.
Sandschneider, Eberhard, 1995: Stabilität und Transformation politischer Systeme. Stand und Perspektiven politikwissenschaftlicher Transformationsforschung. Opladen.
Sartori, Giovanni, 1997: Comparative Constitutional Engineering. An Inquiry into Structures, Incentives and Outcomes, 2nd edition. Houndmills et al.

Scalapino, Robert A., 1998: Will China Democratize? Current Trends and Future Prospects, in: Journal of Democracy 9 (1), S. 38-39.
Schaal, Gary S., 2004: Vertrauen, Verfassung und Demokratie. Wiesbaden.
Scharpf, Fritz W., 2000: Interaktionsformen. Akteurzentrierter Institutionalismus in der Politikforschung. Opladen.
Schlozman, Kay Lehman/Verba, Sidney/Brady, Henry E., 1995: Participation is Not a Paradox: The View from American Activists, in: British Journal of Political Science 25 (1), S. 1-36.
Schlozman, Kay Lehman/Verba, Sidney/Brady, Henry E., 1999: Civic Participation and the Equality Problem, in: *Skocpol, Theda/Fiorina, Morris P.* (Hg.), Civic Engagement in American Democracy. Washington, D.C., New York, S. 427-459.
Schmalz-Bruns, Rainer/Zintl, Reinhard (Hg.), 2002: Politisches Vertrauen. Soziale Grundlagen reflexiver Kooperation. Baden-Baden.
Schroer, Markus, 2006: Räume, Orte, Grenzen. Auf dem Weg zu einer Soziologie des Raums. Frankfurt/M.
Schultze, Rainer-Olaf, 2001: Partizipation, in: *Nohlen, Dieter* (Hg.), Kleines Lexikon der Politik. München, S. 363-365.
Schuppert, Gunnar F., 1997: Assoziative Demokratie. Zum Platz des organisierten Menschen in der Demokratietheorie, in: *Klein, Ansgar/Schmalz-Bruns, Rainer* (Hg.), Politische Beteiligung und Bürgerengagement in Deutschland. Möglichkeiten und Grenzen. Bonn, S. 114-152.
Schurmann, Franz, 1968: Ideology and Organization in Communist China. Berkeley, Los Angeles, London.
Seel, Martin, 1993: Ethik und Lebensformen, in: *Brumlik, Micha/Brunkhorst, Hauke* (Hg.), Gemeinschaft und Gerechtigkeit. Frankfurt/M., S. 244-259.
Seo, J., 2005: Nationalism and the Problem of Political Legitimacy in China, in: *White, Lynn T.* (Hg.), Legitimacy.Ambiguities of Political Success or Failure in East and Southeast Asia. New Jersey et al., S. 141-182.
Sharp, Elaine, 1980: Toward a new Understanding of Urban Services and Citizen Participation: The Coproduction Concept, in: Midwest Review of Public Administration 14 (2), S. 105-118.
Shehui (Gesellschaft). Shanghai.
Shehuixue (Soziologie). Peking.
Shehuixue Yanjiu (Soziologische Studien). Peking.
Shen Xinkun, 2004: Chengshi shequ jianshe zhong de quannengzhuyi qingxiang (Trend zur Omnipotenz des Aufbaus urbaner *Shequ*), in: Shehui 6, S. 40-42.
Shenyang shi Shenhe qu shequ jianshe ziliao huibian (Sammlung von Material zum Aufbau von *Shequ* im Shenyanger Shenhe-Stadtbezirk), 1999: 3 Bände. Shenyang.
Shenzhen shi minzhengju, 2002: Shenzhen shi shequ jumin weiyuanhui xuanju guicheng (Statut über die Wahlen der Einwohnerkomitees der Stadt Shenzhen). Shenzhen.
Shequ (Gemeinschaft). Peking.
Shequ canyu xingdong, 2005 niandu baogao (Jahresbericht 2005 von „*Shequ* Partizipationsaktion"), 2006. Peking.
Shi Chang/Zhuo Silian, 2006: Shequ jiaoyu yu xuexixing shequ (*Shequ*-Erziehung und lernendes *Shequ*). Peking.
Shi Fayong, 2005: Chengshi shequ minzhu jianshe yu zhiduxing yueshu (Der Aufbau von Demokratie in urbanen Nachbarschaftsvierteln und seine institutionellen Barrieren), in: Shehui 2, S. 50-77.
Shi, Fayong/Cai, Yongshun, 2006: Disaggregating the State: Networks and Collective Resistance in Shanghai, in: The China Quarterly 186 (June), S. 314-332.
Shi Tianjian, 1997: Political Participation in Beijing. Cambridge/Mass., London.
Shi, Tianjian, 1999: Voting and Nonvoting in China: Voting Behavior in Plebiscitary and Limited-Choice Elections, in: Journal of Politics 61 (4), S. 1115-1139.
Shi, Tianjian, 2001: Cultural Values and Political Trust. A Comparison of the People's Republic of China and Taiwan, in: Comparative Politics 33 (4), S. 401-419.
Shih, Ch'eng-chih, 1974: Urban Commune Experiments in Communist China. London.

Simmel, Georg, 1908: Soziologie. Untersuchungen über die Formen der Vergesellschaftung. Leipzig.
Simmel, Georg, 1992: Die Ausdehnung der Gruppe und die Ausbildung der Individualität, in: *Simmel, Georg*, Schriften zur Soziologie. Eine Auswahl. Frankfurt/M., S. 53-60.
Simmel, Georg, 1994: Philosophie des Geldes. Frankfurt/M.
Six, Frédérique, 2005: The Trouble with Trust. The Dynamics of Interpersonal Trust Building. Cheltenham et al.
Skocpol, Theda/Fiorina, Morris P. (Hg.), 1999: Civic Engagement in American Democracy. Washington, D.C., New York.
Small, Mario Luis, 2006: Neighborhood Institutions as Resource Brokers: Childcare Centers, Interorganizational Ties, and Resource Access among the Poor, in: Social Problems 2, S. 274-292.
Solinger, Dorothy J., 1999: Contesting Citizenship in Urban China. Berkeley, Los Angeles, London.
Spiegel, Hans B.C. (Hg.), 1968: Citizen Participation in Urban Development: Volume 2. Washington, D.C.
Stolle, Dietlind, 2002: Trusting Strangers – The Concept of Generalized Trust in Perspective, in: Österreichische Zeitschrift für Politikwissenschaft 4, S. 397-412.
Su Ning, 2004: Liudong dangyuan de jingshen gangwan (Die geistige Bucht wandernder Parteimitglieder), in: Renmin Ribao, 19.10.04.
Sun Rong, 2005: Gaijin chengshi guanli, tuidong shequ fazhan (Die städtische Verwaltung verändern, die Entwicklung von *communities* fördern), in: Renmin Ribao, 2.3.05.
Sun Ying, 2005: Shequ zhiyuanzhe fuwu neihan de sange kuozhan (Drei Erweiterungen des Inhalts von freiwilligen Dienstleistungen in den *Shequ*), in: Shequ 6-1, S. 17-18.
Swaroop, Sapna/Morenoff, Jeffrey D., 2006: Building Community: The Neighborhood Context of Social Organization, in: Social Forces 3, S. 1665-1693.
Sztompka, Piotr, 1996: Trust and Emerging Democracy. Lessons from Poland, in: International Sociology 11 (1), S. 37-62.
Sztompka, Piotr, 1999: Trust. A Sociological Theory. Cambridge et al.
Tang, Ching-ping, 2004: When New Public Management Runs into Democratization: Taiwan's Public Administration in Transition, in: Issues & Studies 40 (3/4), S. 59-101.
Tang Juan (Hg.), 2005a: Chengshi shequ yezhu weiyuanhui fazhan yanjiu (Studien zur Entwicklung urbaner *Shequ*-Einwohnerkomitees). Chongqing.
Tang Juan, 2005b: Chengshi shequ jiegou bianqian zhongde chongtu yu zhili (Konflikte und Governance im Zuge des Strukturwandels städtischer *Shequ*), in: *Tang Juan* (Hg.), Chengshi shequ yezhu weiyuanhui fazhan yanjiu (Studien zur Entwicklung urbaner *Shequ*-Einwohnerkomitees). Chongqing, S. 20-72.
Tang Jun, 2004: Zhongguo chengxiang dibao zhidu de xianzhuang yu qianzhan (Trends und Perspektiven: Chinas Sozialhilfe in Stadt und Land), in: *Ru Xin/Lu Xueyi/Li Peilin* (Hg.), Shehui lanpishu 2005 nian. Zhongguo shehui xingshi fenxi yu yuce (Gesellschaftliches Blaubuch des Jahres 2005. Analyse und Prognose der sozialen Lage in China). Peking, S. 248-259.
Tang Jun/Zhang Shifei, 2005: Tiaozheng zhongde chengxiang zui di shenghuo baozhang zhidu (Das System niedrigster Lebensssicherung in Stadt und Land im Prozess der Regulierung), in: *Ru Xin/Lu Xueyi/Li Peilin* (Hg.), Shehui lanpishu 2006 nian. Zhongguo shehui xingshi fenxi yu yuce (Gesellschaftliches Blaubuch des Jahres 2006. Analyse und Prognose der sozialen Lage in China). Peking, S. 165-175.
Tang, Wenfang, 2001: Political and Social trends in the Post-Deng Urban China: Crisis or Stability, in: The China Quarterly 168, S. 890-909.
Tang, Wenfang, 2004: Interpersonal Trust and Democracy in China, Paper presented to the International Conference „The Transformation of Citizen Politics and Civic Attitudes in Three Chinese Societies", November 19-20. Taipei.
Tang, Wenfang, 2005: Public Opinion and Political Change in China. Stanford.
Tang Wenfang/Parish, William L., 2000: Chinese Urban Life under Reform. The Changing Social Contract. Cambridge et al.
Tang Zhongxin, 2006: Goujian hexie shequ (Ein harmonisches *Shequ* aufbauen). Peking.

Tao Tiesheng (Hg.), 2002: Shequ guanli gailun (Überblick über die *Shequ* Verwaltung). Shanghai.
Taylor, Charles, 1995: Das Unbehagen an der Moderne. Frankfurt/M.
Taylor, Charles, 2002: Wieviel Gemeinschaft braucht die Demokratie? Aufsätze zur politischen Philosophie. Frankfurt/M.
Technologie-Netzwerk Berlin (Hg.), 1990: Lokale Ökonomie, Band I: Zusammenfassung der Forschungsergebnisse. Berlin.
Teubner, Gunther, 2000: Das Recht der globalen Zivilgesellschaft, in: Frankfurter Rundschau, 253, S. 20.
Thompson, Michael/Ellis, Richard/Wildavsky, Aaron, 1990: Cultural Theory. Boulder et al.
Thompson, Roger R., 1995: China's Local Councils in the Age of Constitutional Reform, 1898-1912. Cambridge/Mass.
Thränhard, A.M., 1989: Nachbarschaftsvereinigungen nach dem Zweiten Weltkrieg, in: *Hijiya-Kirschnereit, Irmela/Stalph, Jürgen* (Hg.), Bruno Lewin zu Ehren. Festschrift aus Anlaß seines 65. Geburtstages, Band II. Bochum, S. 379-389.
Tilly, Charles (Hg.), 1995: Citizenship, Identity and Social History, in: International Review of Social History 49 (Supplement 3). Cambridge et al., S. 1-17.
Tomba, Luigi, 2004: Creating an Urban Middle Class: Social Engineering in Beijing, in: The China Journal 51 (January), S. 1-26.
Tönnies, Ferdinand, 1972: Gemeinschaft und Gesellschaft. Darmstadt.
Tönnies, Sybille, 1996: Kommunitarismus – diesseits und jenseits des Ozeans, in: Aus Politik und Zeitgeschichte. Beilage zur Wochenzeitung Das Parlament B 36, 30 (August), S. 13-19.
Townsend, James R., 1969: Political Participation in Communist China. Berkeley, Los Angeles, London.
Tsai, L., 2002: Cadres, Temple and Lineage Institutions, and Governance in Rural China, in: China Journal 48, S. 1-27.
Twelvetrees, Alan, 1982: Community Work. London, Basingstoke.
Übelhör, Monika, 1989: The Community Compact (Hsiang-yüeh) of the Sung and Its Educational Significance, in: *de Bary, Wm. Theodore/Chaffee, John W.* (Hg.), Neo-Confucian Education: The Formative Stage. Berkeley, Los Angeles, London, S. 371-388.
Ulbig, Stacy, 1999: The Influence of Local Government Systems on Political Participation, in: http://courses.missouristate.edu/StacyUlbig/conf/MPSA1999.pdf; aufgerufen 23.5.2005.
United Nations, Bureau of Social Affairs (Hg.), 1955: Social Progress through Community Development. New York.
Uslaner, Eric M., 1999: Democracy and Social Capital, in: *Warren, Mark E.* (Hg.), Democracy and Trust. Cambridge, S. 121-150.
Uslaner, Eric M., 2002: Strategic Tust and Moralistic Trust. The Moral Foundations of Trust. Cambridge.
Uslaner, Eric M., 2004: Trust and Social Bonds: Faith in Others and Policy Outcomes Reconsidered, in: Political Research Quarterly 3, S. 501-507.
Valdes, Ernesto G., 1988: Die Stabilität politischer Systeme. Freiburg, München.
Verba, Sidney/Nie, Norman H., 1972: Participation in America. New York.
Verba, Sidney/Nie, Norman H., 1978: Participation in America. Political Democracy and Social Equality. New York et al.
Verba, Sidney/Nie, Norman H./Kim, Jae-On, 1976: Participation and Political Equality. A Seven-Nation Comparison. Cambridge et al.
Vobruba, Georg, 1994: Gemeinschaft ohne Moral. Theorie und Empirie moralfreier Gemeinschaftskonstruktionen. Wien.
Vogt, Ludgera, 2004: Bildung in der Bürgergesellschaft. Vom Ehrenamt zum Service Learning, in: Gesellschaft, Wirtschaft, Politik 2, S. 155-166.
von Beyme, Klaus, 1992: Die Politischen Theorien der Gegenwart. Opladen.
Wade, Robert, 1990: Governing the Market, Economic Theory and the Role of Government in East Asian Industrialization. Princeton.

Wakeman, Frederich jr., 1975: Introduction: The Evolution of Local Control in Late Imperial China, in: *Wakeman, F./Grant, Carolyn* (Hg.), Conflict and Control in Late Imperial China. Berkeley, S. 1-25.

Wallraf, Wolfram, 1999: Soziale Sicherheit in Japan, in: *Hofmeister, Wilhelm/Thesing, Josef* (Hg.), Soziale Sicherheit in Asien. Bonn.

Walzer, Michael, 1990: The Communitarian Critique of Liberalism, in: Political Theory 18 (1), S. 6-23.

Walzer, Michael, 1993: Die kommunitaristische Kritik am Liberalismus, in: *Honneth, Axel* (Hg.), Kommunitarismus. Eine Debatte über die moralischen Grundlagen moderner Gesellschaften. Frankfurt/M., S. 157-180.

Wang Bangzuo, 2003: Juweihui yu shequ zhili. Chengshi shequ jumin weiyuanhui zuzhi yanjiu (Einwohnerkomitees und *governance* in Nachbarschaftsvierteln. Studien zur Organisation der Einwohnerkomitees in städtischen *Shequ*). Shanghai.

Wang Chunlan, 2004: Cong Lingfeng qianfei kan wuye jiufen (Von den Gebührenrückständen in Lingfeng die Auseinandersetzungen mit den Hausverwaltungen analysieren), in: Renmin Ribao, 12.11.04.

Wang, Di, 2003: Street Culture in Chengdu. Public Space, Urban Commoners, and Local Politics, 1870-1930. Stanford.

Wang, Gungwu/Zheng, Yongnian (Hg.), 2000: Reform Legitimacy and Dilemmas. China's Politics and Society. Singapore et al.

Wang Jianmin, 2006: Chengshi shequ zhengzhi fazhan (Politische Entwicklung urbaner *Shequ*). Peking.

Wang, Julu, 2006: Jianshe hexie shequ shi goujian hexie shehuide jichuxing gongzuo (Die Errichtung harmonischer *Shequ* ist die Grundlagenarbeit der Errichtung einer harmonischen Gesellschaft), in: Renmin Ribao, 12.6.06.

Wang Mingjie, 2004: Rang dangqi zai fuwu zhong zenghui (Lasst die Parteifahne durch Dienstleistungen noch bunter wehen), in: Renmin Ribao, 11.7.04.

Wang Qingshan (Hg.), 2001: Shequ jianshe yu fazhan duben (Reader zu Aufbau und Entwicklung von *Shequ*). Peking.

Wang Shihao/Yang Qiaozan, 2003: Tanzhe shequ zhongjie zuzhi (Über Mittlerorganisationen in *Shequ*), in: Zhongguo Minzheng 3, S. 21-22.

Wang Shujun, 2004: Shequ weisheng fuwu: baozhang renmin jiankangquan (*Shequ*-Gesundheitsdienstleistungen: Sicherung der Gesundheitsrechte des Volkes), in: Renmin Ribao, 29.7.04.

Wang Tiemin, 2002: Xuanmin xuanju xinli he xingwei de diaocha fenxi (Untersuchung und Analyse der Einstellungen und des Verhaltens der Wähler gegenüber Wahlen), in: *Cai Dingjian* (Hg.), Zhongguo xuanju zhuangkuang de baogao (Bericht über die Lage der Wahlen in China). Peking, S. 150-198.

Wang Weiping/Zhu Lin, 2004: China aims at harmonious society, in: http://news.xinhuanet.com/english/2004-12/17/content_2348778.htm; aufgerufen 17.12.2004.

Wang, Ya Ping, 2004: Urban Poverty, Housing and Social Change in China. London, New York.

Wang, Yanlai/Rees, Nicholas/Andreosso-O'Callaghan, Bernadette, 2004: Economic Change and Political Development in China: findings from a public opinion survey, in: Journal of Contemporary China 13 (39), S. 203-222.

Wang Ying, 2002: Shimin zizhi yu shequ guanli fangshi de bianqe (Autonomie der Bürger und die Reform der Verwaltungsmethoden für *Shequ*), in: *Yu Keping* (Hg.), Zhongguo gongmin shehui de xingqi yu zhili de bianqian (Entstehung einer Zivilgesellschaft in China und ihre Bedeutung für die Reform von Governance). Peking, S. 95-123.

Wang, Ying, 2005: Self-Governance for City Residents and Changes in Community Management Styles, in: http://www.ids.ac.uk/ids/civsoc/final/china/chn5.doc; aufgerufen 23.5.2005.

Wang Yonghong, 2005: Chuangxin shequ dangjian, jianshe hexie shequ (Den Aufbau von *Shequ* vorantreiben, harmonische Gemeinschaften errichten), in: Renmin Ribao, 15.7.05.

Wang, Zhengxu, 2005: Political Trust in China: Forms and Causes, in: *Lynn White* (Hg.), Legitimacy. Ambiguities of Political Success or Failure in East and Southeast Asia. New Jersey et al., S. 113-139.
Warren, Mark E. (Hg.), 1999: Democracy and Trust. Cambridge.
Waste, Robert J. (Hg.), 1986: Community Power. Directions for Future Research. Beverly Hills et al.
Weber, Max, 1956: Wirtschaft und Gesellschaft, 2 Bände. Tübingen.
Wei Pan, 2003: Toward a Consultative Role of Law Regime in China, in: Journal of Contemporary China 12 (34), S. 3-43.
Weiss, Linda, 1999: The Myth of the Powerless State. Ithaca, New York.
Wen Hongyan/Feng Chunmei, 2005: Zhengfu: Cong „guanlixing" dao „fuwuxing" (Regierung: von „verwalten" zu „dienen"), in: Renmin Ribao, 11.3.05.
Weng, Weijun/Yang Zhangqiao, 2006: Jianshe xiandai hexie shequ (Moderne, harmonische *Shequ* errichten). Peking.
Westheimer, Joel/Kane, Joseph, 2004: Educating the „Good" Citizen: Political Choices and Pedagogical Goals, in: Political Science & Politics 2, S. 241-247.
Westle, Bettina, 1989: Politische Legitimität – Theorien, Konzepte, empirische Befunde. Baden-Baden.
White, L. T. (Hg.), 2005: Legitimacy. Ambiguities of Political Success or Failure in East and Southeast Asia. New Jersey et al.
Whiting, Susan H., 1998: The Mobilization of Private Investment as a Problem of Trust in Local Governance Structures, in: *Braithwaite, Valerie/Levi, Margaret* (Hg.), Trust and Governance. New York, S. 167-193.
Wildavsky, Aaron, 1980: The Art and Craft of Policy Analysis. London, Basingstoke.
Wilson, James Q., 1968: Planning and Politics: Citizen Participation in Urban Renewal, in: *Spiegel, Hans B.C.* (Hg.): Citizen Participation in Urban Development: Volume 1. Washington, D.C., S. 43-60.
Wittgenstein, Ludwig, 1984: Bemerkungen über die Philosophie der Psychologie. Letzte Schriften über die Philosophie der Psychologie, Werkausgabe, Bd. 7. Frankfurt/M.
Wohlfahrt, Norbert, 2001: Bezugspunkte und normative Voraussetzungen der Verwaltungsreform – eine theoretische Einführung, in: *Boeßenecker, Karl-Heinz/Trube, Achim/Wohlfahrt, Norbert* (Hg.), Verwaltungsreform von unten? Lokaler Sozialstaat im Umbruch aus verschiedenen Perspektiven. Münster, S. 20-30.
Wong, Linda/Poon, Bernard, 2005: From Serving Neighbors to Recontrolling Urban Society: The Transformation of China's Community Policy, in: China Information 3, S. 413-442.
Woo-Cumings, Meredith (Hg.), 1999: The Developmental State. Ithaca, London.
Woolcock, M., 2001: The Place of Social Capital in Understanding Social and Economic Outcome, in: Canadian Journal of Policy Research 2, S. 11-17.
World Development Report (Hg.), 1997: by World Bank. Oxford et al.
World Development Report (Hg.), 2004: by World Bank. Washington, D.C.
Wu Jun, 2005: Chuangjian wenming hexie shequ (Zivilisierte und harmonische *Shequ* errichten), in: Renmin Ribao, 9.3.05.
Wu Jun 2006: Hexie shequ jianshe shixian 'sange zhuanbian' (Der Aufbau harmonischer *Shequ* sollte die 'drei Transformationen' realisieren), in: Renmin Ribao, 27.12.06.
Wu Junjie/Zhang Hong et al. (Hg.), 2005: Zhongguo goujian hexie shehui wenti baogao (Bericht über den Aufbau einer harmonischen Gesellschaft in China). Peking.
Wu Meng, 2004: Fayu linli wangluo: jiangdi shequ zhixuan chengben de genben tujing (Nachbarschaftsnetzwerke entwickeln: grundlegender Weg zur Verringerung der Kosten für Direktwahlen), in: Shehui 10, S. 10-12.
Wu Fulong, 2002: China's Changing Urban Governance in the Transition Towards a More Market-oriented Economy, in: Urban Studies 7, S. 1071-1093.
Wu Zhaoyi, 2004: Ruhe chuangjian xuexixing shequ (Wie ein lernendes *Shequ* schaffen). Peking.

Xi Congqing, 1996: Shequ yanjiu, shequ jianshe yu shequ fazhan (Erforschung, Aufbau und Entwicklung von *Shequ*). Peking.
Xi Zhengxi, 2003: Dibao shenhe nan zai nali (Weshalb die Überprüfung von Sozialhilfe so schwierig ist), in: Shequ, 9-18, S. 12-13.
Xia Jianzhong, 2003: Zhongguo gongmin shehui de xiansheng (Preludium für Chinas Zivilgesellschaft), in: Shehui 8, S. 72-78.
Xia Jianzhong, 2005: Chengshi xinxing shequ jumin zizhi zuzhi de shizheng yanjiu (Experimentelle Forschung über autonome Organisationen der Bewohner in neuen *Shequ* in den Städten), in: Xuehai (Meer des Wissens, Nanjing) 3, S. 89-95.
Xie Zexian, 2003: Xingzhenghua quxiang, fazhan shequ zhiyuan fuwu de zhuyao zhang'ai (Tendenz zur Verwaltisierung: wichtiges Hindernis für die Entwicklung freiwilliger Dienstleistungen in *Shequ*), in: Shehui 1, S. 4-8.
Xie Zhikui, 2005: Cunluo xiang chengshi shequ de zhuanxing. Zhidu, zhengce yu Zhongguo chengshihua jinchengzhong chengzhongcun wenti yanjiu (Der Übergang von Dörfern zu urbanen *Shequ*. Eine Studie zu Institution, Politik und Problemen städtischer Dörfer während des chinesischen Urbanisierungsprozesses). Peking.
Xu Daowen, 2005: Yezhu weiquan huosheng de chulu zai nali (Wo ist der Ausweg für eine erfolgreiche Sicherung der Rechte der Eigentümerkomitees), in: Shequ 6-1, S. 14-16.
Xu Kaiming, 2003: Shequ zizhi de jiben neirong (Grundlegender Inhalt von *Shequ*-Autonomie), in: Shequ 10-20, S. 22.
Xu Rongkai, 2005: Nuli tigao xingzheng nengli, quanmian lüxing zhengfu zhineng (Sich anstrengen, die Verwaltungskapazität zu erhöhen, die Funktionen der Regierung sorgfältig durchführen), in: Renmin Ribao, 2.3.05.
Xu Xiaojun, 2005: Chengshi shequ zizhi: quanli maodun ji qi xietiao (Autonomie städtischer *Shequ*: Machtwidersprüche und ihre Regelung), in: Shehuixue 4, S. 74-79.
Xu Yong/Chen Weidong (Hg.), 2002: Zhongguo chengshi shequ zizhi (Die Autonomie der städtischen *Shequ* in China). Wuhan.
Xu Yongxiang, 2000: Shequ fazhan lun (Über *Shequ*-Entwicklung). Shanghai.
Xu Yuebin/Zhang Xiulan, 2005: Zhongguo zhengfu zai shehui fuli zhong de juese zhongjian (Die Rolle der Regierung in der sozialen Wohlfahrt Chinas wiederherstellen), in: Zhongguo Shehui Kexue (Sozialwissenschaften Chinas) 5, S. 80-92.
Yan Qingchun, 2003: Shilun zhengfu gonggong xingzheng gaige yu shehui fuli shehuihua (Über die Reform der öffentlichen Verwaltung der Regierung und die Sozialisierung der sozialen Wohlfahrt), in: Zhongguo Minzheng (Chinas Zivilangelegenheiten) 7, S. 25-26.
Yan Zheng (Hg.), 2004: Zhongguo chengshi fazhan wenti baogao (Bericht über Entwicklungsfragen der chinesischen Städte). Peking.
Yang Min, 2005: Gongmin canyu, qunzhong canyu yu shequ canyu (Bürger-, Massen- und Nachbarschaftsviertel-Partizipation), in: Shehui 5, S. 78-95.
Yang Zhangqiao/Ma Lihua, 2004: Chengshi shequ zizhi quanwei de minzhu jiangou (Demokratische Errichtung autonomer Rechte urbaner *Shequ*), in: Shehuixue 3, S. 10-21.
Yin Haijie, 2003: Zhuanxing zhong de shequ juweihui (Das *Shequ*-Einwohnerkomitee in der Transformation), in: Shequ 12-23, S. 18-19.
Ying Kefu, 2004: Guojia guanli yu gongmin quanli – ziyouzhuyi de jiben yuanze (Verwaltung durch den Staat und Rechte der Bürger – grundlegende Prinzipien des Liberalismus), in: Xuehai (Nanjing) 3, S. 42-47.
Yu Keping, 2005: Xiandai minzhu zhili shiye zhong de hexie shehui (Harmonische Gesellschaft aus der Perspektive modernen demokratischen Regierens), in: Wenhui Bao, 28.2.05.
Yu Yanyan, 2006: Shequ zizhi yu zhengfu zhineng zhuanbian (Autonomie der *Shequ* und Transformation der Funktion der Regierung). Peking.
Yuan Xuxiang, 2004: Shequ dangjian ruhe chuangxin (Wie den Parteiaufbau in den *Shequ* neu gestalten), in: Renmin Ribao, 10.8.04.
Zapf, Wolfgang (Hg.), 1979: Theorien des Sozialen Wandels. Köln, Berlin.

Zeng Qun/Wei Yanbin, 2004: Shiye yu shehui paichi: yi ge fenxi kuangjia (Arbeitslosigkeit und soziale Verdrängung: ein Analyserahmen), in: Zhongguo Shehui Kexue (Chinas Sozialwissenschaften) 3, S. 11-20.

Zhang Guohua/Yuan Keqing/Gao Yun, 2004: Shilun wo guo shequ jiaozheng zhidu (Über das Fehlerkorrektursystem in den *Shequ* unseres Landes), in: Shehui 10, S. 13-14.

*Zhang Hong*xia, 2004: Bu tong juzhu jumin shequ canyu de chayixing bijiao (Vergleich der Unterschiede hinsichtlich der Partizipation in unterschiedlichen *Shequ*), in: Shehui 5, S. 54-56.

Zhang Huanhua, 2004: Chengshi shequ jumin wei „richang guannian" (Alltagsdenken von Bewohnern in urbanen *Shequ*), in: Shehui 9, S. 13-18.

Zhang Lei, 2005: Yewei weiquan yundong: chansheng yuanyin ji dongyuan jizhi (Bewegung für Sicherung der Rechte der Eigentümer: Ursache der Entstehung und Mobilisierungsmechanismen), in: Shehuixue Yanjiu 6, S. 1-39.

Zhang Lei/Liu Limin, 2005: Wuye yunzuo: Cong guojia zhong fenli chulai de xin gonggong kongjian (Hausverwaltungsarbeit: neuer öffentlicher, vom Staat getrennter Raum), in Shehui, 1, S. 144-163.

Zhang Mingliang, 2003: Women yao jianshe shenmeyangde xinxing shequ? (Welche Art von neuem *Shequ* wollen wir errichten?), in: Shequ 10-20, S. 11-13.

Zhang Mingyu, 2005: Shequ juweihui zai wei shei mang? (Für wen arbeitet das *Shequ*-Einwohnerkomitee eigentlich?), in: Shequ 6-2, S. 18-20.

Zhang Shuchen, 2005: Shequ zizhi de zuzhi jiegou jiqi dong yunzhuan (Organisationsstruktur der *Shequ*-Autonomie und ihre Triebkraft), in: Shehui 1, S. 50-55.

Zhang Wenfan, 2005: Goujian hexie shehui, fazhan laonian jiaoyu (Eine harmonische Gesellschaft errichten, Seniorenbildung entwickeln), in: Renmin Ribao, 23.6.05.

Zhang Yipeng, 2006: Shequ hexie shi jichu (*Shequ*-Harmonie ist die Basis), in: Renmin Ribao, 17.10.06.

Zhao Dingdong, 2005: Chengshi shequ de guojia yu shehui: xianshi suqiu he lujing yilan (Staat und Gesellschaft in urbanen *communities*: gegenwärtige Anforderungen und Pfadabhängigkeit), in: Shehui 2, S. 93-111.

Zhao Hongwen, 2003: Tizhi chuangxin: shequ jianshe de qiangda dongli (Systemerneuerung: mächtige Antriebskraft für den Aufbau von Nachbarschaftsvierteln), in: Zhongguo Minzheng 1, S. 29-30.

Zhao Lingmin, 2005a: Zhongguo shequ zizhi zhuanxing de shiyanzhe (Experimentierer für eine Transformation in ein autonomes *Shequ* Chinas), in: Shequ 7-1, S. 6-10.

Zhao Lingmin, 2005b: Yezhu weiquan, zhengfu zenmeban? (Was tut die Regierung wenn die Rechte der Eigentümer verletzt werden?), in: Shequ 7-1, S. 10-11.

Zhao, Suisheng, 2003: Political Liberalization without Democratization: Pan Wei's proposal for political reform, in: Journal of Contemporary China 12, S. 333-355.

Zhao Zhenyu, 2004: Gongmin ying you dang'an zhiqingquan (Bürger sollten das Recht zur Einsicht in ihre Akten haben), in: Shehui 5, S. 1.

Zhao Zhiqiang/Liu Shanmin, 2006: Huanjing lilun yu shequ weisheng (Umweltethik und Sauberkeit in *Shequ*). Peking.

Zhao Zixang/Cheng Yunwei (Hg.), 2002: 2002-2003 nian Shenyang shi jingji shehui xingshi fenxi yu yuce (Wirtschaftliche und gesellschaftliche Lageanalyse und Prognose der Stadt Sheyang in den Jahren 2002 und 2003). Shenyang.

Zheng Gongcheng, 2005: Hexie shehui de shehui baozhang jianshe (Soziale Sicherung für eine harmonische Gesellschaft aufbauen), in: Renmin Ribao, 16.9.05.

Zheng Hangsheng (Hg.), 1987: Shehuixue gailun xinbian (Neuausgabe eines soziologischen Kompendiums). Peking.

Zheng, Yongnian/Lye, Liang Fook, 2005: Political Legitimacy in Reform China: Between Economic Performance and Democratization, in: *White, Lynn T.* (Hg.), Legitimacy. Ambiguities of Political Success of Failure in East and Southeast Asia. New Jersey et al., S. 183-214.

Zhonggong zhongyang guanyu goujian shehuizhuyi hexie shehui ruogan zhongda wenti de jueding, (Beschluss des Zentralkomitees der KPCh zu einigen bedeutenden Fragen der Errichtung einer sozialistischen harmonischen Gesellschaft), 2006, in: Qiushi (Wahrheit) 20, S. 3-12.

Zhonggong zhongyang zuzhibu ketizu (Arbeitsgruppe der Organisationsabteilung des ZK der KPCh) (Hg.), 2001: 2000-2001 Zhongguo diaocha baogao. Xin xingshi xia renmin neibu maodun yanjiu (Untersuchungsbericht China in den Jahren 2000-2001. Untersuchung der Widersprüche im Volk unter den neuen Bedingungen). Peking.

Zhonggong zhongyang zuzhibu, 2004: Rang dangde qizhi zai chengshi shequ gaogao piaoyang (Lasst die Parteifahne in den städtischen *Shequ* noch höher flattern), in: Renmin Ribao, 10.10.04.

Zhongguo de minzhu zhengzhi jianshe: (Aufbau demokratischer Politik in China), 2005. Nachrichtenbüro des Staatsrats der VR China, in: Renmin Ribao, 20.10.

Zhongguo Minzheng (Zivilangelegenheiten Chinas). Peking.

Zhongguo Shehui Kexueyuan ketizu (Forschergruppe der Chinesischen Akademie der Sozialwissenschaften), 2005: Nuli goujian shehuizhuyi hexie shehui (Mit Eifer die sozialistische harmonische Gesellschaft aufbauen), in: Zhongguo Shehui Kexue (Sozialwissenschaften Chinas), S. 4-16.

Zhonghua Renmin Gongheguo guowuyuan xinwen bangongshi (Pressebüro des Staatsrates der VR China), 2004: Zhongguo de shehui baozhang zhuangkuang he zhengce (Aktueller Stand und Politik der sozialen Sicherung in China), in: Renmin Ribao, 8.9.04.

Zhou Huiwen, 2004: Wangluo: Chengshi shequ guanli de xinxing gonggong kongjian (Internet: Neuer öffentlicher Raum der Verwaltung städtischer *Shequ*), in: Shehui 6, S. 43-45.

Zhou Lang, 2003: „Dibao": Yi ge dou bu neng shao (Mindestsicherung: Nicht einer darf fehlen), in: Renmin Ribao, 30.1.03.

Zhou Liquan, 2006: Jiekai dibaojin fafang de wuge nanti (Fünf Schwierigkeiten bei der Gewährung von Sozialhilfe lösen), in: Shequ 6-1, S. 18.

Zhou Wenjian/Ning Feng (Hg.), 2001: Chengshi shequ jianshe gailun (Kompendium des städtischen *Shequ*-Aufbaus). Peking.

Zou Shubin, 2005: Zhuzhai xiaoqu zhong de minzhu (Demokratie in Wohnvierteln), in: *Tang Juan* (Hg.), Chengshi shequ yezhu weiyuanhui fazhan yanjiu (Studien zur Entwicklung urbaner *Shequ*-Einwohnerkomitees). Chongqing, S. 1-19.

Zou Yangjun, 2005: Ruhe bimian yeweihui chengli „nan chan" (Wie vermeidet man, dass die Errichtung von Eigentümerkomitees eine „schwierige Geburt" wird), in: Shequ 11-2, S. 31-32.

Neu im Programm Politikwissenschaft

Thomas Jäger / Alexander Höse / Kai Oppermann (Hrsg.)
Deutsche Außenpolitik
2007. 638 S. Br. EUR 34,90
ISBN 978-3-531-14982-0

Dieser als Textbook konzipierte Band bietet eine umfassende Bestandsaufnahme der wichtigsten Handlungsfelder der deutschen Außenpolitik. Die Systematik folgt der in der Politikwissenschaft etablierten Dreiteilung der Politik in die Sachbereiche Sicherheit, Wohlfahrt und Herrschaft (hier konzipiert als Legitimation und Normen) und erlaubt dadurch einen methodisch klaren und didaktisch aufbereiteten Zugang zum Thema. Der Band eignet sich als alleinige Textgrundlage für Kurse und Seminare, in denen jeweils zwei Texte à 15 Seiten pro wöchentlicher Lehreinheit behandelt werden. Somit unterscheidet er sich von anderen Büchern zur deutschen Außenpolitik, die entweder rein historisch oder institutionenkundlich orientiert sind oder als Nachschlagewerke dienen.

Siegmar Schmidt / Gunther Hellmann / Reinhard Wolf (Hrsg.)
Handbuch zur deutschen Außenpolitik
2007. 970 S. Geb. EUR 59,90
ISBN 978-3-531-13652-3

Mit dem Zusammenbruch des Kommunismus hat sich die weltpolitische Lage grundlegend verändert und ist auch für die Außenpolitik der Bundesrepublik Deutschland eine vollkommen veränderte Situation entstanden. In diesem Handbuch wird erstmals wieder eine Gesamtschau der deutschen Außenpolitik vorgelegt. Dabei werden die Kontinuitäten und Brüche seit 1989 sowohl für den Wissenschaftler als auch den politisch interessierten Leser umfassend dargestellt.

Oliver Schöller / Weert Canzler / Andreas Knie (Hrsg.)
Handbuch Verkehrspolitik
2007. 963 S. Geb. EUR 69,90
ISBN 978-3-531-14548-8

In 38 Beiträgen geben renommierte WissenschaftlerInnen einen Überblick über den Stand der Diskussion zu wesentlichen Themen der Verkehrspolitik. Die Beiträge konzentrieren sich in erster Linie auf Deutschland, sie entstammen einer Reihe von unterschiedlichen Disziplinen und sind auch in ihren Schlussfolgerungen ebenso vielfältig wie das Politikfeld der Verkehrspolitik selbst.

Erhältlich im Buchhandel oder beim Verlag.
Änderungen vorbehalten. Stand: Juli 2007.

www.vs-verlag.de

VS VERLAG FÜR SOZIALWISSENSCHAFTEN

Abraham-Lincoln-Straße 46
65189 Wiesbaden
Tel. 0611.7878-722
Fax 0611.7878-400

Neu im Programm Politikwissenschaft

Frans Becker / Karl Duffek / Tobias Mörschel (Hrsg.)
Sozialdemokratische Reformpolitik und Öffentlichkeit
2007. 215 S. Br. EUR 26,90
ISBN 978-3-531-15508-1

Joachim K. Blatter / Frank Janning / Claudius Wagemann
Qualitative Politikanalyse
Eine Einführung in Forschungsansätze und Methoden
2007. 252 S. (Grundwissen Politik 44)
Br. EUR 24,90
ISBN 978-3-531-15594-4

Frank Brettschneider / Oskar Niedermayer / Bernhard Weßels (Hrsg.)
Die Bundestagswahl 2005
Analysen des Wahlkampfes und der Wahlergebnisse
2007. 516 S. (Veröffentlichung des Arbeitskreises „Wahlen und politische Einstellungen" der DVPW Bd. 12) Br. EUR 49,90
ISBN 978-3-531-15350-6

Hubertus Buchstein / Gerhard Göhler (Hrsg.)
Politische Theorie und Politikwissenschaft
2007. 194 S. Br. EUR 24,90
ISBN 978-3-531-15108-3

Christoph Egle / Reimut Zohlnhöfer (Hrsg.)
Ende des rot-grünen Projekts
Eine Bilanz der Regierung Schröder 2002 - 2005
2007. 540 S. Br. EUR 34,90
ISBN 978-3-531-14875-5

Daniela Forkmann / Saskia Richter (Hrsg.)
Gescheiterte Kanzlerkandidaten
Von Kurt Schumacher bis Edmund Stoiber
2007. 440 S. (Göttinger Studien zur Parteienforschung) Br. EUR 34,90
ISBN 978-3-531-15051-2

Gert-Joachim Glaeßner
Politik in Deutschland
2., akt. Aufl. 2006. 571 S. Br. EUR 24,90
ISBN 978-3-531-15213-4

Dirk Lange / Gerhard Himmelmann (Hrsg.)
Demokratiebewusstsein
Interdisziplinäre Annäherungen an ein zentrales Thema der Politischen Bildung
2007. 314 S. Br. EUR 32,90
ISBN 978-3-531-15525-8

Tim Spier / Felix Butzlaff / Matthias Micus / Franz Walter (Hrsg.)
Die Linkspartei
Zeitgemäße Idee oder Bündnis ohne Zukunft?
2007. 345 S. Br. EUR 26,90
ISBN 978-3-531-14941-7

Erhältlich im Buchhandel oder beim Verlag.
Änderungen vorbehalten. Stand: Juli 2007.

www.vs-verlag.de

VS VERLAG FÜR SOZIALWISSENSCHAFTEN

Abraham-Lincoln-Straße 46
65189 Wiesbaden
Tel. 0611.7878-722
Fax 0611.7878-400